Friedrich Wilhelm IV. von Preußen

Briefe aus Italien 1828

Für Ulrike

FRIEDRICH WILHELM IV.
VON PREUSSEN

Briefe aus Italien 1828

Herausgegeben und kommentiert
von Peter Betthausen

Deutscher Kunstverlag München Berlin

Die Deutsche Bibliothek - CIP-Einheitsaufnahme

Friedrich Wilhelm <Preußen, König, IV.>:
Briefe aus Italien 1828 / Friedrich Wilhelm IV. von Preußen.
Hrsg. und kommentiert von Peter Betthausen. -
München ; Berlin : Dt. Kunstverl., 2001
ISBN 3-422-06333-1

Lektorat
Katja Richter, Elisabeth Roosens

Herstellung
Anette Klinge

Satz
satz-bau Leingärtner, Nabburg

Litho
connecting people, Starnberg

Druck und Bindung
Kösel, Kempten

ISBN 3-422-06333-1

Inhalt

Zum Geleit

»Et in Arcadia ego – auch ich in Arkadien.« Dieses Motto könnte über drei Jahrhunderten Italienreisen stehen, die namentlich die Deutschen in das Land südlich der Alpen unternommen haben. Es stammt von dem bekannten, in der Mitte des 17. Jahrhunderts entstandenen Gemälde von Nicolas Poussin; in einer weiten Landschaft betrachten Hirten einen Grabstein, in dem diese Worte eingemeißelt sind. Im griechischen Arkadien, jener Landschaft des irdischen Glücks, die aber in Wirklichkeit rauh und felsig ist, gemahnt der Grabstein an den Tod. Von Griechenland überträgt sich der Begriff auf Italien und behält den Grundgedanken des Abschieds auch bei aller Schönheit des Seins bei. In der zweiten Hälfte des 18. Jahrhunderts ist er schon zum Allgemeingut geworden, und der Begriff »Arkadien« hat nur noch etwas Wehmütiges und kaum noch etwas von der Ernsthaftigkeit des Todes.

In der Geschichte der Italienreise vom 17. bis zum 19. Jahrhundert lassen sich drei Epochen unterscheiden: Im 17. Jahrhundert überwiegen die Kavaliersreisen, im 18. sind es vor allem die Künstler und im 19. Jahrhundert die Archäologen, Philologen, Kunsthistoriker und Historiker, die nach Italien reisen.

Von 1598 bis 1601 absolvierte Ludwig, Fürst von Anhalt-Dessau, eine Kavaliersreise nach Italien, die ihn über Florenz und Rom bis nach Neapel und sogar Malta führte und die er in einem langen, 1716 gedruckten Gedicht beschrieb. Fast zur gleichen Zeit, 1598–1600, reiste August der Jüngere, Herzog von Braunschweig-Wolfenbüttel, nach Italien. Auch der Herzog zu Braunschweig-Bebern, Ferdinand Albrecht, hielt sich 1662 bis 1663 in Italien auf. Überhaupt sind die Braunschweiger Herzöge besonders reisefreudig. Der bekannteste ist Anton Ulrich, der 1682 und 1683/84 Rom besuchte.

Während Friedrich II. von Preußen nur kurze Reisen nach dem damals französischen Straßburg und nach Holland unternahm, reiste seine Schwester Wilhelmine 1755 – in ihrer Begleitung befand sich der Architekt Carl von Gontard – nach Italien. Sie schrieb ihrem Bruder aus Rom: »Heute sah ich etwas, das mich für die Ehre unseres Volkes freut: die Gemälde eines Sachsen, namens Mengs. Dieser Mann kommt mit 27 Jahren fast einem Tizian und einem Guido Reni gleich!«

1777 bis 1778 war der Prinz August von Sachsen und Gotha-Altenburg in Italien und schrieb ein ausführliches Tagebuch. Wenige Wochen nach der Rückkehr Goethes aus Italien begab sich auch Anna-Amalie, Herzogin von Sachsen-Weimar, über Mailand, Bologna, Florenz nach Rom. Auch der Graf zu Stolberg, Friedrich Leopold, bereiste 1791/92 Italien. Bis sich ein preußischer Herrscher auf den Weg nach Italien machte, sollte noch einige Zeit vergehen!

Im 18. Jahrhundert sind die prominenten Reisenden nicht mehr zu zählen, aber zwei Persönlichkeiten sollen genannt werden: Johann Joachim Winckelmann und Goethe. Ersterer kam 1755 nach Rom, wurde dort, gefördert von seinem Arbeitgeber und Freund Kardinal Albani, zu einem der führenden Archäologen seiner Zeit und erhielt schließlich 1763 das Amt des Oberaufsehers der Altertümer in und um Rom.

Goethe war fluchtartig, wohl der Weimarer Gesellschaft überdrüssig, von Karlsbad heimlich nach Rom aufgebrochen, wo er »endlich in dieser Hauptstadt der Welt« anlangte und gemeinsam mit Johann Heinrich Tischbein am Corso 18–20, heute eine Gedenkstätte, wohnte. In Rom wurde er mit dem Archäologen Aloys Hirt, den Malern Friedrich Bury und Angelika Kaufmann, dem Bildhauer Alexander Trippel und dem Schriftsteller Karl Philipp Moritz bekannt. Im Februar 1787 reiste er zusammen mit Tischbein nach Neapel, lernte Philipp Hackert und Johann Christoph Kniep kennen, besichtigte die antiken Städte Pompeji und Herkulaneum und bestieg den Vesuv. Von Rom aus, wo er bis April 1788 blieb, erfolgte die Rückreise über Florenz und Mailand; am 18. Juni 1788 traf er wieder in Weimar ein.

Von denen, die zu Beginn des 19. Jahrhunderts für kürzere oder längere Zeit in der Ewigen Stadt weilten, muß man vor allem Wilhelm von Humboldt nennen, der als preußischer Botschafter beim Heiligen Stuhl über mehrere Jahre ein gesellschaftlicher Mittelpunkt der deutschen Kolonie war, ebenso seinen Bruder Alexander, Karl Friedrich Schinkel, die Brüder Franz und Johannes Riepenhausen, seit 1811 Peter Cornelius und die Lukasbrüder und viele andere.

Etwa um diese Zeit begann Italien die Phantasie des preußischen Kronprinzen Friedrich Wilhelm (IV.) zu beschäftigen, um ihn nicht wieder loszulassen. Das Land im Süden wurde zum Ziel seiner Sehnsucht. Als er schließlich im Jahr 1828 den Reisewagen bestieg, war er schon 33 Jahre alt – Schinkel hatte dies schon als Zweiundzwanzigjähriger getan –, für eine Bildungsreise nach Italien eigentlich schon viel zu spät, aber die erste eines preußischen Kronprinzen überhaupt!

Dieser Reise folgten noch drei weitere: 1835 und 1847 für wenige Wochen nach Oberitalien und schließlich schon schwerkrank von Oktober 1858 bis Mai 1859 nach Rom und Neapel. Die nachhaltigsten Eindrücke hinterließ die erste Reise. Sie wurde zum Schlüsselerlebnis für Friedrich Wilhelm (IV.) und prägte sein Verständnis von Kunst und namentlich von Architektur.

Über diese Reise von 1828 sind wir durch den Kronprinzen selbst hinreichend informiert. Seine Briefe an die Gemahlin Elisabeth und den Vater Friedrich Wilhelm III. geben uns Auskunft über die Stationen der Reise und seine vielfältigen Eindrücke von Landschaften, Städten, Werken der Architektur und der bildenden Kunst.

Das Thema »Friedrich Wilhelm (IV.) und Italien« spielte schon eine wesentliche Rolle in der Ausstellung anläßlich seines 200. Geburtstages im Jahr 1995, aber weil es uns wichtig erschien, haben wir es weiterverfolgt und ihm vor einem Jahr eine Sonderausstellung (»Eine Reise durch Italien. Aquarelle aus dem Besitz Friedrich Wilhelms IV.«) gewidmet. Nun liegt zu unserer großen Freude eine Edition jener Italienbriefe vor. Sie sind ein Schlüssel zum Verständnis der Persönlichkeit Friedrich Wilhelms (IV.). Wenn man sie liest, läßt sich nachvollziehen, wie sehr dieser Italienbesuch ihn auch als Architekten und Bauherren geprägt hat und dadurch auch die preußische Architekturgeschichte.

Peter Betthausen, der schon an der Ausstellung von 1995 maßgeblich mitgewirkt hatte, ist der Herausgeber dieser Briefe. Er ist akribisch jedem Detail nachgegangen und hat sie durch seinen Einführungstext und seine Kommentare für die Gegenwart erschlossen.

Ich danke dem Geheimen Staatsarchiv Preußischer Kulturbesitz und seinem Direktor Herrn Dr. Kloosterhuis für die Erlaubnis, die Italienbriefe Friedrich Wilhelms (IV.) veröffentlichen zu dürfen. Der Deutsche Kunstverlag hat sich dieser Edition angenommen und deshalb sei auch ihm gedankt. Es ist erfreulich, wenn gerade im »Preußen-Jahr« 2001 eine Publikation erscheint, die tiefer in die Quellen zur preußischen und deutschen Kunst- und Architekturgeschichte des 19. Jahrhunderts einzudringen versucht.

Ein besonderer Dank gilt der Stiftung Preußische Seehandlung für die finanzielle Unterstützung dieses Projekts.

Professor Dr. Hans-Joachim Giersberg

Generaldirektor der Stiftung Preußische Schlösser und Gärten Berlin-Brandenburg

I. Einleitung

Von Friedrich Wilhelm IV., dem sechsten in der Folge der neun preußischen Könige und deutschen Kaiser, weiß man im allgemeinen wenig. Den meisten Zeitgenossen ist er fast unbekannt. Auch die Historiker befassen sich mit ihm seit eh und je eigentlich nur am Rande, nur unter den übergreifenden Aspekten der neueren Geschichte seit der französischen Revolution. Persönlichkeit und Lebenslauf dieses Herrschers scheinen jenseits ihres Interesses zu liegen. In der jüngsten Vergangenheit sind jedoch – wohl auch dank des Kalenders, der 1995 den 200. Geburtstag des Königs anzeigte – mehrere beachtenswerte Arbeiten erschienen, die es erlauben, von der Existenz einer FWIV-Forschung der Gegenwart zu sprechen, die bisher nicht nur unbekannte Tatsachen ans Licht gefördert, sondern auch in der Beurteilung des »Romantikers auf dem Preußenthron« noch nicht gehörte Akzente gesetzt hat.[1] David E. Barclay, einer ihrer führenden Vertreter, feierte Friedrich Wilhelm IV. als den »bedeutendsten deutschen Monarchen in der Zeit zwischen Friedrich dem Großen und Wilhelm II.« und forderte, ihn »im Kontext seiner Zeit, seiner persönlichen Umstände, Voraussetzungen und Möglichkeiten zu bewerten, ohne den Nachhall der politischen und ideologischen Streitigkeiten des späten neunzehnten Jahrhunderts«.[2]

Trotz dieses neu erwachten Interesses an Friedrich Wilhelm IV. und des Bestrebens, ihm mehr Gerechtigkeit widerfahren zu lassen, ist eine »gültige Lebensgeschichte«[3] bis heute nicht geschrieben worden und wohl auch nicht in Vorbereitung. Dafür gibt es meines Erachtens mehrere Gründe: Wir leben nicht in einem biographischen Zeitalter der Geschichtsschreibung, wie es noch das späte 19. und frühe 20. Jahrhundert waren. Die Annäherung an einen preußischen Herrscher durch das Schreiben seiner Lebensgeschichte scheint theoretisch und methodologisch weitgehend obsolet zu sein. In diesem besonderen Fall darf vermutet werden, daß Friedrich Wilhelm IV., anders als sein Vater Friedrich Wilhelm III. und sein Bruder Wilhelm I., gar nicht zu reden von

Friedrich II., nur eingeschränkt den Erwartungen, die gemeinhin an eine Königsbiographie gestellt werden, Genüge leisten kann. Wer sich über all dies hinwegsetzt, sieht sich jedoch einer weiteren Schwierigkeit gegenüber – und die hat letztlich alle bisherigen Versuche einer Biographie Friedrich Wilhelms IV. scheitern lassen, nämlich den Kronprinzen und König mit dem Ideologen, dem Christen und vor allem mit dem Künstler in Einklang zu bringen. Wenn man Barclay folgt, fußte Friedrich Wilhelm IV. als Politiker und Herrscher auf weltanschaulich-ästhetischen Ideen, die preußische Monarchie erschien ihm als ein romantisches Gesamtkunstwerk, in der Art der Visionen der Romantiker von einem architektonischen Gebilde – meist stellten sie sich dabei eine Kirche vor –, in der auf ideale Weise alle Künste, Poesie und Musik eingeschlossen, vereinigt sind und miteinander wirken.

Mit dieser ästhetischen Grundhaltung stand Friedrich Wilhelm IV. unter den Monarchen des 19. Jahrhunderts nicht allein, erinnert sei an seinen Schwager Ludwig I. von Bayern; ja, man kann vielleicht sogar sagen, daß das Ästhetische nach 1789 eine der Hauptstützen der Monarchie in Europa geworden war. Friedrich Wilhelm IV. tritt deshalb hervor, weil er über ein außergewöhnliches Talent zur Architektur verfügte, das ihn sein Leben lang auf diesem Feld tätig sein ließ; er entwarf unablässig architektonische »Projekte«. Mit anderen Worten: Eine Biographie Friedrich Wilhelms IV., die diese Bezeichnung tatsächlich verdient, könnte den Baukünstler weder in einem Nebenkapitel abtun, noch ganz und gar beiseite lassen. Die große Schwierigkeit liegt darin, daß der Künstler und der König nicht zu trennen sind.

Ansätze zu einer solchen synthetischen Betrachtungsweise finden sich schon in der älteren Forschung zwischen 1918 und 1945. Ernst Lewalter sprach 1938 von einer dem Geist der Romantik erwachsenen »Einheit in der Fülle der Lebensäußerungen« des Künstlers und des Königs Friedrich Wilhelm IV. Sein Buch, das den Untertitel »Das Schicksal eines Geistes« trägt, konnte sich auf Vorarbeiten von Albert Geyer, Josef Ponten und Georg Poensgen stützen, die in den 1920er Jahren die kunsthistorische FWIV-Forschung begründeten.[4] Diese fand ihren vorläufigen Höhepunkt in Ludwig Dehios 1936 abgeschlossener, aber erst 1961 veröffentlichter Monographie. Sie war der erste Versuch, den königlichen Architekten umfassend und in seiner Entwicklung darzustellen. So wertvoll Dehios Arbeit heute immer noch ist, muß bei ihrer Lektüre aber der schiefe Eindruck entstehen, als sei

Friedrich Wilhelm IV. vornehmlich Baukünstler gewesen. Die politische Dimension seiner »Projekte« blieb unberücksichtigt. In der jüngeren Architekturgeschichtsschreibung sieht man ihn dagegen eher an der Seite seiner Architekten Schinkel, Persius und Stüler als Bauherr,[5] in einer Funktion, die Schinkel so charakterisiert hat: »Er stellte mir die geistreichsten Aufgaben, beurteilte das von mir zu Tage Geförderte, modifizierte es und stellte es endgültig fest.«[6]

Die Kooperation zwischen Historikern und Kunsthistorikern erhielt neue Impulse durch die Potsdamer Ausstellung von 1995 »Friedrich Wilhelm IV. – Künstler und König« sowie zwei ebenfalls anläßlich des 200. Geburtstages abgehaltene Tagungen.[7] Sie wird weiter zu vertiefen sein, um die Lebensgeschichte Friedrich Wilhelms IV.- auch jene Kapitel, die bisher wenig Aufmerksamkeit gefunden haben wie die späten 1820er Jahre – neu und umfassend erzählen zu können. Erforderlich wäre auch ein weitausgreifendes Studium der Quellen nach allen Richtungen: der politischen, künstlerischen, geistigen und nicht zuletzt der privaten.

An Material herrscht kein Mangel. Allein die Briefe, die sich von Friedrich Wilhelms IV. Hand erhalten haben, gehen in die Hunderte. Die nicht wenigen vorliegenden Editionen bieten jedoch ein lückenhaftes Bild.[8] Sie betreffen mit Ausnahme derjenigen von Granier kaum die Kronprinzenzeit. Ausgelassen ist bis heute auch der besonders umfangreiche Briefwechsel mit dem Vater, den Geschwistern und der Gemahlin. Auch läßt sich feststellen, daß die Briefe Friedrich Wilhelms IV. meist selektiv gelesen wurden, wie es die übergreifende Fragestellung jeweils erforderte. Auf diese Weise sind interessante Tatsachen übersehen worden. So konnte es geschehen, daß die große Italienreise des Jahres 1828, obwohl sie von den meisten Autoren erwähnt und in vielfacher Hinsicht als wichtig angesehen wurde, hier auch die Quellen besonders reichlich fließen, bisher keiner zusammenhängenden Darstellung für wert erachtet worden ist.

Eine Beschreibung dieser Reise soll nun hier versucht werden, als der Beitrag eines Kunsthistorikers zur Erforschung der Lebensgeschichte Friedrich Wilhelms IV. von Preußen. Ursprünglich war an eine Monographie gedacht. Diese Absicht wurde jedoch während der Arbeit modifiziert, weil es sinnvoll schien, auch den Kronprinzen selbst zu Wort kommen zu lassen; dies um so mehr, als das, was er zu berichten und zu beurteilen weiß, nicht nur für politische Historiker, sondern auch für Kultur- und Kunsthistoriker, nicht zu vergessen die Freunde Italiens, von Interesse ist.

Friedrich Wilhelm schrieb während seiner Reise an zahlreiche Personen, häufig und regelmäßig aber nur an die Gemahlin und den König. Diese Briefe sind vollständig erhalten geblieben, leider nicht die Gegenbriefe, von denen die der Kronprinzessin besonders aufschlußreich gewesen sein dürften. Durch ihren tagebuchartigen Charakter haben Friedrich Wilhelms Briefe – auch die von anderen Reisen, auf denen er ebenfalls »Journale« führte – jedoch eine gewisse Selbständigkeit und bedürfen zu ihrem Verständnis nicht unbedingt eines Einblicks in die Reaktionen der Adressaten. Sie werden hier zum erstenmal komplett und ohne Auslassungen veröffentlicht und, so weit es erforderlich erschien, kommentiert.

II. Zwischen Hoffnung und Resignation

Rom und der Rhein

Als der preußische Kronprinz am 23. September 1828, drei Wochen vor seinem 33. Geburtstag, nach Italien aufbrach, stand er in der Mitte seines Lebens. Er hatte sich lange, zu lange, möchte man sagen, in Geduld üben müssen, bis alle Hindernisse überwunden waren und der König seine Einwilligung gegeben hatte. Wie den Lebenserinnerungen Johann Friedrich Delbrücks, einer wertvollen Quelle für die Kinderzeit des Kronprinzen und seines Bruders Wilhelm, zu entnehmen ist, träumte schon der Knabe von Rom und einer Reise in südliche Gefilde. Dies ist durchaus glaubhaft und bringt uns auf die psychische Disposition, den Wesenskern Friedrich Wilhelms IV., zu dem fraglos ein immer wieder hervorbrechendes Verlangen nach Ortsveränderung gehörte. Kein preußischer Herrscher – übertroffen wurde er darin erst von Wilhelm II. – ist so viel gereist wie Friedrich Wilhelm IV., der sich dieser Eigenheit durchaus bewußt war und sie auch kultivierte. In einem Brief an die Schwester Charlotte vom 24. September 1817, geschrieben nach der ersten großen Inspektionsreise an den Rhein, gibt er der Hoffnung Ausdruck, daß ihn der König in Zukunft »viel mehr auf Reisen« schicken möge; und »sey überzeugt, Allertheuerste, das ist mir so nothwendig als das Luftholen, denn ich verquime u verkröple gewiß ohne dem aus Sehnsucht und Verlangen«.[9] Man kann also von einer angeborenen Reiselust ausgehen, die nicht nur in Italien Befriedigung suchte. Noch den Zwanzigjährigen zog es 1815/16 in die Märchenwelt von Tausendundeiner Nacht. In einem für Charlotte geschriebenen Romanfragment »Die Königin von Borneo« sieht er sich auf den Schwingen des Vogels Roc vom französischen Saint-Germain in den fernen Orient fliegen und Abenteuer bestehen.[10] Verstärkt hat sich diese Disposition dadurch, daß auch der romantische Zeitgeist in die Ferne schweifte. Was dies betrifft, konnte sich Friedrich

Wilhelms IV. Charakter unter für ihn denkbar günstigen Bedingungen entfalten.

Daß der Knabe »Fritz« auf Rom verfiel, läßt sich indessen nicht mit der Romantik, die dieses Thema erst später für sich entdeckte, in Verbindung bringen. Eher mit seiner Erziehung, die fast zehn Jahre in den Händen von Delbrück lag, einem Philantropinisten und Altphilologen vom Pädagogium des Liebfrauenklosters in Magdeburg. Die zentrale Rolle, die dabei antike Geschichte und Kultur spielten, überhaupt humanistische Bildung, machen Delbrücks »Tagebuchblätter« deutlich. Aufschlußreich ist der Einblick, den sie beispielsweise in das denkwürdige Jahr 1805 geben: Im Geographieunterricht wurden zu Jahresbeginn Italien und die Stadt Rom behandelt. Zu Wilhelms Geburtstag am 22. März durften die Prinzen zum erstenmal die Oper besuchen, wo »Medea« von Johann Gottlieb Naumann gegeben wurde. Im Sommer lernten sie die Gemäldegalerie Friedrichs II. in Potsdam kennen und vertieften sich in die Kunstgeschichte. Delbrück entwarf »eine Tabelle für die Schulen der Mahlerey«, und die Prinzen lernten die Lebensläufe der großen italienischen Maler auswendig. Als Pflichtlektüre wurden Winckelmanns »Geschichte der Kunst des Altertums« und Johann Gustav Gottlieb Büschings »Geschichte der zeichnenden Künste« aufgegeben. Daneben fanden immer wieder Besuche in der Bildergalerie statt, wo sich der Maler und Galerieinspektor Johann Gottlieb Puhlmann, der von 1774 bis 1787 in Rom gelebt hatte, als Führer nützlich machte, viel von Italien sprach und auch zwei Kupferstiche von Rom im Schlafzimmer der Prinzen begutachtete. Puhlmann gab auch ein paar Zeichenstunden, wohl auf Bitten Delbrücks, dem die künstlerische Ausbildung seiner beiden Schützlinge besonders am Herzen lag.

Im Oktober spitzte sich in Süddeutschland die militärische Lage zu. Mars regierte die Stunde. Zu seinem zehnten Geburtstag, nach dem Eintreffen der »heillose[n] Nachricht von dem Siege der Franzosen über die Oesterreicher« bei Ulm, beförderte der König seinen Ältesten kurzerhand zum Fähnrich. Jedoch die Künste und die Wissenschaften gelangten schon bald wieder zu ihrem Recht. Am 28. November war Alexander von Humboldt zu Gast und erzählte den begeisterten Prinzen von seiner Südamerikareise, und am 5. Dezember, wenige Tage nach der auch für Preußen verhängnisvollen Schlacht von Austerlitz, wurde eine Szene aus »Torquato Tasso« gelesen, »als er von seiner Reise nach Rom und Neapel spricht«.[11]

Sowohl in künstlerisch-praktischer wie in kunstgeschichtlicher Hinsicht herrschte in Delbrücks Schulbetrieb ein gemäßigter Klassizismus, der nicht mehr Winckelmanns Rigidität hatte und dem ein gewisses relativistisches Moment innewohnte. Unter dem 5. Mai vermerkt Delbrück, daß die Prinzen für den Unterricht das erste Heft von Aloys Hirts gerade erschienenem »Bilderbuch für Mythologie, Archäologie und Kunst« erhalten hatten. »Fritz« kommentiert: »Von Hirt? Dann [... wird es] gewiß schön seyn oder doch wenigstens richtig [...]. Was von ihm kommt, ist immer richtig.«[12] Hirt, der in der Folgezeit einen nicht geringen Einfluß auf das kunstgeschichtliche Weltbild Friedrich Wilhelms ausüben sollte, versucht in der Einleitung seines weitverbreiteten Lehrbuchs, seinen jungen Lesern die unerreichbare Höhe der griechischen und römischen Kultur vor Augen zu führen: »Je höher wir selbst in der Cultur steigen, desto näher fühlen wir uns den Griechen und Römern verwandt; und jede Kenntniß, die uns diesen Völkern näherbringt, schärft in uns das Verlangen nach neuen Forschungen.« Über alle anderen Formen kultureller Äußerungen eines Volkes stellt Hirt die bildenden Künste, »denn diese geben den Maßstab, nach welchem der Grad von Bildung, den ein Volk erstieg, richtig zu würdigen ist«. Er fordert aber nicht wie Winckelmann und der Frühklassizismus dazu auf, die antike Kunst in ihrer Vollkommenheit nachzuahmen, sondern zu ihr »unser Auge empor[zu]richten«, denn die »zeichnenden Künste gedeihen nur im Schooße einer gebildeten Nation, und ihre Blüthe ist das Mahnmal der Reife, zu welcher der Mensch durch den bürgerlichen Verein gelangen kann«.[13]

Zu diesem von den antiken Dichtern, vor allem aber von der großen deutschsprachigen Literatur des 18. Jahrhunderts, die von Klopstocks »Messias« bis zur »Iphigenie« und »Wallensteins Tod« reichte, geprägten Lehr- und Erziehungsprogramm erhielt die junge Romantik zunächst keinen Zutritt; allerdings lasen die Prinzen den »Ossian«, die »Geschichten aus 1001 Nacht« und, wie Delbrück für 1808 vermerkt, Ludwig Tiecks Schauergeschichte »Abdallah«, bald auch Fouqué und andere Autoren. Wie es scheint, fand diese Lektüre jedoch in der Freizeit statt, von Delbrück eher geduldet als gefördert.

Große Beachtung schenkte er dagegen den alten und neuen Sprachen. Friedrich Wilhelm lernte zuerst, seit 1803, Französisch, später folgten Englisch, Italienisch, Spanisch, seit 1808 auch Latein. Aus Begeisterung für den Fernen Osten versuchte er sich auch am Sanskrit. Griechisch stand nicht auf dem Lehrplan, was nicht folgenlos blieb. Man darf vermuten, daß dieser Verzicht zu der deutlich stärkeren Neigung Friedrich Wilhelms zur römischen als zur griechischen Antike, zu Italien als zu Griechenland, beigetragen hat. Diese Einstellung sollte, wie wir noch sehen werden, gewissen Schwankungen unterliegen, doch sich nicht grundsätzlich ändern; von einer Reise Friedrich Wilhelms IV. nach Griechenland ist niemals ernsthaft die Rede gewesen.

Auf offene Ohren stieß der Kronprinz mit seiner Romschwärmerei bei Delbrück, den es ebenfalls in den Süden zog. Er hörte zweifellos auch von anderen Reiseaktivitäten in seiner näheren und weiteren Umgebung; trotz unablässiger Kriege zwischen Napoleon und dem übrigen Europa seit den frühen 1790er Jahren reiste man weiterhin nach Italien, wenn auch nicht in so großer Zahl wie zu Friedenszeiten. Delbrück blieb jedoch zunächst unabkömmlich. Erst als er von Ancillon, dem neuen Erzieher des Kronprinzen, abgelöst worden war, konnte er sich seinen Wunsch erfüllen und 1812 nach Italien aufbrechen.

Delbrücks Fortgang bekümmerte Friedrich Wilhelm anfangs sehr, sein Gefühlsleben wurde nach der Rückkehr aus dem ostpreußischen Exil jedoch zunehmend in eine andere Richtung gezogen: Die sich in Deutschland und Preußen ausbreitende patriotische Stimmung, die der entscheidenden militärischen Auseinandersetzung mit Napoleon den Weg bahnte, begann auch ihn zu ergreifen. Geistige Stärkung fand er in der christlichen Religion, die in diesen schicksalhaften Wochen und Monaten für immer zum Fundament seines Denkens und Handelns wurde. Auch die Lektüre jener Zeit stand in einiger Distanz zur Antike. Nachdem der Kronprinz am 27. März 1813 in Begleitung des Königs vom Grab seiner Mutter, der Königin Luise, Abschied genommen hatte, verließ er Berlin drei Tage später »in einer frommen romantischen Stimmung. Mir war zu Muthe, als zöge ich in einen Kreutzzug, zu dem ich am Grabe der Mutter die Weihe empfangen; noch tönten mir begeisternd die Klänge der Armide nach, und meine romantische Stimmung ward durch die Lesung des Zauberrings von la Motte Fouqué vermehrt«.[14]

Der erste Ritterroman des märkischen Barons Friedrich de la Motte-Fouqué, des Dichters der berühmten »Undine«, war Ende April 1813 noch fast druckfrisch. Er erzählte eine märchenhafte Geschichte aus der Welt des skandinavischen Mittelalters, wie schon die Dramen-

1. Christian Daniel Rauch, Kronprinz Friedrich Wilhelm

Trilogie »Der Held des Nordens« von 1808/1810 und viele später erschienene Romane und Erzählungen.[15] Der in den Krieg ziehende achtzehnjährige Kronprinz hatte in Fouqués »Zauberring« – nicht bei den klassischen Dichtern alter und neuer Zeit – eine Kraftquelle gefunden, der er in dieser kritischen Lebensphase bedurfte.

Nach der Feuertaufe bei Großgörschen, der Schlacht bei Bautzen und der Leipziger Völkerschlacht gelangte Friedrich Wilhelm im Verlauf des Winterfeldzuges 1813 an den Rhein; er sah den »heiligen Strom« zum erstenmal am 6. Dezember bei Biebrach: »Endlich hab ich den Rhein gesehen!!!!!«[16] In Frankfurt traf er mit Sulpiz Boisserée zusammen, der ihn in die Welt der Gotik und des Mittelalters einführte. Wie weit weg in diesen Kriegstagen Italien lag, läßt sich aus fast jedem Brief heraushören, den der Kronprinz oder sein Bruder nach Hause sandten. Am 5. Januar 1814 schreibt Wilhelm an Cousine Friederike aus Freiburg im Breisgau: »Auch ist hier eine alte gothische Kirche, die [...] uns alle frappirt« – besonders natürlich den Kronprinzen.[17] Dieses Entzücken erhielt auf dem Weg nach Paris weitere Nahrung. Die vom Kriegsverlauf bestimmte Route, die der Kronprinz mit der alliierten Hauptarmee marschierte, bot aus kunsthistorischer Sicht nichts Außergewöhnliches – sie führte von Belfort über Vesoul, Langres, Chaumont und ab Troyes die Seine entlang –, instruktive und teilweise auch schöne Exempel der Gotik in ihrem Ursprungsland waren die Kirchen am Wege aber allemal. Die Kathedralen von Chaumont und Troyes fand Friedrich Wilhelm »superbe« und »göttlich«. Der Gegenstand fesselte ihn so sehr, daß er sich Zeit zum Zeichnen nahm. Um den 25. März 1814 kam er auch in den kleinen Ort Bray-sur-Seine zwischen Nogent und Montereau; dort skizzierte er mit bemerkenswertem Sachverstand eine siebenschiffige Basilika im Grund- und Aufriß, im Querschnitt, von der Chorseite und von vorn. Aussagen über Notre-Dame von Paris, die man erwarten würde, sind dagegen nicht überliefert, auch nicht über die große Kathedrale in Amiens, das er am 5. Juni auf dem Weg nach England passiert haben muß.

Auf dem Rückweg von Paris nach Berlin betrat Friedrich Wilhelm am 16. Juli zum erstenmal den Kölner Dom. An seiner Seite befand sich wieder Sulpiz Boisserée, wenige Tage nachdem der König von London aus Schinkel beauftragt hatte, Entwürfe für »einen prächtigen Dom, Dankdenkmal für Preußen in Berlin« zu machen. Es ist gar nicht anders vorstellbar: Friedrich Wilhelm muß eine zentrale Rolle bei diesem ehrgeizigen Vorhaben gespielt haben. Am 29. Dezember berichtet er dem König, der auf dem Wiener Kongreß weilt, daß Schinkel »eine große Kirche, die wirklich überschwenglich ist« gezeichnet habe.[18] Das Projekt, auf das Schinkel große Mühe verwendet hatte, ließ der König spätestens Ende 1815 wieder fallen, der Kronprinz scheint ihm länger angehangen zu haben. Für ihn malte Schinkel 1817 sein bekanntes Phantasiestück mit den beiden Reiterdenkmälern und dem antiken Triumphbogen; im Hintergrund erkannt man jenen geplanten gotischen Befreiungsdom (Abb. 2).

Als Friedrich Wilhelm Anfang Juni 1815, wenige Tage vor der entscheidenden Schlacht von Waterloo, wieder zur Armee in Richtung Westen unterwegs war, erlebte er mit offenem Blick die mittelalterlichen deutschen Städte, Klöster und Burgen entlang der Reiseroute. Besonders aufschlußreich ist der Besuch der Ruine der Klosterkirche Paulinzella am 17. Juni, die ihm einen »lauten Schrey des Entzückens« entriß.[19] Zu früher Morgenstunde skizzierte er vier Kapitelle vom linken Gewände des Hauptportals. Man fragt sich verwundert, wie diese vorfristige Aufgeschlossenheit für die Formenwelt der Romanik zu erklären ist. Sah der Zeichner diese Säulen wie die gotische Architektur als Zeugnisse einer nationalen Vergangenheit und Identität oder als ein Denkmalpfleger, dem alles Vergangene gleichermaßen wertvoll ist, oder sah er sie schon aus der Perspektive seiner späteren Basilika-Projekte, als historische Ausläufer der antiken Architektur? Vielleicht entsprangen diese Schwärmereien, die sich auf dieser Reise fortsetzten, einfach nur einem exaltierten Gemütszustand, zu dem nicht nur mittelalterliche Städte, sondern auch Landschaften beitrugen, vor allem wieder der Rhein. Am 29. Juni 1815, nachdem Napoleon für immer besiegt worden war, schreibt Friedrich Wilhelm seinem Bruder Karl: »Der göttliche Rhein! Ich habe meine Rechte in den Strom getaucht und mir drei Kreutze auf die Stirn gezeichnet.«[20]

Diese romantisch-patriotische Stimmungslage hielt noch 1816 an, um nach einem heftigen Aufflackern an der Wende 1817/18 abzuebben. Seine Schwester Charlotte, die im Begriff stand, den russischen Thronfolger Nikolaus zu heiraten, ermahnt der Kronprinz am 16. Juni 1817: »Vergiß Deutschland nicht im fremden Lande, um Gottes Willen, liebe es immer so, wie Du's bis jetzt gethan; sey immer stolz eine teutsche Fürstinn zu seyn, u verlier nie den Glauben an Dein deutsches Volk.«[21] Anschließend war er von Juli bis September im königlichen

Auftrag in den neuen preußischen Westprovinzen unterwegs, eine Mission, die er genossen hat. In Köln besuchte er wieder den Dom, zusammen mit Aloys Hirt, der nach den Niederlanden unterwegs war. Dies wissen wir aus einem Brief vom 7. August 1817 an Charlotte. Am 18. August berichtet er ihr aus Wesel von einem zweiten Besuch, wieder in Begleitung von Hirt, der über solche Überspanntheit verständnislos den Kopf geschüttelt haben mag: »Da im Dom war das schönste Schauspiel von der Welt. Ein großer illuminirter Stern war das einzige Licht, u schwebte hoch im Chore. Das ungeheure Gewölbe schimmerte nur im Nebel oben. Dabey wurde eine Messe von Naumann aufgeführt [...]. Es waren wirklich unaussprechliche Augenblicke. Mein ganzes Wesen war bey Dir, beste Charlotte, ich war am Heulen.«[22] Nach dieser erlebnisreichen, anregenden Reise fand der Kronprinz, wie er der Schwester anvertraut, nur schwer in das für ihn unerfreuliche Berliner Leben zurück: »[...] schon heut, am 1ten Tage meines Hierseyns ist mir nicht recht, diese abscheulich warme, matte Luft bringt mich um. In Potsdamm bin ich recht glücklich gewesen, aber wie sonderbar, daß mir's hier, nie so recht behagen will.«[23]

Seit Ende 1815 besaß Friedrich Wilhelm eine Wohnung im Berliner Schloß. Als der bald volljährige Thronerbe sollte er fortan auch im Zentrum der Macht präsent sein; er gehörte jetzt dem Staatsministerium an, seit März 1817 war er Mitglied des neugegründeten Staatsrates, und seit Dezember leitete er die sogenannte Kronprinzenkommission, die sich mit Verfassungsfragen befaßte. Ob in diesen Ämtern irgend etwas zu bewirken war, wird eher zu verneinen sein, dem Kronprinzen machten sie aber bewußt, daß ein neuer Lebensabschnitt, an dessen Ende der Thron auf ihn wartete, begonnen hatte. Ein äußeres Zeichen der erlangten Reife war auch die Tatsache, daß Ancillons Amt als Erzieher im November 1817 erlosch; von nun an sollte er dem zukünftigen König als Gesellschafter und Ratgeber zur Seite stehen. Dieser durchlebte jene transitorischen Monate mit widerstreitenden Gefühlen und Ideen. Weniger in Potsdam, abseits des Geschehens, weilen zu dürfen, erzeugte bei ihm Ängste, andererseits lag Friedrich Wilhelm Pflichtvergessenheit fern. Schon als Knabe ahnte er, was ihm bevorstand, und er hat früh damit begonnen, sich auf seinen Daseinszweck einzustellen.

Eine stützende Funktion kam in diesem komplizierten Reifeprozeß der Welt der Antike und des Klassizismus zu. Dies erscheint nicht sonderlich originell, denn wer im nachantiken Europa politische Herr-

2. Karl Friedrich Schinkel, Triumphbogen

schaft ausgeübt hatte, hatte es immer mit Blick auf das Altertum getan. Auch die brandenburgisch-preußischen Kurfürsten und Könige sahen sich in einer Reihe mit den römischen Kaisern. Dieses Traditionsbewußtsein bemächtigte sich nach 1815 auch des Kronprinzen Friedrich Wilhelm, der die von Friedrich II. vor Sanssouci aufgestellten römischen Kaiserbüsten nicht übersehen konnte. In seiner lebhaften Phantasie erschien ihm Rom als ein »Sommernachtstraum«, ein Ort voller Wunder und Geheimnisse, von wo alles seinen Anfang genommen hatte – auch die Welt, in der er lebte. Delbrück hatte er am 27. Februar 1812, vor dessen Abreise nach Italien, wissen lassen, daß sein Verlangen, nach Rom zu kommen, so groß war, »daß ich fast jeden Winkel in Rom kenne. 1000 Pläne u 1000 Bilder habe ich studiert«.[24] Diese Sehnsucht kehrte jetzt zurück.

Niebuhr wartet vergebens

Wann dies genau war, läßt sich nicht feststellen. Zwei Briefe von Anfang 1818, an Niebuhr in Rom und an Charlotte in Sankt Petersburg, können als Datierungshilfe herangezogen werden. Niebuhr, der seit Ende 1814 dem Kronprinzen Vorlesungen in Finanz- und Staatskunde gehalten und anschließend im Juli 1816 das Amt des preußischen Gesandten beim Vatikan angetreten hatte, korrespondierte seitdem mit seinem ehemaligen Schüler. In einem Brief vom 14. Februar 1818 gesteht ihm dieser, daß er sich nach dem »schönen Wunderland« Italien »unnennbar sehne, immer gesehnt habe, [...] ich muß es gesehen haben [...], um reif zu seyn«.[25] Und zwei Tage später vertraut er der Schwester an, daß er mit den »größten Vorsätzen« schwanger gehe; diesmal sei nicht von Borneo die Rede, sondern von Italien: »Ich bin ein miserabler Mensch, wenn ich nicht nach Italien komme, das ist gewiß.«[26]

So ganz unvorbereitet kam dieser Sinneswandel indessen nicht oder anders gesagt: Die deutsch-nationale Gotikbegeisterung hatte die klassische Welt nicht ganz aus der Erinnerung verdrängen können. Das erwähnte Gemälde Schinkels von 1817 gibt dafür einen Hinweis: Es zeigt im Vordergrund, den gotischen Denkmalsdom einfassend, einen antiken Triumphbogen und zwei Reiterdenkmäler. Es ist zu vermuten, daß der Empfänger des Bildes, eben der Kronprinz, diesen Schinkelschen Dualismus später nicht mehr so ohne weiteres hingenommen hätte; in der Übergangsphase, in der er sich 1817/18 befand, mag es ihm recht gewesen sein.

Seit 1814 lernte Friedrich Wilhelm intensiv Italienisch. 1814/15 war er zweimal in Paris, wo bis dahin Kaiser Napoleon und ein imperialer Klassizismus, das Empire, geherrscht hatten. Von dieser imposanten Kulisse konnten weder der König noch seine ihn begleitenden ältesten Söhne unbeeindruckt bleiben. Im Musée Napoleon sahen sie nicht nur die aus Berlin als Kriegstrophäen weggeführten Bildwerke, darunter die Quadriga vom Brandenburger Tor, sondern auch die crème de la crème der alten und neuen Kunst Italiens. Hier in Paris, wo scheinbar alles zu haben war, hatte Friedrich Wilhelm seine erste Begegnung mit den Großwerken der Antike und der Renaissance. Auch traf er in diesem »Sündenpfuhl« und »Narrenhaus« mit einem der bedeutendsten lebenden Baumeister und, wie man heute sagen würde, Designer zusammen, mit Pierre-François-Léonard Fontaine, dem ehemaligen Architekten Napoleons, nun in Diensten Ludwigs XVIII. Von 1786 bis 1792 hatte er als Stipendiat der Académie de France in Rom gelebt und dort mit Charles Percier, seinem Partner bis 1814, einen an der Antike und der Renaissance orientierten klassizistischen Stil entwickelt, der in Europa weite Verbreitung fand, nicht zuletzt dank ihrer Publikationen über die Paläste und Villen Roms sowie über moderne Innendekoration.[27] Der Kronprinz war mit diesen opulenten Stichwerken damals schon vertraut, wie er überhaupt durch seine Sachkenntnis und durch sein Interesse, »que les grands accordent rarement«, einen äußerst vorteilhaften Eindruck hinterließ. Die für Friedrich Wilhelm zweifellos prägende Begegnung, an der auch der König, Bruder Wilhelm und Alexander von Humboldt teilnahmen, fand am 19. August 1815 in Fontaines Atelier statt. Man zeigte ihm, wie Fontaine später in seinem Tagebuch festhielt, die Entwürfe zu einer Residenz des Königs von Rom, Napoleons Sohn, die wie andere ehrgeizige Projekte des Kaisers infolge dessen Sturzes, worauf Fontaine mit besonderem Nachdruck hinwies, unvollendet bleiben mußten.[28] Seit diesem Tag war der Architekt Napoleons für Friedrich Wilhelm eine hochgeschätzte Autorität, neben der er nur noch Schinkel gelten ließ und deren Rat er nach Schinkels Tod 1841 mit Hilfe Alexander von Humboldts später gelegentlich einholte.

Mit einer gewissen Berechtigung wird man daher sagen können, daß Friedrich Wilhelms langer Weg nach Rom über Paris geführt hat.

Obwohl für ihn Frankreich seit 1789 ein revolutionärer Gefahrenherd, eine Bedrohung der politischen Ordnung in Europa darstellte – nach 1815 hat er nie wieder französischen Boden betreten –, übte die französische Kultur auf ihn sein Leben lang eine unwiderstehliche Anziehungskraft aus, die auch seine Wahrnehmung Italiens und seine baukünstlerische Phantasie färbte.

Es muß, um auf Niebuhr zurückzukommen, erwähnt werden, daß von dessen Seite zunächst kein Wort der Ermunterung zu hören war. Er fühlte sich von Hardenberg und Wilhelm von Humboldt nach Rom in die »Verbannung« abgeschoben. Er hätte viel lieber weiterhin an der Ausbildung des zukünftigen preußischen Königs mitgewirkt. Den lebensgeschichtlich wichtigen Brief des Kronprinzen vom 14. Februar 1818, der den Beginn des langen Wartens auf das königliche Plazet markiert, war ein Brief Niebuhrs vom 12. Juli 1817 vorausgegangen, der an Italien kaum etwas Gutes läßt. Er reflektiert unüberhörbar die im allgemeinen Bewußtsein sich allmählich geltend machende sachlichere und kritischere Betrachtung Italiens gegen Ende der klassisch-romantischen »Kunstperiode« hin; dieser Brief ist aber auch ein Dokument von Niebuhrs zur Schwarzmalerei neigendem Charakter. Zufrieden ist er nur mit seiner Wohnung im Marcellustheater wegen des herrlichen, vom Aventin bis zum Monte Mario reichenden Blickes auf Rom; er wird sie später dem Kronprinzen, der schöne Aussichten liebte, als Bleibe anbieten. Freude machen ihm auch die deutschen Künstler in Rom, vor allem die Lukasbrüder, die ihre Wandbilder im Palazzo Zuccari auf dem Monte Pincio, dem Amts- und Wohnsitz des preußischen Generalkonsuls, gerade vollendet hatten. Im gleichen Atemzug erhebt er aber schwere Vorwürfe gegen den »Juden Bartholdy«, der die Künstler »für seine Eitelkeit infam mißbraucht« habe, ohne dessen Verdienst anzuerkennen, durch seinen Auftrag Cornelius, Overbeck, Schadow und Veit überhaupt erst in die Lage versetzt zu haben, sich als aufstrebende junge Künstler und Wegbereiter einer neuen Kunst zu präsentieren. Harsche Kritik übt Niebuhr an den römischen Verhältnissen und an der »Bestialität der Nation«. Die »zum Aussterben bestimmte Stadt« werde immer ungesünder, während das »alte Rom [...] einen ebenso festen Charakter der Atmosphäre wie seine Einwohner einen sittlichen« [hatten], gäbe es jetzt in Europa keine »regellosere, stinkendere« Stadt als Rom. Das »ganz aufgelöste vermoderte« Italien sei sehr unsicher, man könne sich gerade bis Palestrina oder Subiaco wagen. Harte,

3. Friedrich Wilhelm, Monte Ombroso

ungerechte Worte fallen auch über die italienische Kunstgeschichte. Die antike Skulptur hält Niebuhr für überschätzt, und von der nachmittelalterlichen Kunst und Architektur läßt er fast nichts gelten.[29] Den Kronprinzen fochten solche Klagen und Nörgeleien aber nicht an; schlimmer als Paris konnte Rom nicht sein. Seinem väterlichen Freund läßt er wissen, daß ihm vor dem »Pfaffen- und Römerpack« nicht bange sei, weil er »den Heyland im Herzen« habe.[30]

Niebuhr muß bald eingesehen haben, daß er mit seiner Übellaunigkeit über das Ziel hinausgeschossen war und ermunterte im März 1818 den Kronprinzen erneut zu einer Reise. Dessen Italiensehnsucht wurde in diesen Wochen noch dadurch fast zur Unerträglichkeit gesteigert, daß zwei Personen aus seiner Umgebung, Friedrich Wilhelm von Brandenburg und Karl von Roeder, nach Rom aufbrechen sollten. »O Dio! Perchè non Io?«, ruft er in einem Brief an Charlotte aus. Der König zeigte jedoch vorläufig keine Neigung, die Genehmigung einer solchen Reise, die aus seiner Sicht mit vielen Risiken verbunden war, überhaupt zu erwägen. Er fürchtete, daß der Thronerbe Schaden nehmen könnte, sein leicht erregbares Gemüt den zu erwartenden machtvollen Eindrücken der Reise nicht würde standhalten können. Außerdem gingen andere Verpflichtungen vor: Im Mai reisten König und Kronprinz zur Taufe von Charlottes erstem Kind nach Rußland, von Ende Oktober bis Ende November nahmen sie am Kongreß der Heiligen Allianz in Aachen teil. Die Haltung des Königs blieb in der Italienangelegenheit unerschütterlich. An Charlotte schreibt Friedrich Wilhelm am 26. Oktober 1818: »Ach u Papa hat in den letzten Tagen wieder so getobt gegen Welschland.«[31] Zum Geburtstag wenige Tage vorher hatte er dem Kronprinzen jedoch einen Kupferstich nach der Sixtinischen Madonna geschenkt, was dieser als Trost auffassen konnte. Roeder und Brandenburg hatten ihm aus Rom Abgüsse von Thorwaldsens populären Reliefs des »Tages« und der »Nacht« mitgebracht, und von Hirt bekam er ein paar antike Kleinigkeiten aus Ton; unter den Geburtstagsgeschenken befand sich aber auch ein nicht näher bezeichnetes »altes Bild«, wohl ein Triptychon, auf Goldgrund. Um die Jahreswende 1818/19 scheint der König schwankend geworden zu sein, der Kronprinz sah den Augenblick für einen Generalangriff gekommen. Er vertraut Charlotte an, »einen entscheidenden Schritt« tun zu wollen: »Schlägt er es meinen kindlichen Bitten, u Ancillons reifen Vorstellungen u Gründen ab, hört er nicht auf die erste Bitte von

Bedeutung die ich je von ihm gebeten!!! So weiß er nicht was er abschlägt.«[32]

Der angekündigte Brief wurde am 15. Februar geschrieben. Der König antwortete wenige Tage später. Der Herzenswunsch des Kronprinzen fand erneut kein Gehör. Genehmigt wurde dagegen ein Besuch Wiens und der Schweiz: »Ich war ärger als vom Donner gerührt! daß dieser Brief nichts weiter gefruchtet haben sollte als Vergoldung der Pille!«[33] In einem bald darauf geführten Gespräch äußerte der König, daß kein Grund zum Unglücklichsein bestehe, bloß weil man nicht nach Italien oder nach Griechenland oder nach Syrien reisen könne. Er habe sich auch manches versagen müssen. Ganz aussichtslos war die Lage indessen nicht mehr, wenngleich, je nach Laune, der König bald die Hoffnung weckte, die Reise könne in naher Zukunft staffinden, bald die schlimmsten Befürchtungen äußerte, daß der Kronprinz, nachdem er Italien gesehen habe, von religiösen Ideen getrieben, womöglich verlangen würde, Jerusalem zu besuchen. Auch stand dem König als warnendes Beispiel sein Bruder Heinrich vor Augen, der sich angeblich aus gesundheitlichen Gründen schon viele Monate in Italien aufhielt und keine Anstalten machte, nach Hause zurückzukehren. Solche Vorhaltungen schmerzten den Kronprinzen, weil sie zeigten, daß ihn der König für pflichtvergessen hielt. Dies ging ihm – zu recht, wie man sagen muß – zu weit. Friedrich Wilhelm wäre unter gar keinen Umständen ohne Erlaubnis nach Italien »hineingeschlüpft«, noch wäre er dort geblieben!

Eine Revolte stand jedoch nicht zu befürchten. Der Kronprinz fügte sich und war bereit, ehe wieder über eine Italienreise gesprochen werden sollte, sich auf Brautschau »hinausschieben« zu lassen. Dies geschah Anfang Juni. Mit dem Kronprinzen reisten Bruder Wilhelm und Prinz Friedrich der Niederlande, genannt »Fritz Oranien«, beide ebenfalls noch ledig, zunächst nach Schlesien zur Truppeninspektion, dann über Prag, Nürnberg, Frankfurt, Karlsruhe und Straßburg durch die Schweiz nach München und von dort nach Wien und schließlich über Prag zurück nach Potsdam. Auf dieser Reise, in Baden-Baden, begegnete Friedrich Wilhelm zum erstenmal Elisabeth von Bayern, und von der Höhe der Alpen konnte er hinab in die italienische Ebene, konnte er den Lago Maggiore und die Türme des Mailänder Domes sehen oder doch wenigstens ahnen. Niebuhr in Rom hoffte, wie aus einem Glückwunschbrief zum Geburtstag des Kronprinzen hervorgeht, die Route werde weiter nach Süden führen. Eine Antwort auf diesen Brief erhielt er ein Jahr später, am 1. November 1820, aus dem schlesischen Troppau, wo ein Kongreß der Heiligen Allianz stattfand, der auch über die politische Lage in Italien nach der im Juli 1820 in Neapel ausgebrochenen ersten Carbonari-Revolte beriet. Der Kronprinz bittet Niebuhr um Informationen über die »jetzige italische Crise«. Auch will er wissen, wie es Onkel Heinrich, Bartholdy und den deutschen Künstlern gehe. Er seinerseits berichtet über das im Entstehen begriffene Schauspielhaus auf dem Gendarmenmarkt, wo sich Schinkel und die für die Innendekoration zuständigen Wilhelm Schadow und Wilhelm Wach selbst überträfen, und bittet darum, in Rom einen Maler zu engagieren, der für ihn eine Landschaft von Claude Lorrain in der Galleria Doria Pamphili kopiert.[34] Zu seiner nicht geringen Überraschung muß Niebuhr, ohne Näheres zu erfahren, auch lesen, daß die »unmäßige Sehnsucht« nach Italien schwächer geworden sei: Sie »mag wohl stärkeren Eindrücken gefallen seyn«.[35]

Zwei Jahre später schien sich eine einzigartige Gelegenheit zu ergeben: Die Heilige Allianz kam im Herbst 1822 in Verona zu ihrem vierten Kongreß zusammen. Doch anstelle des Kronprinzen begleiteten dessen Brüder Wilhelm und Karl den König. Als dieser Rom besuchte, diente ihm der enttäuschte Niebuhr als Fremdenführer. Es ging immer in Eile, denn Friedrich Wilhelm III. hatte keinen Sinn für Ruinen und Kunstdenkmäler. Niebuhr fühlte sich mißbraucht – »ich habe den Despotismus persönlich, in seiner rohesten Form, empfunden« – und mag den Kronprinzen um so mehr vermißt haben.[36]

Niebuhr verließ Rom im Feburar 1823, sein Amt übernahm sein bisheriger Stellvertreter Bunsen. Vielleicht hätte er, schreibt er dem Kronprinzen in einem Brief vom 3. Februar, länger ausgehalten, wenn ein Besuch »ganz gewiß« gewesen wäre.[37] Danach sah es aber immer noch nicht aus. Auch hatte Niebuhr das Gefühl, vom preußischen Staat nicht mehr gebraucht zu werden. Eine Einladung des Kronprinzen nach Sanssouci schlug er aus. Aus der Schweiz empfahl er im Juli 1823 seinen Nachfolger Bunsen als den potentiellen Cicerone; ihm habe er alle seine Geheimnisse anvertraut.

In ebendieser Zeit, im Sommer 1823, befand sich Friedrich Wilhelm in einer lebensbedrohenden Krise, die seine Sehnsucht nach Italien ganz und gar zum Schweigen gebracht hatte. Nach allem was er von den mit der heiklen Angelegenheit befaßten Personen hörte, gab es keinen Ausweg: Seine Vermählung mit der katholischen Elisabeth von Bayern drohte endgültig an der offenbar unlösbaren Konfessionsfrage zu scheitern. Friedrich Wilhelm liebte die Prinzessin, seit er ihr im Sommer 1819 zum erstenmal begegnet war. Schwester Charlotte, die Vertraute in Herzensangelegenheiten, hatte seinerzeit als erste davon erfahren, in einem Brief vom 6. Oktober 1819 aber auch lesen können: »Ach Italien! Denke Dir, ja denke Dir, daran bin ich vor der Hand ganz geheilt – Die Passion ist nicht mehr da, nur noch der Wunsch [...], so sehr bin ich verändert und gewendet.«[38] Ein Jahr später, als Niebuhr von jenem Sinneswandel Kenntnis erhielt, ohne ihn deuten zu können, hatte sich die Situation insofern verändert, als sich der Kronprinz der Aussichtslosigkeit seiner Werbung um Elisabeth mehr und mehr bewußt geworden war. Die Grundfesten seiner Existenz drohten ins Wanken zu geraten: »Ich habe aber Unglück mit meinen schönsten Wünschen!!!!.«[39]

Im Frühjahr 1822 spitzte sich die Krise dramatisch zu. Der König mußte fürchten, den Erben seines Thrones um den Verstand zu bringen, und zeigte guten Willen: Durch Witzleben, seinen Generaladjutanten, ließ er den Kronprinzen wissen, daß er erwäge, ihn mit nach Verona zu nehmen. Ob dies ernst gemeint war, steht dahin. Jedenfalls erhielt er zu seiner großen Überraschung eine Absage. Am 9. August 1822 schreibt ihm der Kronprinz nach Teplitz, daß es die »Angelegenheiten wegen der Provinzialstände« zur Zeit nicht erlaubten, Berlin den Rücken zu kehren. Nach Beendigung der Arbeit im kommenden Frühjahr würde er dagegen gern reisen, am liebsten mit Ancillon. In seiner Gesellschaft brächte diese Fahrt »wahren Nutzen«, denn an Zerstreuung wie noch vor drei Jahren, als er das erstemal um eine Reise nach Italien gebeten habe, könne er in der augenblicklichen Situation nicht denken.[40] Diese Argumentation mutet merkwürdig an. Vielleicht wollte der Schreiber dem königlichen Vater signalisieren, daß er reifer geworden war und seine Italieneuphorie inzwischen einer etwas nüchterneren Betrachtungsweise Platz gemacht hatte; es können aber auch taktische Erwägungen im Spiel gewesen sein. Dem Brief beigelegt waren die zweibändigen Reiseerinnerungen von August Wilhelm Kephalides (1818); ob auf Wunsch oder als freundliche Geste, wissen wir nicht. Da die Reise nach Verona bevorstand, ist zu vermuten, daß sich der in Teplitz kurende König auf den Süden einzustimmen wünschte.

Während seiner Geschäftsführung sandte der Kronprinz regelmäßg Berichte nach Italien, die ein widersprüchliches Bild von seiner seelischen Verfassung geben. Er sorgt sich um den Vater und die Brüder in dem »fremden, schlechten Land« und beneidet sie um das »Schöne und Herrliche«, das sie erleben durften. Wenn er übers Jahr vielleicht selbst fahren dürfe, würde er gern mehrere Monate bleiben, von Ende Oktober bis Ostern oder von Neujahr bis Ende Mai – vielleicht ahnte er schon, daß ihm bestenfalls einige Wochen zugestanden werden würden –, doch wenn es nicht ginge – auch gut. Für dieses Jahr, für 1822, verzichte er jedenfalls ganz auf »alle diese Herrlichkeiten. Bey meiner Stimmung würde ich nichts genießen können [...]. Ich werde so kalt und trocken, daß ich mir abgeschmackt vorkomme«.[41]

Anfang 1823 waren der König und seine Delegation wieder in Berlin. Für Friedrich Wilhelm, der die Regierungsgeschäfte tadellos geführt hatte, nahm wieder die Routine des Kronprinzendaseins mit endlosen Sitzungen und zahllosen Repräsentationspflichten ihren Lauf, während seine Gedanken meist bei der bayerischen Prinzessin weilten.

Ob man von einer Kompensation sprechen darf, läßt sich nicht beantworten; Tatsache ist, daß in jenen Wochen der Konferenz von Verona und tiefster Mutlosigkeit – am 15. Oktober, seinem Geburtstag, blickte Friedrich Wilhelm auf ein »schweres unglückliches Jahr« zurück – Griechenland stärker in sein Bewußtsein getreten ist. Dank der Delbrückschen Erziehung war ihm die griechische Antike kaum weniger vertraut als die römische, aber in den 1820er Jahren war es zunächst die griechische Gegenwart, die Anteilnahme forderte. Wie ganz Europa verfolgte Friedrich Wilhelm den Befreiungskampf der Griechen gegen die Türken, deren Niederlagen zu Lande und zu Wasser im Sommer 1822 »ihm wohl gefielen«, und in einem Brief an den König vom 9. November kritisiert er, daß die griechischen Abgesandten bei der Heiligen Allianz in Verona, die stattdessen den italienischen Regierungen ein scharfes Vorgehen gegen jede Art von Opposition nahelegte, kein

Gehör gefunden hatten. Ob der Kronprinz im fernen Berlin die Verhandlungslage in Verona überhaupt beurteilen konnte, ist eher zu bezweifeln. Er versuchte jedenfalls, Einfluß zu nehmen.[42]

Als Friedrich Wilhelm am 29. November 1823 Prinzessin Elisabeth schließlich doch hatte heiraten dürfen, kehrte seine Italiensehnsucht nicht gleich zurück. Hirt, der gehofft hatte, mit ihm im Winter 1823/24 nach Italien zu reisen, stellte zu seiner großen Enttäuschung überhaupt eine geringe Reiselust beim Kronprinzen fest. In einem Brief an den Kultusminister Altenstein vom 11. Oktober bedauert er, daß aus diesem schönen Plan nun nichts werde, denn: »Idalia [Aphrodite] hat die Liebe zur Italia besiegt; Carthago (Elisa ist der Namen der Dido) hat die Roma überwunden.« Wahrscheinlich werde der Kronprinz irgendwann auf Italien zurückkommen, im Augenblick sei seine Begeisterung jedoch erkaltet.[43] Schuld daran war Elisabeth, wie Hirt vermutete – sicher nicht zu Unrecht. Während es lange ihre unerreichbare Ferne gewesen war, die Friedrich Wilhelm von Italien abgelenkt hatte, war es jetzt ihre Nähe, die ihn an größere Reisen, und sei es nach Italien, vorläufig nicht denken ließ. Seitdem Elisabeth an seiner Seite lebte, hatte sein Gefühlsleben eine neue Richtung erhalten, auch hatte er einen Gesprächspartner gefunden, der auf vielen Gebieten bewandert war. Elisabeth dürfte auch eine dezidierte Meinung zur griechischen Frage gehabt haben, schließlich war sie eine Halbschwester des Kronprinzen Ludwig, seit 1825 König von Bayern, eines aktiven und prominenten Vertreters des europäischen Philhellenismus. Friedrich Wilhelms Parteinahme für die Griechen blieb jedenfalls in den folgenden Jahren ungebrochen. Als 1825 nach der Landung Ibrahim Paschas die Griechen in schwere Bedrängnis gerieten, hätte er sich eine aktivere preußische Politik gewünscht. Die hielt sich, anders als die Bayerns, das 1826 militärische Berater nach Griechenland schickte, jedoch zurück. Im August 1827 empfing der Kronprinz in Sanssouci den Grafen Kapodistrias, bald darauf der erste griechische Präsident, und empfahl ihn dem König, was aber ohne Folgen blieb.

Vor diesem aktuellen politischen Hintergrund werden einige künstlerische und architektonische Projekte der 1820er und frühen 1830er Jahre verständlicher, denn weder zuvor noch danach stand Friedrich Wilhelm der griechischen Antike so nahe wie in jener Zeit, besonders in den Jahren vor der Italienreise. Auch der Schwester Charlotte, der Zarin Alexandra Feodorowna, in Sankt Petersburg lag die griechische

Sache am Herzen, mehr als dem Zaren, der wie der preußische König einem unabhängigen Griechenland reserviert gegenüberstand. An sie adressierte Friedrich Wilhelm, wahrscheinlich ungebeten, 1826 seine Vorschläge für ein Monument des 1825 verstorbenen Zaren Alexander. In einem Brief vom 12. Januar, in dem er auch berichtet, daß ihm der König zu Weihnachten das Vorwerk Charlottenhof geschenkt habe, empfiehlt er als eine von drei Varianten für ein Alexander-Denkmal, die er während langweiliger Staatsratssitzungen gezeichnet hatte, einen antiken Tempel »nach den Maaßen u der Ordnung des Ephesischen«; in einer goldenen Nische soll der Zar mit Zepter und Schwert sitzen, »mit gemalten Umgebungen auf blauem oder uniformgrünem Grund, ähnlich denen des Tempel Hintergrunds in Olympia«. Etwa eineinhalb Jahre später hören wir von einem Geschenk für Charlotte zum Geburtstag; der Kronprinz kündigt ein brandneues Stichwerk an, das er für »eine erfreuliche Erscheinung für die Wiederbelebung der Künste heut zu Tage« hält, »denn du wirst gestehen, daß der reinste Antike Geist darin zu schauen ist«.[44] Es handelte sich um den zweiten Teil der Rekonstruktionen der bei Pausanias beschriebenen Wandbilder des Polygnot in der Lesche zu Delphi durch die Brüder Riepenhausen. Ob das Geschenk tatsächlich abgesandt worden ist, wissen wir nicht.

Im Jahr 1838 fungierte der Kronprinz noch einmal als Vermittler eines »griechischen« Projekts nach Rußland, als er auf Wunsch Charlottes Schinkel mit dem Entwurf eines Sommersitzes auf der Krim beauftragte. An Schinkel, dessen künstlerisches Credo es war, »dem einfachen, erhabenen Style der rein griechischen Kunst« zu folgen und den »neuen Lebensverhältnissen« anzupassen,[45] hatte er sich auch wenige Jahre früher bei einem ähnlichen Projekt gehalten, an dem er ebenfalls beteiligt gewesen war, einem Königspalast auf der Akropolis in Athen für Otto von Bayern, seit 1832 Herrscher der Griechen.

Der Kronprinz bewunderte Schinkel und reichte dessen Entwürfe stets unwidersprochen weiter, er teilte aber nicht dessen ausschließliche Fixierung auf die griechische Antike; auch nicht in den 1820er Jahren. Er war jünger und stärker von der Romantik geprägt, war in seinem Verhältnis zur Kunstgeschichte schon flexibler und konsequenter historistisch eingestellt als Schinkel und hatte, dies darf man nicht übersehen, eine »natürliche« Beziehung zur römischen Antike, was nicht zuletzt mit seiner sozialen Stellung und seiner Lebensaufgabe als zukünftiger preußischer König zusammenhing.

Von diesen Differenzen war bei ihrem ersten gemeinsamen Projekt, das anders als jene anspruchsvollen Utopien verwirklicht werden konnte, der Sommerresidenz Charlottenhof, noch nichts spürbar. 1826 begannen Schinkel und Lenné mit den Planungen. Im September 1828, als Friedrich Wilhelm zu seiner Reise aufbrach, dürften Palais und Garten im wesentlichen vollendet gewesen sein. Entstanden war eine Anlage, in der sich Griechisches und Italienisches in schöner Harmonie befinden. Schinkels Vorliebe für die klassische griechische Formenwelt – der dorische Portikus an der Gartenseite spricht eine deutliche Sprache – macht sich geltend. Man fühlt sich nicht nach Rom versetzt, aber auch nicht auf den Peloponnes, eher nach Großgriechenland, in die Gegend südlich von Neapel oder nach Sizilien. Die griechische Antike, die hier in den märkischen Sand gepflanzt wurde, war auf italienischem Boden gewachsen. Später, nach der Rückkehr aus dem Süden, sorgte der Bauherr dafür, daß das italienische Element am Rande der Parks von Sanssouci stärker zur Geltung kam; nach den Plänen von Ludwig Persius wurden die Römischen Bäder begonnen.

Bunsen kommt aus Italien

Das erste antikische Projekt des Kronprinzen nach der romantisch-gotischen Phase der Befreiungskriege, das Aufmerksamkeit verdient, war das gigantische Belriguardo gegenüber Sanssouci auf dem Tornow. Die Idee zu diesem Schloß dürfte 1818/19 aufgekeimt sein, als der Wunsch, Italien zu sehen, am heftigsten war. Die Mehrzahl der Skizzen entstand aber wohl erst 1822/23. Auch Schinkel wurde einbezogen – wie später noch oft und nicht immer zu dessen Freude –, ein Entwurf zu Belriguardo trägt die Jahreszahl 1823. Vielleicht war dieses Traumschloß so etwas wie ein Hochzeitsgeschenk für Elisabeth. Daß an eine Realisierung jemals gedacht worden ist, läßt sich mit einiger Sicherheit ausschließen. Es handelt sich hier, wie Klingenburg gezeigt hat, in der Tat um eine »Ideen-Architektur«,[46] wie sie Friedrich Wilhelm bei Friedrich Gilly und auch bei Schinkel finden konnte. Wie weit er die französische Revolutionsarchitektur kannte, ist dagegen eine offene Frage. Belriguardo war jedenfals kein zu erbauendes, erschwingliches Schloß, sondern eine Architekturfantasie über das Thema »Italien«.

Das stilistische Erscheinungsbild entbehrt der Einheitlichkeit. Der Gesamteindruck ist der einer südlich-klassischen Architektur, die stärker aus dem Gefühl, als aus dem Kopf zu kommen scheint. Der Gesamteindruck von Schloß und Park ist jedoch eher römisch-antik, renaissancistisch und palladianisch. Wo Friedrich Wilhelm im einzelnen Anregungen gefunden hat, ist kaum nachzuweisen; zu dieser Zeit, 1823, zwangsläufig mehr in den Stichwerken von Percier und Fontaine als durch eigene Anschauung.

Als hätten sie von seiner Sehnsucht nach Italien gewußt, wie sie in jenem Prachtschloß sehr beredt zum Ausdruck kam, sandten die in Rom lebenden preußischen und bayerischen Künstler zur Hochzeit ein Album mit Zeichnungen. Der preußische Generalkonsul Salomon Bartholdy hatte dieses Geschenk angeregt und 38 Künstler dafür gewinnen können, unter ihnen Wilhelm Hensel, den Friedrich Wilhelm am 2. Oktober 1828 in Bozen treffen sollte, als dieser nach fünfjährigem Romaufenthalt als Stipendiat des Königs auf dem Heimweg nach Berlin war. Von Hensels Hand war das Titelblatt mit der »Hochzeit zu Kana«: das Kronprinzenpaar inmitten der Geschwister und der römischen Künstlerschar (Abb. 4). Das Widmungsblatt zeichnete wahrscheinlich Leo von Klenze, der sich Ende 1823 in Begleitung des bayerischen Kronprinzen Ludwig (I.) in Rom befand. Das Album, das auf der Berliner Akademieausstellung 1824 auch einem größeren Publikum zugänglich gemacht wurde, sollte einen gewissen Eindruck vom aktuellen deutschen Kunstschaffen in Rom vermitteln, das zu dieser Zeit noch die Lukasbrüder und ihre Gesinnungsgenossen beherrschten; es war aber auch als ein Appell an einen kunstsinnigen deutschen Fürsten gedacht, von dem einen oder anderen Blatt eine Ausführung als Gemälde in Auftrag zu geben. Der preußische Kronprinz galt auch unter den bildenden Künstlern als Hoffnungsträger; von ihm erwartete man nicht nur privates Mäzenatentum, sondern, wenn er als König dazu die Macht haben würde, durchgreifende Maßnahmen zur staatlichen Förderung der bildenden Kunst und zur Bekämpfung des Künstlerelends.

Anfang 1824, als das Hochzeitsalbum in Berlin eintraf, begannen die Bauarbeiten am Museum. An den Planungen war der Kronprinz nicht beteiligt gewesen, er hatte aber, als er den in Verona weilenden König vertreten mußte, einen wichtigen Part bei der Bestimmung des Bauplatzes im Lustgarten gespielt. Von einer Kooperation mit Schinkel läßt

4. Wilhelm Hensel, Die Hochzeit zu Kana

sich eher bei der Nikolaikirche in Potsdam sprechen; dies war 1826, als eine Italienreise wieder in den Bereich des Denkbaren und nun auch Möglichen rückte. Während das Museum am Lustgarten ausschließlich Schinkels Handschrift trägt, sollte die nach dem Tode Friedrich Wilhelms III. von Persius ausgeführte Kuppel der Nikolaikirche nur zustande kommen, weil der Kronprinz Schinkels Zentralbauentwurf, der die Kuppelfrage offenhielt, unterstützte. Die erste große Kuppel hatte er 1814 auf dem Pariser Pantheon gesehen und wohl seit dieser Zeit eine besondere Vorliebe für diese Art der Dachkonstruktion entwickelt. Auf einer Tischkarte vom 12. September 1826, eine der wenigen datierten Skizzen von der Hand Friedrich Wilhelms, trägt die Nikolaikirche eine Kuppel, die französischen Einschlag verrät; zu denken wäre hier aber auch an die St. Pauls-Kathedrale in London, die Friedrich Wilhelm ebenfalls aus eigener Anschauung kannte. Diese und ähnliche Skizzen entstanden sicherlich im Dialog mit Schinkels Entwürfen. Die Kuppel erscheint als Motiv auch in den den Süden verherrlichenden Phantasielandschaften des Kronprinzen aus den späten 1820er Jahren. Besonders angetan hatte es ihm offenbar der Florentiner Dom, dessen gotische Kupppel mit dem hohen Tambour wie die Soufflotsche Pantheon-Kuppel seinem Stilempfinden entsprach (Abb. 5). Der Florentiner Dom bot auch jenen spannungsvollen Kontrast zwischen Turm und Kuppel, mit dem er die Silhouette von Potsdam zu bereichern gedachte: Die Kuppel der künftigen Nikolaikirche sollte von den Türmen der Garnison- und Heiliggeistkirche flankiert werden.

Dieses Lob der Kuppel kam aus dem Geist des Klassizismus, der allerdings in den 1820er Jahren schon im Schwinden begriffen war. Dies läßt sich auch am Wandel der architektonischen Vorstellungen Friedrich Wilhelms beobachten. Im dritten Band (1793) der Italienerinnerungen von Karl Philipp Moritz, die Friedrich Wilhelm III. gewidmet waren und die auch der Kronprinz durchgeblättert haben dürfte, stand die Kuppel noch in einem höheren Ansehen als die Türme, »weil ihr Umfang zu ihrer Höhe doch weniger unverhältnißmäßig ist, und der Begriff eines Gebäudes sich eher damit verträgt«. Ein Turm dagegen, »besonders wenn er isolirt steht, scheint ein Gebäude aus einer andern Welt«.[47] Eine solche Diskrepanz sah Friedrich Wilhelm, wie gesagt, zunächst nicht. Der freistehende Turm italienischer Prägung trat aber zunehmend in seinen Gesichtskreis, spätestens seit 1822/23, als er die erste Lieferung des Kupferstichwerks der Architekten Johann Gottfried Gutensohn und Johann Michael Knapp über die mittelalterlichen römischen Basiliken mit ihren schönen freistehenden Campanilen in die Hand bekam, welche nicht nur sein historisches Interesse weckten, sondern auch als Vorbild für den modernen Kirchenbau in Betracht zu kommen schienen.

Anfangs konnte sich Friedrich Wilhelm den von ihm erstrebten Neubau des Berliner Doms auch als überkuppelten Zentralbau, wohl auch als Kombination von Kuppel und Basilika vorstellen, ist aber bald von dieser Idee abgerückt. Der Berliner Dom, sein hauptstädtisches Großprojekt, über Jahrzehnte zäh verfolgt, nach der Thronbesteigung tatsächlich begonnen, am Ende der 48er Revolution zum Opfer gefallen, sollte als ein Zeichen der Erneuerung des Protestantismus im Geist der Apostel und des Urchristentums eine frühchristlich-römische Basilika sein, jedoch entsprechend der mitteleuropäischen Tradition und als Echo auf ihr gotisch-katholisches Pendant in Köln flankiert von zwei Glockentürmen.

Solange Schinkel lebte und arbeitete, war dieser »Sommernachtstraum« nur mit ihm zu verwirklichen, wenn auch vorläufig nur auf dem Papier. Schinkel, der den alten Boumann-Dom 1820/21 umgebaut und mit einer auch vom Kronprinzen akzeptieren Kuppel bekrönt hatte, war jedoch für dieses Projekt einer mittelalterlichen Basilika nur schwer zu erwärmen. Er war zudem mit anderen Arbeiten mehr als ausgelastet, wurde aber, ob er wollte oder nicht, auch in die Debatte verwickelt. Auf seiner zweiten Italienreise 1824 lernte er in Rom jenen Mann kennen, der im Leben Friedrich Wilhelms noch eine wichtige Rolle spielen sollte: den Diplomaten und Theologen Christian Karl Josias Bunsen, seinerzeit preußischer Botschafter. Mit ihm besuchte Schinkel im September und Oktober die antiken und mittelalterlichen Denkmäler der Ewigen Stadt, nicht zuletzt die christlichen Kirchenbauten, auch die Basilika San Paolo fuori le Mura, die am 15. Juli 1823 einem verheerenden Brand zum Opfer gefallen war und über deren Wiederherstellung sie »Projekte entwarfen«.[48] Bei dieser Gelegenheit trug Bunsen dem prominenten und einflußreichen Gast, der nach seiner Rückkehr in Berlin zweifellos aufmerksame Zuhörer gefunden haben dürfte, seine »Thesen über Kirchenbau« vor. Der König kannte Bunsen von seinem Rombesuch 1822 und war auf dessen Ideen zur Reform der Liturgie und der Organisation der Kirche in Preußen

5. Friedrich Wilhelm, Landschaft mit der Florentiner Domkuppel

schon damals aufmerksam geworden. Den Kronprinzen fesselten vor allem die architektonischen, sein Domprojekt berührenden Aspekte. Bunsen vertrat die Auffassung, daß die frühchristlichen Basiliken integraler Bestandteil der Spätantike seien, daß sich in ihnen die Baukunst den neuen Bedürfnissen des Christentums angepaßt habe, ohne ihre antike Identität zu verlieren. Mit anderen Worten: Es gab – und dies war für den Kronprinzen der entscheidende Punkt – ein erprobtes, historisch legitimiertes Muster einer Verbindung von klassischer Form und christlichem Inhalt. Auf diesem Fundament ließ sich sein Domprojekt gründen. Schinkel leistete dazu nur einen bescheidenen Beitrag, Anfang 1828 den Entwurf einer schlichten Basilika. Was die frühchristliche Basilika generell betraf, stand er auf demselben ablehnenden Standpunkt wie sein Intimfeind Hirt.

Ende 1827 wurde Bunsen nach Berlin beordert, da wichtige Verhandlungen zwischen Preußen und dem Vatikan anstanden. Im Oktober war er nach Paretz eingeladen. Dort war es wohl, wo er den Kronprinzen kennenlernte, und es scheint sich schon bald eine fast freundschaftliche Beziehung zwischen den beiden, die fast gleichaltrig und in Charakter und Interessen ähnlich waren, angesponnen zu haben. Am 11. April 1828 trug Bunsen dem König und dem Kronprinzen seine Ideen zum protestantischen Kirchenbau vor.

Bunsen reiste bald darauf nach Rom zurück, aber wohl nicht, ohne die Partei des Kronprinzen bezüglich der leidigen, nun schon zehn Jahre anhängigen Italienangelegenheit ergriffen zu haben. Nachdem der Kronprinz von einer Truppeninspektion in Pommern Ende Juni nach Sanssouci zurückgekehrt war, scheint die Reiseerlaubnis mündlich bereits gegeben oder wenigstens in Aussicht gestellt gewesen zu sein. Am 12. Juli kündigte er in einem Brief an den König einen Reiseplan an; einem weiteren Brief vom 22. Juli zufolge ging es zu diesem Zeitpunkt nur noch um den Termin, und einem Brief vom 25. Juli ist zu entnehmen, daß inzwischen die förmliche Erlaubnis für eine elfwöchige Reise vom König erteilt worden war.[49]

Als günstigster Reisemonat für Italien galt seit eh und je der September. Man konnte darauf vertrauen, daß die Alpenpässe noch schneefrei und die Temperaturen im Landesinnern wieder erträglich geworden waren. Der Kronprinz hatte beabsichtigt, am 19. oder 20. September abzureisen, unter der Voraussetzung, daß, wie ihm von General von Witzleben zunächst bestätigt worden war, die Herbstmanöver rechtzeitig beendet sein würden. Schließlich blieb es dabei, aber erst nachdem zwischendurch von einem späteren Manövertermin die Rede gewesen war, der die gesamte Reiseplanung durcheinander gebracht, vor allem aber den Aufenthalt in Italien verkürzt hätte, denn die Rückkehr nach Berlin sollte spätestens zwei oder drei Tage vor Weihnachten erfolgen. Schließlich wurde als Termin der Abreise der 23. September festgesetzt. Buchstäblich bis zum letzten Augenblick befand sich der Kronprinz mitten im Manövergeschehen, seit Ende August in Schlesien und danach in Brandenburg. Die Abschlußparade vor dem Neuen Palais fand am 22. statt, abends im Grottensaal noch ein Festessen. Die beiden letzten Nächte verbrachte Friedrich Wilhelm im Stadtschloß zu Potsdam, wo er am 23. September 1828 in aller Frühe endlich den Reisewagen bestieg.

Trotz anhaltender Manöver- und Inspektionstätigkeit fernab von Berlin und Potsdam hatte der Kronprinz seine große Reise sorgfältig vorbereitet, was die materielle Ausrüstung betraf, natürlich Unterstützung vom Hofmarschallamt erhalten. An der Planung der Route, die wohl erst im Juli endgültig festgelegt wurde, war Ancillon beteiligt, der half, das rechte Maß zu finden. Fast wäre an Ancillon aber noch das ganze Unternehmen gescheitert, denn Anfang September fühlte der sich krank und sagte seine Teilnahme ab, wodurch er den Kronprinzen, der diese Krankheit für eingebildet hielt, in große Wut versetzte. Man darf vermuten, daß es sich um psychosomatische Störungen handelte, unter denen Ancillon später auch in Italien leiden sollte. Spätestens bis zum 17. September hatte sich das Wohlbefinden aber wiederhergestellt. Auch zur Erleichterung des Königs, der es nicht gern gesehen hätte, wenn sein »Fritz«, der gelegentlich seelischen Beistands bedurfte, ohne seinen Vertrauten und persönlichen Berater abgereist wäre.

Der Reiseweg war an zwei Voraussetzungen geknüpft: Er sollte München berühren, da die Kronprinzessin der Strapazen und ihrer schwachen Gesundheit wegen nicht mit nach Italien reisen würde; auch wäre sie als einziges weibliches Wesen ein Fremdkörper in der Reisegesellschaft gewesen, Ursache mancher Umständlichkeiten und Unbequemlichkeiten. Während der Kronprinz jenseits der Alpen weilte, wollte sich Elisabeth bei ihren Verwandten in Tegernsee erholen. Durch diese Fixierung auf München kam nur der Brenner als Weg über die Alpen in Betracht, nicht die westliche Route durch die Schweiz und über den Simplon, die der König 1822 genommen und die der Kronprinz bei seinem Besuch in der Schweiz 1819 berührt hatte. Über den Brenner reisten jedoch die meisten deutschen Italienfahrer, und insofern war es der übliche Weg, der auch der Heimweg sein würde, weil das Kronprinzenpaar von Tegernsee wieder gemeinsam zurück nach Potsdam zu reisen gedachte.

Auch die Reisedauer von zehn Wochen und zehn Tagen hatte konstitutive Bedeutung für das Programm. Der Kalender ließ, wie gesagt, kaum Spielräume zu, denn eine mehrmonatige Tour über den Jahreswechsel bis in das Frühjahr hinein, wie sie gesprächsweise vor längerer Zeit berührt, aber niemals ernsthaft erwogen worden war, stand außer Betracht, dennoch ist es bezeichnend, daß der Kronprinz in seinem Brief an den König vom 25. Juli selbst diese Frist nannte und vorschlug, wohl wissend, wie er bemerkt, daß er sich mit dieser Kurzreise den Vorwurf der Oberflächlichkeit zuziehen würde. Er konnte sich sogar vorstellen, auf Neapel zu verzichten, im Notfall selbst auf Rom. Diese selbstquälerische Absurdität sollte wohl dem immer noch skeptischen König die Zustimmung so leicht wie möglich machen. Wahr ist aber auch: Allzu lange gedachte der Kronprinz ohnehin nicht in Italien zu bleiben. Ein ausgedehnter Aufenthalt über mehrere Monate wäre ihm willkommen gewesen, als er noch ledig und ungebunden war. Auch unter diesem Aspekt gesehen, kam diese Reise zehn Jahre zu spät. Eine längere Trennung von der Kronprinzessin hätte seine Seelenkräfte vollkommen überfordert. Es gab Augenblicke in Italien, da wäre er gern umgekehrt. Es kommt hier jener erwähnte Charakterzug zum Tragen: So wie Friedrich Wilhelms lebhafte Phantasie leicht von einem Gegenstand zum nächsten flatterte, liebte er den Ortswechsel; er war gern heute hier und morgen dort. Vielleicht waren die geplanten und schließlich auch in Anspruch genommenen zehn Wochen und zehn

Tage gerade die erforderliche Zeitmenge, um an jeden gewünschten Ort zu gelangen, ohne daß die Spannung nachließ. Von einem Notprogramm zu sprechen, wäre jedoch verfehlt. Wenn man von Paestum absieht – dieser Verzicht wiegt jedoch schwer – hat Friedrich Wilhelm fast alles gesehen, was im Jahre 1828 als sehenswert gelten konnte.

Einen Vorteil hatte das lange Warten auf das königliche Plazet gehabt: Es hatte eine gründliche Beschäftigung mit einem sehr vielschichtigen und komplizierten Gegenstand ermöglicht. Friedrich Wilhelm, der neben seiner Reiselust auch ein Gefühl für geographische und topographische Räume besaß, überquerte die Alpen mit einer klaren Vorstellung von der physischen Gestalt Italiens und seiner Städte. Rumohr, der den Kronprinzen durch Florenz begleiten sollte, war über dessen genaue Ortskenntnis erstaunt, ebenso Bunsen in Rom, der auch den »Kennerblick« lobte. Der hohe Gast wußte nicht nur die Wege, sondern auch wohin sie führten, und er brachte neben einer guten Ortskenntnis auch ein zwar laienhaftes, aber durchaus solides und ausreichendes Wissen über Kunst, Kultur und Geschichte Italiens mit.

Die bekannten Quellen geben keine Auskunft über die Literatur, die speziell zur Vorbereitung der Reise zu Rate gezogen wurde. Wahrscheinlich standen dabei die Reisebeschreibungen im Mittelpunkt, wovon es Ende der 1820er Jahre schon so viele gab, daß man mit ihnen, wie ein zeitgenössischer Experte, der Dichter Wilhelm Müller, zu wissen meinte, »reißende Flüsse zudämmen könnte«,[50] in deutscher Sprache etwa 250. Friedrich Wilhelm kannte zweifellos die klassischen Werke dieses Genres von Moritz, Fernow, Goethe und die Neuerscheinungen der jüngsten Vergangenheit von Kephalides, Hagen, Friedländer, Thiersch, Wilhelm Müller, wohl auch ein wenig die englische und französische Literatur. Unter den Reiseführern im engeren Sinne waren zu dieser Zeit, obwohl schon überholt, Volkmanns dreibändiges Standardwerk und die Ergänzungen von Bernoulli noch immer ohne Konkurrenz. Daß sie konsultiert wurden, darf man voraussetzen, ebenso die topographischen Werke wie Perciers und Fontaines »Choix des plus célèbres maisons de plaisance de Rome«, Grandjeans und Famins »L'architecture de la Toscane« und möglicherweise auch Nibbys zweibändiges Werk »Viaggio antiquario«.

Welche historischen und kunstgeschichtlichen Bücher der Kronprinz in den 1820er Jahren las, kann man nur vermuten. Er hat den Buchmarkt zweifellos nicht ständig verfolgt. So wie aber die Ge-

6. Franz Krüger, Ancillon

schichte der antiken Baukunst seines Lehrers Hirt und die erste Lieferung des Werkes von Gutensohn und Knapp über die römischen Basiliken ihren Weg nach Sanssouci fanden, werden ihm auch wichtige Publikationen wie Passavants Geschichte der Malerei in der Toskana oder die zu ihrer Zeit verbreiteten populären Nachschlagewerke Heinrich Hases nicht entgangen sein. Denkbar wäre, daß er vor der Abreise noch die erste Lieferung von Rumohrs epochalem Werk über die Geschichte der italienischen Malerei in die Hände bekam. Kurzum: Obwohl Vergleiche schwierig sind, läßt sich sagen, daß kaum ein Fürst jemals so wohlpräpariert auf Italienfahrt gegangen ist wie der preußische Kronprinz Friedrich Wilhelm. Welche dieser Bücher – neben den »Losungen« der Brüdergemeine, die er als Seelenspeise auf Reisen immer bei sich trug – sich im Gepäck befanden, wird nirgendwo erwähnt.

Wer zur Entourage des Kronprinzen gehören würde, stand, nachdem die Irritationen um Ancillon vorüber waren, endlich fest. Unverzichtbar war neben Ancillon auch Karl von der Gröben, sein persönlicher Adjutant. Zu ihm hatte Friedrich Wilhelm eine besonders enge Beziehung, man könnte fast von Freundschaft sprechen. Die medizinische Betreuung wurde Johann Nepomuk Rust, faktisch der Leibarzt des Kronprinzen, übertragen, und als Organisator und Hüter der Reisekasse sollte Hofmarschall Ludwig von Massow mitreisen. Komplettiert wurde die Gesellschaft durch einen »zusätzlichen Adjutanten«, durch einen Garderobier, den Koch Pichowsky und zwei oder drei Diener; einer davon hieß Haase, der Vater des später berühmten Schauspielers Friedrich Haase, und ein anderer Bediensteter namens Sasse, wohl mit dem Vornamen Paul. Der Troß war also »weder Persisch noch Russisch«, seine Größe hielt sich in bescheidenen Grenzen, nicht zu vergleichen mit den 81 Personen und 19 Wagen, mit denen Friedrich Wilhelm IV. 1858 nach Italien reiste. 1828 reichten drei robuste Landauer. Im ersten saßen der Kronprinz mit Gröben und Massow, im zweiten Rust und der »Reserveadjutant« und im dritten Ancillon, die Diener dort, wo Platz war. Diese Besetzung konnte während der Reise variiert werden, besonders wenn Gäste mit an Bord waren.

Ein Vorauskommando mit Haase, dem Garderobier und dem Koch verließ Potsdam bereits am 22. September, Massow und Rust folgten am 24. oder 25; Ancillon war schon am 18. September abgereist, er wollte noch einen Besuch bei Verwandten im schweizerischen Vevay machen und am Comer See oder in Mailand dazustoßen. Der Kronprinz scheint am 23. September allein mit Gröben aufgebrochen zu sein, mit einem Reisepaß, der ihn als den Grafen von Zollern auswies. Sie fuhren über Greiz, Gera, Regensburg, wo Besichtigungen stattfanden, und trafen am 26. September 5 Uhr früh vor der preußischen Gesandtschaft am Karolinenplatz in München und, nachdem König Ludwig I. seinem Schwager noch die Glyptothek und andere Neubauten gezeigt hatte, am Abend in Tegernsee ein. Dort erwartete sie die Kronprinzessin, die seit dem 29. August in ihrer Heimat weilte, auch Prinz Johann von Sachsen, der am nächsten Tag von Tegernsee aufzubrechen und sich der Gesellschaft erst in Bozen anzuschließen gedachte. Begleitet von Elisabeth reiste der Kronprinz am 1. Oktober bis Innsbruck, und in der Nacht zum 2. Oktober überquerten er und seine Begleiter den Brenner.

III. Auch ich in Arkadien

Pflichten

Nicht erst am Trasimenischen See und vor den Toren Roms, schon in jener Nacht mag Friedrich Wilhelm der karthagische Feldherr Hannibal in den Sinn gekommen sein, der vor ihm in grauer Vorzeit mit seinen Elefanten die Alpen bezwungen hatte, um das römische Weltreich zu erobern. Vielleicht dachte er auch an Napoleon und dessen ruhmreiche Feldzüge in Oberitalien. Der korsische Emporkömmling lag aber schon seit 1821, auch zur Erleichterung Friedrich Wilhelms, auf Sankt Helena begraben. In den zweitausend Jahren zwischen Hannibal und Napoleon hatten viele Soldaten die Alpen überquert. Als das römische Reich noch im Wachsen begriffen war, mehr von Süden nach Norden, im Mittelalter häufiger in umgekehrter Richtung. Das zivile, das eigentliche Reisen in diesen Regionen begann erst in der Spätantike, war aber bis ins frühe Mittelalter noch äußerst sporadisch und diente fast ausschließlich dem Warenverkehr. Seit Karl dem Großen gesellten sich zu den Händlern die deutschen Könige und Kaiser, die zeitweilig über Italien herrschten, und die Pilger, die es am Grabe Petri und dem Stuhl seiner Nachfolger niederzuknien verlangte.

Ein vollkommen neues Kapitel des Reiseverkehrs begann mit der Renaissance. Durch seinen wirtschaftlichen, politischen und kulturellen Aufstieg zog Italien eine ständig wachsende Zahl von Besuchern an, die zunehmend auch kamen, um zu studieren und sich zu bilden. Die obligatorische Bildungsreise der jungen Adligen, die Grand Tour, die in der Regel durch ganz Mittel- und Westeuropa führte, fand ihren Höhepunkt erst in Italien. Gelehrte aller Richtungen, nicht zuletzt die Naturforscher, zog es an die Universitäten von Bologna, Padua und Siena, in die unerschöpflichen Archive und Sammlungen und zu den historischen Denkmälern. Auch die Künstler und Architekten lenkten ihre Aufmerksamkeit nach dem Süden, wo die Antike wiederentdeckt wurde und eine ganz neue Weise des Sehens und Bildens sich etablierte.

Als diese glanzvolle Periode Ende des 17. Jahrhunderts zu Ende ging, als sich der politische und wirtschaftliche Schwerpunkt Europas an den Atlantik verlagerte, verlor das Italien der Gegenwart weitgehend seine Anziehungskraft. Von nun an reiste man zunehmend über die Alpen, um die Vergangenheit zu suchen, zunächst die Antike, dann das Mittelalter. Im Bewußtsein der Europäer verwandelte sich Italien in einen schönen Garten, in dem die Zeit zum Stillstand gekommen war, in dem unzählige Denkmäler wie in einem Museum die Geschichte der europäischen Zivilisation dokumentierten. Für den preußischen Kronprinzen wie für die zahlreichen anderen deutschen Fürsten und Angehörigen des Adels, die sich nach 1815, im Zeitalter der Heiligen Allianz und Restauration, oft und gern im Süden aufhielten, hatte Italien eine besondere Bedeutung, weil es zunächst so schien, als seien dort, anders als diesseits der Alpen, die wiederhergestellten alten Verhältnisse leichter zu kontrollieren. Es war eine Art Refugium entstanden, das durch außerordentliche Naturschönheit gesegnet war, und schließlich glaubte man mit der politischen Herrschaft über Italien auch ein besonderes Recht auf dessen historische Hinterlassenschaft zu besitzen. Die Heilige Allianz, die einen ihrer wichtigsten Kongresse 1822 in Verona abhielt, suchte ihre Legitimation nicht zuletzt in der Geschichte, die sie nirgendwo so präsent fand wie in Italien. Keiner hat den Legitimationsbedarf der nachnapoleonischen Adelsherrschaft in Europa so deutlich gespürt wie Friedrich Wilhelm IV. Sein lebenslanges Bestreben, das Formengut des Südens in Preußen heimisch zu machen, erwuchs nicht zuletzt aus dem Gefühl, dem »monarchischen Prinzip« einen Halt durch Verankerung in der römischen Antike zu geben.

Wann das Vergnügen bei Italienreisen eine Rolle zu spielen begann, ist schwer zu sagen. Bis ins 19. Jahrhundert war es zweifellos stets mit Bildungsstreben verbunden gewesen. Erst in jüngster Zeit reist man an die Adriastrände, ohne eine einzige Kirche oder Tempelruine besichtigen zu wollen. Selbst die Schönheit des Landes, die im 18. Jahrhundert noch in aller Munde war, gerät immer mehr an den Rand des allgemeinen Interesses.

Auch Kronprinz »Fritz«, der Italien um das Jahr 1810 für sich entdeckte, tat dies zunächst zu seiner Unterhaltung, um seiner unersättlichen Phantasie Nahrung zu geben. Als Kind seiner Zeit trieb ihn die romantische Sehnsucht nach fernen geheimnisvollen Ländern, nach Borneo, Südamerika, den Orient und eben nach Italien.

Als 1818/19 der Wunsch übermächtig wurde, nicht nur in der Phantasie nach dem Süden zu reisen, sprach er wohlweislich nicht von Vergnügen, um sich nicht die ohnehin geringen Chancen einer königlichen Erlaubnis von vornherein zu verscherzen, viel wichtiger war ein anderes Argument: Der inzwischen volljährige Kronprinz glaubte, diese Reise um seiner Bildung willen unternehmen zu müssen. Er reklamierte sie fast wie ein Menschenrecht, auch als eine Pflicht des zukünftigen preußischen Königs, der ohne Italien erlebt zu haben, seinem hohen Amt nicht würde genügen können. Friedrich Wilhelm III. war so nicht zu beeindrucken. Leichter fiel es ihm, schließlich doch zuzustimmen, nachdem mit den Jahren auch weniger luftige Beweggründe ins Spiel gekommen waren, wie sie für reisende Adlige vor dem Zeitalter des Idealismus noch selbstverständlicher gewesen waren: In den Gesichtskreis des gereiften Kronprinzen begann auch das Italien der Gegenwart zu treten. Nicht daß man deshalb von einer politischen »Geschäftsreise« sprechen könnte, wie sie der König 1822 unternommen hatte, um auf dem Kongreß von Verona präsent zu sein und nur am Rande das Land und seine Denkmäler wahrzunehmen. Trotz seines hochgespannten intellektuellen Anspruchs blieb Friedrich Wilhelm aber der preußische Thronfolger, der in Italien nicht nur seine Bildung vervollkommnen sollte; von ihm wurde erwartet, daß er, wo er auch war, stets die Belange seines Landes und nicht zuletzt der Heiligen Allianz im Auge behielt. Es gibt keine Belege dafür, daß Friedrich Wilhelm III. seinem »Fritz« vor dessen Abreise besondere Instruktionen gegeben hätte; dies deckt sich mit der Einschätzung der problematischen Beziehungen zwischen König und Kronprinz durch die meisten Historiker. Vernünftigerweise sollte man aber davon ausgehen, daß in den politischen Kernfragen Übereinkunft bestand und der Kronprinz durchaus auf der Höhe seiner diplomatischem Mission war.

Preußen stand nicht nur an der Seite Österreichs, des Garanten von Ruhe und Stabilität, vor allem des status quo, das heißt der staatlichen Zersplitterung auf der Apenninenhalbinsel, sondern verfolgte seit 1815, seit es mit den Rheinlanden und Westfalen ein großes Territorium mit vorwiegend katholischer Bevölkerung hinzugewonnen hatte, auch eine aktive Politik gegenüber dem Kirchenstaat. Beide Päpste, Pius VII.

und Leo XII., die in dieser Zeit regierten, waren auf Preußen gut zu sprechen, weil es sich 1815 für die Wiederherstellung des Kirchenstaates besonders eingesetzt hatte, dennoch sollte der Hauptkonflikt um die konfessionelle Mischehe, zu dem der Kronprinz mit seiner Heirat einer Katholikin ungewollt einen persönlichen Beitrag geleistet hatte, trotz guten Willens auf beiden Seiten lange Zeit ungelöst bleiben. Preußen fühlte sich auch als Beschützer der in Rom lebenden Protestanten, deren Lage sich in den 1820er Jahren etwas zu bessern begonnen hatte – an der Cestius-Pyramide außerhalb der Stadtmauer wurde ihnen ein eigener Begräbnisplatz zugestanden –, die Situation blieb dennoch schwierig. Wie der Kronprinz berichtet, durfte, um nicht den Unmut der päpstlichen Behörden zu erregen, der Gesang der kleinen protestantischen Gemeinde der preußischen Gesandtschaft im Palazzo Caffarelli nicht nach außen dringen.

Papst Leo XII., der das Pontifikat seines progressiven Vorgängers ungeschehen zu machen trachtete, indem er unter anderem die Straßenbeleuchtung und die von Consalvi, dem Kardinalstaatssekretär Pius' VII., eingeführte Pockenschutzimpfung abschaffte, besuchte der Kronprinz bei seiner Ankunft und bei seiner Abreise. Angeblich hätten sie, wie er dem König am 28. Oktober berichtet, nur belanglose Dinge besprochen; einig wären sie sich jedoch in der Beurteilung Frankreichs, des Horts der Revolution, gewesen, von dem Gefahr nicht nur für Italien, sondern für die gesamte politische Ordnung in Europa ausgehe. Leo XII., der Friedrich Wilhelm trotz seiner in dieser Zeit vehement kritischen Einstellung zum Papsttum als Persönlichkeit beeindruckte, erlebte die Pariser Julirevolution nicht mehr, er starb wenige Wochen nach den Besuchen des Kronprinzen im Februar 1829.

Im Italien des Jahres 1828 existierten neben dem Kirchenstaat sieben weitere, von Österreich mehr oder weniger abhängige Königreiche und Herzogtümer, an deren Spitze nur Nichtitaliener standen. In der Nacht vom 2. zum 3. Oktober, auf dem Weg von Trient nach Brescia, betrat der Kronprinz zunächst den Boden des Königreichs Lombardo-Venetien. Es war faktisch eine österreichische Provinz, regiert von einem Vizekönig, dem Erzherzog Rainer, mit dem es auf der Rückreise zu einem Treffen in Venedig kam. In Mailand empfing der Kronprinz nur dessen Abgesandten. Gern und häufig sah er die diplomatischen Vertreter befreundeter Staaten, als einen der ersten in Genua den russischen Konsul; sein preußischer Kollege und der aus Turin, der

Hauptstadt Sardinien-Piemonts, die nicht auf dem Reiseprogramm stand, angereiste preußische Gesandte erschienen pflichtgemäß zum Rapport. Als Höhepunkt seines Aufenthalts in Genua empfand er seine Audienz – der ersten bei einem Mitglied eines italienischen Herrscherhauses – bei Maria Theresia, der Witwe des 1824 verstorbenen Königs Viktor Emanuel I. Nicht weniger befriedigend war die Aufmerksamkeit, die ihm das örtliche österreichische Armeekommando schenkte. Am 9. Oktober wurden er sowie Gröben und Johann von Sachsen eingeladen, mit mehreren Offizieren die eindrucksvollen Befestigungen der Stadt zu inspizieren, um eventuelle Schäden durch das Erdbeben festzustellen.

Das Herzogtum Modena, wo Franz IV., ein Sohn des österreichischen Kaisers Franz I., nach 1815 sofort den Code Napoleon abgeschafft hatte und mit harter Hand regierte, durchfuhr Friedrich Wilhelm am 10./11. Oktober; in La Spezia empfing ihn der Gouverneur. In Lucca hoffte er, verabredungsgemäß von seinem Freund »Lukrl« empfangen zu werden, was jedoch nicht klappte und er sehr bedauerte. Herzog Karl II. und der Kronprinz hatten sich durch ihre verwandtschaftlichen Beziehungen zum Hause Wettin kennengelernt; Ende 1827 und im Januar 1828 waren beide wiederholt in Berlin und Potsdam zusammengekommen. Das Schlößchen Marlia mit seinem schönen Garten mußte Friedrich Wilhelm daher allein besichtigen.

In Florenz wurde er schon am Ankunftstag von den »höchsten Herrschaften« in den Palazzo Pitti geladen. Für diesen Empfang hatte sein Reisegefährte Johann von Sachsen gesorgt, ein Bruder der Großherzogin. Beiden Kronprinzen zu Ehren veranstalteten Leopold II. und seine sächsische Gemahlin am 15. Oktober, dem Geburtstag Friedrich Wilhelms, einen Ball, an dem auch das gesamte diplomatische Corps teilnahm; die Botschafter Frankreichs, Österreichs und Großbritanniens hatte der Kronprinz vorher zur Audienz empfangen. Am 16. Oktober fand ein Fest in der Residenz des preußischen Botschafters statt, wo auch das Herrscherpaar zugegen war. Am folgenden Tag lud es den Kronprinzen in ihre Sommerresidenz Poggio a Caiano ein und verabschiedete ihn am Abend in der Oper. Mit »schwerem und dankbaren Herzen« reiste er am 18. Oktober in Richtung Siena weiter.

In Perugia empfing der Festungskommandant die Reisegesellschaft, der seit Florenz auch Bunsen angehörte, mit Kanonendonner. Bald darauf erschien der päpstliche Delegat, einer der insgesamt 19 Provinzadministratoren des Kirchenstaates,[51] ein Monsignore Cherubini, der gern den Kardinalshut getragen hätte und hoffte, von den bekannten guten Beziehungen zwischen Preußen und dem Papst zu profitieren, wenn er sich beim Kronprinzen in ein vorteilhaftes Licht rücken konnte.

In Rom pflegte Friedrich Wilhelm intensiven Umgang mit dem diplomatischen Corps, das er bereits am zweiten Tag nach seiner Ankunft empfing. Mit den Botschaftern, Österreichs Graf Lützow, Frankreichs Vicomte de Chateaubriand, Rußlands Fürst Gagarin, Großbritanniens Lord Shrewsbury und dem Niederländer Graf de Celles, traf er danach wiederholt zusammen. Sein ständiger Begleiter war in diesen römischen Tagen der preußische Gesandte Bunsen, der alle Fäden in der Hand hielt. Die freundlichen Beziehungen, die sich zwischen beiden während Bunsens mehrmonatigem Berlinaufenthalt 1827/28 angebahnt hatten, vertieften sich in Rom zu einem menschlichen und geistigen Vertrauensverhältnis. Kurz bevor sich Bunsen in Verona vom Kronprinzen trennte, charakterisierte er dessen Persönlichkeit in einem Brief an Julius Schnorr von Carolsfeld mit überschwenglichen Worten: »Die größten und herrlichsten Absichten erfüllen seine Seele, und zwar mit einer Kenntnis und Fähigkeit, in jedes Einzelne einzugehen [...], die ich, auch nur entfernt, nie in einem jetzigen oder zukünftigen König gefunden.«[52]

Auch die diplomatischen Vertreter Preußens in Neapel, Graf Voß und sein Sekretär Heinrich Alexander von Arnim-Suckow, taten ihr Bestes, um den hohen Gast zufriedenzustellen. Sie erwarteten ihn in Gaeta, wo sich auch ein Abgesandter des Königs aus Neapel eingefunden hatte. Franz I., der sich auf österreichische Truppen und nach deren Abzug 1827 auf schweizerische Söldner stützte, glaubte den preußischen Kronprinzen mit »Attenzionen u Gnaden« überschütten zu müssen. Im Schloß von Portici empfing ihn die gesamte königliche Familie. An einem Festessen, bei dem Friedrich Wilhelm die Ehre hatte, zwischen König und Königin zu sitzen, nahm das gesamte diplomatische Corps teil, und Kronprinz Ferdinand (II.) kommandierte zu Ehren seines »Kollegen« eine Militärparade, die, wie nicht überraschen kann, preußischen Maßstäben nicht genügte, wie überhaupt auffällt, daß Friedrich Wilhelm, was er sonst nicht tut, in seinen Briefen nach Tegernsee und Berlin an den neapolitanischen Verhältnissen Kritik übt. Von Neapel aus äußert er sich auch über die österreichische Postzensur, von der offenbar auch seine Briefe, wenn sie nicht mit Kurier befördert wurden, nicht ausgenommen waren. Die Schuld an diesem mißlichen Zustand gibt er allerdings nicht dem Kaiser in Wien und der Politik der Heiligen Allianz, sondern gewissen »dummen östreichischen Brief Aufmachern«. Auch die von ihm besuchten Herrscher Italiens, der Papst, der Großherzog von Toskana und der König beider Sizilien, werden als gutherzige Menschen geschildert, die, wie Friedrich Wilhelm glaubte und wie es seinem eigenen Selbstverständnis entsprach, ihr Bestes taten, doch häufig an widrigen Umständen scheiterten.

Seines diplomatischen Auftrags entledigte sich der Kronprinz mit Bravour. Wie immer, wenn er auf Inspektions- oder Besuchsreisen war, nahm er mit seinem Charme und Geist alle Welt für sich ein. Auch den Prinzen Heinrich, den Bruder des Königs, der seit 1820 in Rom, unweit vom Corso in der Via Pontefici, lebte. Ihn sollte er, was bis dahin schon viele vergeblich versucht hatten, überreden, endlich wieder nach Berlin zurückzukehren. Trotz einer gewissen Seelenverwandtschaft zwischen Onkel und Neffen kam keine Bewegung in die Angelegenheit. Der »Römer« Heinrich zog es vor, sich in seine vielen Bücher zu vertiefen, statt als General ein Infanterieregiment zu kommandieren. Obwohl er sich wenig in der Öffentlichkeit sehen ließ, war er in Rom bekannt und wohlgelitten, besonders bei den deutschen Künstlern, die er durch Aufträge und Spenden unterstützte und deren Bibliothek er einen großen Teil seiner Bücher hinterlassen sollte. Der Kronprinz, der seinen Onkel Heinrich wohl am besten verstehen konnte, blieb bis zu dessen Tod 1846 mit ihm in Verbindung; wenige Monate vorher schickte er ihm noch einen neuen Adjutanten, der Helmut von Moltke hieß.

Wenig Hilfe erhoffte sich der König in einer anderen Sache, die ihm sehr am Herzen lag. In Berlin näherte sich das Museum am Lustgarten der Vollendung, und nicht nur die zuständige Kommission, bestehend aus Wilhelm von Humboldt, Hirt und Schinkel, durchmusterte das vorhandene Material nach Lücken und Schwachstellen. Auch den König hatte man davon überzeugt, daß Neuerwerbungen unumgänglich waren, wenn sich das Museum mit anderen Sammlungen messen und nach modernsten kunstgeschichtlichen Erkenntnissen eingerichtet werden sollte, und so war Bunsen bei seiner Abreise von Berlin im April 1828 aufgetragen worden, weiterhin die Augen offen zu halten. In dem neuen Museum mangelte es immer noch an großen Bildern italienischer Meister. Von dieser Sachlage war selbstverständlich auch der Italienfahrer Friedrich Wilhelm unterrichtet, dem jedoch nicht nur die fachliche Kompetenz, sondern auch die notwendige Einstellung fehlte, »Capitalbilder« (Rumohr) zu jagen und zur Strecke zu bringen. Das Terrain nach verborgenen Schätzen zu sondieren, überließ er Bunsen und dessen Kollegen, den preußischen Gesandten an den italienischen Höfen, und, seit sie sich persönlich kannten, besonders gern Karl Friedrich von Rumohr. Auch Bunsen, der von bildender Kunst ebenfalls nicht allzuviel wußte, bediente sich vor allem der guten Dienste des bei Florenz in der Villa Bellosguardo lebenden Gelehrten.

Rumohr fiel auch die undankbare Aufgabe zu, dem Kronprinzen die Grenzen seiner Raffael-Kennerschaft aufzuzeigen. In Mailand hatte dieser bei dem Kunsthändler Brocca einen angeblichen Raffael gesehen und den König informiert. Rumohr wurde umgehend beauftragt, das Bild in Mailand zu begutachten. Der Kunstforscher, der sich »für den Augenblick« für den »Meister des Marktes« hielt, nahm sich aber Zeit und reiste erst Anfang 1829 ab, mit der Absicht, bei dieser Gelegenheit die gesamte Lombardei nach Bildern abzugrasen. Das Gutachten für den Kronprinzen, das diesem direkt übersandt wurde und das Datum vom 18. Januar trägt, macht mit schonenden Worten deutlich, daß die große Begeisterung unbegründet gewesen war.[53] In einem Brief an Bunsen vom gleichen Tag spricht Rumohr von einem aus zwei Bildern »zusammengelötheten« Raffael und von »überlegter Charlatannrie« des Kunsthändlers bei der »Aufstellung« des Bildes: »10 000 Louisdor wollen Sie, bagatella! Dafür kauft man eine Gallerie. Für 1100 habe ich dem König schon einen Haufen Sachen gekauft, welche seine Sammlung nicht wenig heben werden.«[54]

Rumohr hatte Bedenken, ob der Kronprinz die Wahrheit vertragen würde. Sie waren jedoch unbegründet. Es hätte nicht eines Geburtstagsgeschenkes zum 15. Oktober 1829 bedurft, um das gute Verhältnis während der Italienreise wiederherzustellen. Friedrich Wilhelm blieb Rumohr auch so gewogen und hätte ihn gern an der Spitze des neuen Museums gesehen. Wie gesagt, er war kein leidenschaftlicher Sammler und konnte den Mißerfolg verschmerzen. Für Friedrich Wilhelm waren Kunstwerke in erster Linie Ideenträger; den Zauber vollendeter Form vermochten seine auch im physischen Sinne schwachen Augen nur eingeschränkt wahrzunehmen.

Als deutscher Fürst und Kronprinz von Preußen fühlte Friedrich Wilhelm eine gewisse Verpflichtung gegenüber den in Italien lebenden Landsleuten, vor allem gegenüber der deutschen Kolonie in Rom, die seit der zweiten Hälfte des 18. Jahrhunderts fast ausschließlich aus bildenden Künstlern und zunehmend auch aus Altertumsforschern und Literaten bestand. Von den wenigen Stipendiaten der landesherrlichen Kunstakademien abgesehen, lebte die Mehrzahl der Künstler kümmerlich von Brotarbeit für Touristen, statt, was nach allgemeiner Überzeugung der eigentliche Sinn eines Aufenthalts in der Ewigen Stadt war, die großen Werke der Antike und der Renaissance zu studieren und sich ihrer geistigen und künstlerischen Vervollkommnung zu widmen. Unterstützung hatten sie stets, wenn auch in einem bescheidenen Umfang, von den deutschen Gesandtschaften erfahren. Besonderen Eifer legten die preußischen Diplomaten an den Tag, die seit den Tagen Wilhelm Uhdens und Wilhelm von Humboldts – nennen muß man in diesem Zusammenhang auch Friedrich Wilhelm von Ramdohr, Niebuhr und Bunsen – oft Gelehrte und Kunstfreunde waren, die mit Rom und Italien mehr als nur ihre berufliche Tätigkeit verband; Friedrich Wilhelm wußte von diesen Bemühungen aus den Briefen Niebuhrs, die er seit 1816 aus Rom erhalten hatte. Ende der 1820er Jahre war die materielle Lage der Künstler nicht mehr ganz so prekär, die meisten lebten jedoch weiterhin am Existenzminimum.

Friedrich Wilhelm fiel es nicht schwer, sich in dieser Sache zu engagieren, denn während er gegenüber historischer Kunst eine gewisse Befangenheit und Unsicherheit nicht ablegen konnte, sich in seinen Privaträumen meist mit Reproduktionen begnügte, hatte er zur zeitgenössischen künstlerischen Produktion ein weitaus offeneres und natürlicheres Verhältnis, weil sie sein Bedürfnis nach realistischen Bildern von Menschen, Landschaften und Bauwerken befriedigte. Bunsens Romtagebuch ist zu entnehmen, daß Friedrich Wilhelm, von der Schönheit der Gegend überwältigt, auf dem Weg von Otricoli nach Narni am Vormittag des 27. November genau den Punkt bestimmte, von wo aus sein Protegé August Wilhelm Schirmer, der sich zu dieser Zeit in Rom aufhielt, die Landschaft skizzieren sollte, um sie später im Atelier zu malen. Zahlreiche weitere Aufträge für Landschaftsbilder, die Friedrich Wilhelm für seine Privatgemächer haben wollte, sollten folgen.

Um dem Kronprinzen einen Einblick in die Vielfalt der modernen deutsch-römischen Kunst zu vermitteln, organisierte Bunsen im Palazzo Caffarelli eine Ausstellung, die zu gefallen wußte; der hohe Gast besuchte sie zweimal und fand auch, daß sie mehr zu bieten habe als eine gleichzeitig stattfindende russische Ausstellung. Ob Friedrich Wilhelm von den etwa 190 Gemälden, Zeichnungen, Stichen und plastischen Arbeiten von insgesamt 61 deutschen Künstlern, darunter Koch, Overbeck, Reinhart, Reinhold, Catel, Grahl, Schnorr von Carolsfeld, Schilbach, die Brüder Veit, Thürmer und Emil Wolff etwas erworben hat, läßt sich nicht mehr feststellen. So großzügig wie der König, dem 1822 eine ähnliche Präsentation geboten worden war und der 2000 Louisdor ausgegeben hatte, konnte er, dessen finanzielle Möglichkeiten sehr begrenzt waren, sich nicht zeigen. Wenn man von Overbecks Gemälde »Italia und Germania«, das 1833 der bayerische König erwarb und das heute die Neue Pinakothek ziert, und zwei Landschaften Reinharts absieht, mag die Versuchung auch nicht übermäßig groß gewesen sein. Der Kronprinz kam, wie gesagt, mehrere Jahre zu spät nach Rom, die große Zeit der nazarenischen Kunst am Tiber war vorüber. Außerhalb der Ausstellung tätigte er einige Einkäufe bei Catel, Grahl und wohl auch bei den Brüdern Riepenhausen.

Von den Lukasbrüdern lebten 1828 noch Overbeck und Veit in Rom; Cornelius, der »Hauptmann der römischen Schar«, hatte die Stadt schon 1820 verlassen. Der Kronprinz besichtigte und würdigte ihre Fresken in der Casa Bartholdy, obwohl ihm die Josephs-Geschichte eher ferngelegen haben dürfte. Niebuhr hatte ihm seinerzeit von diesen Bildern berichtet, und Bunsen hatte ihn während seines Berlinaufenthalts davon zu überzeugen versucht, daß Konservierung und Kauf der Fresken des Palazzo Zuccari auf dem Pincio, des ehemaligen Sitzes des preußischen Konsuls Bartholdy, jener »merkwürdigen Denkmäler der Wiederherstellung der historischen Malerei«, im Interesse des preußischen Staates seien.[55] Es lag nicht in der Kompetenz des Kronprinzen, in dieser Angelegenheit etwas zu entscheiden, aber Bunsen wird es nicht versäumt haben, ihn an Ort und Stelle wieder mit dem ungewissen Schicksal der Bilder zu konfrontieren.

Während die Casa Bartholdy schon in die Kunstgeschichte eingegangen war, legte Joseph von Führich im Casino Massimo gerade letzte

Hand bei dem zweiten Gemeinschaftswerk der deutschen Künstler in Rom an. Die Wandgemälde zu Dante, Tasso und Ariost, die Overbeck, Philipp Veit, Schnorr von Carolsfeld und Koch seit 1818 ausgeführt hatten, machten Friedrich Wilhelm, dem Verehrer der großen italienschen Dichter, viel Freude. In einem Brief an die Eltern vom 12. November erwähnt Führich den Besuch »Se. Königl. Hoheit, [die ihn] mit Ihrem Lobe in einigen verbindlichen Worten zu beehren geruhten«, und er bedauert, wegen der anstrengenden Arbeit im Casino Massimo in der Ausstellung im Palazzo Caffarelli nur mit einer kleinen Zeichnung vertreten zu sein.[56]

Vorerst konnte Friedrich Wilhelm an solche Projekte wie die des Marchese Massimo nicht denken. Erst als er König geworden war und endlich sein Berliner Dom-Projekt in Angriff nehmen durfte, rief er Peter Cornelius, der die Fresken für den Campo Santo malen sollte, und 1845 beauftragte er Friedrich Overbeck, Philipp Veit, Edward von Steinle und wieder Cornelius mit Entwürfen zum Hauptbild über dem Altar. 1828 blieb es bei Atelierbesuchen und Einladungen zum Essen. Bei Overbeck bestellte Friedrich Wilhelm aber eine Wiederholung der »Himmelfahrt des Elias«, die im Palazzo Caffarelli ausgestellt war, ein Bild, dessen Thema, von alters her als alttestamentarische Entsprechung zur Himmelfahrt Christi gedeutet, seinem zum Spektakulären neigenden Temperament entsprach. Den Künstler schätzte er wegen seines lyrischen, peruginesken Stils von allen Lukasbrüdern am meisten.[57]

Wir treffen den Kronprinzen auch in den Ateliers von Künstlern anderer Nationen: bei dem Dänen Bertel Thorwaldsen, dem ungekrönten König der germanisch-römischen Künstlerschaft, den er zur Tafel lud; er besuchte den Belgier Kessels, den Schotten Campbell, auch den Italiener Tenerani, alles Schüler oder Gehilfen Thorwaldsens; er besichtigte die ehemalige Werkstatt Canovas und die des führenden lebenden Akademikers Roms, Vincenzo Camuccini, eines klassizistischen Historienmalers und gefragten Porträtisten und, was Friedrich Wilhelm besonders interessierte, Leiters der päpstlichen Mosaikmanufaktur. Auch besaß Camuccini eine kleine, aber beachtliche Kunstsammlung. Namen französischer Maler, die es dank der Académie de France in großer Zahl in Rom gab, sucht man in den Briefen des Kronprinzen vergebens. Auf Distanz hielt er sich auch zu Chateaubriand, dem französischen Botschafter, der auch ein bedeutender Dichter und Intellektueller war.

Zu Begegnungen mit Literaten im weitesten Sinne kam es an verschiedenen Orten, am häufigsten zwangsläufig in Rom. Bunsen muß in diesem Zusammenhang zuerst genannt werden, dem als preußischen Gesandten nicht nur die Aufgabe zufiel, als Organisator und kenntnisreicher Cicerone zu Diensten zu stehen. Seit seinem Besuch in Preußen war er auch zu einem wichtigen Ratgeber in den für den König wie für den Kronprinzen bedeutungsvollen Fragen der Religion und der Religionsausübung, vor allem der Liturgie, geworden. Darüber hinaus verfügte er über eine universale Bildung, war in der Geschichte Roms vom Altertum bis zur Neuzeit wie kein zweiter zu Hause. Wenige Jahre zuvor hatte er begonnen, sich mit Ägyptologie zu beschäftigen; von seiner Begeisterung ließ sich Friedrich Wilhelm anstecken.[58] Durch den »gelehrten Diplomaten« Bunsen fand Friedrich Wilhelm auch Eingang in die Wissenschaftsgeschichte, er wurde der Schutzpatron einer der angesehensten archäologischen Forschungseinrichtungen der Welt, des Deutschen Archäologischen Instituts in Rom. Zu den Initiatoren gehörten auch andere Personen wie August Kestner, der hannoversche Geschäftsträger, der livländische Baron Otto von Stackelberg und die beiden Archäologen Eduard Gerhard und Theodor Panofka. Gerhard soll dem Kronprinzen, wie dieser in einem Brief vom 31. Januar 1832 behauptet, auf dem Markt von Pozzuoli den »Nahmen abgequetscht« haben, das heißt das Versprechen, sich als Ehrenvorsitzender dem zu gründenden Institut (»Instituto di corrispondenza archeologica«) zur Verfügung zu stellen.[59] Es war aber wohl doch Bunsen, der dem Kronprinzen das Projekt erst schmackhaft gemacht hat, denn Aufgabe des Instituts sollte es unter anderem sein, die neuesten archäologischen Entdeckungen und Forschungsergebnisse zu publizieren, also auch »fortdauernde topographische Notizen aus Rom«. Diese Idee habe der Kronprinz, wie Bunsen an Niebuhr am 24. Januar 1829 schreibt, aufgegriffen und ihn aufgefordert, »die Sache in [die] Hände zu nehmen, wogegen er zusagte, Protektor zu werden«.[60]

Gerhard, der 1828 nach Italien gekommen war, um für das neue Museum in Berlin antike Vasen zu kaufen und Bildmaterial für einen archäologischen Apparat in Auftrag zu geben, begleitete in Vertretung Bunsens den Kronprinzen nach Neapel und zu den archäologischen Stätten der Umgebung. Beide waren fast gleichaltrig – Gerhards Geburtstag war der 29. November 1795 – und scheinen sich vom ersten Augenblick an verstanden zu haben. Friedrich Wilhelm, der Gerhards sparsame, aber erhellende Erläuterungen dankbar entgegennahm, hat an dessen Entwicklung später stets Anteil genommen und sie gefördert; 1843 wurde Gerhard außerordentlicher und 1844 ordentlicher Professor an der Berliner Universität. 1851 konnte ein »Archäologischer Lehrapparat« eingerichtet werden, und 1855 wurde Gerhard zum Direktor der Antikensammlung der königlichen Museen berufen.

Zu einer folgenreichen Begegnung kam es am 6. Oktober in der Bibliothek von S. Marco in Venedig, wo sich Friedrich Wilhelm und Leopold Ranke, auch Jahrgang 1795 und seit 1825 außerordentlicher Professor an der Berliner Universität, zum erstenmal gegenübertraten. Der junge hoffnungsvolle Historiker befand sich seit mehreren Monaten auf seiner ersten großen Studienreise. Er war über Wien nach Venedig gekommen, um dort die venezianischen Gesandtschaftsberichte des 16./17. Jahrhunderts auszuwerten, die als historische Quellen bis dahin wenig Beachtung gefunden hatten. Friedrich Wilhelm kannte und schätzte Rankes Erstlingswerk »Geschichte der romanischen und germanischen Völker« (1824) und freute sich, den Verfasser zum Essen einladen zu können. Von da an blieben sie in Verbindung. Als Friedrich Wilhelm König geworden war, ernannte er den inzwischen berühmten Gelehrten 1841 zum Historiker des preußischen Staates.

Von Begegnungen mit italienischen Archäologen und Intellektuellen weiß man nichts. Antonio Nibby, dessen Forschungen zur Topographie Roms dem Kronprinzen bekannt waren, wäre in Betracht gekommen, er sah ihn aber nur zufällig und flüchtig; ebenso Carlo Fea, der wie Nibby, Filippo Aurelio Visconti oder der Graf Borghesi zu den Wegbereitern des »Instituto di corrispondenza archeologica« gezählt werden muß. In Siena besuchte der Kronprinz, obwohl er dies ursprünglich nicht vorhatte, Antonio Montucci, der wieder in seiner Heimatstadt lebte; er war einer der ersten Sinologen Europas und besaß eine reiche Sammlung chinesischer Bücher. Und in Neapel lernte er den Kanonicus D. Andrea de Iorio, einen Archäologen am Museo Borbonico, kennen, an den er sich noch lange gern erinnerte. In einem Brief vom 17. April 1838 empfahl er ihn Johann von Sachsen, der im Begriff war, nach Italien aufzubrechen, als Führer: »[...] das ist ein Mann nach unserm Herzen. Ist's möglich, so geh mit ihm durch Pompeji, und sage beyden, Iorio und Pompeji, daß ich sie lieb habe.«[61]

Das einfache Volk sah Friedrich Wilhelm fast nur aus der Kutsche. In den ersten Tagen fühlte er sich von den südländischen Physiognomien abgestoßen, bemerkte überall nur Bettler und fürchtete Überfälle von Räubern. Die Anpassung an die Lebensverhältnisse machte Mühe, ebenso der Umgang mit der Landessprache, die Friedrich Wilhelm aktiv nur unvollkommen beherrschte. Diese Distanz verringerte sich im Verlauf der Reise, wenn auch die Bettler, die, wie in Perugia, gelegentlich Besichtigungen unmöglich machten, und andere Unannahmlichkeiten blieben, ohne daß darüber weiter geklagt wurde. Ein merkwürdiges Erlebnis hatte der Kronprinz in Genua, als er und seine Begleiter nach dem zweiten Erdbeben in der Nacht vom 9. zum 10. Oktober mit mehreren tausend Genuesern, die aus Vorsicht ihre Häuser verlassen hatten, auf einem großen Platz, unter einem sternenhellen Himmel und in balsamischer Luft, im Kreise gingen; »dabey herrschte eigentlich eine etonnante Stille in der Menschen Menge [...], als Grundton ging ein dumpfes Gemurmel, kein Scherz, keine Spur vom lauten Wesen des Volkes – Ein einziger Anblick u unvergeßlicher Moment.« Wenige Tage später beobachtete Friedrich Wilhelm in der Villa Borghese das Volk, wie es »vorzüglich raste u tanzte« und fand es »sehr liebenswürdig«. Diese Wahrnehmung der Italiener als friedlich und sich unter freiem Himmel verlustierend ging durchaus mit dem gesellschaftlichen Klima der Zeit konform, wie der piemontesische Politiker Graf Cesare Balbo bestätigt. Seiner Auffassung nach waren die Jahre 1821–30 in der Tat »nove anni di pace e tranquilità«, allerdings um den Preis totaler polizeilicher Überwachung und Repression des gesamten Landes.[62]

Das Zeitalter der Restauration tat auch dem im italienischen Volksleben tief verwurzelten Opernbetrieb keinen Abbruch, ganz im Gegenteil. Wie sein Vater liebte der Kronprinz das Theater, besonders die Oper. In Berlin hatte man in Gasparo Spontini seit 1820 einen italienischen Generalmusikdirektor, der alle Neuheiten von Rossini, Bellini und anderen, heute vergessenen italienischen Opernkomponisten aufführte. Der Kronprinz, der durchaus ein Kenner war und Stimmen beurteilen konnte, besuchte Aufführungen in Mailand, Florenz, Rom und Neapel, fast ausschließlich von Werken der jüngeren Vergangenheit wie Rossinis »Barbier von Sevilla« (1816) und von ausgesprochenen Neuheiten wie »Die Belagerung von Korinth« (1826), ebenfalls von Rossini, und Bellinis »Pirat« (1827). Meist hatte er Glück und konnte die Stars der Zeit hören, die Sopranistin Boccabadati, die Tenöre David und Rubini, den Bariton Tamburini und den Bassisten Lablache. Man erfährt auch von einem Theaterbesuch in Pisa, wo ein Drama auf dem Programm stand.

Wieviel der Kronprinz von den italienischen Verhältnissen hinter den Opernkulissen, hinter der Fassade von Ruhe und Ordnung, wußte oder überhaupt wissen wollte, bleibt Spekulation. Wahrscheinlich hätte er aber Friedrich Thiersch, dessen 1826 erschienener Reisebericht ihm vermutlich nicht entgangen war, beigepflichtet, daß Italien weit hinter dem Zustand zurückbleibe, »in welchem wir [es] zu erblicken wünschen«, ein Land, »so reich an allen Gaben der Natur in seinen Gegenden und Bewohnern, so unerschöpflich an Schätzen der Kunst und der Wissenschaft«.[63] Ausgesprochen hat er aber solche Gedanken nicht, nicht einmal angedeutet. Selbst wenn man einräumt, daß diese Thematik nicht in Briefe an den König und die Kronprinzessin gehörte, darf man vermuten, daß ihm in seiner Eigenschaft als Politiker der Heiligen Allianz nicht daran gelegen sein konnte, daß sich die noch friedfertigen Italiener auf ihre eigenen Interessen besannen. So war gelegentlich auch Wunschdenken im Spiel.

Dem Privatmann Friedrich Wilhelm begegneten auf dieser Reise auch Einzelpersonen, ausschließlich Frauen, die ihn durch ihre natürliche Menschlichkeit einnahmen, auf Ischia ein armes Mädchen namens Carminella und jene eindrucksvollen Wirtsfrauen, die er ebenfalls in seinem Brief vom 12. November erwähnt. Wenige Tage später traf er in der preußischen Botschaft in Rom zwei Frauen, die aus Albano stammten; eine von ihnen hieß Vittoria, vermutlich Vittoria Caldoni, und war jene Winzerstochter, die August Kestner im Sommer 1820 entdeckt und nach Rom eingeladen hatte, wo sie in der Villa Malta von zahllosen Künstlern porträtiert worden war. Die inzwischen reife junge Frau war vermutlich immer noch von jener allgemein bewunderten idealischen Schönheit, daß auch der Kronprinz meinte, eine Gestalt Raffaels trete ihm entgegen. Sie schien ihm die weitverbreitete klassizistische These, die er zuerst bei Winckelmann gelesen hatte, anschaulich zu belegen, wonach das Geheimnis der klassischen Kunst und ihrer exemplarischen Geltung nicht zuletzt in der schönen Menschennatur des Südens begründet liege.

Ein Italienreisender im Jahr 1828 fand das Land noch physisch unversehrt. Damals hielten sich zwar auch in den fortgeschrittensten Regionen Preußens und Mitteleuropas die Industrialisierungsschäden noch in Grenzen, Italien jedoch blieb bis weit in das 19. Jahrhundert hinein vom Fortschritt so gut wie unberührt. Italien sah sehr lange noch so aus wie auf den Bildern von Claude Lorrain und Philipp Hackert. Ihre Landschaftsdarstellungen, die der Kronprinz seit seiner Kindheit um sich gehabt hatte, waren noch nicht von der Wirklichkeit widerlegt – »es freut mich so zu sehen, daß die Maler doch nicht alle lügen«, schreibt er dem König am 9. Oktober –, und sie hatten ihm nicht zuviel versprochen. Er konnte es mit eigenen Augen sehen: Dieses Land war tatsächlich von einer überwältigenden, fast überirdischen Schönheit. Genuß ist subjektiv und läßt sich nicht messen, aber man wird unter den zahlreichen Reisebeschreibungen vom Anfang des 19. Jahrhunderts kaum eine finden, aus der solch helles Entzücken spricht wie aus den Reisebriefen Friedrich Wilhelms. Es wird ihm nachgesagt, daß er seiner Natur nach sehr begeisterungsfähig gewesen sei, und vielleicht hat auch ein Hang zum Theatralischen mitgespielt, das tiefe Erlebnis Italien darf man ihm jedoch glauben. Friedrich Wilhelm war durchdrungen vom Naturgefühl der Romantik, er liebte die Rheingegend, die Insel Rügen – überhaupt die Ostsee, die er als Knabe im fernen Ostpreußen kennengelernt hatte – und vor allem die Umgebung von Potsdam, an die er sich sogar in Italien erinnert fühlte. Jenseits der Alpen lag für ihn jedoch eine andere Welt. Der heutige Italienreisende, der in nicht einmal zwei Stunden von Frankfurt oder Berlin nach Rom fliegt, weiß nichts mehr von dem aufregenden Erlebnis der Alpenüberquerung im Reisewagen, von dem zuletzt durch immer engere Schluchten und Täler führenden Weg, der schließlich wie ein Fluß, der sich befreit ins Meer ergießt, in die Weite der Poebene mündet. Die Strecke von Trient nach Verona, auf der die »entsetzlichen« steilen Berge endlich zurücktraten und Zypressen, Öl- und Feigenbäume den Beginn Italiens anzeigten, erlebte Friedrich Wilhelm wie ein neuer Adam, der in den Garten Eden zurückkehren durfte.

Den ersten Höhepunkt erreichte der Genuß der Natur des Südens zwischen Genua und La Spezia. Dort fanden sich Landschaften, wie er »deren so viel auf das Papier« fabelte. Dies sollte heißen: auch schon zu Hause in Potsdam und Berlin. Der unermüdliche Zeichner hatte in den 1820er Jahren gern südliche Landschaften nach klassischem Muster entworfen, die er nun – und auf der gesamten Reise immer wieder – in der Realität wiederzufinden meinte. Dieses Land unvoreingenommen zu sehen, ist auch heute noch fast unmöglich; immer wieder stellen sich gemalte, gezeichnete und gestochene Bilder zwischen Landschaft und

Auge. Friedrich Wilhelms Sehen war auf besondere Weise durch die Landschaftsmalerei geprägt. Als er vom Monte Mario aus zum erstenmal auf Rom schaute, hatte er das Gefühl, ein in Sanssouci befindliches Gemälde von Panini zu sehen, welches die gleiche Aussicht zeigt. Dieser Panoramablick verschaffte sich während der gesamten Reise immer wieder Geltung. Hinter Narni hatte er »von der Höhe des Gebirges« – dies ist unterstrichen – in die weite Ebene der Campagna geschaut. Wahrhaft atemberaubende Ausblicke boten sich später vom Camaldoli-Kloster, vom Vesuv oder von Ischia aus. Es hat sich eine Skizze erhalten, die auf dem Altan der »Sentinella«, dem Quartier des Kronprinzen und seiner Begleitung, entstanden ist und die gesamte Küste mit den beiden Golfen festhält. Der Zeichner fixiert genau die markanten Punkte, ist aber gleichzeitig bemüht, durch leichte Korrekturen, wo seiner Meinung nach erforderlich, den »Landschaftslinien« Prägnanz zu verleihen (Abb. 28).

Während von Genua bis Rom die Palmen noch zu zählen waren, hatte hinter Velletri »das schönste Land der Erde«, der wahre Süden, begonnen. Alles, was er gehört und gelesen hatte, fand seine Bestätigung. In Neapel und seiner Umgebung genoß Friedrich Wilhelm die Schönheit Italiens in vollen Zügen. Nirgendwo sonst auf dieser Reise, auch nicht in Rom, fühlte er sich so mit sich und der Welt in Harmonie wie dort. Er absolvierte ein erstaunlich umfangreiches und anstrengendes Programm, darunter mehrere Seefahrten, Touren auf Eselsrücken und die Besteigung des Vesuvs – fast aus eigener Kraft.

Wie tiefgreifend sich die Gegend um Neapel in den vergangenen 150 Jahren verändert haben muß, macht eine Episode in den Phlegräischen Feldern deutlich, die auch in anderer Hinsicht bemerkenswert ist. Während der Fahrt durch eine üppige »waldähnliche« Vegetation zwischen »unzähligen Trümmern antiker Grabmähler vor allem Säulen« fühlten sich alle, die mit im Wagen saßen, an Goethe und sein »liebliches Gedicht vom Wandrer« erinnert. Der Kronprinz scheint sogar der Ansicht gewesen zu sein, daß der Dichter die berühmten Verse an dieser Stelle gedichtet haben könnte. Diese absonderliche Idee, wenn sie denn ernst gemeint war, bedarf keiner Widerlegung. Sie führt jedoch schlaglichtartig vor Augen, daß diese Reisegesellschaft des Jahres 1828 den Süden in einer Gefühlslage erlebte, die sich von der Goethes, der 40 Jahre vorher die Gegend westlich von Neapel besucht hatte, wesentlich unterschied. Ohne daß man vom Jagdhäuschen auf dem Kickelhahn wußte, auf dessen Bretterwand Goethe 1783 jene Verse geschrieben hatte, kam hier ein Hauch von Thüringer Wald in die antike Trümmerwelt der Phlegräischen Felder. Romantisches Erleben kommt auch zum Vorschein, wenn vor dem Geiste Friedrich Wilhelms Städte wie Genua, Rom, Terracina oder das Meer wie Himmelserscheinungen plötzlich auftauchen, wenn sich die Campagna als unendliche Ödnis darbietet, über der die Weltgeschichte wie eine dunkle schwere Wolke liegt, oder auch nur der Mond das Land mit seinem milden Licht übergießt.

Tempel, Basiliken und Paläste

Friedrich Wilhelm neigte zur Überschwenglichkeit, sie lag in seinem Wesen. Seine Begeisterung für die landschaftlichen Schönheiten Italiens, die ihn zeitweilig fast in einen rauschhaften Zustand versetzten, daß er meinte im »Paradys« – für den Christen und Dante-Verehrer ein inhaltsschweres Wort – angekommen zu sein, korrespondierte durchaus mit dem Zeitgeist. Auch von Goethe und seinen Zeitgenossen war die Schönheit der Apenninenhalbinsel bemerkt worden, doch mehr mit den Augen und dem Verstand. Der Anblick Neapels läßt aber auch Goethe von einem Paradies sprechen, in dem jedermann »in einer Art von trunkner Selbstvergessenheit« lebt.[64] Im 19. Jahrhundert begann diese Einstellung um sich zu greifen. Wer damals nach Italien reiste, tat dies kaum unbeeinflußt vom Geist der Romantik, ihrer Sehnsucht nach ursprünglicher Natur – nicht mehr nach dem Garten, sondern nach der Wildnis – und nach der Vergangenheit, ja nach der Geschichte selbst. So wie sich das romantische Gefühl der Natur in ihrer Ganzheit bemächtigt hatte, war es in die Weiten des historischen Raumes aufgebrochen.

Im Jahr 1828 gehörte jedoch die Romantik selbst schon fast der Vergangenheit an. Ihr auf dem Fuße war die nüchterne Empirie gefolgt. Nachdem der Zaun gefallen und, wie aus zahllosen Reisebeschreibungen ersichtlich, im allgemeinen Bewußtsein Italien in seiner ganzen räumlichen Ausdehnung sichtbar geworden war, rückten das Einzelne und das Besondere immer stärker in den Mittelpunkt des Interesses. Anders als Friedrich Wilhelm, der bei seinen heroischen Landschaftskompositionen blieb, wandten sich immer mehr Künstler, die nach den Klassizisten und den Nazarenern in den 1820er Jahren über die Alpen gingen, der Natur zu, nicht nur zeichnend, sondern auch malend, ihre farbige Erscheinung unter sich verändernden Lichtverhältnissen beobachtend. Dieser Blick für das Konkrete bemächtigte sich auch der Geschichte, die, von der Romantik als zusammenhängender Prozeß und als eigenständige Wirkungsmacht entdeckt, sich nun als Wissenschaft zu etablieren begann. Friedrich Wilhelm vereinigte durchaus beide Haltungen in sich. Während ihn die Aussicht vom Vesuv entzückte, untersuchte er mit den Augen des Steinsammlers die Beschaffenheit der Lava, und so sehr es ihm gefiel, im Angesicht der Trümmer einer zweitausendjährigen Kultur den Atem der Weltgeschichte zu erlauschen, sich vor den Toren Roms oder auf den Phlegräischen Feldern bei Neapel in eine romantische »Trümmerseligkeit« zu versetzen, so war er doch in gleicher Weise fasziniert von den Relikten einer vergangenen Zeit und nahm regen Anteil an deren Erforschung. Friedrich Wilhelm gehörte zweifellos zu jenen romantischen Charakteren, die einen Hang zur Phantastik und zum Empirischen in sich vereinten. Es bedurfte eigentlich keiner Überredungskünste, um ihn dazu zu bewegen, die Schirmherrschaft des »Instituto« zu übernehmen. Archäologie interessierte ihn ganz persönlich. Von Schau-Grabungen in Pompeji und Herkulaneum am 16. und 17. November, organisiert von Gerhard, wie gemutmaßt wurde, kann keine Rede sein; vielleicht wurde lediglich dafür gesorgt, daß die Arbeiten während des Besuchs des Kronprinzen nicht gerade ruhten. Ganz anders sah es allerdings 31 Jahre später aus: Als der kranke König, nur noch ein Schatten seiner selbst, wieder nach Pompeji kam, drückte man ihm eine Schaufel in die Hand, um einen großen eisernen Ofen zu finden, der schon oft ausgegraben worden war.[65]

Das historische Wissen, über das Friedrich Wilhelm zur Zeit seiner ersten Italienreise verfügte, läßt sich kaum rekonstruieren. Daß er auf das »Land der Geschichte« vorbereitet war, ist jedoch nicht zu bezweifeln. Ein Indiz sind die zahlreichen Erwähnungen historischer Personen und Ereignisse, vor allem der Antike und des Mittelalters, in seinen Briefen. Sehr gegenwärtig war ihm, wie schon erwähnt, auch Napoleon, der Alptraum seiner Kindheit und Jugend, und bei Tolentino gedachte er der 13 Jahre zurückliegenden Schlacht zwischen den Österreichern und den Neapolitanern unter Murat, mit dessen Niederlage und Erschießung die napoleonische Herrschaft in Italien endgültig beendet gewesen war. Was Friedrich Wilhelms geschichtsphilosophische Anschauungen angeht, so weiß man von seinen wiederholten Ausfällen gegen Hegel und die gesamte akademische Geschichtsphilosophie im Berlin der 1820er Jahre. Von einer gewissen protestantischen Schlichtheit ist auszugehen. Für Friedrich Wilhelm, den tiefgläubigen Erweckungschristen, manifestierte sich in der Geschichte das Walten Gottes, in ihr verwirklichte sich dessen Heilsplan für die Menschheit.[66] Vor diesem eschatologischen Hintergrund ist Friedrich Wilhelms Verhältnis zur Antike, zum Mittelalter, zur Neuzeit und zur Gegenwart, zur Architektur- und zur Kunstgeschichte zu sehen und zu verstehen. Was aber gleich auf Schwierigkeiten stößt, denn es ist nicht, wie zu erwarten wäre, das christliche Mittelalter, dem Friedrich Wilhelms Hauptinteresse galt, auch nicht die Renaissance und schon gar nicht der Barock, sondern wie zu Zeiten Winckelmanns und Goethes die Antike. Gründe für diese Vorliebe sind schon genannt worden, hier muß ein weiterer erörtert werden. Abgesehen davon, daß das Mittelalterverständnis der Romantik durchaus noch eingeschränkt und klassizistisch gefärbt war, blieb Friedrich Wilhelm auch deshalb gegenüber dieser Epoche reserviert, weil er, der eine Erneuerung der Kirche und des Glaubens erstrebte, in der Papstkirche einen Irrweg des Christentums sah. In dieser Auffassung fand er sich bestätigt, als er in Mailand und Rom Zeuge von zu kalter Routine herabgesunkener Religionsausübung geworden war. Es war also auch sein Protestantismus, der in den 1820er Jahren fast militante Züge trug, der ihn im Fahrwasser des Klassizismus hielt.

Das Wissen über die griechische Antike war 50 Jahre nach Winckelmanns Tod auch in Italien noch sehr begrenzt. Friedrich Wilhelm hätte Paestum besuchen können, was er aber, nicht nur aus Zeitgründen, unterließ. In München hatte ihn sein Schwager Ludwig I. in die Glyptothek geführt, wo die Skulpturen vom Tempel in Ägina seit kurzem aufgestellt waren. Er erwähnt sie jedoch nirgendwo, offenbar haben sie ihn nicht sonderlich beeindruckt. Im Mittelpunkt von Friedrich Wilhelms Vorstellung von der Antike stand Rom, vor allem das Rom der Kaiser – von Cäsar und Augustus bis zu seinem Untergang im 5. Jahrhundert. Winckelmann hatte die römische Kaiserzeit kaum zur Kenntnis genommen und ihr, zumal in der bildenden Kunst, jede Originalität abgesprochen, doch seit Napoleon und dem Empire waren neue Maßstäbe gesetzt worden. Während der französischen Besetzung Roms begannen die Ausgrabungen auf dem Trajans-Forum, die wissenschaftlichen Zwecken nur nebenbei dienten. Gesucht wurde nach Überresten römischer Kaiserarchitektur, an der sich der neue imperiale Klassizismus zu orientieren gedachte.

Friedrich Wilhelm war über diese Vorgängen in Rom informiert. Bunsen hatte ihm zweifellos berichtet, daß neue Ausgrabungen am 1. Oktober 1827 beginnen sollten, und die vielfältigen Probleme erläutert. Manches wußte er schon von Aloys Hirt, der sich an der Diskussion der 1820er Jahre um das Forum Romanum beteiligt hatte, auch von Schinkel, der 1824 in Rom gewesen war. Schließlich muß noch Niebuhr, einer der Pioniere der Forum-Forschung, erwähnt werden.

In Bunsens Besichtigungsprogramm fehlte keines der wichtigen antiken Denkmäler Roms und seiner näheren Umgebung, eingeschlossen die Villa Hadrians und Tivoli. Besondere Aufmerksamkeit widmete man jedoch dem Forum Romanum und den angrenzenden Kaiserforen. Das alte, aus der Zeit der Republik stammende Forum zu Füßen des Kapitols lag im Jahr 1828 zu großen Teilen noch unter meterhohem Schutt begraben. Es hatte bis dahin mehrere Rekonstruktionsversuche, unter anderem von Nibby und Fea, auch von Niebuhr und Hirt gegeben, die sich noch weitgehend auf literarische Quellen stützten. Die kontroverse Diskussion scheint Bunsen im Kreis seiner Gäste schon am ersten Tag nach ihrer Ankunft auf dem Turm des Kapitols referiert zu haben, als man sich einen vorläufigen Eindruck von der Ausdehung und Gestalt des Geländes zu verschaffen versuchte. Da die Ausgrabungen noch immer stockten und keine neuen Erkenntnisse vorlagen, präsentierte Bunsen anhand eines Planes seine Rekonstruktion des Forum Romanum.

Am Montag, dem 3. November, führte Bunsen den Kronprinzen auf das Trajans-Forum, wo jüngste Ausgrabungen eine Säule und die Statue eines Dakers zu Tage gefördert hatten, anschließend über das Forum des Augustus und das des Kaisers Nerva zur Konstantins-Basilika; dort waren Ausgrabungen im Gange, die Antonio Nibby leitete. Der imposanteste Bau des Forum Romanum war lange für den wiederaufgebauten Friedenstempel des Vespasian gehalten worden – unter anderem auch von Hirt –, bis Nibby richtig erkannte, daß es sich um einen Bau aus der Zeit der Kaiser Maxentius und Konstantin handelt. Bunsens Tagebuch ist zu entnehmen, daß er Nibbys These von Anfang an unterstützt hatte. Auch dem Kronprinzen wird sie sympathisch gewesen sein, denn Konstantin stand ihm verständlicherweise näher als dessen heidnische Vorgänger. Diese guterhaltene Ruine vermittelte ihm eine Vorstellung von einer spätantiken Basilika aus einer Zeit, zu der schon christliche Kirchen errichtet wurden – als der Baubeginn von Alt-Sankt-Peter galt allgemein das Jahr 330. Bunsens Romtagebuch nach zu urteilen, nahm dieses architekturgeschichtliche Monument an der Schwelle von der Antike zum Mittelalter in den Gesprächen mit dem Kronprinzen einen zentralen Platz ein; wie auch das Forum des Kaisers Vespasian, obwohl damals – und auch heute noch nicht – kaum etwas davon zu sehen war. Bunsen scheint sämtliche Quellen und Argumente erläutert zu haben, so wie er es schon in der mit Platner und Niebuhr verfaßten »Beschreibung der Stadt Rom« getan hatte. Man darf vermuten, daß der Kronprinz dazu Veranlassung gegeben hat, vieleicht auch, daß in ihm schon damals der Gedanke aufdämmerte, nach dem Vorbild Trajans oder Vespasians in Berlin irgendwann eine ähnliche Anlage errichten zu lassen, ein Forum mit Kulturbauten und einem Reiterstandbild.

Das Kontrastprogramm zu den kaiserlichen Repräsentationsbauten boten die Besuche in Pompeji und Herkulaneum. Friedrich Wilhelm genoß das »heitere Wesen« der Wohnarchitektur und die »schönen und lieblichen Anlagen« der öffentlichen Bauten. Während in Rom alles Zukunftsmusik gewesen war, begleiten wir hier den Privatmann, der sich zu Hause in Potsdam gerade ein Sommerhaus bauen ließ und über die Erschließung des umliegenden Terrains nachdachte. Die Römischen Bäder, die Anfang der 1830er Jahre entstehen sollten, haben von diesem Besuch der beiden antiken Städte am Vesuv direkt profitiert, wenngleich man nicht vergessen darf, daß auch Schinkel und Persius ihre Vorstellungen hatten und daß sich Friedrich Wilhelm mit Hilfe der Literatur schon vor seiner Reise mit Pompeji und dessen Architektur vertraut gemacht hatte. Die Grab-Exedra der Priesterin Mamia, die sich vor der Porta Ercolana befindet, kannte er schon von Abbildungen, so daß Schinkels Nachbildung von 1834 nicht unbedingt als ein Resultat der Reise von 1828 anzusehen ist. Rundbänke wurden auch schon für den Teesalon des Berliner Schlosses und den Garten von Charlottenhof 1824 und 1826 angefertigt.

Gegen Ende der 1820er Jahre reiste kaum noch jemand nach Italien, ohne einen Blick auf die Baudenkmäler des Mittelalters zu werfen und dessen Kirchen auch als Architekturwerke kunstgeschichtlich aufzufassen. Auch Klassizisten wie Hirt betrachteten die Basiliken Roms nicht mehr nur als alte, ehrwürdige Gotteshäuser, sondern auch als zu erforschende historische Denkmäler, denen allerdings die Musterhaftigkeit der antiken Baukunst abgesprochen wurde. Noch 1827, im dritten Band seiner Geschichte der antiken Baukunst, schreibt der kunsthistorische Lehrer Friedrich Wilhelms: »Abweichungen von den guten Verhältnissen und eine schlechte Constructionsweise zeigen überall nur zu sehr den Verfall der Kunst in dem unglücklichen Mittelalter. S. Maria Maggiore und S. Crisogono bleiben für das Auge noch die erfreulichsten.«[67] Als Historiker konnte er aber nicht die Augen vor der Tatsache verschließen, daß in diesen mittelalterlichen Kirchen antikes Erbe weiterlebte, und so kommt er in diesem Zusammenhang gern auf Bramante zu sprechen, der aus dem »mächtigen Ruin« der Konstantins-Basilika auf dem Forum Romanum die »Idee zu der Peterskirche geschöpft [habe], mit der Absicht, einen Kuppelbau, wie der des Pantheon ist, darüber zu setzen«.[68] Auch Bunsen und Friedrich Wilhelm unterstrichen die antike Herkunft der christlichen Basilika, nicht zuletzt um ihr so etwas wie eine historische und ästhetische Legitimation zu verleihen, sie trennten sie jedoch, und dies unterscheidet sie von Hirt, von der sich ihrem Ende zuneigenden antiken Baukunst ab, um sie einer eigenständigen, einer »freien, organischen Entwicklung«, wie Bunsen sagt, zu überlassen, die ungebrochen bis ins 15. Jahrhundert fortdauerte und getragen wurde von den Bedürfnissen des christlichen »Glaubens und Lebens«.[69] Sie räumten durchaus ein, daß die mittelalterliche Architektur in technischer und künstlerischer Hinsicht lange nicht mit der der Antike konkurrieren konnte, sahen aber diesen Aspekt nicht mehr als den wichtigsten an. Die christliche Basilika wurde als eine dem antiken Tempel gleichrangige, weil dem christlichen Kultus entsprechende Bauform interpretiert und dadurch als Muster und Norm des Kirchenbaus schlechthin sanktioniert.

Friedrich Wilhelm fuhr mit einem durchaus gefestigten Verständnis von Architekturgeschichte nach Rom. Er begrüßte die mittelalterlichen Kirchen wie alte Bekannte. Durch den fast täglichen Umgang mit Gutensohns und Knapps Reproduktionen hatte er sie so verinnerlicht, daß er sich gelegentlich einbilden konnte, seine Berliner Dompläne seien der eigenen Phantasie entsprungen. So darf es nicht verwundern, daß zwar alle wichtigen vom 4. bis zum 12. Jahrhundert errichteten

Basiliken Roms besichtigt wurden, interessanterweise zuerst die von Hirt noch tolerierte von S. Maria Maggiore, die Überraschungen jedoch ausblieben, wenigstens findet sich in den Briefen des Kronprinzen kein Hinweis. Auch Bunsens Tagebuch schenkt den Basiliken weit weniger Aufmerksamkeit als den antiken Denkmälern.

Weitgehend neu war für Friedrich Wilhelm dagegen die Kirchenarchitektur außerhalb Roms. Während die römischen Basiliken auf Grund ihrer religiösen Bedeutung über die Jahrhunderte hinweg, wenn auch in technisch unzureichender Weise, wiederholt in Reiseführern und Stichwerken reproduziert worden waren, zuletzt, nun schon höheren Ansprüchen genügend, von Gutensohn und Knapp, blieb die übrige mittelalterliche Architektur Italiens im Jahr 1828 noch weitgehend zu entdecken. Tiefen Eindruck hinterließen bei Friedrich Wilhelm gleich zu Beginn der Reise S. Ambrogio in Mailand, der Dom in Genua, S. Frediano in Lucca und der Dom in Pisa, schließlich die frühchristlichen Kirchen in Ravenna, die in Bunsens Tagebuch größeren Raum einnehmen als die römischen. Besonders die Spiritualität und Erhabenheit ihrer Mosaiken stellten alles in den Schatten, was er bis dahin in italienischen Kirchen gesehen hatte. Man möchte glauben, daß in S. Apollinare in Classe oder in S. Apollinare Nuovo die Idee zur Potsdamer Friedenskirche geboren wurde.

Auch an den gotischen Kirchen Mittel- und Oberitaliens fuhr Friedrich Wilhelm nicht achtlos vorbei, es hat aber den Anschein, als seien hier andere Kriterien wichtiger gewesen. Am Mailänder Dom fielen ihm vor allem die marmorne, stellenweise noch blendend weiße Außenhaut und die Größe des Bauwerks ins Auge, und er genoß den Ausblick vom Dach. Nicht anders erging es ihm mit S. Petronio in Bologna und S. Giorgio in Ferrara. Friedrich Wilhelms religiöses Empfinden wurde hier nicht angesprochen. So war es auch bei den Renaissance-Kirchen, die jedoch vor seinen ästhetischen Maßstäben bestehen konnten: S. Maria di Carignano, ein überkuppelter Zentralbau der 2. Hälfte des 16. Jahrhunderts in Genua, S. Giustina in Padua, eine zwischen 1501 und 1532 aufwendig umgebaute Basilika, die Kartause von Pavia, deren Fassade erst im 16. Jahrhundert zur Ausführung gekommen war, aber den Kronprinzen nicht zuletzt durch die Marmorpracht beeindruckte, und die florentinischen und römischen Kirchen des 15. und 16. Jahrhunderts. Sankt Peter betrat Friedrich Wilhelm schon am Tag seiner Ankunft in Rom und noch mehrere Male danach; er erklomm die Kuppel und stieg in die Krypta, die sogenannten Grotten, hinab. Ein Urteil über den noch zu Beginn des 19. Jahrhunderts kontroversen Bau sucht man in den Briefen allerdings vergebens, er scheint nur von der Größe der Anlage beeindruckt gewesen zu sein. Die Namen Michelangelo und Bernini fallen nicht.

Die Peterskirche markierte die Grenze, jenseits derer nach dem Verständnis des 18. und frühen 19. Jahrhunderts die Architekturgeschichte dem Verfall, genannt Barock, anheimgefallen war. Was den Kirchenbau betraf, war dies auch die Auffassung Friedrich Wilhelms und seines Umfeldes. Über die Barockkirchen Roms und Neapels wurde geschwiegen oder bedauernd gesprochen; die Fassade von S. Agnese an der Piazza Navona wurde als häßlich empfunden und mußte zu Witzelein herhalten. Il Gesù oder San Carlo alle Quattro Fontane wurden nicht einmal der Erwähnung wert befunden. Dieses Verdikt gilt allerdings nicht für die barocken Profanbauten, was nicht verwundern kann, denn Friedrich Wilhelm hatte, wie die Belriguardo-Pläne zeigen, eine Schwäche für den Palastbau, von dem man schwerlich behaupten konnte, daß diesem in Italien nach dem Ende der Renaissance die Ideen ausgegangen wären, ganz im Gegenteil. Seinen erstaunten Augen bot sich eine Kontinuität der Entwicklung und eine Vielfalt der äußeren Gestalt dar, die ihresgleichen in Europa suchte – ein unerschöpfliches Reservoir für einen, der mit eigenen Schloßbauideen schwanger ging.

Nicht zuletzt wegen seiner prächtigen Paläste stand Genua im Reiseplan des Kronprinzen. Die spätmittelalterlichen, meist noch kommunalen Vorgänger dieser patrizischen Renaissancepaläste besichtigte er wenige Tage später in der Toskana, in Siena und Florenz, um schließlich in Rom vom Palazzo Venezia bis zum Palazzo Braschi die gesamte Spannbreite der Entwicklung vom 15. bis zum 18. Jahrhundert zu erleben. Die erste bedeutende Villa, auf die er auch deshalb neugierig war, weil sie seinem Freund Karl II. von Bourbon gehörte, lernte Friedrich Wilhelm unweit von Lucca in Marlia kennen, gefolgt von Poggio a Caiano, wo ihn das großherzogliche Paar herumkutschierte, und in den Villen Roms – Borghese, Medici, Pamphili, Madama, Albani – sowie des Umlandes mit Tivoli und Frascati. Auf dem Rückweg von Tivoli nach Rom besuchte Friedrich Wilhelm selbstverständlich auch die Villa des Kaisers Hadrian. Die großartige Anlage hat ihn ganz ohne Zweifel beeindruckt. Während die meisten in der Literatur erwähnten Villen der Antike spurlos von der Erdoberfläche verschwunden waren, vermittelten diese allerdings durch Vandalismus schwer mitgenommenen Ruinen doch eine gewisse Vorstellung von der einstigen körperlichen Erscheinung dieser kaiserlichen Residenz. Auf der Suche nach weiteren antiken Villen sehen wir den Kronprinzen einige Tage später südlich von Rom, an der Bucht von Neapel zwischen Baia und Sorrent und auf Ischia. Den Abstecher nach Neapel beschloß ein Besuch in Caserta, wo erst vor wenigen Jahren eine Palast- und Villenanlage mit einem technischen Wunderwerk von Wasserleitung entstanden war. Von Karl III. nie bewohnt, stand der Riesenbau auch im Jahr 1828 weitgehend leer. Für eine Fehlplanung hielt Friedrich Wilhelm auch den nur mit der Kutsche auszumessenden Park, zu dem allerdings ein englischer Garten gehörte; diese Kombination von klassischem und modernem Garten hatte ihm auch in Marlia gefallen. Von diesem eher trostlosen historischen Endpunkt noch einmal zurück in die Blütezeit des italienischen Palastbaus führten Andrea Palladios Schöpfungen in Vicenza, wo dem Kronprinzen deren Bedeutung für das Bauen in Preußen – und wohl auch für sein eigenes architektonisches Denken – aufging.

Raffael und die Seinen

Zur bildenden Kunst äußerte sich Friedrich Wilhelm in seinen Briefen zurückhaltender. Auf diesem Feld fühlte er sich weniger kompetent, oft ausgeliefert seinen Emotionen, die er nur schwer zu artikulieren vermochte. Eine kunsthistorische Grundeinstellung macht sich dennoch geltend. Sie bietet nicht mehr, als der Zeitgeist erlaubte, ist weder rückständig noch progressiv. Vereinfacht gesagt: Ältere klassizistische Überzeugungen mischen sich mit moderneren romantischen, wobei aber einige Besonderheiten nicht zu übersehen sind. Delbrück hatte, wie schon erwähnt, seinem Schützling ein kunstgeschichtliches Elementarwissen vermittelt, das vor allem von Vasari, Winckelmann und Hirt herrührte und sich im wesentlichen auf Antike und Renaissance bezog. An Anschauung mangelte es lange, denn das Angebot der königlichen Galerie im Park von Sanssouci hielt sich in vergleichsweise bescheidenen Grenzen. Erst 1814/15 in Paris sollte dies anders werden. Im

Louvre sah Friedrich Wilhelm nicht nur die Gemäldesammlung der französischen Könige, vor ihm ausgebreitet lagen weite Gebiete der euro-päischen Kunstgeschichte in ihren Meisterwerken. Im Musée Napoleon gingen ihm die Augen auf für Raffael, dessen Ruhm in der deutschen Kunstliteratur zum erstenmal Winckelmann verkündet und von dem er bis dahin nur farblose Kupferstichreproduktionen gesehen hatte. Seit den beiden Besuchen in Paris zählte Friedrich Wilhelm zur großen Raffael-Gemeinde, die bis weit ins 19. Jahrhundert hinein großes Gewicht in der zeitgenössischen Kunst und der Kunstgeschichtsschreibung haben sollte.

Auch Friedrich Wilhelm III., Jahrgang 1770, für den die Kunstgeschichte nicht mehr in der griechischen Bildhauerkunst, sondern, wie es gegen Ausgang des 18. Jahrhunderts allgemeine Überzeugung wurde, in der italienischen Malerei des 16. Jahrhunderts gipfelte, verfiel in Paris endgültig dem Zauber Raffaels, seiner erhabenen Humanität und Religiosität. Zu der schon 1804 erworbenen Kopie der Sixtinischen Madonna kamen in den folgenden Jahren 17 weitere originalgroße Gemäldewiederholungen hinzu, die ihren Platz im Berliner Palais des Königs fanden, 1828 als letzte die Wilhelm Hensels nach der »Transfiguration« in der vatikanischen Gemäldegalerie. Friedrich Wilhelm IV. erweiterte die Sammlung und vereinigte sie 1858 in einem eigens dafür bestimmten Saal seiner Orangerie im Park von Sanssouci, wo sie sich noch heute befindet.

Der Stern Raffaels leuchtete dem Kronprinzen auf seiner ganzen Italienfahrt voran. Nur wenige Tage nach der Begegnung mit dem heimwärtsreisenden Hensel – dessen Bild darf man zu diesem Zeitpunkt im Hafen von Livorno vermuten – präsentierte man ihm in Mailand jenes bereits erwähnte, angeblich von Raffael gemalte Madonnenbild, das wie ein gutes Omen erschien und für den Augenblick Begeisterung auslöste, bis es von Rumohr als Machwerk entlarvt wurde.

Was Friedrich Wilhelm über Raffael wußte, beruhte im wesentlichen auf Vasaris Lebensbeschreibung. Dort hatten auch Bellori, Reynolds, Richardson, Winckelmann, Mengs, Goethe, Wackenroder, Friedrich Schlegel und andere Autoren geschöpft. Eine wissenschaftlichen Kriterien genügende Raffael-Biographie gab es noch nicht, sie lag Ende der 1820er Jahre jedoch in der Luft. Friedrich Wilhelm traf in Italien mit einigen ihrer Protagonisten zusammen, die ihm fraglos bereitwillig Rede und Antwort standen. An erster Stelle muß hier wieder

7. Philipp Veit, In Erwartung des Jüngsten Gerichts

Bunsen genannt werden, mit dem der Kronprinz seit der Überbringung der von ihm erworbenen Madonna Colonna Ende 1827 auch über Raffael im Gespräch war und der ihn begleitete, als der vatikanische Palast und die Pinakothek mit ihren berühmten Raffael-Gemälden auf dem Besichtigungsprogramm standen. Von einer Begegnung mit Ernst Platner hören wir nichts. Sie wäre lohnend gewesen, denn Platner hatte in der »Beschreibung der Stadt Rom« die Kapitel über die neuere Kunstgeschichte verfaßt. Mit ihm hätte er nicht nur über Raffael, sondern auch über Michelangelo sprechen können, denn Platner versuchte, beiden Gerechtigkeit widerfahren zu lassen, indem er kunsthistorisch argumentierte. Friedrich Wilhelm war gewiß sachlichen Argumenten zugänglich, und er wird im Gespräch den Fresken der Sixtinischen Kapelle ihre Außerordentlichkeit nicht bestritten haben. Es spricht jedoch Bände, wenn in seinen Briefen der Name Michelangelos nicht ein einziges Mal fällt; auch nicht im Zusammenhang mit der Kuppel von Sankt Peter, deren Besteigung beschrieben und durch eine Skizze illustriert wird. Auch fragt man sich, wie ihn die Pietà gleich hinter dem Eingang und kaum zu übersehen zu keiner Bemerkung bewegen konnte. An Michelangelo scheint Friedrich Wilhelm regelrecht gescheitert zu sein. Einlaß in sein schlichtes, harmoniesüchtiges Gemüt fanden nur die heiter-ruhigen Fresken von Perugino, Pinturicchio, Botticelli, Ghirlandaio und Rosselli an den Seitenwänden der Sixtinischen Kapelle. Vor der furchterregenden Gewalt des Jüngsten Gerichts rettete er sich in seine Kurzsichtigkeit, es blieb wohl bei einem sehr flüchtigen »Ablorgnettieren«. Nicht anders wird es der Decke mit den alttestamentarischen Geschichten von der Erschaffung der Welt und des Menschen ergangen sein. Um den Abstand zu ermessen, der Friedrich Wilhelm von Michelangelos Auslegung der christlichen Heilsbotschaft trennte, genügt ein Blick auf Philipp Veits Version des Jüngsten Gerichts.[70] Friedrich Wilhelm glaubte an einen Christus, der liebt und vergibt. Der berserkerhafte Weltenrichter Michelangelos in der Sixtinischen Kapelle war ihm ein Greuel.

Als Erholung empfand Friedrich Wilhelm die Wandmalerei Raffaels wenige Schritte entfernt von dort in den sogenannten Stanzen und Loggien, noch mehr aber wohl die Teppiche mit ihren ihm besonders sympathischen Themen aus dem Neuen Testament. Auffällig ist, daß die großen Fresken mit der »Schule von Athen« und dem »Parnaß« als Zimmerschmuck verstanden wurden. Es hat den Anschein, als paßten sie nicht recht in sein Raffael-Bild, als stehe die antikische Thematik im Widerspruch zu dem christlichen Künstler Raffael, wie ihn die Romantik entdeckt hatte. »Seinen« Raffael fand Friedrich Wilhelm in der vatikanischen Gemäldegalerie, wo sich seit 1809 die »Transfiguration«, auch »Verklärung Christi« genannt, aus S. Pietro in Montorio, eine noch unter dem Einfluß Peruginos stehende »Marienkrönung« von 1503, eine Jugendarbeit, und die reife »Madonna di Foligno« von 1512–13 befanden und auch heute noch sind. Man darf annehmen, daß es das von Matthäus, Markus und Lukas beschriebene mystische Geschehen auf dem Berg Tabor war, als von dem betenden Jesus ein überirdisches Leuchten ausging und auf wundersame Weise ein mondsüchtiger Knabe geheilt wurde, was Friedrich Wilhelm vor allem an Raffaels letztem großen Werk faszinierte – in S. Apollinare in Classe sollte er wenige Wochen später eine völlig andere Interpretation der in der bildenden Kunst vor Raffael wenig dargestellten Verklärung Christi finden –, er scheint aber auch für die sich hier schon andeutende künstlerische Sprache des Manierismus empfänglich gewesen zu sein. Wir können bei Friedrich Wilhelm nicht nur eine Neigung für die Architektur des mittleren und späten 16. Jahrhunderts, sondern durchaus auch für die nachklassische Malerei, beispielsweise die Giulio Romanos, konstatieren. Der eigentliche Manierismus florentinischer Prägung blieb freilich noch weitgehend unbeachtet. Ästhetisch relevant wurde die Kunstgeschichte für Friedrich Wilhelm erst wieder mit dem Klassizismus der bolognesischen Schule.

Diese Auffassung war nicht originell, schon Winckelmann hatte Reni und Domenichino das Verdienst zugesprochen, im Anschluß an Raffael und die Hochrenaissance die Malerei wieder zu einer antikischen Klassizität zurückgeführt zu haben, ohne allerdings den allgemeinen Verfall der Kunst der Neuzeit aufgehalten zu haben. Friedrich Wilhelm setzte jedoch andere Akzente. Seine Bewunderung für Reni, Domenichino und Claude Lorrain, der für ihn die Landschaftsmalerei exemplarisch vertrat, war nicht relativierend gemeint; er dachte nicht darüber nach, wo die Bolognesen in der klassizistischen Werthierarchie standen. Man kann ihm glauben, wenn er schreibt, daß die Gemäldegalerie in Bologna die schönste sei, die er gesehen habe. Unter den großen Bildern der Bolognesen befand sich zwar keines, das sich mit denen Raffaels im Vatikan messen konnte; nach seiner Auffassung zeugten sie jedoch von einer über einen längeren Zeitraum blühenden, festen Normen nachstrebenden Schule, die das Erbe Raffaels nicht nur aufgegriffen, sondern auch modernisiert hatte.

Diese Hochschätzung der bolognesischen Meister war jedoch Ende der 1820er Jahre schon nicht mehr ganz zeitgemäß. Rumohr, der in seinen »Italienischen Forschungen« von 1827–31 nicht nur die »Transfiguration« mehr am Rande erwähnte, verlor über Reni und Domenichino kein einziges Wort. Seine Aufmerksamkeit galt schon seit mehreren Jahren nicht dem reifen, sondern dem jungen Raffael und Bildern wie der vatikanischen »Marienkrönung«. Die Frühgeschichte der Renaissance begann allmählich aus ihrem Schattendasein hervorzutreten, eine Tendenz, die sich schon gegen Ende des 18. Jahrhunderts angekündigt hatte; auch im Kunstgeschichtsunterricht Delbrücks war schon der Name Giotto gefallen. Es läßt sich jedoch nicht übersehen, daß die klassizistischen Normen weiterhin – und dies noch sehr lange – ihre Geltung behielten: Die gesamte vorraffaelische Kunst vom 13. bis 15. Jahrhundert blieb letztlich, was sie schon bei Vasari gewesen war, ein Präludium zur Blüte der Kunst in der Renaissance. Sie wurde jedoch in zunehmendem Maße Gegenstand systematischer kunsthistorischer Forschung. Man könnte vermuten, daß Friedrich Wilhelm durch seine Beschäftigung mit der christlichen Basilika mit der bildenden Kunst seit Giotto stärker in Berührung gekommen wäre. Dem war aber nicht so, weil es sich, wie gesagt, nach dem immer noch klassizistischen Geschichtsverständnis der Zeit hier um zwei verschiedene, voneinander getrennte Epochen handelte: um die Spätantike und ihre frühmittelalterlichen Ausläufer und die Renaissance mit ihrer im 13. Jahrhundert einsetzenden Vorbereitungsphase. Das Mittelalter war noch kein eigenständiger Kontinent. Noch besaßen Klassizisten wie Hirt die Deutungshoheit, die, wenn sie die Gewässer des Mittelalters durchsegelten, stets in der Nähe des vertrauten Ufers blieben. Selbst Rumohr, der sich schon weit von Winckelmann und der »Kunstlehre der letzten sechzig Jahre« entfernt und behauptet hatte, daß es nicht »Hauptzweck der Kunst« sei, »die Natur [...] schöner zu gestalten«,[71] sondern die »bedeutsame[n] Züge der Naturgestalt«[72] zu entdecken, betrachtete das Mittelalter immer noch als Durchgangsstadium, den Zeitraum zwischen Karl dem Großen und Kaiser Friedrich I. Barbarossa als »tiefste Entartung« und die folgenden Jahrhunderte als schrittweise Wiedergewinnung des antiken Standards und Vorbereitung des mit der Renaissance einsetzenden modernen Naturalismus.[73]

Friedrich Wilhelms Vorstellungen von der Kunst des Mittelalters folgten im wesentlichen diesen Bahnen. Hirts Meinung war ihm seit längerem vertraut, die Rumohrs lernte er 1828 in Florenz genauer kennen, wobei es durchaus denkbar wäre, daß er Hirts 1827 veröffentlichte Rezension der ersten beiden Teile der »Italienischen Forschungen« schon zur Kenntnis genommen hatte. Hirt ging dort mit Rumohr in den entscheidenden Punkten völlig konform, nämlich daß das zentrale Thema, der rote Faden der europäischen Kunstgeschichte, der Dialog mit der Antike sei. Dies war ein Konzept, das noch ein halbes Jahrhundert die Kunstgeschichtsschreibung beherrschen sollte, das zwar, anders als zu Winckelmanns Zeit, das Mittelalter nicht mehr als einen zu vernachlässigenden Zeitabschnitt behandelte und nunmehr empirische Forschung wie die Rumohrs ermöglichte, das aber weiterhin den Schwerpunkt der Kunstgeschichte ins mittlere und östliche Mittelmeer legte. Hirt unterstrich außerdem die seit Vasari bekannte Tatsache, daß die Renaissance von der Toskana ausgegangen sei und würdigte Rumohrs Forschungen auf diesem zwar abgesteckten aber noch kaum wissenschaftlich bearbeiteten Gebiet. Mit Rumohr kam der Kronprinz an einen empirisch arbeitenden Forscher, an den damals wohl besten Kenner der mittelalterlichen italienischen Kunst. Rumohr begleitete den Kronprinzen und dessen Gesellschaft als Cicerone durch Florenz und Siena, ohne etwas Wichtiges auszulassen und ohne sich durch schöngeistiges Geplauder angenehm zu machen; mit Friedrich Wilhelm konnte und sollte er wie mit seinesgleichen sprechen. Zur Erholung und Erheiterung erfreute er seine Gäste mit Kochrezepten und Küchengeschichten.

Aus Friedrich Wilhelms Briefen wird deutlich, daß die Forschung trotz der Arbeiten von Agincourt, Passavant und Rumohr noch in den Anfängen steckte: Giotto wird hinter jedem alten Fresko vermutet; je näher man Raffael kommt, umso fundierter scheint das verfügbare Wissen zu sein, auch die ästhetische Akzeptanz wächst mit Abnahme der historischen Distanz. Am wohlsten fühlte sich Friedrich Wilhelm im Quattrocento, vor allem im Dunstkreis von Perugino, dem Lehrer Raffaels. Diese Affinität zur italienischen Malerei des 15. Jahrhunderts, schwächer ausgeprägt auch zu der des Nordens, verband ihn mit Rumohr und war 1828 modern. Hirt dagegen, damals schon fast 70 Jahre alt und aus einer anderen Zeit kommend, kritisierte in seiner Rezension, daß der Autor im kunstgeschichtlichen Teil seiner Darlegungen den Malern den Vortritt vor den Bildhauern gelassen habe, obwohl beispielsweise Niccolò Pisano eine viel engere Beziehung zum Formengut der Antike gehabt habe als Giotto. In der Tat stand dem Romantiker Rumohr die Malerei näher als die Plastik. Gewisse Sympathien hatte er für Ghiberti, wenige für Donatello und dessen Nachfolger Michelangelo; gar nicht zu reden von Bernini, der aber auch außerhalb seines Interessenhorizontes lag. Hirt sah die Entwicklung im 16. und 17. Jahrhundert nicht anders: Sie geriet »auf Abwege, um nie wieder ihre wahre Richtung zu gewinnen«.[74] Auch Friedrich Wilhelm hatte zu den größten Bildhauern, die Italien hervorgebracht hat, keine Beziehung. In Florenz freute es ihn, Cellinis »famösen Perseus«, den er aus Stichwerken kannte, in der Loggia dei Lanzi wiederzufinden. Donatellos »Judith mit Holofernes« an gleicher Stelle blieb dagegen unerwähnt. Die gleiche Blindheit in Padua: Donatellos Gattamelata und seine Bronzefiguren und -reliefs am Hochaltar der Kirche S. Antonio, vor der der Reiter steht, fanden beim Kronprinzen kaum Interesse; Andrea Verrocchios eleganteres Reiterstandbild des Colleoni in Venedig dagegen, wenn auch mit falscher Wiedergabe des Namens, wurde in einem Brief an Elisabeth als beachtenswert erwähnt. Bunsen hat jedoch, wie aus seinem Tagebuch hervorgeht, auch auf diese Sehenswürdigkeiten hingewiesen, und es ist anzunehmen, daß über Donatello ein Gedankenaustausch stattgefunden hat, über den nach Tegernsee oder Berlin zu berichten, Friedrich Wilhelm jedoch keinen Anlaß sah. Daß er wie Hirt und Rumohr diesen Bildhauer wenig schätzte, ist aus seinen Italienbriefen jedoch deutlich herauszulesen. Zweifellos hat man auch über Michelangelo und Bernini geredet, ohne daß sich das vorgefaßte Urteil über sie in irgendeiner Weise gemildert haben dürfte. Das »laute« Schweigen, mit dem Friedrich Wilhelm die Mediceer-Gräber in Florenz überging, läßt keinen Interpretationsspielraum zu. Ignoriert wurden auch der »David« auf der Piazza della Signoria, die Pietà in Sankt Peter, wie schon angemerkt, und, wen wundert es, der »Moses« in S. Pietro in Vincoli. Ein Vergleich mit dem »Moses« von Rauch, der viele Jahre später in bedrohlichen Revolutionszeiten vor der Potsdamer Friedenskirche zur Aufstellung kam, macht schlaglichtartig klar, warum Friedrich Wilhelm Michelangelos kolossalen Volksführer und Hüter der göttlichen Gebote nicht akzeptieren konnte. Seiner Entwurfsskizze für Rauch zufolge war es sein Wunsch, Moses »auf des Hügels Spitze« sitzend und zum Himmel betend dargestellt zu sehen.

Nach allgemeiner klassizistischer Auffassung begann mit Michelangelo der Niedergang der neuzeitlichen Bildhauerkunst. Ihren Tiefpunkt erreichte sie im Schaffen Berninis, dem bei aller Kritik jedoch selten die technische Meisterschaft bestritten wurde. Auch der Kronprinz, der Virtuosität durchaus zu schätzen wußte, scheint den Künstler unter diesem Aspekt wahrgenommen zu haben. Sein Hinweis auf die »Marmorpracht«, die er im Casino Borghese erlebt hatte, bezieht sich ohne Zweifel auch auf jene dort verwahrten drei großen Jugendwerke Berninis für Scipione Borghese. Und womöglich auch auf Antonio Canovas »Paolina Borghese«, die, durch die dargestellte Person auf ihre Weise anstößig, aber bereits einer neuen Zeit angehörte, Zeugnis eines vor allem mit den Namen Canovas und Thorwaldens verbundenen klassizistischen Neuanfangs in der Geschichte der Bildhauerkunst. Canova war 1822 gestorben. Friedrich Wilhelm konnte daher nur noch die verwaisten Werkstätten besuchen, wo zahllose unvollendete Arbeiten herumstanden, die wie tote Materie auf ihn wirkten und den Unterschied zu den vollendeten Werken des Künstlers mit ihrem lebendigen Zauber deutlich vor Augen führten. Mit Thorwaldsen dagegen, damals 58jährig, konnte er noch sprechen. Er besuchte sein Atelier und lud ihn zum Essen ein. Zur Erteilung eines Auftrags oder einem Ankauf ist es nicht gekommen, nicht zuletzt weil dem Kronprinzen die Mittel fehlten, und schließlich hatte er ja Rauch.

War also das Verhältnis Friedrich Wilhelms zur Bildhauerkunst des Mittelalters und der Neuzeit eher lose und problematisch, stand dagegen die der Antike jenseits jeder Kritik: Man kann davon ausgehen, daß alle wichtigen Stücke besichtigt wurden, sowohl in den Museen von Florenz, Rom und Neapel als auch unter freiem Himmel und in situ. Man ließ es sich auch nicht nehmen, mit Fackeln zu nächtlicher Stunde die großen Bildwerke im Vatikan zu betrachten – ein dramatisches Kunsterlebnis, das sich in der Romantik besonderer Beliebtheit erfreute.

Der Kronprinz reiste auch nach Italien, weil er, was meist übersehen wird, italienische Literatur und Musik schätzte. Von der zeitgenössischen Oper, die im Jahr 1828 immer noch italienischen Regeln folgte, war schon die Rede. Aber so gern er sich von Rossini rühren und unterhalten ließ, sein Sinn stand in Italien vor allem nach alter Kirchenmusik von Palestrina und der römischen Schule. Wie weit das Interesse für die moderne Literatur reichte, ob Friedrich Wilhelm vielleicht Alessandro Manzonis bald berühmten Roman »I promessi sposi«, der 1825/26 in Mailand erschienen war, zur Kenntnis nahm, muß unbeantwortet bleiben. Die alten Dichter dagegen, Dante, Ariost und Tasso, verehrte er aus tiefstem Herzen, und er kannte ihre Werke, soweit sie einer kennen konnte, dessen Muttersprache nicht Italienisch war.

Die »Göttliche Komödie« befand sich in der Reisebibliothek, und wenn die Gesellschaft einen Ort passierte, den Dante besungen hatte, wurde die entsprechende Stelle vorgelesen und kommentiert. Seinen feierlichen Höhepunkt fand dieser literarische Teil der Reise am Grab Dantes in Ravenna, das Friedrich Wilhelm gern mit seinem Freund Johann von Sachsen besucht hätte, aber dieser befand sich zu diesem Zeitpunkt schon auf der Rückreise nach Tegernsee. So konnte er weiter nichts tun, als mit dem Lorgnettenstiel die Anfangsbuchstaben seines und Johanns Vornamen neben dem Grabmal in die Wand zu ritzen. Besucht hat er auch alle Orte auf seiner Route, die wie Sorrent und Ferrara in Ariosts und Tassos Leben eine Bedeutung hatten.

Der entscheidende Vermittler zwischen Friedrich Wilhelm und Dante war Johann von Sachsen. Der Name des Dichters scheint aber schon dem zehnjährigen Knaben »Fritz« geläufig gewesen zu sein. Dieses frühe Datum erstaunt, denn die Wiederentdeckung Dantes im deutschen Sprachraum, bei der sich die Brüder Schlegel und Schelling hervortaten, hatte gerade erst eingesetzt. Gelesen hat der Kronprinz die »Göttliche Komödie« aber viel später, wohl erst nachdem die Übersetzung von Karl Friedrich Kannegießer 1821 vollständig vorlag. Eine interessante Frage ist, ob schon Montucci, der Italienisch-Lehrer des Kronprinzen, seinen Schüler an Dantes Dichtung herangeführt hat. Wann dieser Unterricht zu Ende ging, läßt sich nicht genau sagen;

spätestens seit 1823 hielt sich Montucci jedenfalls längere Zeit in Dresden auf, wo er auch den sächsischen Kronprinzen Johann im Italienischen unterwies. Bald darauf muß er nach Siena zurückgekehrt sein.

Johann von Sachsen war damals gewiß kein Anfänger mehr, denn schon 1821 soll er in Parma, wo ihm eine schöne Dante-Ausgabe in die Hand gekommen war, den Plan gefaßt haben, die »Göttliche Komödie« zu übersetzen. 1828 lagen die ersten zehn Gesänge vor. Wenn man dem veröffentlichten Briefwechsel zwischen Friedrich Wilhelm und Johann von Sachsen folgt, lernten sich die beiden Prinzen erst 1827 persönlich kennen; dies, obwohl sie seit 1822/23 mit Zwillingsschwestern, mit Amalia und Elisabeth von Bayern, verheiratet waren. Man darf aber annehmen, daß Friedrich Wilhelm über die Aktivitäten Johanns informiert war, zumal Elisabeth, die zehn Jahre lang mit ihrer Schwester den Unterricht des Philologen Friedrich Wilhelm Thiersch genossen hatte, literarisch sehr versiert war. An dem Dante-Projekt ihres Schwagers hat sie zweifellos lebhaften Anteil genommen. Der persönliche Kontakt zu Johann wurde jedoch noch rechtzeitig hergestellt, um für die große Reise in das Land Dantes gerüstet zu sein.

Man darf davon ausgehen, daß sich Friedrich Wilhelm damals auf der Höhe der aktuellen Diskussion befand. Das Tiefste, was bis dahin über Dante von Hegel in seinen noch unveröffentlichten Ästhetik-Vorlesungen gesagt worden war, konnte er allerdings nicht kennen und hätte es vermutlich auch ignoriert,[75] auch von Goethes Äußerung zu Eckermann vom 20. Oktober 1828 – an diesem Tag war er zwischen Arezzo und Perugia unterwegs – sollte er nichts erfahren. Der alte Goethe ist aber hier insofern erwähnenswert, weil er nicht mehr nur die historische Bedeutung Dantes anerkannte, sondern ihm zugestand, daß er auf seine Weise und unter seinen historischen Bedingungen etwas »Großes« vollbracht habe – »gleich den Griechen«.[76] Aloys Hirt dagegen stellte Dante und Giotto noch gemeinsam auf eine primitive Frühstufe, sah ihre Bedeutung als Wegbereiter der Renaissance: »Aber so wie Dante in der Sprache, die er erst zu bilden hatte, befangen war, und deswegen aus Unbeholfenheit der Sprache gegen seine antiken Vorbilder zurückblieb, eben so wenig konnte Giotto die Hülle der Unbeholfenheit, worin die malerische Darstellung damals und noch lange nachher befangen war, nicht abstreifen.«[77] Für Friedrich Wilhelm waren solche Relativierungen nicht mehr erforderlich. An seinem –

wie an Friedrich Schlegels – Dichterhimmel strahlte der Stern Dantes neben dem Shakespeares und dem Goethes.[78]

Die Verehrung für Ariost und Tasso lag auf einer anderen Ebene. An »Orlando furioso« und »Gerusalemme liberata« bewunderte Friedrich Wilhelm die formale Qualität, die phantastische Handlung und die vollendete Sprache. Mehr als für diese Dichtungen selbst scheint er sich aber für deren Schöpfer interessiert zu haben – und für die Fürsten, an deren Höfen sie gelebt hatten. Hier ging es nicht in erster Linie um Literatur, sondern um exemplarische soziale Beziehungen. Friedrich Wilhelm lag es fern, die Höfe von Ferrara und Mantua zu kopieren, er glaubte jedoch, als Fürst und zukünftiger König auf den modernen Literaturbetrieb Einfluß nehmen zu müssen und zu können, indem er Künstler, Intellektuelle und auch Dichter und Schriftsteller um sich scharte, wie er dies schon gelegentlich in Charlottenhof und Sanssouci getan hatte. Wie wechselhaft aber solche Beziehungen zwischen Fürst und Dichter sein konnten, führten ihm die Lebensläufe von Ariost und Tasso auch vor Augen.

In diesem Kontext stehen auch die Bemühungen um August von Platen; seine Bekanntschaft hätte Friedrich Wilhelm gern gemacht. Der umstrittene Dichter, der von 1826 bis zu seinem frühen Tod 1835 in Italien lebte, war 1827 Gast Bunsens in Rom gewesen. Einen Fürsprecher hatte Platen auch in Rumohr, der seine kunstvolle esoterische Lyrik schätzte und ihn gern in der Nähe des Kronprinzen in Berlin gesehen hätte. Später rückte er von ihm ab, und er beurteilte den Dichter der »Polenlieder« ganz im Sinne des Kronprinzen, wenn er nach dessen Tode feststellte: »Es ist verletzend, einen edlen Geist mit den traurigsten Erscheinungen der Gegenwart gemeine Sache machen zu sehen, mit Bonapartisten und Jakobinern.«[79] Damit waren Dichter wie Börne, Büchner und Heine gemeint. Heine, der sich zur gleichen Zeit wie der Kronprinz, am 15. und 16. Oktober, in Florenz aufhielt, ist in seinen italienischen Reisebildern »Die Bäder von Lucca«, geschrieben im Herbst 1829, mit Platen noch strenger, fast rücksichtslos, ins Gericht gegangen. Weil er von ihm in der Dramensatire »Der romantische Ödipus« wegen seiner jüdischen Herkunft beleidigt worden war, verumglimpfte er Platens Homosexualität und bezichtigte ihn des Epigonentums. Was letzteres betrifft, hatte er wohl recht, und vielleicht war es gerade dies, was Friedrich Wilhelm, der das Klassische in reiner Ausprägung, sei es Kunst, Musik oder Literatur, eher mied, anzog.

Etwas anders lagen die Verhältnisse auf dem Felde der Musik. Neben dem Opernkapellmeister Giacomo Meyerbeer sollte Friedrich Wilhelm später, im Jahr 1842, einen »Generalmusikdirektor für kirchliche und geistliche Musik« berufen. Dies war kein Geringerer als Felix Mendelssohn-Bartholdy, von dem erwartet wurde, daß er den »guten, echten Chorgesang [...], das heißt gregorianischen, mit Compositionen im Kirchenstile« wiederbelebte.[80] Alle diese Aktivitäten reichten zurück bis zum Reformationsjubiläum des Jahres 1817, als die von Friedrich Wilhelm III. und vom Kronprinzen mit großem Engagement vorangetriebene Reform des protestantischen Gottesdienstes eingeläutet wurde. Besondere Beachtung wurde dabei der Kirchenmusik geschenkt, in der sich während der 1820er Jahre immer mehr der a cappella-Gesang durchsetzte, weil er durch seine Unmittelbarkeit geeigneter als die instrumentale Kirchenmusik erschien, christlicher Frömmigkeit adäquaten Ausdruck zu verleihen. Diese Auffassung von sakraler Musik mußte zwangsläufig den historischen Blick weit zurück ins Mittelalter und ins italienische 16. Jahrhundert lenken, wo die a cappella-Kunst ihre höchste Blüte mit Palestrina erreicht hatte, von dem E.T.A. Hoffmann sagt: »Ohne allen Schmuck, ohne melodischen Schwung folgen in seinen Werken meistens vollkommen konsonierende Akkorde aufeinander, von deren Stärke und Kühnheit das Gemüt mit unnennbarer Gewalt ergriffen und zum Höchsten erhoben wird.«[81]

Vor diesem Hintergrund wird verständlich, was den Kronprinzen – wie schon den König im Jahr 1822 – zum Besuch des Gottesdienstes in der Sixtinischen Kapelle veranlaßte. Hören wollte er den weltberühmten Chor und dessen seit dem 15. Jahrhundert maßstabsetzende Interpretation geistlicher Vokalmusik. Begleitet wurde er dabei von Bunsen, der auch ein großer Verehrer Palestrinas war und im Palazzo Caffarelli schon dessen Werke hatte aufführen lassen. Als sich der Kronprinz in Rom aufhielt, bestanden zweifellos schon persönliche Beziehungen zwischen Bunsen und Giuseppe Baini, dem Leiter der päpstlichen Kapellsänger seit 1814, so daß es wahrscheinlich auch zu einer Begegnung zwischen Friedrich Wilhelm und Baini, dessen musikhistorisch bedeutungsvolles Werk über Palestrina gerade erschienen war, gekommen sein dürfte.

Der »edle« und »würdevolle« Gesang in der Sixtinischen Kapelle hinterließ bei Friedrich Wilhelm einen tiefen Eindruck. Beim König setzte er sich später dafür ein, jungen Komponisten die Möglichkeit zu eröffnen, in Rom ihre Ausbildung abzurunden. 1833 kam Otto Nicolai, mit einem königlichen Stipendium versehen, als Organist an die preußische Gesandtschaft und als Schüler Bainis in allernächste Nähe zu den berühmten Sängern. Andere sollten ihm folgen. Als Friedrich Wilhelm König geworden war, erfuhr der kirchliche Chorgesang anhaltende Förderung: 1843 ließ er den Berliner Domchor gründen, dessen hochqualifizierte Mitglieder aus der königlichen Schatulle bezahlt wurden.

Wie man weiß, war diese puristische a cappella-Richtung in der Kirchenmusik des 19. Jahrhunderts heftig umstritten, weil sie ihre Legitimation aus einer fernen Vergangenheit bezog und in künstlerischer Hinsicht wenig zu überzeugen vermochte. Instrumentale geistliche Musik lehnte Friedrich Wilhelm nicht grundsätzlich ab, die Oratorien Felix Mendelssohn-Bartholdys konnte er immer wieder hören, die Bach-Renaissance scheint jedoch fast spurlos an ihm vorübergegangen zu sein; man hört auch wenig von Besuchen konzertanter Aufführungen von Messen Haydns, Mozarts oder Schuberts.[82] Im Gottesdienst sollte sich nach Friedrich Wilhelms Überzeugung das musikalische Element jedoch bescheiden geben, deshalb sprach auch er sich für den Verzicht auf Instrumentalbegleitung und die Rückbesinnung auf den strengen unsinnlichen Palestrina-Stil aus. Untrennbar zum protestantischen Gottesdienst gehörte für ihn der Chorgesang. In Rom freute er sich daher besonders darüber, daß, wie er fand, die kleine protestantische Gemeinde im Singen so gute Fortschritte machte.

IV. Aus der Fülle meines Herzens

Das Reise-Journal

In der Geschichte der Reiseliteratur stellen die Briefe Friedrich Wilhelms aus Italien kaum mehr als einen Titel unter vielen dar. Ihre Bedeutung liegt eher in ihrer Autorschaft, und in diesem biographischen Kontext muß man sie vor allem betrachten. Friedrich Wilhelm hat gern und oft Briefe geschrieben, weil er ein Talent dafür besaß, das immer wieder erprobt sein wollte. Auch hatte er ein starkes Bedürfnis nach Mitteilung, das sich besonders ausleben konnte, wenn er unterwegs war, und dies war oft der Fall. In seinen zahlreichen Reisebriefen berichtete er, vor allem wenn er dem König rapportierte, selbstverständlich von dem, was geschehen war und was er erlebt hatte, doch auch nicht weniger ausführlich von seinen Reflexionen und Gefühlen, ohne beides zu vermischen. Schon in seinen Briefen aus den Befreiungskriegen legte Friedrich Wilhelm Wert darauf, daß der Adressat genaue Informationen erhielt; seine Briefe sollten auch eine Art Tagebuch sein, das die Ereignisse chronologisch festhielt. Auch in den Italienbriefen sind diese beiden Ebenen deutlich unterschieden. Dies geht allerdings nicht immer ohne Künstlichkeiten ab. Der heutige Leser gerät gelegentlich in Orientierungsschwierigkeiten, wenn die Gegenwart dem »Reise-Journal« allzu weit vorausgeeilt ist und nachgearbeitet werden muß.

Daß diese Briefe die Zeiten überdauert haben, verdanken sie wahrscheinlich nicht zuletzt ihrem dokumentarischen Kern, der sich auch als resistent gegen die gefühlvoll-intime Grundstimmung des Schreibers, vor allem in den Briefen an Elisabeth, erwies. Alles ist mit großer Genauigkeit festgehalten: die äußeren Ereignisse und Verhältnisse, das Wetter, die Route, das Besichtigungsprogramm, nicht zuletzt Aufenthaltsort und Stunde; die Eigennamen der Orte und Objekte – alle in lateinischen Buchstaben, um sie vom gotischen Duktus des Schriftbildes abzuheben – sind bis auf wenige Ausnahmen durchgängig korrekt geschrieben. Gelegentlich werden erläuternde Skizzen eingestreut. Dies alles spricht für den Schreiber und die Adressaten, die nicht mit Stimmungsberichten zufriedenzustellen waren. Der heutige Leser sollte berücksichtigen, daß Friedrich Wilhelms Briefe aus Italien nur für Elisabeth und den König bestimmt waren; sie verstanden selbstverständlich alle Anspielungen und Scherze, kannten jede erwähnte Person. Ein solches komplettes Verständnis ist heute nach fast 200 Jahren nicht mehr möglich.

Das erste schriftliche Lebenszeichen von jenseits der Grenze erhielt Elisabeth aus Trient, wo nach nächtlicher Fahrt über den Brenner am Abend des 2. Oktober länger Rast gemacht wurde. In Bozen war Johann von Sachsen zugestiegen, nun fehlte nur noch Ancillon. Auch die folgende Nacht verbrachte der Kronprinz mit seinen Begleitern im Reisewagen. Ihn ängstigte das enge Etschtal und seine ungesicherten Straßen; er wollte so schnell wie möglich Verona und die Po-Ebene erreichen. Durch Verzögerungen beim Pferdewechsel, wohl in Brixen und Bozen, lag man im Zeitplan, auf dessen Einhaltung während der gesamten Reise streng geachtet wurde, um einige Stunden zurück. Die Besichtigung von Verona fiel daher mehr als flüchtig aus. Alles bei fürchterlicher Hitze bis Brescia, wo die Gesellschaft ihr erstes Nachtquartier bezog, um aber am nächsten Morgen gleich weiterzufahren. Das Ziel der ersten Etappe hieß nach dreieinhalb Tagen zügigen Reisens Mailand. Die Länge der gesamten Strecke ist im Reiseplan, von dem noch die Rede sein wird, mit 78 3/4 preußischen Meilen angegeben.[83]

In Mailand, wo zur großen Erleichterung des Kronprinzen Ancillon auf ihn wartete, begann am 5. Oktober ein geordnetes, vorbereitetes Besichtigungsprogramm, zunächst noch ohne Cicerone. In einem von nun an etwas gemächlicheren Tempo von etwa 50 Kilometern pro Tag fuhr die nun vollzählige Gesellschaft am 6. und 7. Oktober nach Genua. Dort ereignete sich in der zweiten Nacht jenes denkwürdige Erdbeben, das der Kronprinz so bald nicht vergessen sollte und über das er zu seinem Leidwesen nach der Heimkehr immer wieder berichten mußte. Wie groß die Gefahr tatsächlich gewesen war, ist kaum zu beurteilen. Wie er selbst schreibt, stellte sich am Morgen des 9. Oktober heraus, daß die Schäden doch schwerer waren, als vermutet worden war. In der folgenden Nacht gab es ein Nachbeben, das zur eiligen Abreise führte.

Als Genua ein drittes Mal erzitterte, befand sich die Gesellschaft schon auf dem Weg nach La Spezia. Elisabeth und dem König hatte Friedrich Wilhelm das Ereignis noch in der ersten Nacht geschildert, wohl um sich den Schrecken von der Seele zu schreiben. Daß ihm nichts zugestoßen war, erfuhr man, wie es scheint, in München und Berlin durch Staffette schon am 11. oder 12. Oktober.

Über Carrara, an dessen Marmorbrüchen der lithophile Friedrich Wilhelm nicht vorüberfahren konnte, gelangte man am 11. Oktober auf Lucchesisches Gebiet. Der Herzog von Lucca hatte zum Schutz vor Räubern vier Carabinieri geschickt, befand sich selbst aber auf Reisen in Deutschland. Zum Empfang war der preußische Gesandte Martens angereist. Der Besuch von Lucca gehörte gewiß zu den Höhepunkten der Reise. »Lukrl« hatte dafür Sorge getragen, daß alles für Friedrich Wilhelms Bequemlichkeit getan würde; der Gast sollte vor allem Marlia sehen, das seit den Umbauten und Erweiterungen durch Elisa Bonaparte für ein Landschlößchen schon fast zu groß geworden war, das als »der reizendste Verein von regulärer u Engl: Garten Kunst« Friedrich Wilhelm aber dennoch an Charlottenhof denken ließ. Dort oben las er auch die Lucca betreffenden Stellen in der »Göttlichen Komödie«.

Trotz dieser schönen Erlebnisse und anhaltend guten Wetters findet man Friedrich Wilhelm immer wieder in trauriger Stimmung. Besonders an seinem 33. Geburtstag am 15. Oktober, den er in Florenz beging, spürte er Heimweh nach »Teutschland« und heftige Sehnsucht nach Elisabeth. Diese schwachen Momente sind eigentlich kaum der Rede wert, sie machen jedoch deutlich, welche Rolle Elisabeth im Leben Friedrich Wilhelms inzwischen spielte. Diese Italienreise war die erste längere Trennung von ihr seit der Hochzeit 1823, sie sollte auch die letzte bleiben.

Plangemäß hielt sich Friedrich Wilhelm vier Tage in Florenz auf, wo er ein reichhaltiges Besichtigungsprogramm, von Rumohr konzipiert und auch eines professionellen Kunstgelehrten würdig, absolvierte und vielfältigen gesellschftlichen Verpflichtungen nachkam. Am 17. Oktober abends traf Bunsen ein, um den Kronprinzen über die Grenze und auf dessen Weg nach Rom zu begleiten. Bunsen reiste am Morgen des 18. Oktober nach Arezzo voraus, während Friedrich Wilhelm noch einen ursprünglich nicht geplanten Abstecher nach Siena unternahm, dort erwartet von Antonio Montucci, der ihm am 15. Oktober nach Florenz einen Brief geschrieben und ihn eingeladen hatte, endlich seine Sammlung chinesischer Bücher und Handschriften in Augenschein zu nehmen, von der Friedrich Wilhelm seit mehreren Jahren ein Verzeichnis besaß. In Siena befand sich auch Rumohr, der dem Kronprinzen die sienesische Malerei nahezubringen gedachte.

Am 19. Oktober, einen Tag später als vorgesehen, gelangte die Gesellschaft nach Arezzo. Das Wetter hatte sich verschlechtert, im Gasthaus mußte geheizt werden. In Perugia ließen es sich der päpstliche Legat und der Stadtkommandant nicht nehmen, den hohen Gast mit Pomp zu begrüßen. Friedrich Wilhelm versuchte stets, solche Empfänge zu vermeiden, was meist nicht gelang. Hier feuerte man die Festungskanonen in der Hoffnung ab, dadurch einen Fürsprecher beim Papst zu gewinnen. Daß der preußische Kronprinz – wie die meisten Personen »von Stand« in jenen Tagen – in Italien unerkannt reisen wollte, blieb unter diesen Umständen ein frommer Wunsch und im Ernstfall, bei einer Begegnung mit Räubern, eine wenig erfolgversprechende Vorsichtsmaßnahme.

Perugia und Assisi wurden am 21. Oktober schnell abgetan. Rom begann wie ein Magnet zu wirken. In Foligno mündet die Straße in die Via Flaminia; wer auf ihr nach Süden fährt, gelangt unweigerlich nach Rom. Vor Spoleto wurde bei schon sinkender Sonne am Tempel und an der Quelle des Clitumnus angehalten, ein Platz nach dem Geschmack des Kronprinzen; auf dem Rückweg sollte er hier wieder Rast machen. Am 22. Oktober konnte er hinter Narni bei Otricoli hinunter ins Tibertal sehen, das die Via Flaminia bei Borghetto überquert, um vorbei an Civita Castellana nach etwa 70 Kilometern an der Porta del Popolo zu enden.

Der Kronprinz nahm auf Bunsens Vorschlag hin eine etwas andere Route. Bei Prima Porta verließ er die Via Flaminia, um auf der Via Cassia und der Via Trionfale Einzug in Rom zu halten. Es erhebt sich an dieser Stelle die Frage, ob Friedrich Wilhelm Caprarola besucht hat, denn dies hätte von Civita Castellana aus geschehen müssen. Daß er schon im Jahr 1828 und nicht erst viel später, als die ersten Ideen zum Belvedere auf dem Potdamer Pfingsberg aufkamen, von jenem farnesischen Landschloß Kenntnis hatte, steht außer Zweifel; seine Gewährsleute in Fragen italienischer Villenarchitektur, Percier und Fontaine, hatten es in ihrem Stichwerk »Choix des plus célèbres maisons de plaisance de Rom« nicht vergessen. Aber Friedrich Wilhelm hat Caprarola nicht gesehen. Vielleicht aus dem banalen Grund, weil dies – in Sichtweite Roms! – einen Umweg und eine zweite Übernachtung in Civita Castellena bedeutet hätte.

Die Gründe für die ungewöhnlich Route nach Rom sind dagegen bekannt und nachvollziehbar. Bunsen wußte, daß der Kronprinz die Welt gern als Bild erlebte. Wie ein Regisseur präsentierte er daher die Ewige Stadt vom Monte Mario aus, einem Hügel außerhalb der Mauern, von wo sie schon oft gezeichnet und gemalt worden war, im Jahr 1749 von Giovanni Paolo Panini, dessen schöne Vedute noch heute im Schloß Sanssouci hängt. Friedrich Wilhelm war erwartungsgemäß entzückt, er fühlte sich gleich heimisch. Durch die Porta Angelica gelangte er in die Stadt, fuhr an der langen Mauer des Vatikan entlang und machte Halt vor Sankt Peter. Am späten Nachmittag des 23. Oktober betrat er die »unermeßliche Kirche«, als hätte er das Ziel seiner langen Reise erreicht. Noch am Abend des ersten Tages stieg Friedrich Wilhelm mit seinen Begleitern und Bunsen bei hellem Mondschein hinauf aufs Kapitol, wanderte übers Forum Romanum und die Kaiserforen, weiter zur Fontana di Trevi und von dort zurück zum Quartier an der Spanischen Treppe, wo prominente Rom-Besucher in jenen Tagen gern abstiegen. Der Kronprinz logierte bei Herrn Rumclli im »Grand' Europa«. Nicht im Palazzo Caffarelli, denn er reiste offiziell als Privatmann und war daher meist auf Wirtshäuser angewiesen, die in kleineren Städten sehr einfach sein konnten. Standesgemäß wie in Rom logierte er auch bei Schneiderff in Florenz und in Venedig im »Grand Hotel Royal de Joseph Danieli« an der Riva degli Schiavoni am Canale di San Marco mit Blick auf S. Giorgio Maggiore; diesen Palazzo aus dem 14. Jahrhundert sollte er auch 1835 und wieder 1847 bewohnen.

Der Romaufenthalt innerhalb der klassischen Bildungsreise war bis weit ins 19. Jahrhundert meist zweigeteilt, weil Neapel und der Süden von Rom aus bereist wurden. Wer nicht in Neapel ein Schiff mit Kurs nach Livorno, La Spezia oder Genua besteigen wollte, kam zwangsläufig nach Rom zurück, mußte sich wieder durch die malerischen, von Moskitos und Räubern bevölkerten Pontinischen Sümpfe schlagen. Der Kronprinz wurde auf dem Hinweg bis Velletri von päpstlichen Soldaten eskortiert. Bis zur Grenze hinter Terracina ließ man die Pferde laufen; an Bord befanden sich Säbel und Pistolen. Auf neapolitanischem Boden in Gaeta, wo sich Bunsen verabschiedete, nahmen Graf Voß und sein Sekretär Arnim-Suckow die Gesellschaft in Empfang. Wahrscheinlich ohne militärische Bedeckung, denn man fuhr weiter »fast immer Carriere« durch kilometerlange Spaliere von Bettlern.

Dies geschah am 7. November, mit einem Tag Verzug im Reiseplan. Die erste Rom-Etappe hatte zwölf Tage gedauert. Wenn man von dem verregneten Tivoli-Ausflug absah, war das Wetter erträglich gewesen. Im Besichtigungsprogramm hatte es keine Verzögerungen gegeben; was noch von Interesse war, wollte man nach der Rückkehr absolvieren und manches noch einmal sehen. Der Neapel-Aufenthalt wurde entgegen ursprünglichen Absichten ebenso lang wie der zurückliegende römische. Wann diese Planänderung vorgenommen wurde, geht aus den überlieferten Briefen nicht hervor, wahrscheinlich erst an Ort und Stelle. Wie es scheint, standen Sorrent und Amalfi nicht von Anfang an auf dem Programm.

In Neapel und seiner Umgebung, wo schon seinerzeit der König heiter und froh gestimmt gewesen war, schien es dem Kronprinzen, als sei die Zeit stehengeblieben. Wie trügerisch diese paradiesische Ruhe war, hat er vielleicht geahnt, aber verdrängt. Am Golf von Neapel lebte noch die Erinnerung an ein Goldenes Zeitalter der Menschheit. In Rom hatte der Intellekt regiert, hier in Neapel herrschten das Gefühl und die sinnliche Anschauung. In die fernste Vergangenheit der antiken Kultur hätten ihn auch die Tempel von Paestum, 80 Kilometer südlich von Neapel, tragen können, aber zu diesem Abstecher ist es nicht gekommen. Die Neuzeit, die im Königreich Neapel durchaus präsent war, ließ Friedrich Wilhelm jedoch nicht völlig außer acht. Auf dem Rückweg nach Rom machte er in Caserta halt, um das große, von Luigi Vanvitelli erbaute Schloß Karls III. zu sehen.

Am 21. November war Friedrich Wilhelm wieder in Rom. Er blieb noch eine Woche, drei Tage länger als vorgesehen. Das Besichtigungsprogramm ließ wieder keine Wünsche offen, dazu Abschiedsvisite beim Papst, Empfänge ihm zu Ehren, am letzten Abend beim russischen Botschafter, dem Fürsten Gagarin, an der Piazza Navona. Bunsen hatte wieder alle historischen Perioden bedacht: Man inspizierte erneut die Ausgrabungen an der Konstantins-Basilika, besuchte das Forum Boarium und die Caracalla-Thermen, auch noch einige mittelalterliche Basiliken wie S. Maria in Cosmedin, Bramantes Tempietto und die Gemäldesammlung des Kardinals Fesch mit ihrem frühen Raffael, einer heute in der Londoner Nationalgalerie hängenden »Kreuzigung«, die nach dem Geschmack der Zeit und Friedrich Wilhelms war. Schließlich wollte er Rom nicht verlassen, ohne die Fresken der Lukasbrüder im Palazzo Zuccari, in der sogenannten Casa Bartholdy, zu sehen.

Am 27. November gegen 9 Uhr wurde Abschied genommen. Friedrich Wilhelm hatte noch die ankommende Post abwarten wollen, aber dann doch nur noch den letzten Brief an Elisabeth aus der Ewigen Stadt, den er gegen 8 Uhr feierlich versiegelt hatte, abgegeben. Seine Unruhe trieb ihn zur Eile. Bunsen stieg auch in den Wagen, um seinen königlichen Freund bis nach Ferrara an der Grenze zu Venetien zu begleiten. Anders als bei der Ankunft verließ man Rom durch die Porta del Popolo, überquerte den Ponte Molle und wandte sich auf der Via Flaminia direkt nach Norden, fuhr an Civita Castellana und dem von der Höhe herabgrüßenden Otricoli vorbei zunächst nach Terni. In Foligno wurde die Via Flaminia verlassen; nun ging es wieder über die Apenninen, zunächst nach Tolentino. Der in Verona begonnene große Kreis, der mittlere Abschnitt der Reise, begann sich allmählich zu schließen. Dort oben im Gebirge hätte sich fast ein Unglück ereignet: Eine Kutsche, offenbar nicht die, in der Friedrich Wilhelm saß, wäre fast in den Abgrund gestürzt. Von weiteren lebensgefährlichen Vorfällen dieser Art, mit denen der Italienreisende damals immer rechnen mußte, blieben Friedrich Wilhelm und seine Begleiter verschont. Das Wetter verschlechterte sich jedoch zusehends: Nebel und nasse Kälte bis Bologna; am 3. Dezember herrschte in Ferrara den ganzen Tag Frost. Der Kronprinz erkältete sich. Auf die Stimmung drückte auch die Nachricht vom Tod der Zarinmutter Maria Feodorowna, der Witwe Pauls I., zu der Friedrich Wilhelm seit seinem ersten Rußlandbesuch 1818 in einem herzlichen Verhältnis gestanden hatte. Entlang der flachen Meeresküste von Ancona bis Venedig konnte schnell gefahren werden; schon am 8. Dezember wurde Verona erreicht. Für Ravenna, Bologna, Ferrara und Padua stand jeweils nur ein Tag zur Verfügung, für Venedig zwei. Bei der Ankunft in Tegernsee am 13. Dezember hatte die Reise bis dahin zehn Tage länger gedauert als ursprünglich geplant. Der sich dann anschließende Münchenaufenthalt zog sich auch in die Länge, am Ende waren aus den zehn Wochen und zehn Tagen mehr als dreizehn Wochen geworden. Das Kronprinzenpaar traf erst am 23. Dezember wieder in Potsdam ein.

Alle diese Berechnungen beziehen sich auf einen vom Kronprinzen entworfenen Reiseplan, der seinen Briefen an den König im Preußischen Staatsarchiv beiliegt, aber nicht datiert ist. Vielleicht war er schon bei der Abreise überholt. Seine Modifikation könnte aber, wie schon angedeutet, ebensogut erst während der Reise stattgefunden haben. In fünf Anmerkungen kokettiert der Kronprinz wieder mit der Möglichkeit des »Abschneidens von dem Aufenthalt zu Rom und Neapel«, bittet aber gleichzeitig um Urlaubsverlängerung mit der »geistreichen Bemerkung [...], daß zufälliger Weise 10 Tage nach dem 10ten Dezember, am 23ten drey Monat seyn würden seit meiner Abreise von Potsdam, die auf den 23ten September Allerhöchst selbst festgesetzt worden« sei.[84]

An den König schickte Friedrich Wilhelm ingesamt sieben Briefe, die aus weniger »Tagewerken« bestehen und daher einen weniger ausgeprägten Tagebuchcharakter haben als diejenigen an Elisabeth. Sie wirken eher wie zusammenfassende Berichte, sind sachlicher im Ton, ohne daß sie des emotionalen Elements und der geistreichen Witzelei entbehren, und sind leichter zu entziffern. Aus ihnen erfährt man nichts wesentlich Neues. Die Akzente sind jedoch deutlich anders gesetzt. Schon im ersten, noch in Tegernsee geschriebenen Brief geht es um politische Fragen, das Verhältnis zwischen Preußen und Bayern und Streitigkeiten im Deutschen Bund. Der König wird gebeten, Ludwig I. für seine Gastfreundschaft offiziell zu danken.[85] Der Kronprinz berichtet über das Erdbeben – gleich im Anschluß an den Brief an Elisabeth –, über Theaterbesuche und ausführlich über sein Studium der römisch-katholischen Liturgie. Dabei schlägt er im Vergleich zu seinem Bericht an Elisabeth hier einen fast militanten Ton an, als ob er Grund hätte, seine gute protestantische Gesinnung hochzuhalten. In seiner informativen Schilderung eines päpstlichen Gottesdienstes in der Sixtinischen Kapelle läßt er nur die Musik gelten, deren schönes Kleid die Verderbtheit des Katholizismus nur notdürftig bedecke. Vom Papst als Person hat er dagegen eine positive Meinung.[86] Er trennt deutlich Institution und Inhaber; wie er auch Verständnis für seinen Onkel Heinrich hat, ohne dessen Entschlossenheit, seinem königlichen Bruder nicht zu gehorchen, gutzuheißen.

Die Kunstdenkmäler Italiens, die den König bekanntermaßen weniger interessierten, werden daher nur der Vollständigkeit wegen erwähnt, um darauf hinzuweisen, daß nun tatsächlich auch das getan wird, wonach so lange gerufen worden war. Friedrich Wilhelm vergißt nicht, sich für die königliche Gnade zweimal wortreich zu bedanken, was man als Höflichkeit durchgehen lassen muß. Eigentlich wäre es an Friedrich Wilhelm III. gewesen, sein Bedauern darüber auszudrücken, daß er diese Reise so lange verhindert hatte.

In den beiden Briefen, die der König dem in Italien weilenden Kronprinzen schrieb, steht von alledem nichts. Der erste, am 16. Oktober geschrieben, enthält verspätete Geburtstagswünsche und einen familiären Lagebericht. Er ist wie auch der zweite betont privat gehalten. Am nächsten Tag ließ ihn der König von der Post zurückholen, weil inzwischen der Bericht über das Genueser Erdbeben vom 9. Oktober eingetroffen war. Sein Postscriptum klingt fast wie ein Glückwunsch: »Von Mailand bis Genua ist mir die Gegend unbekannt, sie soll aber höchst interessant seyn. Noch interessanter aber muß das Erdbeben gewesen sein, das Du in Genua auszustehen gehabt hast.« Große Freude löste beim Kronprinzen das Dienstkreuz aus, das ihm der König verliehen und seinen Zeilen beigelegt hatte. Der zweite Brief, ebenfalls aus Potsdam, vom 25. November, erreichte seinen Adressaten erst bei dessen Ankunft in Tegernsee. Aus ihm spricht hörbar Erleichterung und Dankbarkeit für die glückliche Heimkehr des Kronprinzen.[87]

Fels des Dante, bester aller Freunde!

Friedrich Wilhelm korrespondierte von Italien aus mit zahlreichen Personen, mit der Verwandtschaft, mit Freunden, Bekannten und Untergebenen. An manchen Tagen erhielt er ganze Pakete von Briefen. Wie die Antworten scheinen sie verlorengegangen zu sein oder ruhen noch unentdeckt in Nachlässen und Archiven. Eine Ausnahme macht der Briefwechsel mit Johann von Sachsen, der nur bis Florenz mitgereist war. Ihm schrieb Friedrich Wilhelm am 25. Oktober aus Rom und am 2./8. Dezember aus Ravenna und Venedig. Man erfährt nichts ganz und gar Neues. Die Sprache ist jedoch eine andere: Friedrich Wilhelm wendet sich hier an einen fast gleichaltrigen, seelenverwandten Freund.

Beide Kronprinzen, der preußische und der sächsische, waren sich auf einem Familientreffen im April 1827 in Leipzig nähergekommen. Johann bekannte später in seinen Erinnerungen, daß diese Freundschaft »zu den schönsten Blüthen« seines Lebens gehöre.[88] Im Oktober kamen Johann und seine Gemahlin Amalie zu Besuch nach Berlin und Potsdam. Im Januar 1828 erkundigte sich Friedrich Wilhelm nach dem

Fortgang der Übersetzung der »Göttlichen Komödie«. Im Mai war er mit Elisabeth in Dresden, und am 5. Juni ermunterte er Johann, doch über eine gemeinsame Pilgerreise nach Ravenna im Herbst nachzudenken. Am 18. Juli sagte Johann zu. Als schließlich der König auf seiner Rückreise von Teplitz am 30. Juli in Pillnitz Station machte und sich wohlwollend über die Italienpläne des Kronprinzen äußerte, war das Projekt beschlossene Sache. Am 14. August teilte Friedrich Wilhelm seinen Reiseplan mit. Zu diesem Zeitpunkt war noch von einer anderen Route die Rede: Er will von Bozen aus über Meran nach Como reisen, um sich dort mit Ancillon zu treffen. Johann soll bis Florenz mitkommen, wo seine beiden Schwestern leben. Johann war einverstanden; dies um so mehr, als Friedrich Wilhelm seine eben erschienene Teilübersetzung der »Göttlichen Kömodie« außerordentlich gelobt hatte.

Aus Mangel an Zeit mußte der Abstecher an den Comer See unterbleiben. Johann verließ Tegernsee schon am 30. September, um etwas gemächlicher bis Bozen zu fahren. Von dort ging es gemeinsam bis Lucca, wo Johann seine ältere Schwester traf, mit der er zu seiner zweiten Schwester, der Großherzogin, und dem Schwager Leopold II. nach Poggio a Caiano reiste. Am 18. Oktober, vor seiner Weiterfahrt nach Siena, verabschiedete sich Friedrich Wilhelm von Johann »mit recht schwerem Herzen«.

Johann blieb noch bis zum 30. Oktober in Florenz und Poggio a Caiano. Dort erreichte ihn der erste Brief von Friedrich Wilhelm aus Rom, darin eingelegt einen Brief für Elisabeth, den er wenige Tage später, am 5. November, in Tegernsee ablieferte. Friedrich Wilhelm schildert den Weg von Perugia nach Rom, wie ihm hinter Spoleto beim Hinunterfahren vom Gebirge allmählich die Welt Dantes und des Mittelalters entschwunden sei und die Welt der antiken Dichter und Historiker anfing, »von meinem Kopf Besitz zu nehmen und vorüberzuziehen«.[89] Bei Narni und Otricoli erlebt er eine Landschaft von »antikem Schnitt«, die er mit den Werken alter Dichter vergleicht. Die Formel von der »edlen Einfalt« und »stillen Größe« scheint ihm auch für die Natur zu gelten: »So wie die alten Dichter schöne Gedanken schön auszusprechen und edel darzulegen strebten, so scheint auch das Land hier mit ganz eigenthümlichem Maß und Takt [seine] ruhigen und doch großen Schönheiten vorzulegen.« Die Berge vor Rom hätten »die schönsten Formen [...], die ich je gesehen«.[90] Diese »klassische«

Wahrnehmung hatten im 18. und 19. Jahrhundert viele Italienreisende; der Kronprinz unterlag hier einem Klischee. Andererseits erinnerten ihn diese vulkanischen Erhebungen wie der Monte Soratte auch an die Eiszeithügel um Potsdam. Daß Friedrich Wilhelm die Fahrt durch die auch heute noch stellenweise beeindruckende Natur entlang der Via Flaminia tief und dankbar genossen hat, daran muß man nicht zweifeln. Die Campagna erlebte er als eine Ebene, »wüst und öde, ohne Ort und Haus, voll unzähliger Gräber«, aber »prädestinirt eine Hauptstadt der Welt zu tragen«.[91]

Wie sehr sich Friedrich Wilhelm seinem sächsischen Freund, Verwandten und »Kollegen« verbunden fühlte, verrät eine merkwürdige Gewohnheit, die bis in die Kindheit zurückgeht. Um sich zu necken, verdrehten er, seine Geschwister und Cousins oft bis zum Exzess ihre Namen oder dachten sich neue aus. Dahinter verbarg sich vermutlich auch eine Neigung zum Verstecken und Verrätseln. Daß Johann in den Briefen an Elisabeth unter wechselnden Namen auftaucht, kann man vielleicht auch als eine Art Spiel mit der österreichischen Postzensur verstehen, doch vor allem als ein Zeichen des Vertrautseins mit »Hansy«, »Jeannot«, »Giannettino« und »Giovanni«. Phantasievoll war Friedrich Wilhelm auch in seinen brieflichen Grußformeln. Sein Brief aus Ravenna richtete sich selbstverständlich an den Dante-Forscher, an den »Fels des Dante«; an anderer Stelle verwendete er die italienische Version »Sasso di Dante«, auch als eine Anspielung auf den Sachsen, den »sassone«. An solchen Wortverdrehungen hatte auch Johann Spaß. In einem Brief vom Februar 1829 übersandte er dem Kronprinzen einen Grundriß zu Dantes Hölle, den der Arzt und Landschaftsmaler Karl Gustav Carus entworfen hatte, der, wie Johann hinzufügt, »auch ein passionirter Zahnarzt (Dantiste) ist«.[92]

Wie die Campagna vor Rom empfand Friedrich Wilhelm auch Ravenna, das »zweite« Rom, wie es auch an anderer Stelle genannt wird, als einen Ort des Todes und der Vergänglichkeit. Wenige Tage später beendete er diesen Brief in Venedig, und auch hier ist wieder von »gefallener Größe« die Rede. Diese elegische Stimmung, die untrennbar zum Italienerlebnis Friedrich Wilhelms und der Romantik gehört, machte sich gelegentlich auch in den Briefen an Elisabeth und den König geltend, in den beiden Briefen an Johann von Sachsen scheint sie jedoch die zentrale Botschaft zu sein, von einem Romantiker – beide auch Fürsten und Politiker der Restauration – zum andern.

Als Friedrich Wilhelm III. 1822 Italien bereiste, führte der ihn begleitende General von Witzleben ein Tagebuch, dessen Verbleib unbekannt ist. Der Kronprinz hatte es, vielleicht in einer Abschrift, in seiner Handbibliothek und las gelegentlich darin, um seine Eindrücke mit denen Witzlebens zu vergleichen. Über den Charakter dieses Tagebuchs läßt sich nur spekulieren. Vermutlich handelte es sich um eine schlichte Aufzählung der Ereignisse, um das Protokoll einer politisch wichtigen Dienstreise des Königs von Preußen, wo weitschweifige historische und ästhetische Reflexionen nicht am Platz waren. Da Karl Ernst Job von Witzleben ein gebildeter Mann mit künstlerischem Urteilsvermögen war, läßt sich aber nicht ausschließen, daß er in diesem Tagebuch, wie in den Briefen an seine Frau, auch das pittoreske Dach des Mailänder Domes beschrieben, über Platz und Fassade von Sankt Peter kritisch geurteilt oder mit Sachverstand die stimmlichen Qualitäten Giovanni Davids erörtert hat.[93]

Über Bunsens »Skizzen eines Tagebuchs über den Aufenthalt Sr. königlichen Hoheit des Kronprinzen von Preußen in Rom« ist dagegen ein Urteil möglich. Das Original ist nicht überliefert, die Abschrift – allerdings ohne die vom Kronprinzen erwähnten Pläne und Notizen – im Preußischen Staatsarchiv in Berlin scheint jedoch korrekt und vollständig zu sein. Sie beginnt mit dem 23. Oktober, dem Ankunftstag in Rom, und endet mit dem 5. Dezember, als sich Bunsen in Venedig vom Kronprinzen verabschiedete. Nicht berichtet hat Bunsen über die Fahrt von Perugia nach Rom, an der er auch schon teilgenommen hatte. Da ein Abschnitt dieser Wegstrecke auf der Rückfahrt wieder passiert wurde – der Kreuzung bei Foligno wird ausdrücklich Erwähnung getan –, scheint er, um Wiederholungen zu vermeiden, bewußt darauf verzichtet zu haben. Wessen Idee dieses Tagebuch war, ist nicht zweifelhaft: Seit Bunsen den Kronprinzen kannte, mit einer gewissen Hemmungslosigkeit nach 1828, schrieb er diesem lange Briefe, ganz offensichtlich in der Überzeugung, mit seinen Gedanken und Informationen zur intellektuellen Formung das künftigen preußischen Königs als eine Art Fürstenberater einen Beitrag zu leisten und politischen Einfluß auszuüben. Der Kronprinz, der Bunsen ein solches »Mitsprache-

8. Julius Schnorr von Carolsfeld, Bunsen

recht« zuerkannte, nahm dessen Tagebuch als Erinnerung an seine italienische Reise und Ergänzung zu seinem »Reise-Journal«, den Briefen an Gemahlin und König, gern an.

Bunsen war ein Intellektueller und einer der exzellentesten Romkenner seiner Zeit. Bei der Chronik der Ereignisse hielt er sich nicht weiter auf, man findet bei ihm jedoch hin und wieder interessante Fakten, die der Kronprinz aus irgendeinem Grund unterschlägt, die aber erhellend sein können. Wenn festgestellt wurde, daß, wie aus den Briefen hervorgeht, der Kronprinz trotz seines großen Interesses an den antiken Denkmälern Roms kaum Kontakt zu den einheimischen Archäologen gehabt hat, ist dies auch im Lichte der Mitteilungen Bunsens noch richtig; unter dem 3. November ist jedoch zu erfahren: »Der große Nibby wird vorgestellt und empfängt eine heilsame Nase, daß er nicht am Forum selbst zu graben angefangen.«[94] Dies geschah nach der Besichtigung der Kaiserforen, so weit sie schon ausgegraben waren, vor der Basilica Constantiniana, damals noch »Templum Pacis« genannt. An dieser Stelle waren Ausgrabungen im Gange, die Nibby leitete und von denen schon die Rede war. Anstatt sich aber, wie es einem Laien zugestanden hätte, die Argumente des Fachmannes anzuhören, scheint dem Kronprinzen nichts Besseres eingefallen zu sein, als arrogante Kritik zu üben, wenngleich man sagen muß, daß die Ausgrabungen in Rom nach 1815 alles andere als nachhaltig und systematisch waren; es sprach auch durchaus manches dafür, das Schwergewicht zunächst auf das Forum Romanum zu legen und sich vom Kapitol allmählich nach Osten vorzuarbeiten. Zu einem Dialog mit Nibby konnte es unter solchen Voraussetzungen kaum kommen.

Im Mittelpunkt von Bunsens Tagebuch stehen die besichtigten Denkmäler. Sie werden ausführlich kommentiert, wohl in Zusammenfassung der vor Ort gegebenen Erläuterungen, und ergänzt durch Hinweise auf antike und mittelalterliche Quellen sowie neuere Fachliteratur. Am Umfang dieser Kommentare läßt sich ablesen, wo die Interessen lagen. Was Rom betrifft, eindeutig in der Antike, wie schon auf der ersten Seite erkennbar wird. Unter dem 23. Oktober trägt Bunsen ein: »Einfahrt in die Stadt über die alte Via triumphalis, die von der Via cassia 9 Millien vor der Stadt links abgeht, und über den Clivus cinnae (Monte mario) in die Stadt führt.« Diesem schlichten Sachverhalt folgt eine längere historische Erläuterung zu dieser antiken Straße, zu ihrem Verlauf und zur Quellenlage. Und so geht es weiter. Vom Monte Mario aus wurde Rom betrachtet. Man sah die Hauptpunkte der Stadt, auch die Villen Borghese und Albani; einige der Herrschaften wollten auch die Villa Madama erkennen. Über das antike Straßenpflaster gelangte die Gesellschaft am »Säulengang von St. Peter mit den beiden Springbrunnen und den Obelisken an«. Bunsen teilt mit, wo letzterer herkommt, verliert aber kein Wort über die Peterskirche, nennt lediglich die Abmessungen und vergleicht sie mit dem antiken Kolosseum, das sich als der größere Bau erweist. Aus »Descrezeone del Vaticano«, einer Publikation von Carlo Fea, werden noch die Maße des Baldachins unter der Kuppel zitiert. Der Name Bernini, seines Schöpfers, fällt nicht. Eine kunsthistorische Würdigung von Sankt Peter ist auf den insgesamt 54 Seiten nirgendwo zu finden; die Kirche beeindruckt vor allem durch ihre Größe! Mit dieser Geringschätzung eines der bedeutendsten Architekturwerke der Welt standen Friedrich Wilhelm und Bunsen allerdings nicht allein – wie aus der Reiseliteratur der 1820er Jahre zu ersehen ist –, sie befremdet indessen doch. Man sollte erwarten, daß die mittelalterlichen Basiliken ausführlicher besprochen werden; dies ist jedoch nicht der Fall. Bunsens Tagebuch reflektiert das gesteigerte Interesse des Kronprinzen am antiken Rom.

Am Nachmittag des 24. Oktober befindet sich die Gesellschaft auf dem Turm des Senatorenpalastes und am Abend, nach einem Essen beim Prinzen Heinrich, erläutert Bunsen an Hand von Plänen seine Hypothesen bezüglich des Forum Romanum. Auf neun Seiten breitet er sie im Tagebuch aus, später ergänzt durch eine kürzere Eintragung zu den Kaiserforen und wieder eine längere von fünf Seiten zum sogenannten Friedenstempel. Man kann sicherlich sagen, daß Bunsen hier den Stand der Debatte kompetent zusammenfaßt – dies gestattet Rückschlüsse auf den Sachverstand des Adressaten –, wobei er die französischen Aktivitäten vor 1815 unterschlägt. Dies mag jedoch sekundär sein, denn er hat recht, wenn er sagt, daß solange das Forum nicht vom Schutt der Jahrhunderte befreit werde, an eine »positive Herrstellung [...] nicht zu denken sei«. In der Zwischenzeit sollten jedoch die »Hauptpunkte [...] aus den Zeugnissen der Akten und den bisherigen Entdeckungen« festgestellt werden. Dies tut er, indem er, beginnend mit dem Saturn- und dem Kastortempel sowie der Basilica Julia, sämtliche Baudenkmäler des Forum Romanum durchgeht, ihre strukturellen und historischen Beziehungen vor dem Hintergrund der antiken und mittelalterlichen Quellen diskutiert. Daß diese stellenweise detaillierten Darlegungen eine gewisse Resonanz finden sollten, lassen Bunsens Briefe der 1830er Jahre an den Kronprinzen vermuten, denn dort erfahren sie, und dies konnte nicht ganz ungebeten geschehen, ihre Fortsetzung.

Nach Neapel reiste Friedrich Wilhelm ohne Bunsen. Dort betreuten ihn die Herren Voß und Arnim-Suckow von der preußischen Gesandtschaft und der Archäologe Gerhard. Als es, zunächst noch auf päpstlichem Gebiet, wieder in Richtung Heimat ging, saß Bunsen erneut in der Kutsche des Kronprinzen. Er wollte unbedingt in Ravenna an dessen Seite sein. In seinem Tagebuch sind die Tage zwischen dem 27. November und dem 1. Dezember unter der Überschrift »Reise nach Ravenna« zusammengefaßt. Was auf dem Weg dorthin sonst noch passierte, wird ohne historische Kommentare eher am Rande erwähnt. Dem eintägigen Aufenthalt in Ravenna sind dagegen neun Seiten gewidmet. Dies war zum Teil der Vielzahl der Denkmäler geschuldet, in erster Linie jedoch ihrer kunst- und religionsgeschichtlichen Bedeutung und ihrem künstlerischen Rang.

Wenn man diesen Eintragungen glauben darf, hat der eilige Kronprinz nur für die Mosaiken und Säulen einen Blick gehabt. Zuerst besuchte er S. Apollinare in Classe und sah das »himmlische Mosaik der Tribuna von wirklichen Steinen«, dann S. Apollinare in Città (Nuovo) mit dem Zug der Jungfrauen, das achteckige Baptisterium der Arianer, wo in der Kuppel die Taufe Christi dargestellt ist, den »Guten Hirten« im Mausoleum der Galla Placidia und gleich nebenan S. Vitale. Es ist bezeichnend für Bunsens architekturgeschichtliche Sichtweise auf die Kirchen Ravennas, daß er hier S. Stefano Rotondo in Rom, einen Zentralbau des 5. Jahrhunderts, als Vorläufer von S. Vitale ins Spiel bringt. Sein Hauptinteresse gilt wieder der Dekoration, den Mosaiken und den Kapitellen der Säulen.

Als Theologe und Liturgiereformer hat Bunsen auch einen Blick für die besuchten Kirchen als Kulträume, für praktische Aspekte des Gottesdienstes in alter und neuer Zeit. Unter diesem Aspekt beschreibt er für den Kronprinzen zur Erinnerung das große Taufbecken im Baptisterium der Orthodoxen: »In der Mitte unten, das 8eckige Taufgefäß, von Marmor und Porphyr, mit einem auf 2 Stufen sich erhebenden halbzirkelförmigen Einbug, auf welchen der Geistliche tritt, um das Kind zu taufen, wozu ein kleines Taufgefäß mit Wasser daneben angebracht; natürlich diente das große Gefäß zum Eintauchen.«[95] Der

Rundgang durch Ravenna schließt mit dem Besuch zweier Gräber, desjenigen Dantes und, außerhalb der Mauern, des Mausoleums des Ostgotenkönigs Theoderich. Die Wichtigkeit Ravennas unterstreicht eine Zusammenstellung historischer Daten, die mit dem Jahr 1797 enden, als die Stadt im Frieden von Tolentino im Zuge der napoleonischen Neuordnung Italiens vom Papst aufgegeben werden mußte.

Instruktiv ist Bunsen auch, wenn er, was Friedrich Wilhelm in seinen Briefen nur sporadisch tut, die besichtigten Gemälde und Skulpturen aufzählt: in den römischen Museen, im Vatikan, auf dem Kapitol, in der Villa Albani, in den Galerien Doria, Borghese und Corsini, und fast am Schluß der Reise in der Accademia delle Belle Arti in Bologna. Als das Fazit der gemeinsamen Besichtigung mit dem Kronprinzen notiert er dort zwei Gemälde, zwei Großwerke der bolognesischen Malerschule: »Guido Reni: der Kindermord mit zwei unbeschreiblich schönen todten Kindern unten. Domenichino: die H. Jungfrau mit Engeln, welche Rosen (himmlische Gnade) auf die unten streitende und leidende Kirche herabstreut.«[96]

Ein Geburtstagsgedicht

Zu seinem 33. Geburtstag, den Friedrich Wilhelm in gedrückter Stimmung in Florenz beging, empfing er zahlreiche Glückwünsche, von seinen Herren, die für solche offiziellen Angelegenheiten weiße Hosen im Gepäck hatten, von der Dienerschaft, von Bunsen im Namen der preußischen Gesandtschaften in Italien, von Rumohr, und aus der Ferne gratulierten die Geschwister, Verwandte und Bekannte. Auch der König schrieb einen Geburtstagsbrief, allerdings erst am 16. Oktober, und schickte das Dienstkreuz.

Wie er ein anderes Geschenk aus der Heimat aufnahm, das ihn wie der Brief des Königs aus Potsdam Anfang November in Neapel erreicht haben dürfte, darüber läßt sich nur mutmaßen. Am 15. Oktober 1828 war auf der ersten Seite der »Berlinischen Nachrichten von Staats- und gelehrten Sachen«, der »Spenerschen« Zeitung, ein vierstrophiges Gedicht, verfaßt vom Chefredakteur, einem Herrn S. H. Spiker, als ein Gruß von »Preußens Volk« an den im Süden weilenden Thronfolger mit folgendem Wortlaut abgedruckt:

Dem 15. Oktober

Es tönt des Festes Lied hinaus in ferne Welten,
Da, wo der Apennin das stolze Haupt erhebt,
Wo Lorbeerhaine sich zum trauten Dache breiten,
Die lächelnde Natur ein ew'ger Lenz belebt.
Geschmückt ist Feld und Flur mit überreichem Seegen
Und Freud' und Friede wallt dem Königssohn voran.
Ihm folgte der fromme Wunsch, er ist auf *Seinen* Wegen,
Und fühlt für jedes Herz, das *Seine* Huld gewann.

Es weilt der junge Fürst, mit kunsterfahrnem Blicke,
Dem Schönsten schon vertraut, bei dem, was hier sich beut:
Urbino's Raphael hält mächtig ihn zurücke,
Dem Lionardo ist der Scheidegruß geweiht.
Was aus dem Marmor hier Canova's Kunst gerufen,
Was aus Thorwaldsen's Hand, als neue Schöpfung, tritt,
Was Donatello einst, der Bologneser, schufen,
Es fesselt seinen Blick und hemmet seinen Schritt.

Die mächt'ge Roma blickt, mit stolzerfüllter Freude,
Auf den, der längst ersehnt, bei ihren Tempeln weilt,
Doch sieht die Herrscherin, mit unverhalt'nem Neide,
Wie schnell der Königssohn zu Bajä's Strande eilt.
Pompeji's Pracht erweckt das sehnende Verlangen
Und wie Herakles' Stadt des Tages Licht erblickt:
Doch will auch die Natur vor *Seinen* Augen prangen;
Es sieht Parthenope den Wanderer entzückt.

Doch bleibt das deutsche Herz dem Königssohne eigen,
Ihm winkt das Vaterland, in seines Ruhmes Glanz:
Kann gleich Pomona nicht, nicht Flora, stolz sich zeigen,
Es fehlt der Treu nie ein frischer Eichenkranz.
Laßt unsre Herzen hoch für unsre Fürsten schlagen,
Für die, auch fern von uns, ihr Land und Boden gilt,
Und laßt die Nachwelt dann, ein wahres Sprüchwort, sagen:
»Wie Preußens Volk, so treu, wie seine Herrscher mild!«

Dies ist ein Gelegenheitsgedicht von bescheidener dichterischer Qualität. Sein Verfasser weiß von der quälend langen Vorgeschichte dieser Reise, auch kennt er die kunstgeschichtlichen Vorlieben des Kronprinzen, allerdings nur ungefähr. Vom Mittelalter ist keine Rede, und die Antike gerät im Vergleich zur Renaissance etwas ins Hintertreffen; schließlich gehörte Donatello nicht zu jenen Künstlern, die Friedrich Wilhelm besonders schätzte. Auch das Klischee von Neapel, als dem schönsten Fleck Italiens wenn nicht der Erde, das in den 1820er Jahren bereits Allgemeingut gewesen sein dürfte, hätte eher auf Friedrich Wilhelm III. gepaßt als auf seinen Sohn, dem sich bei aller Begeisterung für das »Paradys« Neapel ein Vergleich mit der Ewigen Stadt doch wohl eher verbot. Richtig ist, daß sich der preußische Kronprinz in Italien mehr als anderswo als deutscher Fürst fühlte. Der Dichter artikuliert hier gewisse nationale Hoffnungen, die sich mit der Person Friedrich Wilhelms verbanden, bekennt sich am Ende aber doch wieder zu Preußen.

Man wüßte gern, ob diese Huldigung bestellt war oder ob hier der Chefredakteur einer Staatszeitung lediglich seiner Verehrung für den Kronprinzen Ausdruck verliehen und nebenbei auch seine Pflicht erfüllt hat. Wie jede Zeitung in Preußen unterlag auch die »Spenersche« Zeitung der Pressezensur. Dies bedeutete nicht, daß der Kronprinz Zugang zu den Redaktionsstuben hatte, aber wäre er gefragt worden, hätte er diese Veröffentlichung, wenn er sie als peinlich empfunden hätte, sicherlich verhindern können, es aber wohl kaum getan; nicht nur weil der gute Wille zu loben war, sondern weil Friedrich Wilhelm schon früh begriffen hatte, daß es für eine zeitgemäße Monarchie immer wichtiger werden würde, sich vorteilhaft in der Öffentlichkeit zu präsentieren – als einer der ersten Herrscher überhaupt sollte Friedrich Wilhelm IV. anläßlich seiner Thronbesteigung im Jahr 1840 vor dem Berliner Schloß eine öffentliche Rede halten – und sich zu diesem Zweck des Massenkommunikationsmittels Presse zu versichern.

Tageszeitungen gab es in Preußen seit dem Beginn des 18. Jahrhunderts, in den 1820er Jahren scheint jedoch das Zeitunglesen deutlich an Beliebtheit gewonnen zu haben. Ungeachtet der staatlichen Restriktionen boten die »Spenersche« und die »Vossische« Zeitung auf acht engbedruckten Doppelseiten erstaunlich vielseitige Nachrichten aus aller Welt, allerdings kaum Kommentare zu politischen Sachverhalten, dagegen häufig Kritiken zum Theater-, Musik- und Kunstleben. Der fünfseitige Anzeigenteil läßt selbst nach heutigen Maßstäben kaum Wünsche offen. Zeitungen nahm offenbar in zunehmendem Maße auch Friedrich Wilhelm III. zur Kenntnis, dem auffällt, wie er in jenem Geburtstagsbrief vom 16. Oktober am Rande bemerkt, daß deren Lektüre seinen »Styl« verändert habe. Der Kronprinz tat dies noch intensiver. In Italien las er die führenden Blätter des Landes wie den »Diario di Roma« und den in Neapel erscheinenden »Giornale del Regno delle Due Sicilie«, sicherlich auch französische und englische Zeitungen, und aus Berlin schickte man ihm die »Vossische« und die »Spenersche« Zeitung, nicht zuletzt, weil beide ausführlich von seiner Reise berichteten.

Die Unterschiede sind nur marginal. Der Leser erfährt hier wie dort mit erstaunlicher Genauigkeit, wo sich der hohe Reisende gerade befindet und was er tut. Bei dieser Informiertheit bleibt nur der Schluß, daß die Redaktionen in Berlin direkt aus dem Umfeld des Kronprinzen, möglicherweise durch den Hofmarschall von Massow, und von den preußischen Gesandtschaften, vor allem der in Rom, mit Nachrichten versorgt wurden, aber sicherlich immer in Absprache mit dem Kronprinzen.

Über die Reise des Kronprinzen berichteten auch andere deutsche Zeitungen wie die Augsburger »Allgemeine Zeitung« und mehrere italienische Blätter, jedoch nur am Rande. Die »Vossische« und die »Spenersche« Zeitung begleiteten ihn dagegen Tag für Tag. Aus diesen Meldungen läßt sich der Reiseverlauf fast lückenlos rekonstruieren. Sie beschränken sich meist auf das Faktische. Deutlich aus dem Rahmen fällt da das »Schreiben eines Preußen aus Rom« vom 4. und 11. November, das die »Vossische« Zeitung am 20. und 21. November veröffentlichte. Der anonyme Autor weiß über viele Einzelheiten zu berichten, muß also in nächster Nähe gewesen sein: Er zählt 14 Fackeln beim abendlichen Kolosseum-Besuch und weiß von fünf Plänen des Forum Romanum, die vor dem Kronprinzen auf dem Kapitol ausgebreitet waren; er weiß natürlich auch, daß Bunsen den Kronprinzen »sehr weislich den Weg über den Monte Mario, die antike Via Triumphalis« nach Rom hineingeführt hatte, und er meldet den Empfang der in Rom akkreditierten Botschafter sowie den Besuch beim Papst, über dessen Inhalt aber nichts verlautbart wird. Dieses Schweigen ist für die Berichterstattung aus Rom charakteristisch, und es paßt in gewisser Weise zum Kronprinzen, der auch in seinen Briefen die Politik generell ausblendet, sich nur grundsätzlich über den Katholizismus äußert, wenn auch sehr kritisch, und von der Persönlichkeit Leos XII. »enchantirt« ist. Am 3. November meldet allerdings die »Vossische« Zeitung, daß im Kirchenstaat 50 Freimaurer verhaftet worden waren, die versäumt hatten, eine »freiwillige Abschwörung« ihrer Überzeugungen zu leisten, und 100 weitere Personen, weil sie nicht an der Osterkommunion teilgenommen hatten.

Der Grundton des anonymen Artikels ist panegyrisch. Selbst wenn es die Wahrheit war, drängt sich der Eindruck auf, daß dem Kronprinzen geschmeichelt werden sollte. Stellenweise klingt das Lob lehrerhaft, was den Verdacht auf Bunsen lenkt: »Es ist eine wahre Herzensfreude zu sehen, mit welchem Interesse, mit wie viel Kenntniß und Verstand unser Kronprinz alles Interessante sieht und untersucht [...]. Der Kronprinz ist auf die ganze Reise außerordentlich vorbereitet, mit den Antiken sehr wohl bekannt, und mit dem Römischen Lokal so genau vertraut, als hätte Er es unter der Führung unseres Hirt schon zweimal durchwandert.« Die Nachrichten, die aus Neapel und Umgebung sowie von anderen Stationen nach Berlin gelangten, waren weniger ausführlich doch ebenso präzise wie die aus Rom. Sie stimmen mit den Briefen des Kronprinzen überein, bieten daher im allgemeinen nichts Neues.

Mit dem Wetter ist dies anders. Friedrich Wilhelm, der schnell fror und schnell schwitzte, äußerte sich zu diesem Thema recht häufig, so daß man ungefähr weiß, unter welchen klimatischen Bedingungen gereist wurde. Den Zeitungen, zumal der »Vossischen« und der »Spenerschen«, die damals noch keinen überregionalen Wetterbericht brachten und nur die Barometerstände von Berlin meldeten, ist zu entnehmen, daß das Jahr 1828 in meteorologischer Hinsicht außerhalb der Norm lag: Es gab monatelange Trockenheit, extreme Kälte, unzeitgemäße Hitze und schwere Stürme. Der Kronprinz und seine Gesellschaft blieben von diesen Wetterkapriolen nicht verschont, im allgemeinen war ihnen jedoch das Glück hold. Nicht entgangen sind sie, wie wir schon wissen, dem Erdbeben vom 9./10. Oktober, das sich unabhängig vom Wetter ereignete. Den Kronprinzen erstaunte jedoch die Tatsache, daß das Meer in der Bucht von Genua die ganze Zeit über ruhig geblieben war. Die Zeitungen berichten, daß ganz Ober- und Mittelitalien betroffen waren, und vermuten einen Zusammenhang zwischen dem Erdbeben und zwei Vesuvausbrüchen, womöglich auch dem spektakulären Einsturz einer Kirche in Torre del Greco am 21. November, bei dem aber niemand Schaden genommen hatte.

Am 28. September war in der »Vossischen« Zeitung auch zu lesen, daß das erste Dampfschiff mit Lastkähnen im Schlepp den Tiber aufwärts von Civitavecchia bis Rom gefahren war. Ob diese Neuigkeit dem Kronprinzen zu Ohren kam, ist nicht überliefert. Symbolträchtig ist sie, wenn man die historische Stunde bedenkt, aber schon.

V. Italien ein Leben lang

Die Italienreise des Jahres 1828 hatte Friedrich Wilhelms Weltbild vervollständigt und abgerundet, die Lehr- und Wanderjahre waren vorüber. Er war reif für den Thron. Das lange Warten, wenn auch bei einer veränderten politischen Großwetterlage, ging jedoch weiter. Das Zeitalter der Restauration verrauschte in Preußen mit einem glänzenden Fest, im Sommer 1829 feierten die Hohenzollern und das russische Zarenpaar die Hochzeit des Prinzen Wilhelm mit der weimarischen Prinzessin Augusta und das »Fest der weißen Rose«. Wenige Monate später brach wie ein Blitz aus heiterem Himmel in Paris die Julirevolution aus. Zum allgemeinen Schrecken verbreitete sich zur gleichen Zeit, von Rußland kommend, über ganz Europa die Cholera. Eine Koinzidenz, die Friedrich Wilhelm als Strafe Gottes deutete. Im Gegensatz zum König, der den »Bürgerkönig« Louis-Philippe bald als unvermeidbares Übel hinnahm, hielt der Kronprinz unbeirrbar am Legitimitätsprinzip fest und forderte Maßnahmen gegen Frankreich und die Revolution. Sein Einfluß auf die Außenpolitik Preußens, die seit 1832 in den Händen Ancillons lag, blieb jedoch wie eh und je unbedeutend, was hinzunehmen ihm zunehmend schwerer fiel und ihn auf merkwürdige Ideen brachte: Als am 2. März 1835 Kaiser Franz I. von Österreich stirbt, will er Johann von Sachsen, seinen Reisegefährten aus italienischen Tagen, dazu überreden, doch dem »neuen Kaiser Ferdinand den Floh in's Ohr« zu setzen, »sich vom Papst zu Rom oder Mayland zum Römischen Kayser krönen zu lassen«.[97]

Unter diesen Vorzeichen reiste Friedrich Wilhelm Ende Juli/Anfang August 1835 für einige Tage durch Oberitalien, diesmal in Begleitung seiner Gemahlin. Die erste Anfrage um Erlaubnis trägt das Datum vom 16. Januar. Viel Hoffnung scheint man sich zunächst nicht gemacht zu haben; Elisabeth fürchtete, der König würde die Idee für »einen Anfall von Wahnsinn« halten, doch die Genehmigung wurde schnell erteilt. Das Kronprinzenpaar fuhr über Salzburg und den Tauernpaß nach Venedig, der »alten Wunderstadt«, wo es sich drei Tage aufhielt, und zurück über Padua, Vicenza, Verona, Mailand, Como und das Stilfser Joch nach Tegernsee. Am 13. August waren Friedrich Wilhelm und Elisabeth wieder in Sanssouci. Die Route hatte ausschließlich durch österreichisches Gebiet geführt, wo die Lage noch unter Kontrolle war. Außerhalb Lombardo-Venetiens war es nach der Julirevolution zu Unruhen und im Kirchenstaat zur Bildung einer Republik gekommen, die österreichische Truppen aber nach wenigen Wochen wieder liquidiert hatten; 1835 unterhielt Österreich Besatzungstruppen in Bologna und Frankreich in Ancona. Das Kronprinzenpaar blieb von diesen Vorgängen, die Italien unaufhaltsam veränderten, unbehelligt und verlebte vor allem in Venedig glückliche Tage. Durch das Arsenal, das Friedrich Wilhelm schon 1828 fasziniert hatte, führte wieder der Marquese Paulucci. Man besichtigte die Hauptkirchen, besuchte die Armenier auf S. Lazzaro, die Oper und auf der Insel Murano, die 1828 nicht auf dem Programm gestanden hatte, die ruinöse mittelalterliche Kirche S. Cipriano, deren Apsismosaik damals wohl noch an seinem Platz war; seit 1844/45 schmückt es die Potsdamer Friedenskirche. Der Kronprinz erwarb es für 300 Gulden.

Auch die dritte Italienreise, die Friedrich Wilhelm, nunmehr als König, 1847 machte, galt nicht zuletzt einem frühchristlichen Mosaik, das sich in S. Michele in Africisco in Ravenna befunden hatte, 1844 angekauft worden war und nun in Venedig restauriert und für den Transport vorbereitet werden sollte.[98] Der König reiste wie schon im Jahre 1828 inkognito als Graf von Zollern, begleitet von Anton Graf zu Stolberg-Wernigerode, Eduard von Bonin, Alfred Reumont und seinem Leibarzt Dr. Heinrich Gottfried Grimm, von Triest, wo er das Grab Winckelmanns besucht hatte, mit der »Imperatore« des österreichischen Lloyd in der Nacht vom 5. zum 6. September nach Venedig. Reumont erzählt, daß er während dieser Überfahrt Gedichte von August von Platen vorgelesen habe und daß der Dampfer bei der Einfahrt in den Hafen auf Grund gelaufen sei. Aus dieser Lage befreite den König Bruder Karl, der einen Tag vorher in Venedig eingetroffen und mit einer Gondel der »Imperatore« entgegengefahren war. Den Empfang Friedrich Wilhelms IV. vor dem Hotel Danieli hat Friedrich Nerly in einem Aquarell verewigt (Abb. 40); bei ihm bestellte der König auch eine Ansicht der Friedhofsinsel S. Michele. Wohl am 7. September besuchte er das Teatro Fenice, um die neueste Oper von Giuseppe Mercadante »Gli Orazi ed i Curiazi« (1846) zu sehen. Unter den Zuschauern saß auch Otto von Bismarck, der sich auf Hochzeitsreise befand. Er war dem König erst wenige Wochen vorher auf dem Ersten Vereinigten Landtag in Berlin aufgefallen. Am nächsten Tag wurde er zur Audienz und zur Tafel befohlen; unter welchen Umständen, ob mit oder ohne seine Frau, worüber gesprochen wurde, dies alles teilt Bismarck in seinen »Gedanken und Erinnerungen« leider nicht mit.[99]

Am 9. September ging es mit der Eisenbahn weiter nach Padua, wo der König wieder der von ihm besonders geschätzten Kirche S. Giustina sowie den Fresken Giottos und Mantegnas in der Arena-Kapelle und der Eremitani-Kirche einen Besuch abstattete.[100] Reumonts Bericht vermittelt den Eindruck, als habe Giotto Friedrich Wilhelm IV. besonders interessiert und bewegt. Dies läßt sich vom ersten Besuch in Padua 1828 nicht sagen. Damals stand der Name Giotto noch für alte Malerei schlechthin, weniger für eine distinkte Malerpersönlichkeit. In Vicenza, wo die Eisenbahnlinie endete, lernte der König den Palladio-Forscher Antonio Magrini kennen, dessen 1846 erschienene Monographie über Leben und Werk des Baumeisters sich bereits in seinem Besitz befand; wahrscheinlich hatte Reumont dafür gesorgt, von dem er Anfang 1847 auch auf Luigi Caninas grundlegendes Werk über die frühchristliche Basilika aufmerksam gemacht worden war.

Den Heimweg trat Friedrich Wilhelm in Peschiera mit dem Dampfer an, fuhr über den Gardasee hinauf bis Riva und von dort mit der Kutsche den bekannten Weg über den Brenner in Richtung Potsdam. Die Lombardei hatte er aus gutem Grund diesmal gemieden, denn seitdem der liberale und patriotische Pius IX. auf dem Stuhl Petri saß, hatte die Aufsässigkeit der Italiener gegen das österreichische Regime zugenommen und Radetzky veranlaßt, über die Lombardei den Belagerungszustand zu verhängen. Der König blieb von alldem unbehelligt und reiste, wie Reumont fand, in guter Verfassung nach Hause. Wenige Monate später sollte er im eigenen Lande der Revolution ins Schrekkensantlitz blicken.

Der letzte Italienaufenthalt von Mitte Oktober 1858 bis Mitte Mai 1859 war der längste und aufwendigste, er verfolgte aber nur noch den einen Zweck: den Gesundheitszustand Friedrich Wilhelms IV., der am 13. Juli in Pillnitz den ersten und am 23. Oktober 1857 den zweiten Schlaganfall erlitten und noch kurz vor der Abreise seinem Bruder Wilhelm die Regentschaft übertragen hatte, zu bessern, indem man ihn einem milden Klima und angenehmen Erinnerungen aussetzte. Soweit es seine Kräfte zuließen, beteiligte sich der König an den Besichtigungen, die sein vielköpfiger Hofstaat, darunter zeitweilig August Stüler, unternahm. Er führte wie immer auf Reisen eine umfangreiche Bibliothek mit sich, in der sich nach dem Zeugnis Reumonts unter anderem Famins und Grandjeans Werk über die toskanischen Villen befand. Reumont mußte aber auch feststellen, daß der König »oft mehr auf den Gesammteindruck als auf das Einzelne« achtete, daß er sich mehr im ästhetischen Urteilen als im Unterscheiden und Erkennen erging. Mit Interesse liest man weiter: »Er erkannte auch jetzt wieder gerne das bedeutende Talent der Rococozeit für Bewältigung großer Massen und Erzielung überraschender Effecte«.[101] Dies hört sich wie ein Zitat an; als ob der König Reumont von seinem Rombesuch 1828 erzählt habe, von seiner damals noch unzeitgemäßen Sympathie für die Paläste, Plätze und Gärten des 16. und 17. Jahrhunderts.

Der König wohnte während seines dreimonatigen Romaufenthalts im Palazzo Caffarelli, den er nur gelegentlich verließ. Offizielle Kontakte mied er, weil ihn immer häufiger sein Gedächtnis im Stich ließ. In einer guten Stunde kam es im vatikanischen Garten zu einem Zusammentreffen mit Pius IX., der seit 1848 wegen seiner Weigerung, gegen Österreich Krieg zu führen, von seinen revolutionären Landsleuten als »eidbrüchiger Vaterlandsfeind« beschimpft wurde. Mehrere Besuche machte Friedrich Wilhelm IV. bei römischen Künstlern, bei dem inzwischen siebzigjährigen Overbeck, bei seinem Hofkünstler Peter Cornelius, der sich seit 1853 in Rom aufhielt und an den Kartons der Campo-Santo-Fresken arbeitete, und bei auffallend vielen Bildhauern wie Julius Troschel, Emil Wolff, Carl Steinhäuser und Heinrich Imhoff. Auch sah er Pietro Tenerani wieder.

Nach einem dreiwöchigen Abstecher nach Neapel, Pompeji, Pozzuoli und Sorrent begann am 30. April von Rom aus die Rückreise. Da sich über Oberitalien dunkle Wolken zusammenzogen – am 4. und 24. Juni 1859 sollte es zu den Schlachten von Magenta und Solferino kommen – wurde die Route geändert. Am 6. Mai ging Friedrich Wilhelm IV. in Ancona an Bord des russischen Kriegsschiffes »Rurik«, das ihn nach Triest brachte. Am 19. Mai erreichte er wieder Charlottenburg. In den folgenden Wochen sah man den König, wie Hohenlohe-Ingelfingen berichtet, häufig vor der neuen Orangerie im Park von Sanssouci, seinem letzten architektonischen Projekt, einem Bau »im reich ornamentirten Florentinischen Styl mit Säulenhalle«.[102]

Italien also ein Leben lang? Man darf diese Frage wohl bejahen. Friedrich Wilhelms IV. Bauprojekte folgten in ihrer großen Mehrheit Mustern, die nur jenseits der Alpen zu finden waren. Die Gotik verschwand nach 1820 fast vollständig aus seinem Gesichtskreis. Wenn er sich mit mittelalterlicher deutscher Architektur auseinandersetzte, dann geschah es fast immer aus denkmalpflegerischen Beweggründen. Eine gewisse Ausnahme bildete lediglich der Kölner Dom, der nicht nur restauriert, sondern vollendet werden sollte. Dieses nationale Monument, Symbol des »Brudersinnes der Deutschen«, wie ihn Friedrich Wilhelm IV. bei der Grundsteinlegung 1842 genannt hatte, entstand jedoch fernab von Berlin und Potsdam.

Als in den 1820er und 1830er Jahren der Schinkelsche Klassizismus zu einer Art offiziellem preußischen Architekturstil avancierte, konnte und wollte sich der Kronprinz dem nicht ganz entziehen, aber auch diese Phase in seinem architektonischen Denken blieb Episode. Nach Charlottenhof baute Friedrich Wilhelm weder gotisch noch griechisch. Als Persius 1845 starb, wurde, wie Häberlin schreibt, dessen »im Griechischen Styl entworfener Plan beseitigt« und von Stüler »florentinisch« bearbeitet.[103]

Anfangs favorisierte Friedrich Wilhelm eine Antike mit palladianischem Einschlag, dann entdeckte er die spätantike Basilika und deren frühmittelalterliche Fortbildung, und als ein Resultat der italienischen Reise richtete sich nach 1830 sein Interesse auf die römischen Kaiserforen, über deren Erforschung ihn Bunsen auf dem laufenden hielt; es entstanden die ersten Pläne für das Forum auf der Museumsinsel. Schließlich fand Friedrich Wilhelm auch den Weg zur Renaissance-Architektur und darüber hinaus zu Manierismus und Frühbarock; das unvollendete Belvedere auf dem Potsdamer Pfingstberg, wie jenes Belriguardo von 1823 ein monumentaler Aussichtspunkt ins »märkische Paradies«, adaptierte das 1559–75 nach Plänen von Vignola errichtete Casino im Park der Villa Caprarola.

Wenn man nach den Motiven und Bedingungen dieser Fixierung Friedrich Wilhelms IV. auf Italien fragt, so wurde schon daran erinnert, daß sich auch die preußischen Herrscher vor ihm auf besondere Weise von Italien angezogen gefühlt hatten, besonders Friedrich II., dem als erstem auch die geistige und kulturelle Dimension jener Weltregion jenseits der Alpen aufgegangen war. Während Friedrich Wilhelm II. und Friedrich Wilhelm III. sich zu solchen Ideologien eher auf Distanz hielten, konnten sie bei Friedrich Wilhelm IV., nicht zuletzt unter dem Einfluß des romantischen Geschichtsdenkens, wieder Wurzel fassen. So kritisch er den meisten ihrer Vertreter auch gegenüberstand, für ihn personifizierte sich in den römischen Kaisern, namentlich in den christlichen wie Konstantin dem Großen, der Beginn der europäischen Geschichte und die Idee des Herrschers, von dem er eine fast mystische Vorstellung hatte: Er behauptete, wie man weiß, als König Zugang zu einem höheren Wissen erhalten zu haben, das ihm als Kronprinz noch verschlossen gewesen war.

Friedrich Wilhelm IV. verstand sich aber auch als ein deutscher Herrscher, weit mehr als sein Vater Friedrich Wilhelm III., der noch dem 18. Jahrhundert angehörte, auch als sein Bruder Wilhelm I., der erste deutsche Kaiser, der in seinem Herzen immer ein Preuße blieb. Friedrich Wilhelm IV. hatte zu Deutschland eine gefühlsmäßige Beziehung, zur Schönheit seiner Landschaften und Städte und zu seiner reichen Kultur. Dies war Veranlagung und Resultat romantischer Geistesbildung, die ihn auch für sich allmählich im Lande ausbreitende nationale Ideen empfänglich machte. Seit Friedrich Wilhelm IV. politisch denken konnte, beschäftigten ihn die deutschen Angelegenheiten. Es muß ihm schon früh aufgegangen sein, daß der Deutsche Bund nicht für die Ewigkeit gemacht war, daß die gesellschaftliche Entwicklung auf ein Staatsgebilde mit nationaler Prägung zudrängte, bei dessen Ausgestaltung Preußen zwangsläufig ein wichtiger Part zufallen würde. Wenn man Friedrich Wilhelm IV. beim Wort nimmt, bei seinen verbürgten Äußerungen gegenüber Zeitgenossen, konnte er sich eine zukünftige politische Ordnung in Deutschland allerdings nicht ohne den österreichischen Kaiser vorstellen und war deshalb bereit, sich als preußischer König mit dem zweiten Rang zu begnügen, das heißt bei aller Aufgeschlossenheit gegenüber der nationalen Frage blieb die Kaiseridee ein Fixpunkt seines politischen Denkens und Handelns.

Daß bei solchen historischen und politischen Perspektiven die Berliner Großbauten Friedrich Wilhelms IV., das Kunst- und Kultur-Forum hinter dem Schinkelschen Museum, der Dom im Lustgarten und die Schloßkuppel, ihre Muster in Italien suchten und fanden, scheint daher nur konsequent zu sein. Artikulierte sich in ihnen eine politische Idee, von der Friedrich Wilhelm annehmen durfte, daß sie Wirklichkeit werden könnte? Oder war es nur einer von seinen »Sommernachtsträumen«, von denen er immer schon im voraus wußte, daß sie unerfüllbar waren? Schließlich kann man auch fragen, welchen Sinn solche Herrscher-Architektur in Berlin machte, wenn der Kaiser in Wien residierte. Eine Antwort gab auf seine Weise Wilhelm I., der das Forum auf der Museumsinsel, von dem zu Lebzeiten Friedrich Wilhelms IV. nur das Neue Museum gebaut worden war, durch die Errichtung jenes mächtigen römischen Tempels, der die Nationalgalerie werden sollte, fortführen und dem verewigten Bruder 1886 auch ein Reiterdenkmal, das durch seinen Standort an die Monumente der römischen Kaiser auf ihren Foren in Rom und anderswo erinnern sollte, setzen ließ. Friedrich Wilhelm IV. also ein seinen Überzeugungen untreu gewordener »kleindeutscher« Kaiser und nur durch unglückliche Umstände verhinderter Vorläufer Wilhelms I.? Vielleicht ist dies zu viel der Spekulation, aber einzig einen preußischen König möchte man diesen Reiter vor der Nationalgalerie nicht nennen.

Auch dem Höhenstraßen-Projekt von Sanssouci, in dem der unvergeßliche Einzug in Rom über die antike Via Triumphalis fortlebt, eignet ein römisch-imperiales Moment. Wie die Friedenskirche gehört es im wesentlichen der letzten Lebensphase Friedrich Wilhelms IV. an, der sich nach der Katastrophe von 1848 immer mehr nach Potsdam zurückzog, als Ersatz für das von der Revolution zunichte gemachte Domprojekt seine frühchristlich-römische Kirche im Marlygarten baute und jene Triumphstraße in Angriff nahm, eine historistische Abfolge von römisch-antiken und Renaissancebauten, in die als das mittelalterliche Element gedanklich die Friedenskirche gehört. Hier von »Kaiser-Architektur« wie in Berlin zu sprechen, hieße ihren Charakter verkennen. Bei dem was Friedrich Wilhelm IV. im Park von Sanssouci, diesem ihm fast heiligen Bezirk, plante und verwirklichte, standen nicht der Zweck, sondern die Idee und die Kunst im Vordergrund. Dies war das Bekenntnis eines Baukünstlers, dem Antike und Renaissance als unverrückbare Normen galten und an die er sich um so fester klammerte, je stärker sich nicht nur in der Architektur, sondern auf allen Gebieten des gesellschaftlichen Lebens eine Entwicklung abzeichnete, der er auch als König nicht folgen wollte und konnte. Die Potsdamer Projekte sind auch Erinnerungsarchitektur. Sie beschwören das alte vormoderne Italien, in das es Friedrich Wilhelm IV. immer wieder gezogen hat, weil dort von keiner Revolution zu erschütternde paradiesische Zustände zu herrschen schienen und weil er sich dort frei von den drückenden Zwängen seines Daseins fühlen konnte.

1 Bußmann, 1990; Kroll, 1990; Blasius, 1992; Barclay, 1995
2 Barclay, 1995, S. 12
3 Blasius, 1992, S. 13
4 Geyer, 1921; Ponten, 1925; Poensgen, 1930
5 Eva Börsch-Supan, 1977, 1980, 1997
6 Zit. nach Dehio, 1961, S. 120
7 Von der Stiftung Preußische Schlösser und Gärten Berlin-Brandenburg am 25./26. August 1995 in Schloß Lindstedt (Beiträge in: Jahrbuch der SPSG, Bd. 1, 1995/96) und von der Gesellschaft für Geistesgeschichte vom 27.-29. September 1995 im Potsdamer Alten Rathaus (Krüger/Schoeps, 1997)
8 Ranke, 1873; Geiger, 1902; Brandenburg, 1906; Johann Georg, 1911; Granier, 1913, 1922; Stock, 1914; Küntzel, 1924; Andreas, 1930; Haenchen, 1930; Schoeps, 1968; Breitenborn, 1982
9 GStAPK, BPH Rep. 50 J 1210
10 Kroll, 1997
11 Schuster, 1907, I, S. 385, 387
12 Ebenda, S. 257
13 Hirt, 1805/1816, S. V
14 Granier, Das Feldzugstagebuch des Kronprinzen, 1913, S. 100; mit »Armide« ist eine Oper von Christoph Willibald Gluck gemeint.
15 Friedrich Wilhelm hat das meiste davon wahrscheinlich gelesen, in den 1820er Jahren allerdings nur noch zur Unterhaltung; ob Fouqué sein Lieblingsdichter war, wie behauptet worden ist, darf man bezweifeln.
16 Granier, Briefwechsel, 1913, S. 180
17 Ebenda, S. 185
18 Granier, Leipzig 1913, S. 281
19 Haake, 1920, S. 65
20 GStAPK, BPH Rep. 50 J 986
21 GStAPK, BPH Rep. 50 J 1210
22 Ebenda
23 Ebenda (Brief vom 24. September 1817)
24 GStAPK, BPH Rep. 50 J 330
25 GStAPK, BPH Rep. 50 J 923
26 GStAPK, BPH Rep. 50 J 1210
27 »Choix des plus célèbres maisons de plaisance de Rome et de ses environs« (1809) und »Recueil des décorations intérieures« (1812)
28 Fontaine, 1987, Bd. 1, S. 472
29 GStAPK, BPH Rep. 50 922
30 GStAPK, BPH Rep. 50 923 (Brief vom 14. Februar 1818)
31 GStAPK, BPH Rep. 50 1210
32 Ebenda (Brief vom Februar 1819, dessen Tagesangabe ein Tintenfleck verdeckt)

33 Ebenda (Brief vom 2. März 1819)
34 Die sogenannte Landschaft mit dem »Delphischen Tempel« (Ansicht von Delphi mit einer Prozession, 1648/50, Lw., 150×200 cm); der Kronprinz besaß davon einen Reproduktionsstich von Giovanni Volpato
35 GStAPK, BPH Rep. 50 923
36 Zit. nach Stamm-Kuhlmann, 1992, S. 466
37 GStAPK, BPH Rep. 50 922 (Brief vom 22. Juli 1823 aus St. Gallen)
38 GStAPK, BPH Rep. 50 1210
39 GStAPK, BPH Rep. 50 923
40 GStAPK, BPH Rep. 50 1006
41 Ebenda (Briefe vom 19. Oktober und 9. November 1822)
42 Ebenda
43 Stock, 1930, S. 208. Die Reisepläne Hirts standen im Zusammenhang mit dem geplanten Museum am Lustgarten, für das er in Italien Neuerwerbungen zu tätigen hoffte. Ob der Kronprinz mit ihm reisen wollte, ist fraglich, denn gegenüber dem König hatte er Ancillon als möglichen Reisebegleiter genannt.
44 GStAK, BPH Rep. 50 1210 (Brief vom 13. Juli 1827)
45 Zit. nach AKat. Schinkel, 1981, S. 363
46 Klingenburg, 1986, S. 156
47 Moritz, 1792/93, Bd. 3, S. 191
48 Riemann, 1979, S. 212
49 GStAPK, BPH Rep. 50 1006
50 Müller, 1824, S. 716
51 Wenn diese Delegaten Kardinäle waren, hießen sie Legaten. Von einem solchen, einem Anwärter auf den Stuhl Petri, sollte Friedrich Wilhelm vier Wochen später in Ravenna empfangen werden.
52 Nippold, 1868–71, Bd. 1, S. 357
53 Stock, 1914, S. 2–4
54 Stock, 1925, S. 33
55 Nach Bunsens Erkundigungen hätten die Abnahme der Fresken und ihr Transport nach Berlin zum damaligen Zeitpunkt insgesamt 1700 Taler gekostet.
56 Führich, 1883, S. 122
57 Der glaubensfeste Elias nahm unter den Propheten des Alten Testaments bei Friedrich Wilhelm (IV.) eine Sonderstellung ein; Felix Mendelssohn-Bartholdys gleichnamiges Oratorium von 1846 konnte er nie ohne tiefe Erschütterung hören. Der Standort des Gemäldes von Overbeck und der erwähnten Kopie war nicht zu ermitteln.
58 Als König sollte er 16 Jahre später eine von Karl Richard Lepsius geleitete Expedition bis ins obere Niltal aussenden, die in die Geschichte der großen Entdeckungen eingegangen ist.

59 Zit. nach Wrede, 1997, S. 36
60 Ebenda, S. 37
61 Johann Georg, 1911, S. 156
62 Balbo, 1856, S. 215
63 Thiersch, 1826, S. V f.
64 Goethe, 1978, S. 377
65 Hohenlohe-Ingelfingen, 1907, Bd. 2, S. 185
66 Wie später das geplante Altarbild für den Berliner Dom deutlich vor Augen führt, sah Friedrich Wilhelm IV. dem Jüngsten Gericht wie einem historischen Ereignis entgegen. Auf den Entwürfen von Steinle, Philipp Veit und Cornelius erwartet er mit seinem Hofstaat und umgeben von Repräsentanten seines Volkes das göttliche Weltgericht, das gleichzeitig das Ende der Geschichte sein würde; vgl. dazu AKat., Potsdam 1995, S. 261 f.
67 Hirt, 1821–27, Bd. 3, S. 185
68 Hirt, Bd. 2, S. 333
69 Bunsen, 1842, S. 84
70 Siehe Anm. 66
71 Rumohr, 1827–31, Bd. 1, S. 105 f.
72 Ebenda, S. 27
73 Ebenda, S. 243
74 Hirt, 1827, Sp. 1834 f.
75 Hegel, 1965, Bd. 2, S. 462 f.
76 Eckermann, 1982, S. 257
77 Hirt, 1827, Sp 1818
78 Im 247. Athenäum-Fragment spricht Schlegel vom »Dreiklang« der modernen Poesie (Schlegel, 1967, S. 206)
79 Zit. nach Böttcher, 1977, S. 170
80 Zit. nach AKat. Friedrich Wilhelm IV., 1995, S. 129
81 Hoffmann, 1958, S. 516 f.
82 Am 11. März 1829 fand in der Singakademie die Wiederaufführung der »Matthäus-Passion« statt, die Mendelssohn-Bartholdy dirigierte und an der die gesamte königliche Familie teilnahm; der Kronprinz hat zweifellos dazu beigetragen, diesem musikgeschichtlichen Ereignis den Weg zu ebnen, sein Interesse an Bach scheint aber lediglich ein historisches gewesen zu sein.
83 Eine preußische Meile = 7,53 km; die italienische Meile (miglio) entsprach der altrömischen = 1,5 km; auf der Autobahn beträgt die Entfernung zwischen Innsbruck und Mailand heute etwa 400 km.
84 GStAPK, BPH Rep. 50 J 1006
85 Der König folgte dieser Empfehlung, auch legte er dem vorgeschlagenen Ankauf eines angeblichen Raffael-Gemäldes in Mailand nichts in den Weg; Rumohr als Galeriedirektor entsprach jedoch nicht seinen Vorstellungen. Den Kauf des Palazzo Caffarelli veranlaßte Friedrich Wilhelm IV. später selbst.

86 Dieser Sympathie wurde nach dem Tod Leos XII. am 10. Februar 1829 gegenüber Johann von Sachsen noch einmal Nachdruck verliehen: »Er war so unglücklich. Mit Undank beladen ist er gestorben, und hauptsächlich am Undank gestorben. In meiner Divina Comedia kommt er [...] in's irdische Paradys [...].« (Johann Georg, 1911, S. 45)

87 Sorgen machte sich Friedrich Wilhelm III. um seine Tochter Charlotte, die regierende Zarin, die, wie er dem Kronprinzen schreibt, durch den Tod der Zarinmutter Maria Feodorowna einen »Stützpunkt« verloren habe (GStAPK, BPH Rep. 50 J 214).

88 Johann Georg, 1911, S. 6

89 Ebenda, S. 35

90 Ebenda

91 Ebenda

92 Ebenda, S. 39

93 Witzleben und wohl auch der König sahen David in einer Aufführung von Rossinis »Otello« in der Titelrolle in Rom; der hochmusikalische, Geige spielende Witzleben kannte Rossini persönlich (siehe Dorow, 1842).

94 GStAPK, BPH Rep. 50 C 2 Nr. 23

95 Ebenda

96 Ebenda

97 Johann Georg, 1911, S. 146

98 Es befindet sich heute in der spätantiken und byzantinischen Sammlung der Staatlichen Museen Berlin (Bodemuseum).

99 Bismarck, 1905, Bd. 1, S. 36 f.

100 In Berlin arbeitete zu dieser Zeit August Soller an ersten Entwürfen für die katholische St. Michaelskirche, die sich nach dem Willen Friedrich Wilhelms IV. an S. Giustina, einem dreischiffigen Hochrenaissancebau, orientieren sollte.

101 Reumont, 1885, S. 540

102 Häberlin, 1955, S. 197 f.

103 Ebenda

VI. Briefe aus Italien

An Elisabeth

1.
Trient [Trento] 2 Oct: 28 1/2 11 Abends

Geliebteste Elise. Mit Gottes Hülfe wären wir bis in diese gute Concilen Stadt[1] gelangt – Aber nicht weiter! Grace à l'horrible ânerie [Dummheit] der k:k: Posten, die Alle Begriffe übersteigt. Aus Botzen [Bolzano] wirst Du bey Empfang des Schmierakels schon meine Grüße durch den Maler Hensel aus Rom (oder Linum) erhalten haben. Ich u Johañes sind wohl Gott sey Dank – Doria [Johann] grüßt Dich 1000 mal. Nun wollen wir soupiren u nach 11 unsre Reise nach Verona fortsetzen um Morgen Nacht in Brescia zu schlafen – Gott seegne Dich Geliebteste meiner Seelen! Ach! schon wieder aufs Schreiben reduzirt.
Addio Ewig Dein Fritz
Hierauf etwas tridentinischer Sand womit die Concil Acten bestreut.

1 In Trient tagte in drei Etappen (1545–47, 1551–52, 1562–63) das 19. ökumenische Konzil (Tridentinum) der katholischen Kirche.

2.
Brescia 3 Oct: 1828 Gegen 7 Abends

Vor Kurzem hier angelangt, Geliebtester Engel will ich doch gleich einen Brief anfangen, den ich zu Mayland zu vollenden hoffe. Wir sind alle wohlbehalten hier angekom̃en, ein kleins KopfWeh von dem Nachtreisen u dem unglaubl: Clima Wechsel rechne ich nicht da es zu natürlich ist. Das herrliche alterthümliche Verona haben wir gesehen. Alle détails bewahre ich bis Mayland auf – Nur sagen muß ich Dir, daß ich mehr mit

9. Karl Wilhelm Wach, Kronprinzessin Elisabeth

meinen Gedanken im lieben teutschen Tegernsee bin als in Welschland u, daß ich fast Reue fühle Dich Du lieber, guter Engel verlassen zu haben. Das fremde Treiben attristirt [betrübt] mich ordentlich, die Nothwendigkeit zuweilen italiänisch zu radebrechen macht mich fast nerveus – die meisten Physiognomien stoßen mich ab, das Land ist herrlich, die Bau formen der größten wie der kleinsten Örter entzückt mich durch etwas unaussprechlich pittoreskes; der Him̄el war heut nicht um ein Haar schöner als zwischen Zehlendorff und Steglitz u weit weniger als zu Tegernsee. Das alles wird mit besserm Wetter kom̄en u sobald ich ausgeruht seyn werde, wird mir auch alles besser behagen u ich werde meines Glücks nicht so unwürdig durch das prächtige Land fahren.

Gute Nacht mein Lieb –

Mayland 4 Oct 1/2 8 Abends

Auch in der Stadt des Wonne Monds wäre ich dann, meine liebe, gute Alte – Morgen hoffe ich Zeit u Muße zu gewinnen um einigermaßen ein TageBuch für Dich zu schreiben. Ich habe prächtig geschlafen mit Erlaubniß zu sagen, den lange entbehrten Corps ouvert [Stuhlgang] gehabt; Kopfweh ist weg. Allens ist wieder jut u Dein Alter fängt an die welschen Genüsse zu fühlen. Kurz nach unsrer Ankunft hier waren wir im Dom der mich fast ohnmächtig machte. Keine Imaginazion erreicht die Pracht u den heiligen Eindruck des Gebäudes. Es gehört zu denen Dingen die zu doll seynd.[1] Ach daß ich nicht mit Dir das habe sehen können!!! Übrigens ist schändlich Wetter seit Gestern Abend. In Verona war die Hitze so arg, wie wir sie den ganzen Som̄er nicht gehabt haben. Jetzt ist die Luft höchst angenehm – wie bey einem May Regen (höchst natürlich da es zu Mayland ist) aber es regnet eben, der Him̄el ist grau, von den Alpen keine Spur, et ç'a me fait beaucoup pleurer [ich mußte viel weinen]. Ancillon ist noch nicht hier. S'ist entsetzlich. Morgen so Gott will ein Mehreres –

God bless Thee †

5ter 3/4 8 Abends

Guten Abend Mein Lieb! Es ist nicht menschenmöglich hier dazu zu komen ein ordentl: TageBuch zu schreiben. Den ganzen Tag sind wir auf den Beinen. Zu Athem komt man nicht! Jedoch versuchen wir's. Als ich mich von Dir losgerissen, meine liebe, liebe Alte, sah ich noch lange von den Bergen hinab auf Inspruck das leuchtend im Grunde erschien u getröstete mich mit der göttlichen Losung[2] die mir so liebl: nachklang als von Deiner Stime, wie im Höheren Auftrag – Ich schlief abwechselnd bis gegen den Brenner. Die Luft war so lau, daß ich den Wagen zurückschlagen ließ. Jenseits des Brenners schlief ich so fest ein (u ich versichere Dich von einer Schläfrigkeit welche die Traurigkeit erzeugt), daß ich 2 Stazionen ganz bewußtlos bestand, u erst als es tagte erwachte, unfern der Brixner Klause. Die Berge erscheinen auf diesem Abhange noch viel colossaler als im Innthal. Man sieht imer eine weite Strecke hinter sich herauf u vor sich hinunter weil der Weg viel grader, imer den Fluß Betten folgt. Die Berge sahen ordentlich entsetzlich aus durch ihre Steile u endlose Fortsetzung. In Brixen [Bressanone] tranken wir in der Post schändlichen Caffé in einem Cloak Geruch! Uh! Je höher die Sonne kam, je heißer wurde es. Grandios malerisch ist der Weg über alle Beschreibung. Die unglaublichsten alten Schlösser in noch unglaublicherer Höhe – erst einzelne Häuser, dann Kirchen u Klöster, endlich ganze Dörfer in zunehmender Menge auf den Bergen in schwindelnder Höhe; das ist prachtvoll u noch reitzend vor Botzen [Bolzano], einzelne Cypressen, ungeheurer WeinBau, der mit jeder Post[station] wächst an Höhe über dem Boden, aber so 20 oder mehr Meilen zu fahren u zu sehen, daß die Berge nicht niedriger u ohne Aufhören sich vor Einem hin erstrecken, das ist ordentlich ängstigend. Wir wurden dann schändl: durch die Posten bedient, daß wir erst um 1/2 3 Uhr zu Botzen ankamen. Johanes kam uns in der Vorstadt entgegen ganz ängstlich über unser langes Ausbleiben. Hensel empfing mich im Wirths Haus. Wir decrottirten [säuberten] uns, speisten, ich u Doria [Johann] setzten uns zusamen u so gings getrost nach Süden weiter, durch die endlos sich thürmenden Berge, an der Etsch [Adige] vorwärts. Mit der Dunkelheit zog ein Gewitter auf. Der Weg wurde sehr eng, hoch über der Etsch, ohne Geländer, sich durch tiefe Schlünde windend. Dabey die Dunkelheit bald entsetzlich, der Weg steil u grausig – Mir schauderte – Wir trösteten uns mit unglaublichem Schwätzen. Es war 1/2 11 als wir zu Trient [Trento] ankamen, wo ich Dir schrieb u aß u weiter fuhr. Der Him̄el wurde Sternenhell u wie. Ein göttlicher Him̄el! Als es tagte erreichten wir die italische Grenze. Cypressen, Feigen, rankender Wein, Pergoli häuften sich. Mit der Sonne trat fürchterliche Hitze ein. Zwischen Peri u Volargne hörten endlich die entsetzlichen Berge auf u wir fuhren durch ein übertrieben ebenes Land, voll Öhl u MaulbeerBäumen mit Wein ranken verbunden u durch sehr südlich aussehende Gehöfte, Örter an schönen Klöstern u Villen vorbey. So um 10 fuhren wir in das herrliche Verona ein das so ehrwürdig u alterthümlich an der Etsch liegt, in's Gasthaus alle due Torri dicht bei Sta: Anastasia. So wie wir uns den Nacht Dreck ab=gewaschen u gezogen, liefen wir in die schöne gothische St: Anastasia, in den Dom, in's Amphitheater [Arena] das unglaublich erhalten ist, durch den Bogen des Gallenus [Porta dei Leoni] zurück, von Schweiß u Entzücken triefend (ich habe Sta: Maria antica mit den Gräbern der Scaligeri vergessen).[3] Alle due Torri aßen wir u fuhren um 12 Uhr weiter. Die Hitze machte ströhmenden Regen Platz. So durch Peschiera, durch das am Garda See göttlich gelegene Desenzano, Lonato etc nach Brescia. Wir fuhren gut u waren vor 6 Uhr alle due Torri in Brescia. Ein delizioses Haus mit einer Pergola im Hof im ersten Stock, die als Gallerie dient. Wir waren alle miserabel vom Besehen u von der Hitze, soupirten früh, u gingen früh zu Bett. Ich schlief herrlich, stand wohl wie ein Fisch nach 5 Uhr auf u saß mit Gianettino [Johann] um 6 im Wagen. Es regnete. Das Land ist das üppigste von Europa. Man sieht nicht 100 Schritt vom Wege hinein u bey weitem die Meiste Zeit nicht 2 Schritt; jedoch wird es gegen Mayland weniger südlich ausschauend als im Veronesischen. Wir fuhren durch Ospedaletto [Ospitaletto], Chiari, Caravaggio, Treviglio (wo wir eine Kirche besahen), Cassano, Gorgonzola, Cassina de' Pecchj u so in's schöne Mayland ein u zwar mit zurückgeschlagnem Wagen weil das Wetter besser war –

Nun Addio Geliebtester Engel. Die Fortsetzung über Mayland aus Genua. Jetzt geh ich in's Theater Re u in la Scala. Gott seegne Dich Geliebteste meiner Seelen † Empfiehl mich der theuren Mama [Karoline] u andren lieben Lieben – Ancillon ist glücklich u wohlbehalten angekom̄en. Im Dom unter dem Hoch Amt haben wir uns getroffen, wo ich den Ambrosianischen Ritus[4] studirte. Addio. Gott mit Dir.

Ewig Dein Fritz.

10. Friedrich Eibner, Skaliger-Gräber in Verona

Doria [Johann] sagt:
bon soir Lisy
Grüß dich Gott Mokrl [Amalie] ma soeur

1 Die 1386 begonnene fünfschiffige Basilika mit dreischiffigem Querhaus und einem achteckigen überkuppelten Vierungsturm, nach St. Peter die zweitgrößte Kirche Europas, war erst 1805–09 vollendet worden; im Verlauf des 19. Jh. Vervollständigung des äußeren figürlichen und ornamentalen Schmucks, wie die gesamte Verkleidung des Baus aus Marmor bestehend.

2 Die Losung zum 1. Oktober 1828 lautete: »Es sollen wohl Berge weichen und Hügel hinfallen, aber meine Gnade soll nicht von dir weichen und der Bund meines Friedens soll nicht hinfallen, spricht der Herr, dein Erbarmer« (Jes. 54, 10). Die »täglichen Losungen und Lehrtexte« der Herrnhuter Brüdergemeine erschienen seit 1731.

3 Arche degli Scaligeri, Monumentalgräber der Familie della Scala auf dem Campo Santo von S. Maria Antica: über dem Nordportal der Kirche das Grabmal des Cangrande I. (um 1330, Original im Museo di Castelvecchio), innerhalb des Friedhofs u. a. das Grabmal des Mastino II. (um 1351), ebenfalls ein von einem Baldachin überwölbter Sarkophag mit einer bekrönenden Reiterstatue.

4 Sonderform der katholischen Liturgie, die erst seit dem 8. Jh. mit Ambrosius von Mailand (339–397), einem der vier Kirchenväter, in Verbindung gebracht wurde. Sie konnte, obwohl mehrfach revidiert (Konzil von Trient, 2. Vatikanisches Konzil 1962–65), ihre Selbständigkeit gegenüber dem »römischen Ritus« bewahren; gehört zu der von der Ostkirche beeinflußten Gallischen Liturgie-Großfamilie, die stärker auf poetisch-künstlerische Momente setzte.

3.
Novi [Ligure] 6 Oct: 28 nach 1/2 8 Uhr Abends

Dieses ist nun wie mir Johan̄es sonnenklar bewiesen, das offenbare Gegentheil des guten Vecchi der mit der Knobelsdorff singt in Eurem Thal – N'est ce pas vray? Liebe Gute Alte, wir sind alle wohl u munter u eben hier angekom̄en. Wir haben Mayland heut früh um 6 Uhr verlassen, haben unterwegs die Certosa vor Pavia besehen u sind alle noch trunken von dem dort Gesehenen. Galeazzo Visconti hat sie gestiftet zur Expiazion [Sühne] des Mordes seines Herrn Onkels [Bernabo Visconti] der wie er selbst ein infamer Schôzike war.[1] Die Facade ist aus weißem Marmor, von oben bis unten mit bas reliefs bedeckt von wunderbarer Arbeit. Noch wunderbarer ist aber das Innere, besonders die Seiten Capellen, an seltenen Steinarbeiten der Altarsäulen, Mosaik der Altartische u herrlichen Gemählden der besten Meister, Perugino, Borgondione [Borgognone], Solari, Campi (letztre Beyden in der großen Sacristey). Es ist ein Schatz Kästlein die ganze große Kirche u hat glaube ich nicht ihres Gleichen in der Welt wegen ihrer Kunst schätze – In Pavia sahen wir S: Michele wo die Lombardischen Könige[2] gesalbt wurden.

Genua, 7ter Abends 7 Uhr

Jetzt halten's mich!!!!!! Lore! Lora! wie ist mir! Mir wird schwiemlich. Genua hat mir völlig den sehr vielen Verstand der mir seit dem Ingresso in Italia noch übrig blieb geraubt. Sieh' mal ich hatte wirklich ritterlich bestanden bis jetzt. Im Mayländer Dom schwankte mein Verstand zwar gewaltig, auch einiger maßen in der Certosa – Aber das unsüdliche Aussehen des Landes um Mayland u bis Novi half mir völlig auf die Beine. Ich war gestern Abend kühl wie ein Fisch. Es hielt sich heut früh so ziemlich bey Ersteigung der Appeninen, aber beym Anlangen auf dem höchsten Punkt der Straße, wo wir das MittelMeer zuerst sahen, bekam ich einen Stoß u nun mit jedem Schritt Bergab! wo die Vegetazion mit unsrem Wege wuchs, endlich enorme Cypressen, 100 Pergole, im̄ergrüne Eichen, Pinien, Aloe, Myrthen, Orangen!!!!!!! u zuletzt das brausende Meer, das sich donnernd an den Grundfesten der Straße u des großen Pharus [Leuchtturm] brach! dort ein Schritt um die Ecke u ganz Genua vor den Augen!!!!!!!!! Da war's vorbey – u Du begreifst, lieber, guter Engel, daß eine Promenade durch 3 Straßen Marmor Paläste, das Hineinblicken in die Höfe wo sich die Marmor Portiken übereinanderthürmen u eine 1/2 Stunde auf der Doriaschen Terrasse mich nicht abgekühlt hat. Jetzt gegen 8 sitze ich am offnen Fenster, in Schuhen, ohne Rock u Cravatte u schwitze onmänschlich – Eben hat eine nahe Kirche das Angelus geläutet u ich höre die Meeres Brandung die sich unter den Fenstern bricht – Begreife nun, daß ich weg bin, o, daß

11. August Wilhelm Ahlborn, Auf dem Dach des Mailänder Doms

ich Giannettino [Johann] beym Herunterfahren am Meere so zerzaust habe, daß ihm das Hemde merklich derangirt aus der Weste hing.

Ich bin Dir noch einen Theil meines Tagesbuchs schuldig u namentl: unser Mayländer Beginnen.

Als wir am 4ten Mittags daselbst angekom̄en u in einem teutschen Wirthshause (mit 1 Säulengang um den Hof) Corso della Porta Romana abgestiegen, war mein erster Kum̄er Ancillons Nicht dortseyn – Eine Menge Räuber Geschichten rassürirten [beruhigten] mich nicht grade – Ich lief gleich mit Hansy [Johann] etc in den Dom, woselbst wir in die silberne GrabCapelle von S: Carl [Carlo Borromeo] stiegen. Sehr schwindlich über den schwindl: Bau u die bedeutende Pracht, kehrten wir heim, déjeunirten u fuhren umher u nach S: Maria delle Grazie wo im ehemal: Refectorium das göttliche Abendmal von Leonardo (mehr war! als) ist. Ich sah nichts als den Kopf des Herrn[3] der wie durch Inspirazion gemalt zu seyn scheint u der in keiner Copie auch nur einiger maßen gleicht – Dann besahen wir die schöne alte Kirche u fuhren dann nach S: Ambrogio, die ehemal: Basilica, wo Ambrosius den Kaiser Theodosius die Thüre wies. Zum Scandal für Mayland zeigt man dort dieselben Thüren, die aber gute 1000 u mehr Jahr jünger seyn dürften als die Begebenheit.[4] Soviel scheint gewiß, daß die jetzige Kirche auf dem Grunde der alten Basilik genau nachgebaut ist. Mir scheint auch die Tribuna [Zeichnung] mit Mosaik bedeckt die ächte alte zu seyn, so wie 4 Porphyr Säulen die ein gothisches Tabernakel über dem Altar tragen. Der Ort bewegte mich außerordentlich – Um 1/2 7 Abends dinirten wir, empfingen Gf Maraviglia vom Hause des Erzherzogs [Rainer] u 1 Adjutanten von Wallmoden u fuhren dann nach la Scala.[5] Die ungeheure Größe des Hauses frappirte mich ganz außerordentlich. Die Oper war passabel, la Blache sang den Baß vortrefflich u Mad: Cori (Schülerinn der Catalani) obgleich hops [schwanger] im 11 ten Monat, ebenfalls. Pitt Arnim war uns auf der Straße vor dem Hotel begegnet als wir aus dem Dom kamen, hatte mit uns gegessen, uns in la Scala die Loge des abwesenden Prinz Belgioioso verschafft u weihte uns in alle Theater Mysterien meisterhaft ein, da er auf den Brettern lebt u webt – Um 1/2 1 zu Bett; gut geschlafen. Visite von Wallmoden der uns sehr ängstigendes vom Stand der Dinge in der Türkey[6] sagte!!! um 1/2 10 in der Brera [Pinacoteca] wo wir die herrliche Gemählde Sam̄lung u eine nicht sehr ausgezeichnete Ausstellung von Kunst u Industrie Produkten sahen. Nach 11 Uhr in den Dom um den

Ambrosianischen Ritus zu sehen u weil keine protestantische Kirche dort ist. Es war das dum̄e Fest des Rosenkranzes.[7] Nach dem Evangelium predigte ein des Gegenstandes würdiger Pfaffe, so, daß ich nach 5 Minuten mich hinweg machte u in den göttlichen Marmorhallen des Schiffes u auch außen umher ging um Ancillon zu erwarten, dessen Ankunft ich eben erfahren. Er kam als ich schon wieder hinter Hansy [Johann] in der Foule [Menge] stand u während des Offertorii [Offertorium]. Die Freude denke Dir – grade an dem herrlichen Ort. Es konnte sich nicht besser treffen. Nach dem Amt, stieg er zu S: Carl hinab u wir aufs Marmor Dach, wo wir die Alpen (aber nicht die SchneeGipfel) im Sonnenschein durch den Regen sahen u von einem Gewitter vertrieben wurden.[8] – Wir dejeunirten u fuhren dann zum Kunsthändler Brocca der den Raphael besitzt[9] von dem Major v Wilisen so viel erzählt, u vor dem wir, vor Admirazion fast ohnmächtig niederschlugen. Dann trennte sich Hansy [Johann] um die Kinder des Vizekönigs [Rainer] zu besuchen u ich fuhr mit Ancillon nach der Brera, wo wir fast nichts als Raphaëls Sposalizio[10] sahen, nach S Maria delle Grazie, S: Ambrogio, (das alles zum Ritual) dann nach den antiken 16 Marmor Säulen[11] vor S: Lorenzo u in's Ospedal maggiore, das 9 Säulen hallige Höfe hat!!![12] – Dann Diner dann nach la Scala u dann in's Theater Re –

1/4 11 Uhr Abends

Eben erfahre ich, daß die Post Morgen früh um 5 Uhr geht – Ich glaube Dir wirds lieber seyn, einen etwas weniger ausführl: Brief zu haben, wenn Du nur früher erfährst wie es mir u uns Allen geht. Es geht uns ganz vortrefflich – Auch Ancillon ist sehr wohl u wohlgemuth. Wir haben eben Thee oben bey Johannes (fast 100 Stufen höher als ich) getrunken u wollen Morgen in der Morgen Kühle die Herrlichkeiten zu besehen begin̄en. Wir wollen 2 Tage hierbleiben also 8ter u 9ter u entweder am Abend des 9ten nach Chiavari oder am 10ten nach la Spezzia gehen; am 11 Pisa, 12 Lucca, 13 Florenz. Dort hoffe ich sehr auf Nachrichten von meinem guten Engel u recht viele Détails über TegernSee. Lege mich der Mama [Karoline] recht herzlich zu Füßen. Die lieben, holden Schwestern [Amalie, Maria Anna] umarme ich mit Verlaub;

1000 Herzliches der Gfn Reede, 1000 Grüße rechts u links. Gott seegne Dich Geliebteste meiner Seelen †
Ewig Dein Fritz

1 Von Herzog Gian Galeazzo Visconti gestiftetes Kartäuserkloster 30 km südlich von Mailand (Baubeginn 1396); die unvollendete Marmorfassade (Ende 15./Anfang 16. Jh.) der Kirche gehört zu den Hauptwerken der lombardischen Bildhauerkunst der Renaissance; der gotische Innenraum mit dem prachtvollen Mausoleum (1497) des Stifters ist reich an Plastik, Fresken und Altarbildern (u.a. in der Neuen Sakristei: Andrea Solari, Triptychon mit Himmelfahrt der Maria, Anf. 16. Jh.). Das Kloster wurde, nachdem es seit 1784 von den Zisterziensern und seit 1810 von den Karmelitern bewohnt worden war, 1810 von Napoleon geschlossen. Der erwähnte Onkel war Bernabo Visconti, den Gian Galeazzo V. 1385 gefangensetzen und vergiften ließ. Da Bernabo V. neben 17 legitimen 20 uneheliche Kinder hinterließ, war er in den Augen Friedrich Wilhelms ein »Schôzike«, was wohl »Schürzenjäger« bedeutet.

2 Die eiserne Langobardenkrone empfingen hier 888 Markgraf Berengar I. von Friaul, 889 Herzog Guido von Spoleto, 1002 Arduin von Ivrea, 1004 Kaiser Heinrich II. und 1155 Kaiser Friedrich I. Barbarossa; der erste Bau von S. Michele, seit der Mitte des 7. Jh. Krönungskirche, wurde in der 1. Hälfte des 12. Jh. durch eine dreischiffige gewölbte Pfeilerbasilika ersetzt.

3 Um optische Effekte wie in der Tafelmalerei zu erzielen, malte Leonardo das »Abendmahl« in S. Maria delle Grazie, sein Hauptwerk der ersten Mailänder Periode (1482–99), mit Öl-Tempera-Farben auf einen trockenen Gipsgrund, was sich bald als ein schwerer technischer Fehler erwies. Schon im 17. Jh. galt das Wandbild als verloren; der letzte, mittlerweile abgeschlossene Rettungsversuch wurde 1980 eingeleitet.

4 Der erste Bau, Ende 4. Jh. begonnen, war eine Säulenbasilika mit großer Apsis und offenem Dachstuhl; 397 wurde dort Ambrosius beigesetzt. Seit Ende 8. Jh. tiefgreifende Änderungen, der Grundriß blieb aber weitgehend erhalten: romanische Umbauten um 1030–90 und im 12. Jh (dreischiffige Pfeilerbasilika ohne Querschiff mit Vorhof), ab 1395gotische Neuausstattung, 1813–31 umfassende Restaurierung. Das Mosaik in der Apsis aus dem 11. Jh. (mit Fragmenten des 8./9. Jh.), die Porphyrsäulen aus frühchristlicher Zeit, das Tabernakel aus dem 12. Jh.; die erwähnte Tür wurde um 1750 grundlegend restauriert, zwei der originalen Holztafeln aus dem 4. und 7. Jh. im Museum von S. Ambrogio.

Daß Ambrosius Kaiser Theodosius I. aus der Kirche gewiesen haben soll, ist eine Legende, die, wie manche Historiker meinen, mit einem kirchengeschichtlichen Wendepunkt im Zusammenhang steht: Als auf Befehl des Kaisers nach einem Aufstand in Thessaloniki mehr als 7000 Menschen ermordet worden waren, forderte der Bischof von Mailand öffentliche Buße, und erst nachdem sie Theodosius geleistet hatte, wurde er am Weihnachtsabend 390 wieder zur Messe zugelassen.

5 Das Teatro alla Scala hat sechs Ränge für 3600 Zuschauer; 1776–78 als Ersatz für das 1776 abgebrannte Teatro Ducale von Giuseppe Piermarini auf dem Areal der Kirche S. Maria della Scala errichtet; Innenausstattung frühes 19. Jh.

6 Am 28. April 1828 hatte Rußland der Türkei den Krieg erklärt, weil sie sich der Bildung eines selbständigen griechischen Staates widersetzte; ein Schwerpunkt der Kampfhandlungen lag vor Warna.

7 Zur Erinnerung an die Seeschlacht von Lepanto (7. 10. 1571) durch Papst Gregor XIII. 1573 eingeführtes Marienfest, das am ersten Oktobersonntag gefeiert werden sollte.

8 In die Borromäus-Kapelle in der Krypta, wo der Heilige in einem von Philipp IV. von Spanien gestifteten Prunksarkophag aus Bergkristall (1610) ruht, geschmückt u. a. mit einem Kreuz aus Edelsteinen (von Kaiserin Maria Theresia) und einer goldenen Krone (von Karl Theodor von Bayern).

Nach Süden reicht bei gutem Wetter der Blick bis zur Kartause von Pavia und zu den Apenninen. Auch Friedrich Wilhelm III. hatte 1822 das Domdach bestiegen; sein Adjutant Job von Witzleben beschreibt in einem Brief an seine Frau seinen Eindruck: »Außerdem ist dieses Dach eine wahre Welt in architectonischer Hinsicht; unzählige Thürme, alle mit Statuen verziert, von denen eine immer auf jeder Spitze. Man rechnet, daß jetzt schon über 5000 Statuen auf dem Gebäude befindlich und vielleicht fehlen beinahe noch eben so viel. Es wird noch immer fort gearbeitet, jetzt aber sehr langsam. Unter Napoleon ist viel geschehen« (Dorow, 1842, S. 222).

9 Rumohr, der den Auftrag erhielt, das Gemälde, das 10 000 Louisdor kosten sollte, in Mailand in Augenschein zu nehmen, bezeichnete es in einem Brief an Bunsen vom 18. Januar 1829 als »zusammengelöthet«, als »ein Meisterstück überlegter Charlatannrie« (Stock, 1925, S. 33). In der Sache gleichlautend war auch sein Brief an den Kronprinzen vom selben Tage (Stock, 1914, S. 2–4).

10 Vermählung der Maria (Sposalizio, 1504), Holz, 170×117 cm, Mailand, Brera (Dussler I/81).

11 Den westlichen Abschluß eines kleinen Platzes vor S. Lorenzo bilden 16 mächtige korinthische Säulen, die von einem antiken Großbau (Tem-

pel, Thermen, Amphitheater) des 2./3. Jh. stammen; sie bilden eine Art Portikus zu S. Lorenzo, einer Ende des 4. Jh. begonnenen Kirche, der ältesten Mailands. Die Säulen waren 1828, als eine Straßenregulierung vorgenommen wurde, vom Abbruch bedroht.

12 Das erste Krankenhaus Mailands, 1457 von Francesco Sforza gegründet, hat einen Haupthof und acht Nebenhöfe.

4.

Genua 8 Oct: 28 1/2 3

Wir haben heute so vieles u so prächtiges gesehen Du liebe, liebe Alte, daß Ancillon behauptet d'avoir gagné une indigestion de marbre [Marmorüberdruß] – Geschlafen habe ich sehr gut. Mein erster Blick heut früh traf den Wald von Masten vor dem Fenster. So um 1/2 7 stand ich auf u trank Café mit Hansy [Johann], jâsant [schwatzend] avec Ancillon. Um 1/2 8 fuhren wir durch Strada novissima u nova [via Cairoli, via Garibaldi] etc auf die neue Promenade die sehr hoch gelegen, die Stadt u das Meer dominirt. Es war das Herrlichste Wetter u eine laue u doch kühlende Luft vom Meere her; wir fuhren auf den hohen Wällen der Stadt, die sich malerisch über Thälern gegenüber des mit Som̄er Palästen bedeckten Hügels von Albaro u im Angesicht der Apeninen hinziehen, über dichten Citronen Pflanzungen hin, nach der göttlich gelegnen Kirche Carignan [S. Maria di Carignano].[1]

6 Uhr

Eben kom̄en wir von einer famösen Ausflucht zurück; doch davon im Lauf der Rede. Von Carignan nach Besichtigung der Brücke [Ponte Carignano] die über einen Abgrund geht u zur Kirche führt, gings nach S: Stefano wo die Steinigung Stephans von Raphael u J: Romano gemeinschaftl: zu sehen ist.[2] Dann nach S: Ambrogio (wo sonst die Dogen gekrönt wurden) wo die Marmor Pracht, alle Begriffe übersteigt. Von da in den DogenPallast [Pal. Ducale], wo 2 superbe Säle zu sehen sind u in den Dom [S. Lorenzo], der höchst antik aus schwarzem u weißem Marmor erbaut ist mit kostbaren rothen egyptischen Säulen[3] – dann in den Pallast Pasqua [Pallavicini], der im schönsten modernen Styl meublirt ist u wo eine sehr schöne Gemälde Samlung, him̄lische Terrassen mit marmor Balustraden u Citronen Hecken, Pergole etc etc. Da gingen uns die Kräfte aus u wir gingen zuHaus u déjeunirten excellente frische Austern, Hum̄er etc. Dann besahen wir die prachtvollen Palläste Brignole [Rosso], Serra, [Brignole] Durazzo u den des Königs [Karl Felix] u mit der mention̄irten Marmor Indigestion setzten wir uns (ohne Ancillon) in ein Boot u stachen in See, weit aus dem Hafen hinaus. Es war zum verzappeln!!! Dann standen wir lange im Hafen u sahen dem rasenden Treiben zu u gingen auf der hohen Hafen Mauer fast 1/3 Theil der Stadt entlang, auf dem großen Molo hin, u fuhren wieder zu Wasser zurück.

9 Uhr

Nach der Promenade schrieb ich Dir, schwätzte lange mit Ancillon, schrieb wieder, u speiste um 7 Uhr. Bey Tisch hat Doria [Johann] Colique bekom̄en. Rust versichert, daß es nichts zu sagen habe. Wir haben so unglaubl: geschwätzt, daß wir eben erst aufgestanden sind. Malzahn aus Turin u unser Consul H Philippi ein französ: Colonist aus Berlin, der schon 40 Jahre hier ist haben mit uns gegessen. Es hat Castagne di Mare gegeben die ganz excellent schmecken u die man lebendig frißt – Wir führen hier eigentlich eine Art übermüthiges Leben. Die July Temperatur im October verdreht uns die Köpfe so gut wie die göttliche Bay, die Vegetazion u die Pracht der Kirchen u Palläste. Ach Lore! bey allem was ich sehe, bist Du mein erster u letzter Gedanke u meine glücklichsten Momente sind, wenn ich mich so wie jetzt mit dir beschäftigen kann.

Morgen gedenke ich zu schließen – Erst aber muß ich an Papa schreiben. Gute Nacht mein Lieb.

9ter Morgens nach 4 Uhr

Meine gute, liebe Alte, wir haben Sonderbares erlebt. Etwas nach 3 Uhr erfolgte ein Erdstoß der mehrere Sekunden anhielt u uns Alle aus tiefstem Schlafe aufschreckte. Meine eiserne Bettstelle schüttelte so durcheinander, daß ich so bald ich nur etwas zu mir gekom̄en, flugs heraussprang. Ein sehr fatales Krachen der Gebäude, Schütteln der Thüren u Katzen Geheul begleitete die höchst widrige Begebenheit – u nun entstand ein Leben im Hause ohne Gleichen, ein Schreyen, herabstürzen der Leute aus den obern Stocken etc. Gröben war in unglaubl: kurzer Zeit bey mir u hatte die Treppe ganz voll Frauen in mangelnder Kleidung gefunden. Er so wie Johan̄es wohnte fünf Treppen höher als ich u Ancillon. Ich ließ Johan̄es gleich bitten seinen Him̄el zu verlassen u er hat sich nun unten hier neben mir an etablirt u (wie ich glaube) schläft bereits wieder ruhig. Seine Colique ist plötzlich geheilt. – Man hört durchaus bis jetzt von keinem Unglück – u so haben wir Alle rechte wahre Ursach Gott zu danken, denn es ist nicht zu sagen was in diesen engen, him̄elhohen Gassen, für eine Desolazion durch ein bedeutendes Erdbeben entstehen würde. Ancillons Sangfroid [Kaltblütigkeit] hat mich erfreut. Er war fast der Beson̄enste von uns allen. Erschrocken haben wir uns bey alle dem doch in aller Form. Die Leute aber über die Maßen.

1/2 7 Uhr

Eben geht die Sonne auf. Der Anblick ist ganz him̄lisch. Man sieht von hier aus die Sonne nicht, aber ihren Wiederschein auf dem Leuchtthurm, auf den schönen Höhen die mit den prächtigsten Villen, Portiken u den unzähligen Landhäusern besäht sind. Das Meer erscheint dunkelgrün. Der dichte Wald von Masten, der mir das Meer nur zusehr versteckt ist an den Spitzen wie vergoldet. Gleich nachdem der durchs Erdbeben erzeugte Rumor einiger maßen beruhigt u ich ganz angekleidet war, habe ich mit Gröben Café genom̄en u sah dann gleich nach der Loosung, die wie für die Begebenheit gemacht ist – »Ich will noch geringer werden u niedrig seyn in meinen Augen« [2. Sam. 6,22].

Abends gegen 10 Uhr

Das Erdbeben ist stärker gewesen, als ich erst glaubte. Unser Haus l'Hotel de Londres u sehr viele andre, auch der DogenPallast, haben Riße bekom̃en, Schornsteine sind eingestürzt u auf der Riviera di Ponente soll es stärker noch als hier gewesen seyn. Es hat gegen 30 Secunden gedauert. Ich bin nicht mehr schlafen gegangen sondern habe Dir u Papa geschrieben u um 7 Uhr haben wir die ganze Encinte [Reihe] der FestungsWerke mit einigen sehr interessanten Offizieren beritten. Vom höchsten fort 1500 F: überm Meer (l'Eperron) [Forte dello Sperone] hat man eine ganz göttliche Aussicht. Genua verschwindet fast von der Höhe.[4] Wir déjeunirten auf dem Eperron u kamen erst um 1/2 1 Uhr zuhaus, in Schweiß gebadet!

Wir hatten uns bey der verwittw: Königinn [Maria Theresia] des Lukrl [Karl II.] Schwieger Mutter am Abend unsrer Ankunft melden lassen. Sie wohnt in Albaro dicht bei der Stadt u hatte die große Gnade heut herein zukom̃en u uns zu essen zu geben um 1/2 2 Uhr. Sie bewohnt den Pallast (sonst) Doria Tursi [Pal. Municipale], der der prächtigste u schönste von Allen ist. Ich bin ganz enchantirt von ihr u von der Schönheit der 2 Prinzessinnen [Anna, Christine]. Nach Tisch waren wir in Sestri di Ponente u jetzt haben wir Thee getrunken mit der gestrigen Gesellschaft u dem Ruß: Consul H v Heydeken, einem alten Bekannten.

Morgen um 6 Uhr so Gott will, fahren wir ab nach la Spezzia. Mir sinken die Augen. Vergieb mir mein Schmierakel.

Gott seegne Dich Du Geliebtester Engel u schenke uns ein frohes Wiedersehen. Ich weiß mich vor Sehnsucht nach Dir nicht zu lassen.

Mit treuer Liebe Ewig Dein Fritz

1 Die 1552 nach einem Entwurf von Galeazzo Alessi begonnene Renaissance-Kirche (Grundriß als griech. Kreuz, Hauptkuppel und vier Nebenkuppeln) befand sich 1828 noch außerhalb der Stadt; zu ihr führt ein 1718–24 angelegter 30 m hoher Viadukt (Ponte Carignano).

2 »Das Martyrium des hl. Stephanus« (1519–21), Holz, 402×287 cm, ein Frühwerk des Künstlers; der Auftrag für das Altarbild war vermutlich noch an Raffael ergangen, in dessen Werkstatt Giulio Romano bis zu dessen Tod 1520 arbeitete.

3 Romanische Säulenbasilika der 1. Hälfte des 12. Jh., gotische Erneuerung im 13./14. Jh., der Innenraum bis 1312; die 16 korinthischen Por-

phyrsäulen aus romanischer Zeit blieben jedoch erhalten. Der Außenbau mit der imposanten, französisch beeinflußten Westfront (2. Hälfte des 13. Jh.), inkrustiert mit weißen und schwarzen Marmorplatten; der heutige Platz vor der Kirche wurde erst nach 1835 angelegt.

4 Das Befestigungssystem Genuas wurde seit dem 14. Jh. ständig ausgebaut und nach Norden ausgedehnt. Eine durchgreifende Erneuerung fand vor allem in den Jahren 1747–91 und unter den Königen Viktor Emanuel I. und Karl Felix 1815–33 statt; das Fort Sperone liegt 512 m hoch.

5.

La Spezia 10 Oct: 1828 Nachts vor 12 Uhr

Gute Nacht Mein braves Lieb – Gute Nacht die Augen sinken mir – Aus Florenz schreibe ich ordentlich – Jetzt muß ich schlafen. Durch Nertzehn u Küster wirst Du die Begebenheiten dieser Nacht zu Genua bis um 1/2 4 Uhr früh erfahren haben, die 3 neuen Erdstöße, unsre Flucht auf die Promenade von Aquasola [Piazza Corvetto] u unsre beschleunigte Abreise. Doch über alles das erspare ich mir die Détails bis zu gelegener Zeit – Aus Lucca hoffe ich diese Zeilen fortzusetzen.

Lucca 11ter Abends 11 Uhr

Nach einer sehr angenehmen Fahrt von Spezia über Sarzana, Carrara, Massa, Pietrasanta etc zuletzt im Lucchesischen von 4 Carabinieri escortirt (wegen der Spitzbuben im Gebirge) sind wir vor 1/2 9 Uhr hier angekom̅en. Die Großherzoginn Marie Toscana [Marie Ferdinandine] ist hier in einem andern Wirthshause u Jeannot [Johann] ist gleich zu ihr – Lukrl [Karl II.] aber seyend nicht hier u so habe ich denn meine Wette gegen Paul [Sasse?] gewonnen.

Gute Nacht mein Lieb.

Pisa 12ter 1/2 7 Abends

Heute habe ich mehr Zeit, GuteLiebe. Ich will daher anfangen, ein etwas ausführlicheres Tagebuch seit Genua zu machen. Am 9ten Abends späth schrieb ich dir noch den Brief, den Du durch Malzahns Estafette erhalten haben wirst u einen an Papa u ging schlafen. Zwanzig Minuten nach 1 Uhr erwachte ich von dem Rütteln u Schütteln des ganzen Hauses. Paul stürzte bleich u zitternd herein. Es war die Rückkehr des verfluchten Erdbebens, jedoch minder heftig als in der verflossnen Nacht. Nun hatte ich aber den Spaß satt bis oben hin, zumal da das Haus kräftige Risse in voriger Nacht bekom̄en hatte u bey seiner enormen Höhe u seiner Lage in Gassen von 100 u mehr Fuß hohen Häusern u so eng, daß 2 Menschen sich nicht ausweichen können, mir höchst bedängklich erschien wenn sich das Erdbeben noch erneuern sollte. Gestern nun war auch schon um die selbe Stunde ein schwächerer Stoß erfolgt, der das fürchterliche Beben um 2 Stunden devancirt hatte. Die Analogie lehrte mir Eile; ich ließ sogleich Johannes fragen ob er es nicht für räthlich erachte, daß wir gleich die Pferde bestellen ließen. Er hatte mir ähnliche Vorschläge schon machen wollen – so schickte ich denn gleich unsren römischen Courrier[1] auf die Post. Im Nu waren wir mit Ankleiden u Frühstücken fertig. Der ruß: Consul kam auch gleich gelaufen u erbat sich uns zum Führer nach der schönen Promenade von Aqua sola, wohin die ganze Populazion die die Stadt nicht verließ, eilte. Als unser Häuflein beisam̄en war, gingen wir in die Halle unten u erwarteten nur noch Paul mit Mänteln, als der zweite Stoß sehr kurz aber heftig erfolgte. Die Leute liefen wie im hitzigen Fieber durch einander. Danach war das Packen mit Ordnung u unglaubl: schnell von Statten gegangen. Wir verließen so um 1/2 2 das Haus, außer Massow der die Finanzen besorgte u mit Rust der krank war nachfahren wollte so bald die Pferde da seyn würden. Wir gingen langsam durch die Palläste von Strada nova u novissima. Mit jedem Augenblick vermehrte sich die Foule die nach der Aqua sola hinaufzog – ganze Familien von Alten bis zu den Säuglingen. Wir marschirten eigentlich sehr glücklich zwischen der Menschen Masse die der erste Stoß herausgetrieben u der welche jetzt der 2te Stoß den andren nachfolgen ließ. Das Thor zu welchem wir hinausfahren mußten liegt unter der Promenade u eine Art Apareille [Rampe] zwischen Häusern u der Terrassen Wand führt hinauf. Oben stellten wir Paul auf um wenn die

Wagen kämen uns gleich Nachricht geben zu können u wir mischten uns in die ungeheure MenschenMasse von vielen tausenden die eine Gattung Corso zu Fuß um die Promenade machte. Der Him̄el war klaar u sternenhell die Luft balsamisch, dabey herrschte eigentlich eine eton̄ante Stille in der Menschen Menge, einige Frauen zogen Paarweise Litaneyen betend, andre riefen Eßwaaren aus, als Grundton ging ein dumpfes Gemurmel, kein Scherz, keine Spur vom lauten Wesen des Volkes – Ein einziger Anblick u unvergeßlicher Moment! Ancillon war ganz besonders ergriffen davon, die gute Lauska, die EngelMalerinn, die von Düsseldorff nach Rom reisend, dieselben Etappen als wir (seit Mayland) genom̄en hatte, zog wie ein Traumbild in der Menge mit vorbey. Verschiedne Mieths Kutschen standen oben pour servir d'abri [Obdach]. Ich setzte mich auf die Deichsel eines dieser Wagen u sprach meinen Nachbar an den ich für einen Engländer hielt u siehe es war ein Schlesier aus Schweidnitz in Genua verheyrathet u établirt H: Schmidt – Das verabredete u erwartete Peitschen= u Posthorn Signal erfolgte endl: gegen 1/2 4 Uhr, wir stiegen hinab zum Thor u fuhren davon bey Albaro vorbey auf dem hohen Weg die Küste entlängs. Johan̄es knuffte mich aus dem Schlaf als der Tag hinter dem malerischen Vorgebirge von Porto Fino aufzusteigen begann, und das Meer unbeschreiblich reitzend färbte. Der Weg von Genua bis jenseits Rapallo (der 2ten Stazion) ist einer der reitzendsten der Welt. In jedem Augenblicke glaubte ich eine Landschaft zu sehen so wie ich deren so viele auf das Papier fable[2] – Ein schöner steiler Berg Abhang, mit deliziosen Villen, reinlichen Landhäusern, Dörfern u Kirchen, mit Oliven u Castanien Wäldern, mit Feigen, Lorbeeren, Cypressen, Pinien, im̄er grünen Eichen, Wein Festons, blühenden Rosen u Oleandern, Citronen u Orangen Pflanzungen Aloën u 1000 Pergole bedeckt.

Auch eine kleine Palme sahen wir (In des Königs [Karl Felix] Gärtchen zu Genua sind deren 6 aber noch unansehnlicher). Mit Sonnen Aufgang kamen wir auf die erste Stazion Recco, wo wir fast 1 Stunde in einem Caffé blieben, Café tranken u Eyer aßen. Das rettete uns vor dem Verhungern, denn die Tour war fast 3 mal länger als wir es berechnet. Von dort erhebt sich der Weg im̄er mehr am Meere u geht grade dem Bergrücken zu der sich in's Meer vorstreckend, Capo Fino [Portofino] bildet. Zuletzt durchschneidet die Chaussée den Berg durch einen hohen u breiten unterirdischen Gang. Jenseits kom̄t man bald über das göttl: Thal von S: Margarita. Man sieht von schwindlicher

Höhe hinunter wie in ein Paradys. Von Rapallo bis Chiavari geht die Straße in Mitten des schroffen Abhanges des Apenins, den unten das Meer bespühlt, u mit einem prächtigen, dichten Pinien Wald bedeckt ist, viele 100 Fuß über dem Meere. Es ist das was Carl zu Glienecke da wieder zufinden meint wo er den Abhang an der Havel la Spezzia neñt u wirklich die Ähnlichkeit ist frappant in 10 oder 20 fach verringertem Maßstab. Er muß den Nahmen ändern.[3]

Florenz 13ter Abends 3/4 11 Uhr

Auch in dem herrlichen Florenz wäre ich denn mit Gottes Hülfe – Es ist alles herrlich u unbeschreiblich in dem ganzen Lande hier u dennoch, es ist wahrhaftig keine Lüge – ich wollte ich wär schon wieder auf der Rückreise. Ohne Dich mein Lieb, ist das Alles schaal u leer, nur ein Bild – das Leben fehlt – darum fürchte nicht, daß ich Sans=Souci mit Zubehör je verachten werde. Du, mein guter Engel bist da, u da hat alles das eine lebendige Physiognomie die hier für mich alten Esel, auch den herrlichsten Dingen abgeht – Ja mit Dir da wär's was anders – Nun gute Nacht liebe Gute Lore. Morgen suche ich fortzufahren wo ich stehen geblieben.

God bless You.

14 früh

Ich erfahre, daß die Post um 3 Uhr NachTisch geschlossen wird u schließe nun auch um nicht bey den vielen Besichtigungen hier in Verlegenheit mit dem Brief zu koṁen. Gestern Abend war ich mit Hansy [Johann] schon in Pitti bey den höchsten Herrschaften [Leopold II., Maria Anna], von denen ich ganz enchantirt bin. Gott seegne Dich mein Lieb †

Ewig Dein Fritz

PS 1 Uhr

Ich breche den Brief noch 1 mal auf um Dir zu melden, daß Deine 2 ersten über Alles theure u liebe Briefe da sind. Ich habe sie ganz zerküßt. Meine Sehnsucht nach Dir, u mein Mißfallen mit Italien ist verdoppelt u verdreyfacht. Ach Alte welche Seeligkeit Dich wiederzusehen!!! Die Voss ist angekom̄en mit Marie u der Splittgerber. Ich überraschte sie eben, daß sie ein Ey frühstückte. Heut waren wir schon in Pitti um die Bilder zu sehen u dann im Boboli. Jetzt haben wir dejeunirt u wollen auf die große Gallerie [Uffizien] u dann Diner beym Gr:Herzog. [zwischen Alpha und Omega Christusmonogramm]

Aus der Zeitung wirst Du lesen, wie wir durch unsre Abreise aus Genua, einem 3ten Erdstoß echappirt sind.

1 »Courriere« wurden »von reichen Reisenden engagiert, um Pferde zu bestellen, Quartier zu machen und zu ›accordiren‹, und [wurden von] den Wirten freigehalten. Dies alles um den Betrügerein der Posthalter und Postillone zu begegnen« (Thiersch, 1826, S. 431).

2 Er begann damit nicht erst in Italien; schon in den Jahren zuvor hatte Friedrich Wilhelm mit Vorliebe »klassische« Landschaften aus der Phantasie gezeichnet.

3 Prinz Karl hatte mit seinem Bruder Wilhelm 1822 den König auf dessen Italienreise begleiten dürfen. 1824 wählte er Schloß Glienicke an der Havel zu seinem Sommersitz, den Schinkel in den folgenden Jahren künstlerisch prägte. Das Gelände erhebt sich an der Flußseite zu einer Anhöhe, dort wurde 1824/25 als erster Bau Schinkels das Kasino errichtet.

6.
Florenz 15ter Oct: 1828

Dir zuerst zu schreiben am heutigen Tage [Geburtstag], Geliebteste, Theuerste Elise, mich mit Dir Du Heißgeliebte zu beschäftigen, wie sollte das nicht mein erstes Geschäft seyn. Für dich betend bin ich eingeschlafen u beym Erwachen war mein erstes wieder für Dich u für ein geseegnetes Wiedersehen mit Dir, Gott anzurufen. Deine lieben Briefe die ich gestern erhielt (u für welche mein Dank bey Empfang dieser Zeilen schon in Deinen Händen seyn wird) waren mir die liebste u erwünschteste Vorfeyer – Du liebe, gute Alte – Du bist wie im̄er, aber wo möglich lebhafter noch hier, mein schönster, liebster u einziger Gedanke der Werth hat für dies Leben, u mit jedem Tage liebe ich Teutschland u Dich meine Lora, heißer u sehnsüchtiger.

Ich will jetzt mein Tagebuch nachholen. Es endigte zwischen Rapallo u Chiavari. Von Chiavari geht der Weg am flachen Meeres Ufer bis Sestri di Levante dem Geb: Ort jenes kleinen Schildkröten führenden Protégé's der Brockhausen aus Sans=Souci. Der Strand ist ganz mit Aloen bedeckt u sieht dadurch ganz Afrikanisch aus. Von Sestri steigt man auf den höchsten Apeninen u sieht endlich das Meer über alle Vorgebirge hoch hinüber ragend. Ein einziger Anblick Gorgona, Capraja, Corsica schim̄erten am ungeheuren Horizonte. Man mag am höchsten wohl an 3000 F: über der See seyn. Das Gebirge aber wird steril u wüst. Mit jedem Schritt abwärts begin̄t die Vegetazion von Neuem. Bey diesem Hinabsteigen wurde es nach u nach dunkel. Die letzte Stazion vor la Spezia war sehr schlecht da der Regen einen Theil der Straße in den Abgrund gestürzt u wir durch 2 Bergströhme fahren mußten. Erst gegen 1/2 11 kamen wir in Spezia an. Der Gouverneur präsentirte sich, wir soupirten oder dinirten com̄e il Vous plaîra u schliefen nicht gar zu gut wegen der Agitazion welche die Erdbeben hervorgerufen (u denke Dir daran leide ich noch u Hansy [Johann] auch). Am nächsten Morgen wurde es späth Tag. Um 9 machten wir einen kleinen Gang auf die Promenade am Meeres Ufer u fuhren bald darauf ab, besahen in Carrara die Werkstätten des alten Sanguinetti (der lange unter Rauch in Berlin gearbeitet hat,) u die mehrerer andrer HalbKünstler, die Sam̄lungen auf der Academie [Accademia di Belle Arti] u eine Kirche [Sant'Andrea?] u fuhren dann nach dem schöngelegnen Massa, durch Pietra santa in's Lucchesische u kamen nach 8 in Lucca an. Gleich beym Aussteigen trennten wir uns, Hansy u ich, da die verwittwete Gr: Hrzn [Maria Ferdinandine] seiner harrte. Die StadtMusikanten spielten gräuliches Zeug auf unterm Fenster, meist Berliner Gassenhauer Lotte ist todt u andre Gallops. Ob die Lukrl [Karl II.] geschickt hat?

Ich schlief in dem größten Bett das ich je sah, größer noch als Kayser Carl's VII zu München.[1] 4 Pärchen hätten bequem Platz drin gehabt!!!! Am nächsten Morgen Son̄tag kam Johan̄es als ich noch beym Frühstück war u nahm mich mit zu seiner Schwester [Maria Ferdinandine]. Von da ging ich zu Fuß nach der Kirche S: Frediano (wohin ich meinen Herren RendezVous gegeben) eine alte Basilika nach meinem

Herzen.[2] Von dort fuhren wir nach dem reitzenden Marlia wo uns Sardi u der Maggior Domo Massoni empfingen u uns mit einem herrlichen Déjeuner bewirtheten. Marlia ist der reitzendste Verein von regulärer u Engl: Garten Kunst den man sehen kann.[3] Das Haus ist klein aber geräumig u delizios meublirt – liegt am Abhang des Gebirges mit einer herrlichen Aussicht auf Lucca u seine paradisische Ebene u auf quel monte, per che i Pisani, Lucca veder non ponno (wie Dante sagt)[4]. Von Marlia wieder in die Stadt, S: Maria bianca [Forisportam] u den herrlichen Dom [S. Martino] besehen, deren Facaden beyde von weißem Marmor, u ungeheuer alt sind [Zeichnung].[5] Dann in den Pallast [Pal. della Provincia] der an Pracht nur vom Pallast Pitti übertroffen wird, letztern aber durch Eleganz übertrifft.[6] Prächtige Gemälde daselbst von Fra Bartolomeo, den Caracci's, auch die Vierge au Candelabre etc.[7] Dann bey S: Michele [in Foro] vorbey nach S: Maria nera wo grade Catechisazion war u zuletzt nach S: Romano, wo 2 überaus schöne Bilder von F: Bart:[8] sind, darunter das, welches wir in Sans=Souci im angehangenen Kupferstich sehen. Drauf verließen wir bald Lucca um 3 u waren in 2 Stunden zu Pisa, wo wir uns des herrlichen Abends wegen gleich auf die Beine machten u den unbegreiflichen Dom u das noch unbegreiflichere Campo Santo besahen bis uns die Dunkelheit vertrieb. Von den Meisterstücken die al fresco die Wände des Campo Santo schmückten, ist eine Seite fast ganz zerstöhrt u die andre hat sehr gelitten.[9] – Ich schrieb Dir u soupirte dann u schlief passabel. Der excellente Wein von Marlia der wie Lunel nur besser schmeckt, hatte mir etwas travail dans les entrailles [Verdauungsstörung] verursacht u noch heute leide ich daran, c a d [d. h.] am Abweichen. Am 13ten früh schrieb ich zuerst an T: Marianne zu ihrem Geb:tag kam aber bis heute nicht zu Ende damit. Dann in den Wagen, eine tour um den long Arno [Lungarno], die alte, kleine MarmorKirche la Spina [S. Maria della Spina] besehen (wo ein Blau Vermum̄ter Man̄ von einer Brüderschaft mit einer SpaarBüchse uns um einen Almosen für die Armen bat) dann nach dem prachtvollen Baptisterium vor dem Dom u abermals in's Campo Santo. Ganz enchantirt! Nach 11 Uhr déjeunirt u nach Florenz abgefahren – durch ein schönes, reiches malerisches Land. Zu Empoli besahen wir die Collegiats Kirche [S. Andrea Collegiata], wo 2 Engel von Masaccio zu sehen.[10] Es war glaube ich 1/2 8 als wir hier ankamen. Der Aufregende Mond beleuchtete nur schwach die Gegend. Hier bey quel famoso Shnaiderff [Schneiderff] empfing uns Martens, Rumo[h]r u ein großer H v Levezow den Du aus Berlin kennen wirst (Ersterer war schon in Lucca u Pisa gewesen). Wir soupirten mit diesen Herren u verabredeten mit H v Rumo[h]r die Besichtigungs Angelegenheiten für Morgen. Bey Tisch kam Jeannot [Johann] herein, der eben mit Schwestern [Maria Anna, Maria Ferdinandine] u Schwager [Leopold II.] aus Poggio a Cajano kam. Nach Tisch zog er mich mit sich nach Pitti wo er mich vorritt u ich mich sehr freute des GrHerzogs [Leopold II.] Bekañtschaft zu machen. Ziemlich späth zu Bett. Gestern vor 7 auf. Da empfing ich Deine lieben, guten, alten, braven Briefe u war wirklich ganz außer mir vor Freude. Die Trauer Geschichte der Kurfürstinn [Karoline] ist um den Geist aufzugeben. Bald machten wir uns auf um die Wunder des Pallastes Pitti zu sehen.[11] Was ist das für eine Enfilade! Welche Höhe, alles mit gewölbten Plafonds, eine Pracht die in sich u vor allem dem Maßstab nach die des Neuen Palais [in Potsdam] übertrifft u viel bessrer Geschmack – rund um die Wände behängt mit den größten Meisterstücken. Unter andren Kleinigkeiten 10 Raphaels. Ich war wie versteinert. Jeannot u der GrHerzog kamen u ich stellte letzterm meine Herren vor. Er blieb nicht lange. Zuletzt einen kleinen Gang im Boboli. Zuhaus machte ich Grfn Voss meine Visite die auch hier im Hause wohnt. Dann déjeunirt u nachher nach der Gallerie [Uffizien] am Palazzo vecchio, wo alle Schätze der antiken Sculptur u der Malerey aus allen Epochen vereint sind; 8 Raphaëls u a die Fornarina, Papst Julius II, S Johañes in der Wüste, die Madonna del Cardelino etc. Diese alle Hängen in der Tribuna einem 8eckigen von oben erleuchteten mit rothem Damast ausgeschlagenen Gemach, in dessen Mitte die Venus v Medizis, die Ringer, der Schleifer, der Apollino stehen.[12] Unzählige Zim̃er u Säle u eine 3 mal sich wendende enorme Gallerie sind mit Gemälden, Marmorn, Bronzen, Original Handzeichnungen u Präziosen aller Art angefüllt. Es ist zum ohnmächtig werden. Gfn Voss kam auch hin. Nachher gingen wir zusam̃en auf den Platz, in den fabelhaften Hof des Palazzo vecchio, in die Loggia di' Lanzi, wo u:a: Benv: Cellini's famöser Perseus[13] steht, dann bey S: Michele [Or San Michele] vorbey nach S: Maria del Fiore [Dom], deren äußere Pracht u ungeheure Dimensionen alle Beschreibung unmöglich macht. Dann Zuhaus. Gegen 6 nach Pitti zum Diner, en frac, pantalons u runden Hut. Abends in die Oper, le Siège de Corinthe[14] deren Musik schön ist, deren Aufführung aber mittelmäßig war. Zu Bett

16ter 1/2 2 N: Mittag

Heut geht wieder eine Post u ich will schnell endigen um Dir zugleich meinen Dank u meine Freude auszudrücken über Deinen Brief aus München Du liebe, treue Alte. Wie hat mich der liebe, gute Brief interessirt! Wie habe ich alle Deine Rührungen dort so begriffen u mitgefühlt!!! Ach Gott wäre ich nur erst bey Dir!!! Ich halte es wahrhaftig kaum aus – viel weniger als auf meinen Pom̄erischen Touren.[15] S' ist kaum zu glauben u Du glaubst es gewiß nicht oder wenigsten nicht so arg, aber Gott weiß, daß es wahr ist!!!

Gestern früh haben wir unsre Tournéen fortgesetzt. 1, nach den Carmini [S. Maria del Carmine] wo eine von Masaccio u Gesellen ausgemalte alte Capelle[16], dann nach S: Spiritu deren Architectur merkwürdig u wo sich einige alte schlecht gepflegte Bilder befinden[17] – Dann nach der kleinen Kirche der Scalzi [Chiostro dello Scalzo] wo Perugino von seiner ältesten Manier in Kirche u Refectorium[18] u wo Gröben von einer kleinen Treppe hinter dem HochAltar, von wo aus er das Hauptbild besehen wollte fast herabstürzte mit sam̄t dem AltarKreutz an welchem er sich halten wollte. Dann in 2 Privat Gärten Torriggiani u Corsi [Tornabuoni], Ideale von kleinlichem, modernem chineselndem Geschmack u dann in den Boboli der das schönste von allem, grandiosen Geschmack ist das man sehen kann.[19] Den HinterGrund von der Gfn Raczinska Portrait[20] fand ich gleich – Nachher Dejeuner bey uns mit Gfn Voß Tochter u Frl: Splittgerber – Nachher wieder auf die Gallerie. Das Gesehene wieder gesehen u 1000 Neues, Unbeschreibliches u:a: die Gruppe der Niobe!!![21] Dann durch die Stadt gefahren Kreutz u Queer, zuletzt eine Tour in den Cascine, wo eine göttliche Vegetazion ist.[22] Um 6 Uhr dinirt. Nachher Visite vom Franz: Ostreich: u Engl: Gesandten, Vitrolles, Bombelles u Burghersch [Fane]- Dann um 9 Uhr nach Pitti auf den Ball, en chapeaux ronds. Der Saal war so hell erleuchtet wie am Tage. Wenig Florentiner u fast lauter Engländer. Ich walzte mit der verwittw: GHerzoginn u tanzte 2 Françaisen (mit der regierenden u der kleinen Erzherzoginn). Um 12 schlich ich mich davon u schlief nach langer Zeit zum 1ten Mal ganz vortrefflich. Heut wurde es bei mir späther Tag. Um 9 Café – u sodann wie gestern mit unsern Herrn, Oppeln u der Voßett die Tournéen begonnen, nach S: Trinità, S: Maria Novella wo prächtige Fresken u die famosissima Farmacia besehen u Alkermes getrunken wurde;[23] zuletzt

12. Karl Wilhelm Wach, Anna Gräfin Raczynska

13. Die trauernde Niobe

nach S: Lorenzo wo die über alle Begriffe prachtvolle GrabCapelle der Medizeer ganz in Pietra dura bekleidet u doch von colossaler Höhe.[24]

Jetzt haben wir eben déjeunirt mit Hansy u den Voß's u haben uns ungeheuer amüsirt über die Küchen Gespräche Rumo[h]r's.[25]

Hierbey ein Blatt aus Marlia. Nun Leb Wohl Geliebteste meiner Seelen. Gott sey mit Dir u schenke uns ein geseegnetes Wiedersehen!

Ewig Dein Fritz

Wie leid thut mir der alte Neal!

Von den 2 Großherzogin̄en bin ich total bezaubert. Denke Dir gestern früh meinen Schreck als beym Café die Herren in weißen Hosen u Uniformen zum Gratuliren kamen.

1 Mit reicher Goldstickerei versehenes Paradebett (Jean-François Bassecour, 1735) im Münchner Schloß; Kurfürst Karl Albrecht von Bayern (Karl VII. 1742–45) ließ die Südtrakträume (Reiche Zimmer) des Grottenhofbaus 1730–37 von François Cuvilliés d. Ä. umgestalten.

2 Vom ersten Bau des 6. Jh., von der »Basilica Langobardorum«, ist nichts erhalten; im 12. Jh. dreischiffiger Neubau aus dem Marmor des Amphitheaters, im Innern antike Säulen mit schönen Kapitellen; Veränderungen bis ins 16. Jh.; die Hauptfassade, die nach Osten weist, schmückt ein Mosaik mit Christus in der Mandorla (um 1230).

3 Die Villa Marlia wurde 1806 von Napoleons Schwester Elisa Bonaparte Baciocchi, der »Semiramis von Lucca« (Talleyrand), mit unlauteren Mitteln (indem sie Druck auf den Besitzer ausübte) erworben; seit 1811 Erweiterung und Umgestaltung des in der 2. Hälfte des 17. Jh. angelegten Barockgartens (mit Theater, Fischteich, Zitronengarten, Nymphaeum); das Casino erhielt ein drittes Geschoß, einen Portikus und eine neue Innenausstattung. Seit 1815 war Marlia Sommersitz der Bourbonen von Parma, seit 1824 Karls II.

4 In der »Göttlichen Komödie« (Inferno, XXXIII, 28–30): »Questi pareva a me, maestro e domo,/cacciando il lupo e lupicini al monte/per che i Pisani veder Lucca non ponno (Der da erschien als Herr und Meister mir,/nach Wolf und Wölfchen jagend auf dem Berg,/der Lucca der Pisaner Blicke entzieht«).

5 Der erste Bau von S. Maria Bianca, der sich außerhalb der römischen Stadtmauer befand, wurde im 8. Jh., die heutige dreischiffige Basilika mit Querschiff in der 2. Hälfte des 12. Jh. errichtet. Der Dom geht zurück bis ins 6. Jh., vom 12. Jh. an Neubau, die prächtige Westfassade (seit 1204) ist aus weißem und grünem Marmor.

6 1578 von Bartolomeo Ammanati begonnen; formale Übereinstimmungen mit dem Palazzo Pitti in Florenz (1560–77 von Ammanati umgebaut) u. a. in der Kombination der Türen und Fenster im Hof; seit 1728 nach neuen Plänen fortgeführt, doch nicht vollendet; 1819–41 aufwendige Restaurierung und Umbauten durch Maria Luisa di Borbone; Residenz Karls II. 1824–47.

7 Holz, Ø 65 cm, Baltimore, Walters Art Gallery; das aus dem Besitz Karls II. 1841 nach Schottland verkaufte Tondo gilt heute nicht mehr als ein Werk Raffaels (Dussler, S. 56).

8 Verklärung (1509), Lw., 360×234 cm; Mater Misericordia (1515), Lw., 330× 220 cm (Stiche von G. Jesi, J. Sanders, G. Wenzel). Beide Gemälde befanden sich bis 1874 in S. Romano, heute im Museo Nazionale.

9 Auf den geschlossenen Rückwänden der vier Hallen der 1278 begonnenen Begräbnisstätte (bis 1463) befanden sich umfangreiche Freskenfolgen toskanischer Meister des 14. und 15. Jh.: Bonamico Buffalmaco (»Triumph des Todes«), Francesco Traini, Taddeo Gaddi, Antonio Veneziano, Spinello Aretino, Benozzo Gozzoli; im 2. Weltkrieg fast völlig zerstört.

10 Wahrscheinlich ist ein Fresko in der Manier des Cenni di Francesco di Ser Cenni, eines florentinischen Zeitgenossen Masaccios, in der zweiten Kapelle gemeint.

11 Seit Cosimo I., der 1549 den Palast kaufte, Sitz des Landesherrn (seit 1569 des Großherzogs von Toskana); die architektonische Gestalt wurde von Bartolomeo Ammanati geprägt, der auch den Hof zum Boboli-Garten entwarf; 1620–31 Anfügung der beiden Flügel, die Seitenhallen erst seit 1764; die Eingangshalle gab es 1828 noch nicht (1852).

Die Gemäldegalerie des Palazzo Pitti besitzt nach Dussler seit 1826 elf Werke von Raffael: Bildnis der Maddalena Doni (Dussler 28), Bildnis des Angelo Doni (29), Madonna dell'Impannata (30), Madonna della Sedia (31), Bildnis des Kardinals Bernardo Dovizi (32), Madonna Baldacchino (33), Bildnis des Tommaso Inghirami (34), Vision des Ezechil (35), Madonna del Granduca (36), Bildnis einer hoffenden Frau (37), Damenbildnis mit Schleier (38). Die meisten dieser Gemälde befanden sich 1799–1815 als Kriegsbeute im Musée Napoleon in Paris.

12 Die Werke Raffaels in den Uffizien: Selbstbildnis (Dussler I/39), Bildnis der Elisabetta Gonzaga (40), Madonna del Cardellino (41), Bildnis Julius' II. (42), Bildnis des Perugino (43), Bildnis des Guidobaldo I. da Montefeltre (44), Junger Mann mit Apfel (45), Leo X. mit den Kardinälen Giulio de'Medici und Luigi Rossi (46). Die »Fornarina«, damals im Palazzo Barberini in Rom, wird hier irrtümlich genannt; »Johannes der Täufer in Landschaft« (Dussler 27) heute in der Gallerie

der Accademia. Die erwähnten antiken Skulpturen: Aphrodite gen. Venus von Medici, Gruppe der Kämpfer, Schleifer, Apollino (Vgl. Guido A. Mansuelli: Galleria degli Uffizi. Le Sculture, Parte 1, Rom 1958, Nr. 45, 61, 55, 46).

13 In der 1374–81 errichteten Loggia dei Lanzi fanden zahlreiche Bildwerke ihren Platz: der »Raub der Sabinerinnen« (1583) und »Herkules und Nessus« (1595–1600) von Giovanni da Bologna, beides Marmorwerke, und Benvenuto Cellinis bronzenes Hauptwerk »Perseus mit dem Kopf der Medusa« (1553).

14 Gioacchino Rossinis Oper »Le Siège de Corinthe« (»L'Assedio di Corintho«) wurde 1826 in Paris uraufgeführt, 1830 zum erstenmal in Berlin.

15 Als Oberkommandierender des in Pommern stationierten II. Armeekorps unternahm der Kronprinz häufig dorthin Inspektionsreisen.

16 Brancacci-Kapelle im rechten Querschiff mit den kunsthistorisch bedeutenden Fresken von Masolino und Masaccio (1424–28, vollendet 1481 von Filippino Lippi) u. a. zur Geschichte des Apostels Petrus. Sie blieben von dem Brand im Jahr 1771, der die gotische Karmeliter-Klosterkirche (1268–1475) zerstörte, verschont.

17 Nach Entwurf Brunelleschis um 1436 begonnener bedeutender Kirchenbau der florentin. Frührenaissance, eine dreischiffige Basilika mit Vierungskuppel; die zahlreichen Altarbilder sind u. a. von Lippi, Perugino, Botticini.

18 Werke von Perugino sind nicht nachweisbar; unerwähnt bleiben dagegen die bedeutenden Fresken von Andrea del Sarto im Kreuzgang (1515–26).

19 Den englischen Garten hinter dem Palazzo Torrigiani del Campuccio (in der Via del Campuccio unweit des Boboli-Gartens) ließ Marchese Pietro Torrigiani (1773–1848), ein Freimaurer, 1813/14 nach Plänen von Luigi Cambray-Digny (1779–1843) anlegen. Wegen ihres pittoresken Charakters erfreute sich die Anlage bei Florenzbesuchern bald großer Beliebtheit; auf den Kronprinzen wirkte sie kleinteilig und mit »romantischen« Zitaten (Merlin-Grotte, Osiris-Statue, Basilika-Ruine, heiliger Wald, Grabstätte u. a.) überfrachtet. Eher seinem Gartenideal entsprach dagegen der Boboli-Garten hinter dem Palazzo Pitti, seit 1550 von Cosimo I. Medici angelegt; Ende des 18. Jh. waren die Arbeiten im wesentlichen abgeschlossen. Während der napoleonischen Besetzung wurden einzelne Partien nach englischem Muster verändert, was nach 1815 jedoch wieder rückgängig gemacht werden konnte; der einzige klassische Garten in Florenz blieb so erhalten.

20 Karl Wilhelm Wach: Bildnis der Anna Elisabeth Gräfin Raczynska (1827), Lw., Ø 125 cm, Poznan, Nationalmuseum. Links im Hinter-

grund ist ein Brunnen dargestellt, von dessen Art es mehrere im Boboli-Garten gibt. Das Gemälde befand sich auf der Berliner Akademieausstellung 1828, wo es Friedrich Wilhelm kurz vor seiner Abreise gesehen haben muß.

21 Im Saal 42 (Niobiden-Saal), der 1779–80 eigens für diese Gruppe gebaut wurde, aufgestellt; die 14 Skulpturen sind römische Kopien des Giebelschmucks eines Tempels des 3.–2. Jh. v. Chr.; 1583 in Rom gefunden, seit 1775 in Florenz.

22 Einer der größten öffentlichen Parks in Italien (über 3 km Länge) zwischen dem Arno und dem Mugnone, von den Medici bei einer Meierei (cascina) angelegt.

23 Den reichen Freskenschmuck der gewölbten Dominikaner-Klosterkirche (1246–1360, die inkrustierte Marmorfassade bis 1470) schufen u. a. Masaccio (Trinität, um 1427), Filippino Lippi, Ghirlandaio (Chor), Nardo di Cione, Uccello (Chiostro Verde).

In der Farmacia di S. Maria Novella (Via della Scala 16) wird von alters her ein Likör, Alkermes genannt, hergestellt.

24 Die gewaltige, der Hauptchorkapelle von S. Lorenzo angebaute Cappella de' Principi (1787–1860 war die Zwischenwand durchbrochen) der Großherzöge von Toskana ist ein Oktogon aus Marmor und kostbaren, in kleinteiliger Mosaiktechnik (Pietra dura) aneinandergefügten Steinen aus aller Welt; Bauzeit 1604–40, die Kuppel erst im 19. Jh. geschlossen. Die nur wenige Meter entfernte Neue Sakristei mit Michelangelos Mediceer-Gräbern bleibt unerwähnt!

25 Karl Friedrich von Rumohr schrieb nicht nur kunsthistorische Bücher, sondern auch Novellen (1833–35), eine »Schule der Höflichkeit« (1834–35) und eine vielbeachtete Schrift über das Kochen (»Geist der Kochkunst«, 1822).

7.
Florenz 17ter Oct: 28

Noch zum Abschied aus dem schönen Florenz ein paar Worte Alte Liebe. Es wird mir recht schwer. Vor allem weil ich wieder weiter von Dir Du mein guter Engel fortgehe u dann bin ich so enchantirt von den hiesigen Hohen Herrschaften, daß ich's gar nicht sagen kann.

Gestern nach dem Déjeuner sind wir in die einzige Bibliothek von S: Lorenzo[1] gefahren, wo die unbegreiflichsten Manuscripte zu sehen sind, dann wieder in den Dom u in's Baptisterium u dann machten wir eine der herrlichsten Spatzierfahren nach den Höhen von bello Sguardo, in die fabelhafte Villa Albizzi,[2] besuchten die nahe Villa wo H v Rumo[h]r wohnt u gingen von da zu Fuß durch Weinberge, Villen etc im̄er mit den göttlichsten Aussichten rechts auf Florenz, links nach Prato, bis zum Kloster Montolivetto [Monte Oliveto] u zuHaus gefahren. Um 9 Uhr zu Martens auf den Ball, wo der Hof auch erschien. Das Haus [Pal. Pandolfini] von Raphael angegeben u höchst anmuthig.[3] Auf einem breiten, großen Altan wurde ein kleines Feuer Werk abgebrannt, nachdem wir eine Arie von Lord Burghirth's [Fane] Composizion gehört hatten. Dann Ball. Ich contredanzte mit der Martens u der Großherzoginn [Maria Anna]. Nach 12 Uhr zuHaus. Ich habe ganz vergessen Dir zu sagen, daß Letitia Stuart, am selben Tage als ich hierher zurück gekom̄en ist. Schon in der Oper sah ich sie von fern u sprach sie auf dem Ball in Pitti u gestern wieder. Sie ist embellirt [schöner geworden] u so gut u excellent u scheint hier sehr wohl gelitten. Sie hat Dir ein kleins Present zugedacht – hat sie mir gesagt u sich dazu einen Abdruck meines Wappens der Krone wegen ausgebeten – ich weiß aber nicht was es seyn mag. Ich habe gut geschlafen, war so um 9 heut früh bey der Hand u fuhr bald mit dem täglichen Cortegè [Gefolge] nach S: Croce. Schöner, malerischer Portik im Hof mit der Capelle de' Pazzi, die aber leider verschlossen war. Merkwürdige, alte Bilder im Chor, Coridor u Sacristey. Dann nach der Santissima Annunziata, wo das göttliche Bild ist,[4] wovon Du bey mir die Copie kennst (auf Kupfer im schwarzen Rahmen) das aber, denke Dir! wird Niemand gezeigt, weil Carl Borromäus sich geäußert der MadonnenKopf sey so schön, daß er nicht von Menschen herrühren könne. Seit der Zeit ist's fest verschlossen, mit Lampen behängt, eine Tabernakelartige Capelle drüber, man betet es an, Niemand kom̄t in die Kirche der nicht gleich nach der Genuflexion [dem Beugen der Knie] vor dem Hoch Altar ihm auch eine, wo möglich noch tiefere gemacht hat, aber – gezeigt wird es nie u Rumo[h]r meint, seit 300 Jahren hätten es kaum 5 Menschen gesehen! Das ist um die Schwerenoth zu kriegen. Wir sahen Fresken in den Vorhallen der Kirche, im Kloster Hof u in der Fürstl: Haus Capelle, von Sassoferrato.[5] Dann nach S M: Madalena de' Pazzi, wo wir vom Erzbischof Erlaubniß hatten, a 12 Köpfe stark in die Non̄en Clausur zu gehen, um Perugino's Meisterstück al fresco gemalt zu sehen.[6] Das ist 'was Göttliches. Von da nach dem evangelischen Kirchhof an der Stadt-

Mauer[7], mit herrlichen Cypressen, einem großen Kreutz in der Mitte u einer herrlichen Aussicht auf Fiesole u das Gebirge. Le venerable Consistoire[8] empfing uns dort – Zuletzt in den Pallast [Medici] Riccardi wo in der Capelle der Zug der H: 3 Könige von Benozzo Gozzolis Meisterhand!!! Das Hauptbild, die Jungfrau mit dem Kind etc von Lippi hat der Marquise Riccardi (der Esel) Deinem königl: Bruder [Ludwig I.] verschachert ehe er noch den Pallast der Regierung verkaufte.[9]

Hier zurück machte ich in einem nahen Alabaster Laden einige geringe Einkäufe u dejeunirte dann wie gestern u alle Tage u gegen 1/2 3 Uhr nach Pitti von wo ich mit den Höchsten Herrschaften [Leopold II., Maria Anna] nach der schönen Somer Villa, Poggio a Cajano[10] fuhr wo wir auf Droschken umherfuhren bis es dunkel war u dann eines der fröhlichsten, deliziosesten Diners machten. Wir fuhren gleich bey der Oper vor im Teatro nuovo, wo ich einen Akt der Arabi in Gallia von Pacini[11] sah u die Grisi hörte u mich dann mit schwerem u dankbaren Herzen von den liebenswürdigen Fürstlichkeiten trennte. Hier zuhaus fand ich Bunsen, der mir beyliegenden Brief von O: Heinz [Heinrich] brachte der seinen Effect machen wird. Du kannst Dir meine Freude denken den guten Bunsen wiederzusehen. – Nun Gute Nacht Geliebtester Engel meines Lebens.

Lege mich der Mama [Karoline] u den göttlichen Schwestern [Amalie, Maria Anna] zu Füßen; 1000 Liebes u Schönes den unsrigen u dortigen.

Gott mit Dir † Ewig Dein Fritz

1 Die von Cosimo il Vecchio 1444 gegründete »Biblioteca Medicea Laurenziana«; nach der Rückführung aus Rom, wo sie sich 1508–23 befunden hatte, beauftragte Papst Clemens VII. (Medici) 1524 Michelangelo mit dem Entwurf eines Bibliotheksgebäudes innerhalb des Klosterhofs von S. Lorenzo (vollendet 1587); architekturgeschichtlich bedeutend ist das manieristische Treppenhaus. In der Bibliothek werden mehr als 10000 griechische und lateinische Handschriften aufbewahrt.

2 Auch Villa del Teatro genannt; 1771 erbaut als Theater für die »Accademia del Generosi«

3 Um 1520 von Giovanni Francesco und Aristotele da Sangallo nach einem Entwurf von Raffael erbaut, dem einzigen Zeugnis seines Wirkens als Architekt in Florenz

4 Diesem Gnadenbild, einem Fresko des 14. Jh. mit der »Verkündigung«, verdankt die Kirche ihre Berühmtheit und ihren Namen. Es befindet

14. Pietro Perugino, Christus am Kreuz mit Maria, Bernhard, Johannes und Benedikt

15. Benozzo Gozzoli, Zug der Könige

sich, meist verhüllt, unter einem von Michelozzo 1448 entworfene Marmor-Tabernakel; nach der Legende wurde der Kopf der Maria von einem Engel gemalt, während der Künstler, ein gewisser Fra Bartolomeo, schlief. Kopien des 14. Jh. befinden sich in anderen florentinischen Kirchen (u. a. in Ognissanti), spätere auch in Mailand.

5 In der Vorhalle und in der Kirche von SS. Annunziata befinden sich Fresken von Andrea del Sarto, Pontormo, Franciabigio und Rosso Fiorentino; Werke von Sassoferrato sind nicht nachweisbar.

6 Die »Kreuzigung« (1493–96) im Kapitelsaal, ein Hauptwerk des Künstlers.

7 Der Cimitero degli Inglesi an der Piazzale Donatello, der, als Friedrich Wilhelm ihn besuchte, erst wenige Wochen vorher eröffnet worden war; 1858, bei seinem zweiten Besuch, stiftete er für den Friedhof ein großes marmornes Kreuz.

8 Kann auch als »Confistoire« gelesen werden; Verballhornung von »confiseur«, was »Zuckerbäcker« bedeutet. Vielleicht ist Rumohr gemeint, mit dem an dieser Stelle ein Treffen verabredet gewesen sein könnte.

9 1444–64 von Michelozzo für Cosimo den Alten erbaut; 1659–1814 gehörte der Palast der Familie Riccardi, seitdem im Besitz des Staates; in der Kapelle über drei Wände das von Benozzo Gozzoli gemalte Fresko mit dem Zug der Heiligen Drei Könige (1459–60). Fra Filippo Lippis »Anbetung des Kindes« (1459/60, Holz, 127×116 cm) wurde vom preußischen Staat 1821 mit der Sammlung Solly erworben (Berlin, SMBPK).

10 1480–85 von Giuliano da Sangallo für Lorenzo il Magnifico erbaut, abgeschlossen unter Giovanni de' Medici (Papst Leo X.) 1520/21, der auch die Sala Grande mit Fresken ausmalen ließ (Andrea del Sarto, Franciabigio, Pontormo). Der Garten hinter dem Palast wurde im 19. Jh. in großen Teilen in einen englischen Park umgestaltet.

11 »Gli Arabi nelle Gallie ossia il Trionfo della Fide« (»Die Araber in Gallien oder Der Triumph der Treue«), Oper von Giovanni Pacini; UA 1827 in Mailand. 1825 war in Neapel seine Oper »L'ultimo giorno di Pompei« uraufgeführt worden.

8.
Siena 18 Oct: 1828 1/2 11 Abends

Gute Nacht mein Lorchen! Es ist späth u ich will morgen bey Zeiten heraus um nach hiesigen Besichtigungen Arezzo noch bey Tage zu erreichen. Wir haben uns entschlossen einen Tag hinzuzulegen bis Rom um diese einzige Stadt noch mitzunehmen. Gestern Nacht nachdem ich Dir geschrieben habe ich gut geschlafen war heut schon vor 7 Uhr fertig u empfing den guten Johañes, von dem ich mich mit recht schwerem Herzen trennte u so um 3/4 8 Florenz verließ u durch Berg u Thal, über S. Casciano, Poggibonzi, Castiglionella um 4 Uhr hier eintraf, wohin H v Rumo[h]r die Güte gehabt hatte voranzueilen. Er u – Antonio Montucci empfingen mich hier. Wir gingen zusam̃en nach dem überaus merkwürdigen u prachtvollen Dom, beym deliziosen großen Platz [Piazza del Campo] vorbey in's Thal hinab nach der reichströhmenden Fontebranda, hinauf nach S: Domenico, der WunderPlatz der Catharina v Siena, nach der Cittadelle [Forte di S. Barbara] die seit Leopold ein schöner Spatziergang mit den reitzendsten Aussichten ist u so zurück. Nach 6 haben wir dinirt u dann Conversazion gemacht, sehr animirt, sehr interessant u vielseitig, bis jetzt. Rumo[h]r u ich zeichneten während dessen Gedankenspäne. Nun sinken mir aber die Augen. Ich denke Dein u nur im̃er Dein Du Heißgeliebte u sehne mich nach Dir über allen Ausdruck.

Gute Nacht Alte Liebe. Schlaf wohl.

Arezzo 19ter 10 Uhr Abends

Heut aus Arezzo meine GuteNacht an Alt Liebchen. Ich habe zu Siena schlecht geschlafen, weil ein MordSpektakel auf den Gassen war. Montucci versichert mich so gehe es alle Nächte hindurch. Daher einer der Gr: Herzoge auf die Bitte der Sieneser ihnen ein Narrenhaus zu bauen antwortete, sie möchten die Thore schließen, so wäre es fertig. Die arme Gfn Voß kam erst um 1/2 5 heut Morgen an u störte mich aus dem ersten Schlum̃er auf. Vor 8 Uhr war ich fertig u lief zu Montucci um seine Chinesische Büchersam̃lung zu besehen. Um 1/2 9 zur Voß,

16. Karl Christian Vogel von Vogelstein, Rumohr

die der Nuit blanche [schlaflose Nacht] ungeachtet, sich an uns anschloß. Wir besahen S Domenico (mit Bildern 80 Jahr vor Cimabue u 100 vor Giotto alt)[1] das Haus der Catharina [Santuario Cateriniano], ein wahres Schmuckkestchen,[2] gingen über den ganz unbeschreiblichen u einzigen Markt, besahen ein Bild von Guido Reni in S Martino,[3] dann S: Francesco u dicht daneben das Versamlungs Zim̄er einer Brüderschaft [Oratorio di S. Bernardino] ganz al fresco von Sodoma u andren Meistern geziert[4] u zuletzt wieder in den Dom. Dann zu Haus, déjeunirt u 3/4 12 fort. Durch eine Gegend, die ein großer Theil der 1ten Stazion, wie die Thebäische Wüste, völlig ohne die Spuhr von einer Vegetazion ist. Immer Berg u Thal u daher langsam gefahren, dabey Eis kalt. Hu! Seit der letzten Stazion wurde es ebener, wir fuhren über die Chiana u kamen bey herrlichem Mondschein um 8 Uhr hier an, wo uns Bunsen empfing. Eben haben wir zusam̄en gespeist u geschwätzt u nun kann ich nicht mehr u mache mein Kästchen u meine Äugelein zu.

Gute Nacht Alteschen Lieb. Ewig mit treuer Liebe. Dein Fritz

1 Katharina von Siena (Caterina Benincasa, 1347–80; 1461 heiliggesprochen, 1939 Mitpatronin Italiens) erlebte in der gotischen Backsteinkirche S. Domenico (13.–15. Jh.) ihre Ekstasen. An sie erinnern u. a. ein Fresko von Andrea Vanni (1370/80) vor der Fassade der Kirche (Capella delle Volte), angeblich mit einem Bildnis der Heiligen, und in der Katharinen-Kapelle bedeutende Fresken von Sodoma (1525). Da der gesamte Bildschmuck der Kirche nach heutigen Erkenntnissen erst nach 1350 entstanden ist, beruht die Vermutung einer Beteiligung Cimabues und Giottos (†1337) auf einem Irrtum.

2 Um das Wohnhaus der Familie der hl. Katharina gebauter vielteiliger Komplex von Gebäuden (15.-18. Jh.).

3 Nicht nachweisbar

4 Oratorio di S. Bernardino, eine Doppelkapelle aus der 2. Hälfte des 15. Jh.; in der Oberkapelle befinden sich Fresken von Sodoma, Girolamo del Pacchia und Beccafumi (1518–32).

9.
Perugia 20 Oct: 28 10 Uhr Abends

Heute begrüße ich meine GuteAlteLiebe zum 1ten Mal vom Päpstl: Gebieth. Das Land ist schön u malerisch, aber ein Treiben, ein Wesen, vor allem eine Betteley von solchem enormen Genre, daß mich die Ängste haben. Ich habe nicht zum besten geschlafen zu Arezzo u heutfrüh, da die Pferde noch nicht da waren, lief ich in der eisigen MorgenKühle in den Dom, der nicht sehr ausgezeichnet ist. Vor 1/4 8 fort. Das Land bis hinter Cortona erinnert sehr an die Bergstraße u Castiglion Fiorentino auffallend an Weinheim. Cortona ließen wir links auf seinen Bergen u gegen 1/2 12 betraten wir das Päpstl: Gebieth in Angesicht des Trasimenischen See's der ganz him̄lisch ist. Wir stritten viel über Hannibals Schlacht,[1] über deren Schauplatz wir fuhren. Es giebt hier die schönsten Eichen, die ich je gesehen. Gegen 4 Uhr waren wir am Fuß des Berges auf dem Perugia liegt u stiegen ihn in RichtWegen (außer Ancillon u Rust) zu Fuß hinan. Oben liegt ein Castell. Denk Dir meinen Schreck, als der Comandant aus dem Castell heraus en Galla mir entgegentritt, die Wachen Honneurs machen u – die Kanonen gelöst werden. Ich machte einen bald bereuten Versuch etwas in der Stadt zu sehen. Die Foule [Menge] wurde so ungeheuer, daß wir's beym Dom u einer schönen Fontaine [Fontana Maggiore] u der alten Börse (il Cambio [Collegio del Cambio] von Perugino u seinen Schülern gemalt)[2] bewenden ließen. Wir dinirten zu Ende, als wir im sehr lebhaften Gespräch vertieft waren, kam der Delegat, ein alter Monsignore Cherubini der aber nichts vom Engel an sich trägt. Er konnte kaum Französisch, schwätzte aber doch ziemlich viel, u bat mich am Ende ihn dem Papst [Leo XII.] zu gnädiger Berücksichtigung zu empfehlen. Nun waren mir die Canonen schüsse klar. Monsignore will sich damit den Cardinals Hut u der Major Comandant Signori Bavari, die Generals Epuletten abschießen. Wir haben unmenschlich darüber gelacht. Nachher sind wir noch im Mondschein in der Stadt umhergelaufen u jetzt haben wir Polybius Beschreibung der Schlacht am Tras: See[3] gelesen u darüber geredet u nun kann ich nicht mehr. Ich umarme Dich 10000 Mal im Geist!!!!!

Gute Nacht Alteschen Lieb

Spoleto 21, Abends 10 Uhr

Heut nur wenige Worte Alte Liebe – Es ist späth weil wir Morgen schon um 6 aufbrechen wollen u Civita Castellana mit den Umwegen nach der Cascade der Marmora [Cascata delle Marmore] u der Brücke von Narni [Ponte d'Augusto], erreichen wollen. Ich habe vortrefflich geschlafen bin um 7 fertig gewesen, u in Perugia umhergefahren in Kirchen u Pallästen Perugino's u Raphaels u seiner Mitschüler Bilder zu sehen. Nach 10 Uhr kleines Dejeuner. Nach 1/2 1 fort. Unter Assisi die Kirche Madonna degli Angeli [S. Maria degli Angeli] gesehen, in welcher eingeschlossen des H: Franziskus Betkapelle, u die Hütte wo er gestorben.[4]

Dann hinauf nach Assisi, das große Kloster von S: Franc: mit seinen drei Kirchen übereinander u seinen ungeheuren Sousbassements besehen.[5] In der Stadt die herrliche Façade des alten MinervenTempels.[6] Dann durch Foligno ohne Aufenthalt als PferdWechsel. Ein göttlicher SonnenUntergang. Vor le Vene, über der Quelle des Clytumnus [Fonti del Clitunno], einen kleinen antiken, ganz erhaltenen Tempel [Tempietto sul Clitunno] besehen,[7] u bei schönstem Mondschein um 7 Uhr hier angekom̄en, wo wir gespeist haben u geschwätzt u Witzlebens Reisejournal von Papa durch Italien angefangen. Die Gegend ist herrlich. Die Städte u Dörfer liegen überaus Malerisch am Gebirge. Im Thal die schönsten Eichen. Verzeih das horrible Geschmier. Ich kann nicht mehr! God bless Thou.

Civita Castellana 22ter auf 10 Uhr Abends

Hannibal ante Portas d:h: ich bin Han̄ibal u das Nest hier ist ante Portas – Morgen – ich fasse den Gedanken kaum – morgen nach Rom – Es ist zu viel, zu viel, wie los Rios sagen würde.

Ich habe gut geschlafen u noch eh es Tag war, um 6 im Wagen u mit vielfacher Hülfe von Ochsen, angefangen die Som̄a [Valico di Somma] zu ersteigen. Der Son̄enAufgang war wunderschön. Das Gebirge ist hier schöner als irgendwo bis jetzt, da es mit dichtem Eichenwald bedeckt ist. Es war tüchtig kalt. (Schon seit Arezzo brennen wir Camin Feuer!) Das Wetter war das schönst mögliche. Gegen 10 zu

Terni wo grade Markt war. Bunsen der voran gefahren war um die Honneurs abzuwenden, erzählte, daß die Wirthin, (die das Aussehen u die enorme Dicke der Bayrischen WirthsFrauen hat) um die Gassenbuben von der Thüre fortzubekom̄en, ihrem Knecht befohlen hatte 2 Eimer Wasser im Halbkreis ihnen in's Gesicht zu schwenken, was dann vollkom̄en geglückt war. Wir frühstückten, u fuhren dann in LandWägen in's Gebirge nach der Cascade die wohl die schönste der Erde ist!!! So um 2 Uhr fuhren wir von Terni ab nach Narni, wo wir stadtwärts in's Thal auf Wagen fuhren die der Gouverneur Zucchari uns besorgt hatte, u die Colossalen Trüm̄er der Brücke besahen. Narni liegt enorm hoch über fürchterlichen Precipicen [Schluchten] an der Nera, überaus malerisch u romantisch. Eine gute halbe Stunde hinter Narni, eröffnete sich uns die Gegend, u von der Höhe des Gebirges auf welchem die Straße [Via Flaminia] unbeschreiblich reitzend läuft sahen wir nach u nach den Abhang gegen die römische Ebene, u aus ihr wie auftauchend den Monte di Soriano [Monte Cimino] bey Viterbo rechts, noch mehr rechts in weiter Ferne das Toscanische Gebirge u den herrlichen Berg Santa Fiora [Monte Amiata?], gradeaus den him̄lichen Sorakt [Monte Soratte], links die Berge um Calvi [dell' Umbria] u zwischen beyden das Sabiner Gebirge, alle von Formen als seyen sie erfunden zum Entzücken; dabei der schönste SonnenUntergang u die lieblichste Luft mit Wohlgerüchen angefüllt – ich schwamm in Glück u Genuß. So durch Otricoli von wo eine fabelhafte Aussicht tief herab in's Tiber Thal, bey Borghetto über den Tiber u von da im lieblichsten, taghellen Mondschein Carrière hierher; den Soract links wie ein wunderschönes Traumbild. Um 7 hier. Ein kleines charmantes Haus, ein sehr eigenthümliches, heimliches Eßzim̄er in welchem die Treppe von unten her, gleichsam wie ein Meuble des Zim̄ers heraufgeht. Jetzt haben wir geschwätzt u gespeist u geschwätzt bis diesen Augenblick – u nun mache ich mein Päckchen zu u gebe es [Haase; Zeichnung eines laufenden Hasen] der Morgen früh in Rom seyn wird um den Brief auf die Post zu geben, welche Morgen eher abgeht als wir anlangen können – Ach Lore! Lore! Ohne Dich ist doch Alles Nichts u nur halbe Freude. Dein liebes, holdes Bild schwebt als mein guter Engel vor meiner Seele u bey jedem Schönen denke ich im̄er, was würde meine Gute Liebe dazu sagen. Nun Gott gebe uns in Gnaden ein frohes in Ihm frohes Wiedersehen, das ist mein im̄er währendes Gebet u Deines auch das weiß ich u das hält mich u beglückt mich. Gottes Engel mögen Dich behüthen u sein Seegen auf Dir ruhen. [Christusmonogramm zwischen Alpha und Omega]

Ewig Dein Fritz

1 Im Jahr 217 v. Chr., im 2. Punischen Krieg (218–201 v. Chr.), besiegte Hannibal den Konsul Gajus Flaminius, der mit weiteren 15000 Römern fiel, in der Schlacht (an der Nordseite) des Trasimenischen Sees.

2 1452–57 erbaut; die Sala dell'Udenzia schmücken Fresken von Perugino und seinen Schülern, zu denen Raffael gehörte (1498–1500).

3 In seiner »Universalgeschichte« beschreibt der griechische Historiker Polybios die Geschichte Roms, Griechenlands und des Orients in der Zeit von 264–44 v. Chr.

4 Nach einem Entwurf von Galeazzo Alessi 1569–1684 errichtete dreischiffige, überkuppelte Kirche, die ältere Gebäude wie die Cappella della Porziuncola, die Cappella del Roseto und die Cappella del Transito, wo der hl. Franziskus am 3. Oktober 1226 starb, einschließt; 1832 stürzte bei einem Erdbeben das Hauptschiff ein, 1836–40 Wiederaufbau; 5 km südwestlich der Altstadt.

5 S. Francesco, die 1253 geweihte Hauptkirche des Franziskanerordens, besteht aus zwei Geschossen und ruht auf gewaltigen Substruktionen, die im Berghang verankert sind; in der Unterkirche befindet sich das Grab des hl. Franziskus, in der Oberkirche der von Friedrich Wilhelm nicht erwähnte kunsthistorisch bedeutende Fresken-Zyklus Giottos zur Franziskus-Geschichte.

6 Der aus der Spätzeit der Republik oder der frühen Kaiserzeit stammende Tempel wurde 1539 zu einer christlichen Kirche (S. Maria sopra Minerva) umgebaut; die Cella und die Fassade blieben dabei erhalten.

7 Frühchristliche Kirche S. Salvatore des 4./5. Jh. in Gestalt eines Antentempels mit vier Säulen und christlicher Symbolik im Tympanon; im 8./9. Jh. wohl langobardisches Fürstengrab; 1 km entfernt davon die Quelle des Clitumnus, ein idyllischer, seit der Antike vielbesuchter Ort. Der kleine Ort Le Vene liegt in unmittelbarer Nähe, 6 km südlich von Trevi.

10.

Rom 23 Oct. 1828 11 Uhr Nachts

Das war ein Tag, Liebste, Theuerste Elise!!! Das war ein Tag. Ich bin wie erdrückt davon, ich habe kaum noch einen Kopf – nur am KopfWeh das übrigens nicht stark ist merke ich, daß ich noch einen habe – Ich fange nur einen Brief an – nur wenig Worte – Wie konnte ich anders als Dir von ROM die erste GuteNacht zu wünschen. Dein theures Bild schwebt mir vor unaufhörlich – u bey allem Unbeschreiblichen, Unaussprechlichen was ich heut gesehen u gefühlt, war meine schönste Freude der Empfang von 2 Briefen meiner guten, braven Alten, des letzten aus München u des ersten aus Tegernsee vom Trauertage [Abschied am 1. Oktober]. Von ganzer Seele meinen Dank für diese Wonne die Du mir gemacht. Welch prächtige Nachricht von der guten GroßMama [Friederike Amalie] aus Carlsruh [Karlsruhe] –

Jetzt LebWohl mein Lieb. Gute Nacht. Gott mir Dir.

24ter nach 10 Uhr früh

Guten Morgen mein Lorchen. Möchtest Du so gut geschlafen haben wie ich. Ich habe mich ordentlich künstlich zum Schlaf bereitet u es ist gelungen. Erstlich suchte ich mich so philiströs zu stim̄en wie möglich, denn die Philister schlafen im̄er gut, u ich war moralisch über Alles Gesehene u durch das Gefühl in Rom, in Rom, in ROM zu seyn so aufgeregt, daß ich mich nicht fassen konnte. Durch meine Bemühungen mich bodenlos ordinair zu stim̄en u durch ein BrausePulver schwand aber Alles u ich habe eine sehr gute Nacht gehabt u bin heut GottseyDank wie der Fisch im Wasser ohne KopfWeh oder sonst etwas. Ich werde heut mit einigen Unterbrechungen schreiben, denn ich bin späth auf (um 1/2 9!!!) habe lange geschwätzt mit Ancillon, Gröben, dem Maler Catel; Sasse hat einen Brief von Rumo[h]r vorgelesen u jetzt wollen wir bald déjeuniren um um 12 zum Papst [Leo XII.] auf den Vatican zu fahren. Um 1/2 6 Uhr ist Diner bey O: Heinrich. Der hat mich schon fast zu Krämpfen verholfen durch die Sachen die er gesagt u die Art dabey die kein Mensch hat!! Das Pantheon nen̄t er nie anders als Pantalon.

Abends 9 Uhr

Ich kom̄e eben vom Diner bei O: Heinz [Heinrich] u werde jetzt gleich zum Thee bey Bunsen fahren. Doch will ich die wenigen Augenblicke benutzen, um mein TageBuch fortzusetzen – Zu Civita Castellana schlief ich nicht gut, wegen Agitazion über die Dinge die da kom̄en sollten, u weil wir zu späth Dinirt hatten. Der Gouverneur, d:h: wie alle Päpstl: Gouverneurs ein schwarzer Civilist, u der Comandant u Carabinier Chef, beyde Militärs, besuchten mich noch vor der Abreise. Um 3/4 8 fuhren wir ab, erstl: durch ein reitzendes Land voll Eichenwälder u terrain Abwechselung. Alle Augenblicke fielen mir Ähnlichkeiten mit der Potsdam̄er Gegend auf – nur was dort BrauhausBerg u Consorten sind, vertritt hier das Sabiner u Latiner Gebirge.

Je weiter wir kamen je öder und unfruchtbarer wurde das Land – dasselbe Land, das mit Villen, Tempeln, Ortschaften, Städten u Pracht-Bauen aller Gattung so bedeckt war, daß auch Constantin der nach Otricoli kam glaubte, Rom finge schon an.

25ter früh 9 Uhr

GutenMorgen mein Lieb – Ich bin erst 3/4 1 Uhr zu Bett u daher erst vor 1/2 Stunde heraus. Das ist eigentlich watScheißliches. – Wir waren also bey der Campagna u ihrer grandiosen Öde stehen geblieben – Es war 1/2 12 als wir von einer Höhe hinter der vorletzten Stazion, Baccano, S: Peter erblickten. Wir stiegen aus u lorgnettirten alles ab. Zu la Storta war Bunsens Wagen u eine andre Carriole, ich, Ancillon u Bunsen stiegen in ersteren u so fuhren wir auf der alten Via triumphalis dem Monte Mario zu. Auf halbem Wege kam uns O: Heinrich entgegen. Nein, wie habe ich mich gefreut. Er war zu Fuß u schwitzte unmenschlich u setzte sich zu uns. Am Thor der Villa Mellini auf dem Monte Mario waren Gf u Gfn Voss, Scharnhorst der noch im̄er nicht nach Griechenland gekon̄t hat, (General Lepel war uns schon unterwegs entgegen geritten) u die Maler Catel u Grahl. Wir erstiegen die Höhe u da war mir's als käme ich nach langer Abwesenheit an einen bekannten, heimischen Ort. Es ist grade die Aussicht, welche in Sans souci in Deinem Zim̄er rechts gemalt zu sehen.[1] So unbeschreiblich frappant,

17. Giovanni Paolo Panini, Rom vom Monte Mario aus

dieselbe Beleuchtung dabey. Wahrlich ein unbeschreiblicher Moment!!!!!!! Von da gingen wir zu Fuß auf dem antiken Pflaster die triumphalStraße hinab, setzten uns ein u fuhren durch die Porta Angelica, vorher beym Vaticanischen Museum (Belvedere) entlang in die ewige Stadt, bey einer Menge Mädchen vorbey, die festlich geschmückt, mit Tambourins singend wie herköm̄lich den October verjubeln. Im Porticus vor S: Peter hielten wir u gingen langsam in die unermeßliche Kirche!!!!!!! – Von da gefahren, bey der Engelsburg vorbey, über die EngelsBrücke nach dem Pantheon wohinein wir einen Moment gingen!!!! Dann setzte ich O: Heinrich ab u machte ihm zugleich meine Visite u nun hierher wo wir deliziös wohnen, auf dem spanischen Platz alla locanda del Sign: Ramelli, la grand Europa. O: Heinz kam zum Diner zu mir, an dem auch unser Consul Valentini, Bunsen, Lepel, Voß etc Theil nahmen. Graf de Celles der niederl: Ambassadeur u der Cardinal Staats Secretair Bernetti besuchten mich. Nach 8 Uhr beym hellsten Mondschein fuhren wir nach dem Capitol, stiegen bey der großen Treppe aus, überschritten den Hügel zwischen den Colossen [Dioskuren] u den Trophäen des Marius hindurch, bey Marc Aurels Reiter Statue vorbey u fanden uns plötzlich auf dem Forum Romanum!!!!!!! langsam hindurch, am Bogen des Septimius, den 4 großen Tempel Trüm̄ern vorbey, durch den enormen FriedensTempel[2], rechts durch den Bogen des Titus an dem wir beym Mondlicht deutlich den 7armigen Leuchter von Jerusalem[3] erkannten, beym Bogen des Constantin u den Ruinen [des Tempels] von Venus u Roma vorbey, in's Colosseum, das so riesenhaft aussah wie ein Gebirge!!! Dort umhergezogen, erst ohne, dann mit Fackeln u dann zuhaus durch die Trüm̄er von August's u Trajan's Forum, bey der einen ganzen Fluß ausströhmenden Fontana di Trevi vorbey. Du begreifst liebe, gute Alte, daß ich dem allen fast erlag, u wie gut mir der ruhige Schlaf darauf that.

Gestern nahmen wir nichts vor bis zum 2ten Frühstück (nach 1/2 11) an dem alle Vossen Theil nahmen. Gegen 12 Uhr in Pontificalibus nach dem Vatican, um S: Peter umher, zum Pontifex Maximus [Leo XII.], wo mich die sonderbarsten Figuren, in den sonderbarsten Trachten empfingen, endlose Treppen hinauf, durch endlose Gemächer. Ich wurde noch einmal mit Kniebeugung annoncirt, u stand vor ihm in seinem Boudoir das fast so klein ist als der große Marmorsaal im Potsdam̄er Schloß.[4] Wir setzten uns. Er was höchst liebenswürdig u wir schwätzten fast 1/2 Stunde, lauter unverfängliche Sachen. Ich war enchantirt von ihm. Zuletzt ließ er meine Herren hinein, sprach mit Ancillon einige Worte worauf wir uns empfahlen. Der liebenswürdige, alte Mann hat mir einen Eindruck von Schmerz u Mitleid gemacht, den ich gar nicht so weitergeben kann[5] – daß, er, der den Schwächen der Menschheit so weltkundig seinen Tribut gezollt, in seinen letzten Tagen sich durch eine weltHistorische Nothwendigkeit genöthigt sieht, sich als Gott auf Erden im Staube verehren zu lassen; der auf Gottes Altar buchstäblich gesetzt u angebetet, der dort sitzend sich den Leib u das Blut des Herrn bringen läßt; der erhoben worden ist durch ein Collegium welches wohl aus den schlechtesten u unfrōmsten Menschen besteht, der bis zu seinem letzten Athemzug gezwungen ist eine Rolle zu spielen, die eine beständige GottesLästerung ist u beständige Anbetung Gottes vorstellen soll! Verzeih mir Geliebteste diesen Erguß meiner Gefühle. Ich kann nicht anders – Auf dem Rückwege gingen wir wieder in S: Peter; vorher aber machte ich Bernetti im Vatican Visite u warf nachher bey Somaglia dem CardinalDecan meine Carte ab. Dann umgekleidet, u um 3 aufs Capitol. Den Thurm erstiegen. Die ganze Stadt alt u neu mit einem Blick!!!!!!!

Darauf unter dem modernen Pallast [Pal. Senatorio], das alte Tabularium besehen, wo auf ehernen Tafeln, alle Verträge der Republik aufbewahrt waren. Dann in die ganz verwüstete Villa Negroni gefahren u den Wall des Servius Tullius gesehen zuletzt in die nahe Basilik von Santa Maria Maggiore (meinen Dom Projekten sehr ähnlich)[6] herrlich u prachtvoll – u über die wunderschön geführte neue Promenade Pius VII zuHaus. – Um 1/2 6 Diné bey O Heinz, wo unter vielen auch Thorwaldsen war. Nach 9 Uhr zum Thee zu Bunsen in Pallazzo Caffarelli auf den Grundfesten des Capitolinischen Heiligthums,[7] die Bekanntschaft seiner liebenswürdigen Frau gemacht, Bilder u Pläne gesehen, übers Forum gestritten; um 1/2 1 Uhr zuhaus. Gut geschlafen u da sitz ich nun.

Mes belles Amours, je Vous baisse un million de fois les yeux – Deine lieben, schönen, göttlichen ehrlichen Augen.

Gott seegne Dich † Ewig Dein Fritz

Eben habe ich Deine him̄lisch lieben Briefe vom 14. 15. 16. erhalten. Wie danke ich Dir.

1 Giovanni Paolo Panini: Prospekt der Stadt Rom vom Monte Mario aus (1749), Lw., 101×168 cm, SPSG. Ab 1827 wohnte das Kronprinzenpaar in den Sommermonaten häufig im Gästeflügel des Schlosses Sanssouci; das Gemälde befindet sich im dritten Gästezimmer.

2 Gemeint sind Saturn-Tempel, Basilica Julia, Kastor- und Polluxtempel, der Vesta-Tempel und die Konstantins- oder Maxentius-Basilika des 4. Jh., der letzte Großbau auf dem Forum Romanum, eine dreischiffige Basilika, die wahrscheinlich das Erdbeben von 847 zum Einsturz brachte; sie galt lange als Teil des benachbarten, bis heute nicht ausgegrabenen Forums des Kaisers Vespasian.

3 Eintoriger Triumphbogen am Beginn der Via Sacra (Ende 1. Jh.); auf einem der beiden Reliefs an den Seitenwänden des Durchgangs sind Beutestücke aus dem Tempel von Jerusalem dargestellt, als Hinweis auf den Jüdischen Krieg, der im Jahr 70 mit der Zerstörung Jerusalems endete.

4 Der Vergleich ist offensichtlich spöttisch gemeint. Der Marmorsaal befand sich im Südflügel (Corps de Logis) des Potsdamer Stadtschlosses (Ruine 1960/61 beseitigt) und war dessen zentraler Festsaal; 1744–52 im Rahmen eines umfassenden Umbaus der 1664–1706 errichteten Anlage Umgestaltung in eine Ruhmeshalle für Kurfürst Friedrich Wilhelm; die künstlerische Oberleitung hatte Georg Wenzeslaus von Knobelsdorff.

5 Ungeachtet seines rigiden Konservatismus in politischen und kirchlichen Angelegenheiten strahlte, wie viele Zeitgenossen bestätigen, Leo XII. menschliche Wärme und Güte aus. Als er am 10. Februar 1829 gestorben war, herrschte in Rom aber eher Erleichterung als Trauer.

6 Siehe S. 69ff.

7 Auf der südlichen Kuppe des Kapitolinischen Hügels lag in der Antike der Tempel des Jupiter Optimus Maximus Capitolinus, an jener Stelle, wo heute noch der Palazzo Caffarelli steht; Datierung und Aussehen sind mangels archäologischer Anhaltspunkte umstritten; Baubeginn wohl Ende des 6. Jh. v. Chr.

11.
Rom 25 Oct: 1828 Abends 1/2 9 Uhr

Obgleich ich eben einen Brief an Dich, in einen an Jeannettins [Johann] eingelegt habe, schreibe ich Dir doch gleich noch einmal um Dir ein freundliches HandBillet von O: Heinrich zu senden, welches gewiß Beyfall finden wird. Eingeschloßen ist ein halber Paul[1] als Souvenir – Ich habe so gelacht darüber! Mege Dir's einigen Spaß machen.

Daß Du den Witz von Novi u Vecchi nicht verstanden hast, begreife ich nicht, da Alt das Gegentheil von Neu ist u Vecchi, Alt oder wenn Du willst Alti oder Alte, Novi dagegen Neu oder Neui oder Neue heißt, daher folglich Vecchi das Gegentheil von Novi ausmacht – u da haben wir ja, was wir haben haben woll. Quod erat demonstrandum.[2]

Du schreibst mir gar nichts von Williams [Wilhelm] Stimmung, wegen Abgehen oder Bleiben etc.[3]

Wie freuen mich die Nachrichten von der guten GroßMama [Friederike Amalie]! Ach Alte Du glaubst gar nicht was Deine 2 Briefe mir für Wonne wieder gemacht haben. Alle Wonnen von Rom treten so in den Hinter Grund, gegen eine Zeile von meinem Lieb. Bis hierher war ich eigentlich so melancholisch, so über alle Ausdrücke sehnsüchtig, heimwehig nach Dir Du mein guter Engel, daß mir Nichts recht schmecken wollte. Gott weiß, daß ich nicht um ein Haar minder mich nach Dir sehne, als vorher, aber hier hat das Gefühl das wirklich Krankhafte verlohren, welches ihm bis jetzt beywohnte. Ich habe Freude u Interesse an den Dingen u welche Dinge sind hier!!! Heut nach dem Frühstück, das wie im̄er mit allen Voßen gemacht wurde, sind wir aufs Vaticanische Museum – Ein solches WeltWunder von Architektur Exposizion, Werth der Kunstschätze, undenkbare Pracht des Materials!!! Enfin das ist 'mal ganz u gar zum Verzappeln. Aus den Fenstern sehen wir in der kleinen deliziosen Villa Pia, (die [Du] aus dem Werk über die römischen Villen[4] kennen wirst) den Papst [Leo XII.], der sich auch eine Oktober Freude wie alle Römer machte, fischte, Netze strikte u nach Sperlingen schoß. Er war wie im̄er ganz weiß gekleidet u trug einen purpurnen Cardinals Hut. Nachher waren wir noch einen kleinen Augenblick in der PetersKirche u dann zuHaus, wo ich Jeannot [Johann] ausschrieb u den Brief an Dich einlegte. Ich bin neugierig ob Du diesen 9 Stunden jüngeren Brief früher empfangen wirst als den durch Jeannot. Er wollte am 27ten Florenz verlassen u am 1ten Nov: bey Euch seyn. Doch ich muß schließen. In 10 Minuten geht die Post. God bless You sweet heart. Ewig Dein Fritz

Eben habe ich das ganze Diplomatische Corps angenom̄en u hoffe sehr aimable gewesen zu seyn

[auf der Rückseite:]

Hierbey einige kleine Muscheln die ich aus der Ballustrade vom Thurm des Capitols ausgekratzt.

Der halbe Paul von O: Heinz [Heinrich] ist abhanden gekom̄en

Der 1/2 Paul ist da

1 Die Hauptzahlungsmittel in Rom waren: Zechine, Scudo, Paolo (»Paul«), Bajocco; dem Scudo entsprachen etwa 1 1/2 Reichstaler.

2 Siehe 3. Brief

3 Die heute kaum noch nachvollziehbaren Vorgänge um Wilhelm von Braunschweig, der seit 1823 als Offizier in der preußischen Armee diente, haben den Kronprinzen offenbar sehr bewegt. Er kommt in seinen Briefen immer wieder auf diese Angelegenheit zurück.

4 Das 1809 in Paris erschienene Tafelwerk »Choix des plus célèbres maisons de plaisance de Rome et de ses environs mesurées et dessinées par Charles Percier et Pierre-François-Léonard Fontaine«; die mit Statuen und Brunnen reich geschmückte Casina di Pio IV im Garten des Belvedere erbaute Pirro Ligorio 1558–61.

12.

Rom 26 Oct: 1828 Nachts 1/4 12 Uhr

Eh' denn ich schlafen gehe noch ein Stückchen TageBuch für mein Lieb. Gestern als ich Abends Dir ausgeschrieben, den 2ten Brief mit O: Heinrichs Billet, den 1/2 Paul u den Capitolinischen Muscheln, lief ich noch mit Massow u Gröben die spanische Treppe dicht an unserm Hause hinauf u sah Rom vom Pincius [Monte Pincio] im Mondschein an, unter dem dichten Schatten der im̄er grünen Eichen vor der überfließenden Jatte [Brunnenschale] vor der Villa Medici. Dann zu Bett; nicht zum besten geschlafen et pour cause [nicht ohne Grund]! Heut ziemlich späth heraus es mochte 8 seyn, an Papa einen Brief angefangen u um 10 aufs Capitol in den Gottes Dienst der Gesandtschafts Capelle der höchst würdig u erbaulich ist u durch eine KernPredigt von Tholuck noch erhöht wurde. Dann von Bunsens Zim̄ern die herrliche, einzige Aussicht gesehen u drauf zuHaus u déjeunirt nach 12 Uhr – Nachher fuhr ich zu den 4 Ambassadeurs von Niederland [Celles], Östreich [Lützow], Frankreich [Chateaubriand] u Spanien. Erstrer allein nahm mich an um mir seine schöne Wohnung u Garten (in der

18. Friedrich Overbeck, Italia und Germania

Villa Aldobrandini auf dem Quirinal) zu zeigen was denn auch sehr der Mühe werth war. Nachdem ich mir hier den Überrock angezogen, fuhren wir nach der Villa Borghese u späther nach der Villa Pamphili wo alles Volk zusam̄enströhmt um den October zu genießen. In erstrer fuhren wir blos umher, letztre aber durchgingen wir ganz u auf jedem Schritt fand ich bekannte Gegenstände.[1] Du kannst Dir mein Entzücken denken. Dabey das göttlichste Wetter. Ich habe vergessen zu sagen, daß wir auf dem Weg von einer Villa zur andren, S: Peter wieder besuchten, wo wir den Anfang der großen Vesper (von den infam langweilig aussehenden ChorHerren u einem Chor von Capittel Sängern, Mönchen, Opernsängern u Castraten gesungen) mit anhörten. Den Rückweg von Pamphili nahmen wir durch das Thor S: Pancrazio, bey der (unglaubliche WasserMassen ausströhmenden) Fontaine Aqua Paula [Fontana dell'Aqua Paola] vorbey, über die Sixtinische Brücke [Ponte Sisto], vorm Pallast Farnese vorbey der Papst Paul III 7,000000 Scudi kostete[2] vorüber. Nach 6 Uhr dinirt mit O: Heinrich, Thorwaldsen, Grahl, Cattel [Catel], einem H v Normann, Tholuck etc; sehr lustig u animirt. Dann sind wir in der Oper gl'Arabi nelle Gallie[3] gewesen, in der Loge des ruß: Gesandten Fürsten Gagarin die er sehr gütig angebothen. Ich bin ganz weg vom Gesange der Bocabadati u David's. Zwischen beyden Akten wurde ein dum̄es Drama aus Peter des Großen Geschichte gegeben. Den letzten Akt der Oper habe ich nicht ausgesehen, um meinem Lieb noch schreiben zu können. Nun bedarf ich aber auch der Ruhe u sage meiner herzigen Lore, nach der ich mich über allen Ausdruck heiß sehne, von Herzen eine GuteNacht.

27ter 3/4 8 früh

Bonjours Lise, GutenMorgen mein braves Lieb! Ich wünsche, daß Du so gut geschlafen haben mögest wie der alte Esel. Weiter habe ich Dir noch nichts zu berichten, außer, daß das Wetter wieder göttlich ist wie ohne Ausnahme die ganze Zeit seit den ersten Tagen in Florenz wo es nicht klarer u einmal auch regnerisch war. Hier behauptet man, das sey unerhört so späth im October wo Regen u Scirocco abzuwechseln pflegten. Wenn's nur in Neapel gut bleibt. Aber Euer Schnee empört mich. Dat is watscheißliches!! Neals, Holzendorffs u Reventlows Tod gehen mir recht nahe!!! Weißt Du, Du hättest mir a kleins Bresele mehr aus Mathildens 12 Seiten mittheilen sollen – Nein doch nicht Nein, Nein, schone Deine Augen! Was ist denn aus Mathildens erstem Brief geworden? – Und Abbat [Albrecht], der Callwallteriste [Kavallerist] werden will, 's ist entsetzlich, beynah viereckig! Mit so wenig Sitzfleisch! Sans fesses [Hintern] etc sans mollets [Waden] und Major! Der Wurm, ein Stabsracker! 's ist zum Wälzen. Wilhelm ist also richtig nach Weymar gedöhmelt. Grand bien lui fasse [viel Vergnügen]!!! Lege mich der Mama [Karoline] zu Füßen u den holden Schwestern [Amalie, Maria Anna]. 1000 Liebes u Schönes der Reede u Borschteln [Borstell] – Und der gute Johannes wird nun (wenn Du den Brief erhälst) wohl schon bey Euch seyn. Wie mir der fehlt ist gar nicht zu sagen! Aber Du! Du! Du! doch noch 10 000 mal mehr.

Gott seegne Dich † Ewig Dein Fritz

das Blatt nach dem Du frägst ist aus dem Pallast Pasqua zu Genua ein Orangen Blatt

Morgen wollen wir nach Tivoli!!! Abends Diné bey Gf de Celles. Heut ist teutsche Ausstellung auf dem Capitol.[4] Ich fahre gleich hin um dort Caffé zu trinken. Hierbey ein Cypressen Büschel aus der Villa Mellini.

1 Mehrere Ansichten der Villa Pamphili finden sich bei Percier/Fontaine (1809); Friedrich Wilhelm kannte aber auch (oder besaß sogar) das im Auftrag von Camillo Pamphili 1653–59 (2. Auflage um 1670) veröffentlichte Stichwerk, das u. a. die wichtigsten antiken Statuen, Büsten und Reliefs abbildet, die sich im und am Casino Bel Respiro sowie im Park befanden: »Villa Pamphilia eiusdem palatium, cum suis prospectibus, statuae, fontes, vivaria, theatra, areolae, plantarum, viarumque ordines, cum eiusdem villae absoluta delineatione«.

2 Den prächtigsten der römischen Paläste ließ Kardinal Alessandro Farnese, der spätere Papst Paul III. (1534–49), seit 1514 errichten, zunächst durch Antonio da Sangallo d. J., seit 1546 Michelangelo; vollendet wurde er von Vignola und Giacomo della Porta. Später gelangte der Palast in den Besitz der Bourbonen und des französischen Staates.

3 Siehe 7. Brief, Anm. 11

4 Siehe S. 56ff.

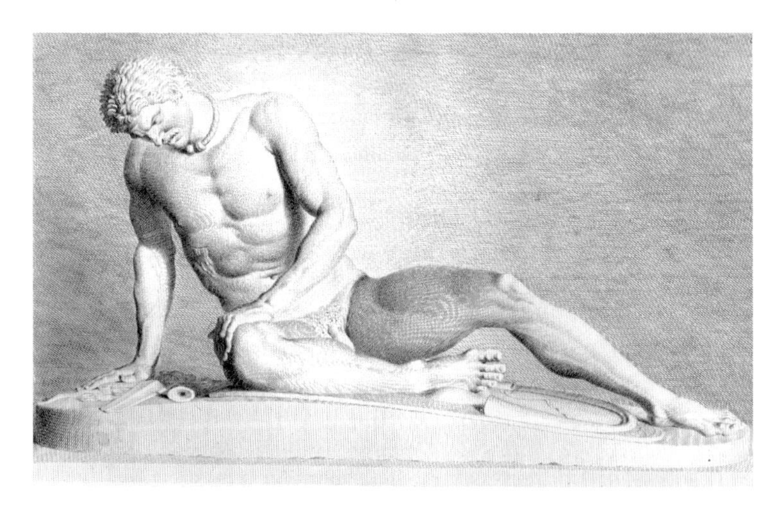

19. Sterbender Gallier

13.
Rom 27 Oct: 1828 9 Uhr Abends

Die Post geht erst Morgen ich schreibe also 2 mal mit einer Gelegenheit meiner lieben, guten, braven Alten. Ich habe gestern nach Schließung meines Briefes an Loren excellent geschlafen, bin um 7 Uhr auf, habe keinen Caffé getrunken aber an Lore weiter geschrieben u bin dann nach 8 Uhr aufs Capitol zu Bunsen um die Ausstellung der teutschen Künstler zu sehen, vorher aber um Caffé zu trinken. Doch das habe ich heut morgen ja schon angedeutet. Enfin der Caffé war vortrefflich u die Ausstellung sehr ausgezeichnet. Von da gingen wir dicht am Haus den Tarpejischen Felsen zu besehen u die Substruczionen des großen Capitolinischen Heiligthums, wobey ich eine alte Bekanntinn Mll Klein aus Berlin wiedersah; seit 23–24 Jahren zuerst wieder in Rom!!! Sie ist Malerinn u wohnt auch im Palast Caffarelli. Dann den rechten Flügel des Capitolinischen Museums [Pal. dei Conservatori] besehen – zu Haus – déjeunirt – An Papa geschrieben – Wieder aufs Capitol doch zuvor Gemälde von Reinhardt im Palast Massimi u das Attelier von Overbeck besucht wo herrliche Sachen sind.[1] Dann den linken Flügel das eigentliche Capitolinische Museum [Pal. Nuovo] besucht, wo Alle Kaiser u Philosophen in Büsten zusehen sind, die prächtige Venus, der sterbende Fechter, der griechische u Aegyptische Antinous etc etc etc etc!!!!!![2] Nachher in die nahe Kirche Ara Celi [S. Maria in Aracoeli] auf der alten Capitolinischen Burg [...], wo wir auch den bekannten Bambino mit den schönsten Edelsteinen aufs Garstigste geziert mit guter Contenance betrachteten.[3] Welch Scandal das 'mal wieder ist – wahrlich Gotteslästerl: PfaffenBetrug. Dann übers Forum u beym Colosseum vorbey auf den Coelius in's Kloster SS Giovanni e Paolo gefahren, wo eine 30–40 Fuß hohe, prächtige Palme steht u von wo man eine der interessantesten Aussichten in die Trūmer des alten Rom's hat.[4] Über den spuhrlos verschwundenen Circus Maximus, unter den KaiserPallästen vorbey, am Theater des Marcellus vorüber zu Haus. Gleich drauf um 6 zu O: Heinrich, wo Graf de Celles mit einigen Cavalliren speiste. Es war sehr animirt u wir schwätzten bis nach 1/2 9 Uhr; und da bin ich nun u sage meiner Lore GuteNacht.

28ter Mittags

Ich muß schnell enden weil die Post gleich geschlossen wird. Heut früh haben wir im Vatican die Verklärung, die Madoña v Foligno, die Him̃elfahrt Mariä u die 3 kleinen Bilder die auch bey mir in Berlin hängen, Glaube, Hoffnung, Liebe [gesehen].[5] Alles von einem sichern Raphael, ferner andre aber wenige Meisterstücke von Perugino, von PaulVeronese, Tizian etc. Dann die Logen u zuletzt die Stanzen!!!!!!!!!![6]

Gott seegne Dich mein Lieb Ewig Dein Fritz

1 Im Palazzo Massimo di Rignano am Fuße des Kapitols, erbaut gegen Ende des 17. Jh. von Carlo Fontana, waren seit Anfang 1828 acht heroische Landschaften zu sehen, die Johann Christian Reinhart für den Marchese Massimo ausgeführt hatte. Die in Tempera auf Leinwand gemalten Bilder gelangten später über den Kunsthandel in die Berliner Nationalgalerie (seit 1945 verschollen). Friedrich Overbecks Wohnung und Atelier befanden sich ganz in der Nähe in der Via de' Delfini 16.

2 In der Sala degli Imperatori sind 65 Büsten römischer Kaiser und ihrer Verwandten in chronologischer Reihenfolge aufgestellt, in der Sala dei Filosofi 79 Büsten antiker Philosophen, Dichter, Ärzte, Redner, Historiker, darunter drei Homer-Büsten nach hellenistischen Originalen.

3 In der Sakristei der Kirche, die auf den Fundamenten des Tempels der Juno Moneta steht, wird der wundertätige Santo Bambino aufbewahrt; der Legende nach geschnitzt aus dem Holz eines Ölbaums aus dem Garten Gethsemane zur Zeit Jesu.

4 Die im 12. Jh. auf einem frühchristlichen Vorgängerbau errichtete Basilika steht auf dem Celio; von dort blickt man auf die Kaiserpaläste des Palatin und das Kolosseum.

5 Transfiguration (Verklärung Christi, 1516–20), Holz, 405×278 cm (Dussler I/119); Madonna von Foligno (1512), Lw., 301×198 cm (I/117); Krönung der Maria (1503), Holz, 267×16 cm (I/120); Glaube, Liebe, Hoffnung, Holz, je 16×44 cm. Die drei Predellentafeln gehören zur »Grablegung« in der Galleria Borghese (I/118); Friedrich Wilhelm besaß offenbar davon eine druckgraphische Reproduktion.

6 Loggien (Dussler II/6); Stanza della Segnatura, Stanza di Eliodoro, Stanza dell'Incendio und Sala di Costantino (Dussler II/5).

14.
Rom 29: Oct: 1828 früh auf 1/2 7 Uhr

Noch einen Herzlichen guten Morgen an Altesjen Lieb eh' denn ich nach Tivoli fahre. Für gestern haben wir das Project abandon̄irt [aufgegeben] weil wir fürchteten zu späth zum Diné des niederländ: Ambassadeurs [Celles] zu kom̄en. Der Morgen gestern im Vatican ist mir unvergeßlich, vor allem die Transfigurazion, die Madon̄a v Foligno u die Stanzen.[1] Diese letztern waren die Wohnzim̄er des Papstes Julius II. Ich kann sie mir auch als solche ganz reitzend denken; mit ein wenig comfortabler Einrichtung müßten diese Zim̄er auch die Angenehmsten der Welt seyn. Die schönsten werden sie im̄er bleiben. Nein diese Bilder. Ich möchte sogern viel davon sagen, aber es geht nicht! – Der Eindruck läßt sich nicht wieder geben. Statt um 11 Uhr zurück zu seyn, waren wir's erst um 1/2 1 Uhr, wo wir dann unsern Hunger stillten. Gegen 3 Uhr machten wir uns wieder auf, besahen das Attelier des römischen Malers Camuccini der ein tüchtiger Zeichner u Zusam̄ensteller ist, enorme Bilder in der Arbeit hatte, aber noch ganz im französischen Genre ist[2] –Von da in feu [des seligen] Canova's unermeßliche Werkstätten. Sehr viel schofles Zeug, doppelt schofel jetzt, da sein wunderkünstlicher Meißel abgeht um den Knochen losen Gestalten das Leben des Fleisches zu geben, worin er unübertroffen bleiben wird. Dann zu Thorwaldsen, wo in 3–4 Werkstätten die Meister Stücke sich so drängen, daß es einem an Augen u am Begreifen des schönen Sinnes seiner Schöpfungen fehlt.[3] Über die Pincianische Promenade zu Haus, toilette gemacht, u zum NL Botschafter, wo die 3 übrigen Botschafter, Mad de Chateaubriand, Mad Narischkin (Malekadhels [Woronzow] Schwester), die Bunsen etc waren u wo Celles SchwiegerMutter, die Gräfinn v Valence, der Genli's Tochter, die Honneurs machte. Sie ist eine angenehme kleine Alte. Das Diné war gut u ungenirt. O: Heinz [Heinrich] war auch da. Nach Tisch war lange Conversazion; ich kam so mit der Narischkin in's Schwätzen, daß es 10 Uhr war, als wir zuHaus kamen. Ich sprach mit den Herren unser TageWerk noch einmal durch u legte mich dann schlafen. Habe eine gute Nacht gehabt u bin jetzt auf dem Sprunge nach Tibur [Tivoli]!!!
Addio

20. Wilhelm Hensel, Kopie von Raffaels »Transfiguration«

30ter früh nach 1/2 9

Liebe, Gute Alte, das war gestern eine famöse Partie! Beym schönsten Wetter fuhren wir ab. Gfn Voß hinterdrein; leider blieb aber Ancillon der eine Pille genom̄en, zurück. Die großartige Öde der Campagna ist hier u da durch Trüm̄ern aus der alten u mittleren Zeit[4] noch großartiger u öder; nur wenigen Pachthöfen begegnet man. Bey der Brücke Solfatara, wo sonst Prachtbaue für BadeGäste sich drängten u wo jetzt kein Stein mehr zu sehen ist,[5] stinkt's so nach Schwefel, daß es nicht zum Aushalten ist! Je näher man Tivoli kom̄t, je schöner u reitzender hängt es an dem prächtigen Gebirge. Rechts auf kleinen Hügeln der Ebene erscheinen die alle Begriffe übersteigl: Colossalen Trüm̄er der Villa Hadrian's schändlichen Andenkens.[6] Man fährt über den Teverone [Anio] auf einer antiken Brücke [Ponte Lucano] u gleich drüben ist das große Mausoläum der Plautischen Familie [Zeichnung], woran die Inschriften zu sehen als seyen sie gestern fertig geworden.[7] Da hört die Öde plötzlich auf u man fährt durch einen ich glaube 1000jährl: Öhlwald, das Gebirge hinauf nach Tivoli. Wir fuhren durch die ganze Stadt, die nur von Bettlern bevölkert zu seyn scheint, nach dem sehr schmierigen WirthsHaus an den 2 Tempeln die man nach der Vesta u Sybille nen̄t,[8] über den furchtbaren Abgrund, wo man vor stürzendem Wasser sich kaum versteht. Wir stiegen in die Klüfte hinab zu der Grotte Neptuns u der Syrenen u frühstückten dann zwischen beyden Tempeln, das was H Pichowsky uns zubereitet hatte. Nachher auf Eseln den großen Giro gemacht, bey der wiederhergestellten, großen Cascade in der Stadt vorbey[9] aufs andre Ufer, u nun im Angesicht der Cascatellen, die kein Pinsel u keine Beschreibung wiedergeben können!-!-!-!- besonders die letzten, die aus u neben der Villa des Mäcens [Villa Mecenate] (wie man diese Colossalen Trümer nan̄te) hinabstürzen.[10] Ich frug mich 20 mal, ist das wirklich möglich? Es ist zu schön! Wir gingen, da wo der Teverone oder Anio die Berge verläßt wieder über den Fluß u stiegen hinauf nach der Villa Mecenate, wo die Landstraße unter ihren Bogen durch ging, sahen uns etwas drin um u stiegen dann noch höher in die prachtvolle Villa d'Este. Da fings an zu regnen, erst sachte, dann stark. Danach besahen wir auf dem HeimWeg (aber ohne die Damen) einen Theil der Hadrianischen Ruinen, wo man auf den kostbarsten Marmor wie bey uns auf Sand tritt. Das Wetter wurde im̄er ärger, Blitz u Donner dazwischen u eine ägyptische Finsterniß. Wir dankten Gott als wir das Thor um 1/2 8 erreichten u soupirten vor 9 Uhr.

um 1/4 2 Uhr

Eben aus dem Vatican zurückkehrend, finde ich 2 Briefe von Dir. Einen d v 18ten habe ich nur lesen können; ich danke aber mit Aller größter Freude für Beyde. Wir haben heut die Tapeten nach Raphaël[11] gesehen u die Sixtinische Capelle, die Paulinische Capelle [Cappella Paolina] u den Vaticanischen Garten mit der deliziosen Villa Pia. Wie mich Deine Briefe nach TegernSee versetzen. Wie gern wär ich da!!!!!!!

Gott mit Dir mein Lorchen

Ewig Dein Fritz

1 Siehe 13. Brief, Anm. 6
2 Friedrich Wilhelm meint wohl, daß Camuccinis klassizistische Historienmalerei, wie sie vor allem die Franzosen (David, Ingres) exemplarisch vertreten hatten, im Jahr 1828 nicht mehr ganz zeitgemäß war.
3 Canova, der 1822 gestorben war, hatte zahlreiche unvollendete Arbeiten hinterlassen. Auf Besucher machten sie wohl deshalb einen trostlosen Eindruck, weil diesen Rohfassungen in Ton, Gips oder Marmor, noch der, wie Friedrich Wilhelm treffend formuliert, »wunderkünstliche Meißel« des Meisters »abgeht«. Ihre unverwechselbare Eigenart und Authentizität verlieh Canova seinen Werken erst, wenn er, oft bei Kerzenlicht, bei der von der Werkstatt vorbereiteten Endfassung, die allerdings noch tiefgreifende Änderungen erfahren konnte, letzte Hand anlegte.
Thorwaldsen nutzte mehrere Räume an der Piazza Barberini als Werkstätten. 1820 mietete er ein Stallgebäude, wo größere Arbeiten ausgeführt werden konnten.
4 Gemeint sind Antike und Mittelalter.
5 Bei Bagni di Tivoli an der Via Tiburtina befinden sich Schwefelquellen (Lago della Regina o Solfatara), unweit davon Reste von Thermen aus augusteischer Zeit.
6 Die Sommerresidenz des Kaisers Hadrian unweit von Tivoli ist eines der einflußreichsten Bauwerke in der Geschichte der Architektur und Fundort zahlloser, teilweise bedeutender antiker Skulpturen und Mosaiken; 118–134 n. Chr. errichtet, verfiel sie seit dem 4. Jh. Ende des 15. Jh. wurde sie wiederentdeckt und vor allem von den Architekten des Barock rezipiert. Den Klassizisten Schinkel, der die Villa Adriana 1824 besuchte, behagte ihre fließende Unbestimmtheit nicht: »Die architek-

21. San Clemente in Rom

tonischen Anordnungen haben weder Stil, noch sind sie gehörig durchdacht und symmetrisch besorgt. Man erkennt deutlich, daß Hadrian mit seinen auf seinen siebzehnjährigen Reisen durch das ganze Römische Reich gesammelten Kenntnissen imponieren wollte und dabei den wahren Zweck in der Kunst schon verfehlte, denn alles hat bereits den Charakter des Abenteuerlichen« (Riemann, 1979, S. 218). Diese Auffassung dürfte Friedrich Wilhelm geteilt haben; worauf sich sein negatives Urteil über die Person Hadrians, die ihm eigentlich nicht allzu fern gestanden haben dürfte, gründet, bleibt im dunkeln.

7 Das turmartige Rundgrab der Plautier (1. Hälfte d. 1. Jh. v. Chr.) liegt südwestlich von Tivoli an der Via Tiburtina, die hier über den Ponte Lucano, eine antike Anio-Brücke, führt; die Inschrift nennt die Namen der Toten: Marcus Plautius Silvanus, Tiberius Plautius Silvanus.

8 Über der Anio-Schlucht stehen ein kleiner Rundbau mit 18 korinthischen Säulen aus der Zeit der späten Republik und daneben ein rechteckiger Bau mit einer von vier ionischen Säulen gebildeten Vorhalle, die traditionell als Sibyllen- und Vesta-Tempel bezeichnet werden; im Mittelalter wurden beide als Kirchen genutzt. Das unweit von hier gelegene alte Gasthaus am Ende der Via della Sibilla beherbergte berühmte Gäste, wovon zahlreiche Erinnerungstafeln zeugen.

9 1826–35 wurde der Anio, der Tivoli wiederholt durch Hochwasser verheert hatte, reguliert. Ab 1835 ließ Papst Gregor XVI. um die Wasserfälle einen englischen Garten, die Villa Gregoriana, anlegen.

10 Von den zahlreichen kaiserzeitlichen Villen um Tivoli hat dank ihrer Lage die Villa Mecenate bei Italienreisenden stets besondere Aufmerksamkeit gefunden. Bekannt geworden ist sie auch durch Piranesis Radierung in seinen »Vedute di Roma« (1746–78) und durch das schöne Blatt von Albert Christoph Dies in den »Mahlerisch radirten Prospecten von Italien« (1792–98), einer Folge von 72 Landschaftsradierungen (an der außerdem Jakob Wilhelm Mechau und Johann Christian Reinhart beteiligt waren), die auch Friedrich Wilhelm besessen haben dürfte. Schinkel vermerkt in seinem Tagebuch von 1824: »Die alte Straße führte durch die Villa in einem langen, weiten, hochgewölbten Gang hindurch, der noch ganz erhalten ist. Die hierher geleiteten rauschenden und stürzenden Wasser machen auch das Innere dieser Ruinen höchst malerisch, doch werden die letzteren von dem jetzigen Besitzer zu Eisenfabrikation sehr schlecht benutzt« (Riemann, 1979, S. 221).

11 Die von Raffael im Auftrag Leos X. 1515/16 entworfenen Bildteppiche mit Ereignissen aus der Apostelgeschichte wurden in Brüssel gewebt und waren für die Sixtinische Kapelle bestimmt; heute befinden sie sich in der Gemäldegalerie des Vatikans (Dussler, S. 111–118).

15.
Rom 31 Oct: 1828 2 Uhr NMittag

Eh' ich wieder auf Wanderschaft in Rom gehe, will ich ein Brieflein für Morgen bereiten, Du meine gute, liebe Lore! Ich habe auch Deinen 2ten Brief von gestern gelesen. Der hat mich so gerührt, liebe Alte. Die Beschreibung der Beichte u des AbendMahls u die liebe, herzliche Versichrung Deines Gebetes für mich hat mich ganz weich gemacht – Recht im Gegensatz damit steht das was Du von William [Wilhelm] schreibst. Mich hat es empört. Der Mensch will mit Gewalt seinem Verderben in den Rachen laufen! denn sein Verderben ist's wenn er ein desoevrirter [untätiger] kleiner Prinz wird; unter allen Existenzen die erbärmlichste u verächtlichste. Liebe Alte ich beschwöre Dich wende Dich noch einmal an ihn selbst. Die Wege durch Hzg Carl, so viel Ehre sie Deinem Herzen machen führen zu gar nichts. Er vermag nemlich nichts darin. Witzleben u Papa selbst haben so viel Schlechtes von William (ich hoffte! falsche Anklagen) gehört, daß sie die Gelegenheit (gegen mich ausgesprochener Maßen) benutzen werden, ihn los zu werden. Dann ist er verlohren. Er mag nun mit od: ohne andren Dienst bleiben, so wird er so tief sinken, daß er die Schande seines Standes wird. Wer so tief irreligiös ist wie er, bey so viel Verschlossenheit u prinzip gemäßer Gefühllosigkeit, kann nicht anders endigen, wenn ihn nicht eine treue, liebende u kluge Hand wie Deine, Geliebteste Alte, unvermerkt hält u leitet. Du hast Dir an ihn bis jetzt ganze Berge von Lob u Liebe verdient. Vollende Dein Werk. Schreib' ihm aufs dringendste, erkläre ihm vor Allem, daß Deine Achtung u Freundschaft unwieder bringlich verlohren ginge, wenn er sein trotziges u unschickliches Begehren wegen des Urlaubes u seiner Folgen nicht aufgäbe – Weil dies nur reüssiren kann u gewiß sonst kein andres Mittel reüssirt, so möchte ich Dir's so gern als eine heilige Pficht erscheinen machen. Das ist es auch gewiß. – Dinge die bey seinem Abgang vorgefallen sind, bewegen mich noch mehr zu der Bitte. Es hat eine Orgie la veille de son départ [am Vorabend seiner Abreise] gegeben. Paul war auch da. Sie haben sich unmenschl: besoffen, sind Scandal treibend durch die Gassen gelaufen, haben Waldeck die Fenster von der Straße aus eingeworfen, sind durchs Fenster hineingestiegen, haben ihn zum Bett herausgerissen u alles zu Unterst u Oberst gekehrt. Der NachtWächter hat sie erkannt u angezeigt. Papa hat's erfahren, es scheint auf amtlichem Wege u Paul hat tüchtige Nasen bekom̄en von Papa selbst. Ob William dabey war weiß u glaube ich nicht. Das thut aber leider nichts; denn solche Dinge reitzen eine schon gereitzte Stim̄ung nothwenig noch mehr. Glaube mir's liebe, gute, göttliche Alte es giebt kein andres Mittel als das vorgeschlagene. Er wird es gewiß über sich gewinnen (wenn ich so sagen darf) Dir Wehe zu thun durch Nicht Gewährung Deiner Bitten; dagegen zweifle ich daß er schon so tief stehen sollte, daß er der ernsten Erklärung widerstünde, Deiner Freundschaft u Achtung verlustig zu gehen. Thue also, ich beschwöre Dich liebe, gute, beste Elise.

Gestern nachdem ich Dir geschrieben die fatalen, flüchtigen Zeilen, habe ich déjeunirt u dann sind wir bey Riepenhausens gewesen (um das Bild von der Krönung Barbarossas[1] zu sehen) dann beym Niederländischen, sehr ausgezeichneten Bildhauer Kessels der einen magnifiken Discus Werfer[2] gemacht hat u beym ital: Bildhauer Tenerani. Von da zum Thor del Popolo hinaus in die Villa Raphaëls [Villa Madama] wo einige schöne, leichtfertige u übelerhaltene WandGemählde[3] von ihm sind u dann nach der ganz nahen Villa Borghese, wo das Volk tanzte, spielte etc etc.

1 November 9 Uhr früh

Um 10 fuhr ich in die Sixtinische Capelle um die Pontifical Messe für heutigen Festtag [Allerheiligen] zu sehen. Nun will ich eilen den Brief zu vollenden. Bey Durchlesen desselben hat mir's geschienen als sey ich Williams wegen nicht deutlich genug gewesen. Wenn er wirklich um Nach Urlaub bitten will, so fürchte ich wird's zu späth schon seyn um den dum̄en Streich zu verhindern. Das ist aber am Ende nichts als ein dum̄er Streich. Dagegen wenn er die gewiß zu erwartende abschlägl: Antwort erhält u nun gedrohter Maßen seinen Abschied nehmen will so ist das, aufs Allergelindeste Ausgedrückt, mehr als ein dum̄er Streich, der weder seinem Caracter noch seinem Verstande, noch seinem Herzen Ehre macht. Darauf also würde ich Dich bitten, ganz vorzügl: zu appuyiren [bestehen]. Doch nun genug davon. Wir waren in der Villa Borghese am Donnerstag stehen geblieben. Wir besahen das große Casino mit den Antikensam̄lungen (wo Alles von den kostbarsten Marmorn schimmert)[4]. Dann den abgeschlossnen Theil der Villa hinterm

22. Guido Reni, Zug der Aurora

Casino, dann vor dem Casino die großen öffentl: Bouquets, wo ich eine Fontaine u das Gärtnerhäuschen [Casa del Portinaio] aufsuchte u fand, dann in den großen Circus [Piazza di Siena] hinabgestiegen, wo das Volk vorzüglich raste u tanzte. Ich habe das Volk sehr liebenswürdig gefunden. Zuletzt zum Äsculap Tempel u zuhaus. O: Heinz [Heinrich] aß mit uns. Auch sām̄tliche Vößе zum Abschied. Nachher, als alles fort war saß ich schwätzend mit den Herren u es wurde Papas ital: Reisejournal von Witzleben wieder vorgenom̄en, als nach 1/2 11 sich Fürst Gagarin melden ließ. Er brachte die große Nachricht von der unblutigen Einnahme von Warna.[5] Du kannst Dir unsre Freude denken. Ich schlief vortrefflich auf die gute Nachricht, stand gestern früh auf, setzte einen in Pisa angefangenen Brief an T: Marianne fort u lief dann um 1/2 9 mit Bunsen, in einen nahen Antiken Laden, wo man sich charmant ruiniren kann u in 2 Mosaïk Laden. Dann aufs Capitol, die Ausstellung noch einmal besehen, u da es leider regnete gaben wir das Project, das Forum u den Palatin zu sehen auf u fuhren nach der alten Basilik S: Clemente, frühstückten dann, u, nachdem ich diesen Brief angefangen, gings nach dem ungeheuren Pallast Doria um die schöne Bildersam̄lung [Galleria Doria Pamphili] zu sehen. Der Custode war aber nicht zu finden, so fuhren wir denn nach dem Pallast Colonna, der an Pracht alles hinter sich läßt was es von Pallästen giebt u:a: nur 2 Gallerien jede über 200 Fuß lang worin alle Säulen u Pilaster von Giallo antiko sind, der kostbaren Thür Pfosten u Lambris in allen Gemächern gar nicht zu gedenken!![6] – Dann in den Garten, der in schattigen Terrassen mit Cascaden u Springbrunnen den Quirinal hinansteigt u worin Trüm̄er von Constantins Thermen zu sehen sind. Auf der fünften, herrlich gelegnen Terrasse sind Gesims Bruchstücke vom Aurelianischen Sonnentempel [Tempel des Serapis], die das colossalste von der Art sind. Dann durch den Pallast Rospigliosi in's Casino Pallavicini wo Guido Renis berühmte Aurora, Apoll u Horen als Plafond zu sehen. Daran 2 Säulen aus 1 Stück rosso antico!!![7] Dann bey den Colossen vor dem Palast Monte Cavallo [Pal. del Quirinale] vorbey in den Pallast!!! Dort besahen wir die Zim̄er die der Kaiser [Franz I.] u Deine Schwester [Karoline Auguste] bewohnt haben,[8] u die des seel: Papstes [Pius VII.] etc. Dann nach S: Maria Maggiore u zuhaus. Um 6 zu O: Heinz zum Diné. Um 9 Uhr zum Östreichischen Bothschafter Graf Lützow im Venezianischen Pallast. Seine Frau eine Sardinierinn ist schön u liebenswürdig. Sie sang mit David. Andre sangen auch. Eine enorme foule, Cardinäle, Römer u Alle Nazionen durch einander u entsetzliche Hitze – Um 11 Uhr zu Bett. (2 Uhr) Früh aufgewacht u die Canonenschüße gehört, womit die Engelsburg den Tag Aller Heiligen begrüßte. Dann zur Unzeit wieder eingeschlafen u erst gegen 1/2 9 heraus. Dir geschrieben. Um 10 auf den Vatican. Wir kamen recht früh u sahen alle Cardinäle ankom̄en mit ihren Schwanzträgern. Zuletzt der Papst [Leo XII.] mit der 3fachen Krone, die er gleich mit goldstoffner Mitra vertauschte worauf das Amt begann. Herrliche alte Musik. Ein Ceremonial ohne Maß u Ziel – Um 12 zurück u déjeunirt u jetzt wollen wir die Borghesische Gallerie besuchen[9] u einige andre.

Ich muß also schleunig endigen. Doch noch Eins. Deinen lieben, lieben, lieben Brief vom 21 habe ich erhalten als ich vom Vatican kam. Wie danke ich meinem Lorchen!!!

Gott gebe uns ein frohes Wiedersehen!

Er seegne Dich † Ewig Dein Fritz

1 Das letzte Gemeinschaftswerk der Brüder Riepenhausen »Herzog Heinrich der Löwe verteidigt den vom Papste Adrian III. soeben gekrönten Friedrich Barbarossa gegen die rebellischen Römer 1155« (Lw., 170×271 cm, Hannover, Landesgalerie) entstand 1824/25; seit 1826 konnte es in der Werkstatt der Künstler besichtigt werden.

2 Kessels, der 1816–20 in Thorwaldsens Atelier gearbeitet hatte, führte das Gipsmodell des »Ausholenden Diskuswerfers« (Accademia di S. Luca) für den Herzog von Devonshire 1823 aus, die Marmorfassung vollendete er fünf Jahre später (heute Chatsworth).

3 Die Stuckdekorationen und Wandbilder in der Loggia des Casinos wurden von Giovanni da Udine und Giulio Romano ausgeführt. Der gesamten Anlage auf dem Monte Mario liegt ein Entwurf Raffaels von 1516/17 zugrunde, der die Villa der römischen Antike wiederzubeleben versuchte. Nach 1520 lag die Bauleitung in den Händen von Antonio da Sangallo d. J. Seit dem 18. Jh. verfiel die unvollendete Anlage, Wiederherstellung 1913.

4 Zu Beginn des 19. Jh. befand sich im Casino fast ausschließlich die Skulpturensammlung des Kardinals Scipione Borghese, die sich weniger durch überragende antike Stücke als durch ihren Bestand an Hauptwerken des römischen Barock, vor allem Berninis, auszeichnete.

5 Im russisch-türkischen Krieg 1828/29 kapitulierte Warna am 10. Oktober 1828 vor den Russen, nachdem es von Ende Juli an belagert worden war; auf diese Nachricht stiegen, wie die »Allgemeine Zeitung« am 3. November meldet, in Berlin die Kurse der »Staatsschuldscheine«.

6 Die ausgedehnte Anlage des Palazzo Colonna mit mehreren Innenhöfen am Fuße des Quirinal wurde Anfang des 15. Jh. begonnen, im 18. Jh. erweitert. An der Via XXIV Maggio liegt der Eingang zur Villa Colonna (Anf. 17. Jh.), dort befinden sich die Reste eines von Caracalla errichteten monumentalen Serapis-Tempels.
Giallo antico: blaßgelber, rotgeäderter numidischer Marmor.
7 Zum Palazzo Pallavicini-Rospigliosi, 1611–16 für Kardinal Scipione Borghese erbaut, gehört ein Garten mit einem Casino, dessen Decke 1614 von Guido Reni mit einem Fresko (»Zug der Aurora«) bemalt wurde. An den Seitenwänden befinden sich Bilder von Antonio Tempesta und Paul Brill.
Rosso antico: schwarzpunktierter roter Marmor, meist aus Ägypten.
8 Die monumentalen Dioskuren Castor und Pollux als Rossebändiger aus den Thermen des Kaisers Konstantin, zwei römische Kopien nach griechischen Werken des 5. Jh. v. Chr., befinden sich seit dem Ende des 16. Jh. auf diesem Platz an wechselnden Standorten; den heutigen Brunnen ließ Pius VII. 1818 anlegen. Das österreichische Kaiserpaar besuchte Rom zu Ostern 1819. Ihm zu Ehren fand im Palazzo Caffarelli eine Kunstausstellung statt, an der 65 Künstler mit 175 Werken teilnahmen, darunter Reinhart, Koch, Catel, Cornelius, Overbeck, die Brüder Schadow und Veit, Schnorr von Carolsfeld und Friedrich Olivier.
9 Die Gemäldesammlung befand sich bis 1891 im Palazzo Borghese am Campo Marzio.

16.
Rom 2 Nov: 1828 Abends 9 Uhr

Guten Abend mein Lieb, mein gutes, braves, herziges Lieb! Heut hab' ich 'mal wieder eine so unnennbare Sehnsucht nach Dir, daß ich ganz miserabel davon bin – Ach Gott! u es sind noch 6 Wochen hin bis ich wiederkehre. Hier in dem ewigen, unvergleichlichen Rom hab' ich mich wirklich wohl gefühlt. Gott weiß es, daß meine Sehnsucht nach Dir darum ungeschwächt blieb, aber sie war nicht mehr so krankhaft möcht' ich sagen, wie bis jetzt durchs ganze, schöne Italien. Nun aber verdrängst Du wieder Alles u es ist wahrhaftig wahr, schämte ich mich nicht, folgte ich meiner Neigung, fände ich's nicht Pflicht die gegebne, wohl nie wiederkehrende Zeit zum Sehen All des unvergleichlichen hier zu benutzen – so nähme ich Morgen früh die Post, u wäre in 6

23. Philipp Veit, Mond- und Merkurhimmel

Tagen im Schnee von Tegernsee, 10,000 mal glücklicher als hier unter den im̄ergrünen Eichen u Orangen. Bey all dem im̄ergrünen Zeug ist's doch ordentlich frisch hier. Ich fahre im Mantel aus u brenne Holz im Camin. Wahr ist's, daß ich ohne Beydes allenfalls fertig werden könnte u, daß man um Mittag nach belieben eine Schwitz Partie vornehmen könnte – aber ich bin frostig von Natur u es ist jetzt hier wie Mitte Septembers bey uns, etwas weniger frisch als ich's fand beym Abreisen aus Potsdam. Gestern haben wir noch Schönes u Herrliches gesehen. Nach der Sixtina u dem Frühstück gings in den Pallast Borghese.

3 Nov: 1/2 12 Nachts

Eh denn ich Dir GuteNacht sage laß mich Dir noch herzinnigst danken für Deinen guten, excellenten Brief vom 24ten. Nein wie ich Deine Briefe verschlinge es ist nicht zu sagen, wie ich vor Freude bebe, wenn ich so einen aufmache. Gewöhnlich zerknautsche ich ihn ganz mit Küssen – Nun noch ein wenig mein Tagebuch nachholen so lange es meine Augen erlauben. Vorgestern NachMittag also in die herrliche u im̄ense Gallerie Borghese in den eben so im̄ensen Pallast [Pal. Borghese]. Dort ist u:a: Raphaëls berühmte GrabLegung.[1] Von da zu Camuccinis kleiner, aber auserlesener Gallerie wo auch ein kleiner Raphaël.[2] Dann zum Thor [Porta Salaria] hinaus in die göttliche Villa Albani, wo mir auf jedem Schritt bekannte Gegenstände entgegentraten.[3] Im Pallast der Villa ist wieder eine solche Marmor Pracht, daß einem Hören u Sehen vergeht. O: Heinz [Heinrich] kam nicht zu Tisch. Graf de Celles u Fürst Gagarin speisten bey mir. Ich crepirte fast vor Lachen über die einzigen Einfälle des Erstern. Abends fuhr ich noch ein Wenig zu Bunsen u schlief dann passabel. Gestern früh stand ich nicht früh auf, schrieb an Papa u fuhr um 10 in die Capelle [im Pal. Caffarelli] auf's Capitol. Tholuck predigte ganz ausgezeichnet u ergreifend. Die kleine Gemeinde ist so andächtig u erbaulich u singt so gut u das ganze hat solch würdigen Anstrich, daß es in Allem ein Gegenstück abgab zu dem Sixtinischen Capellen Dienst, wo ein Zögling der Propaganda[4] eine 10 Minuten lange lateinische Predigt hielt in einer Art Rezitatif, der Niemand zuhörte u die nur wenige verstehen konnten. Nach dem Déjeuner gings an ein unendliches Gallerien u Pallastbesehen: Doria, Sciarra, Farnese, Farnesina, Corsini, zuletzt die Kirche S: Maria in Trastevere, auf deren Kirchhof eine Vorstellung in Wachsfiguren wegen Aller Seelen zu sehen war, für Geld zum besten der Seelen im Fegfeuer. Sehr passend war der Gegenstand gewählt. Tobias, dem die Schwalbe in die Augen scheißt[5] – Diné mit Gf Lützow u Chateaubriand u O: Heinrich u Tholuck. Bis zum SchlafenGehen schwätzten wir unter uns u lasen das königl: ReiseJournal weiter. Ich schlief vortrefflich u wünsche Dir jetzt eben so gut zu schlafen Altesjen Lieb u mir auch.

4ter 1/2 2 Uhr

Der Wunsch hat bey mir gut zur Ruhe der Nacht gewirkt. Ich bin nach 7 Uhr heraus u kom̄e schon von vielen schönen Dingen zurück um zu déjeuniren. Auch gestern Nacht schlief ich sehr gut, war ungefähr wie heute heraus u schrieb an Papa. Nach 9 aufs Forum des Trajans, d:h: auf den kleinen ausgegrabnen Theil um die Säule [Trajans-Säule], nicht weit davon in den großen halbrunden Bau, bagnanapoli [Trajans-Markt] geheißen, wahrschl: ein Theil des Trajan Forums, wo gegraben wurde u eben eine schöne Säule u die Statue eines Daziers gefunden war.[6] Von da in die wenigen Reste der Fora v: August u Nerva. Dann über das Forum Romanum nach dem Friedens Tempel [Konstantins-Basilika] woneben auch eben gegraben wurde u ein Mosaik Fuß Boden gefunden war. Dann auf den Palatin u in 3 Gärten die ungeheuren Trüm̄er der KaiserPalläste gesehen, worauf wir zuHaus fuhren uns neue Kräfte zu frühstücken. Um 2 als wir eben weg wollten kam Gf de Celles u brachte uns die ThronRede von Onkel Niederland [Wilhelm I.], u wir kamen wieder so in's Schwätzen u Lachen, daß wir erst gegen 3 fortkamen. Er blieb noch bis 1/4 6 bey Ancillon. Wir fuhren nach dem Theater des Marcellus, gingen außen herum, nach dem Porticus der Octavia aus dessen Ruinen uns der höllische Gestank des FischMarktes augenblicklich vertrieb. Dann in eine kleine Kirche [S. Angelo in Pescheria] wo man die Ruinen 3er Tempel zeigt,[7] dann an die Tiber bey Ponte rotto, von wo man auch die Cloaca Maxima sehen kann u die Substruczionen der alten Äsculap Insel [Isola Tiberina] die wie ein Schiff gebaut war. Dicht dabey die sogenannte Schola di Pilato,[8] der Tempel der Fortuna u der der Vesta (soit disant), dabey in S: Maria in Cosmedin der bocca della Verità; längs der Tiber nach der Pyramide des Cestius u dem evangl: Gottes Acker; Zum Thor hinaus nach den herrlichen im̄ensen Trümern von S: Paul's Basilik [S. Paolo fuori le Mura][9]; weiter in die Basilik S: Sebastiano wo die Catacomben nur betreten wurden; zum Grabe der Cecilia Metella (Crassus' Frau) u in den Circus des Caracalla [Circus des Maxentius]!!! Wir kamen aber auch zu späth (1/4 7) zu Haus – aßen mit O: Heinz [Heinrich], Thorwaldsen, Camuccini, Valentini, Overbeck u Veith u waren Abends noch bey Bunsen wo sehr viel Künstler versam̄elt waren. Zu Haus um 1/2 12; Dir geschrieben u zu Bett – Heut früh waren wir in S: Prassede, S: Pietro in Vincoli, in den Thermen des Titus, im Lateran mit seinem Zubehör von Baptisterium [S. Giovanni in Fonte], Scala santa [SS. Salvatore della Scala Santa], Triclinum u zuletzt in der Villa Massimi [Casino Massimo] wo schöne Gemälde von Overbeck, Schnorr, Veith u andren al fresco sind, die 3 Hauptgedichte, divina Comedia, Orlando u Gerusalem̄e.[10]

Nun muß ich schließen mein Lieb!
Gott seegne Dich † Ewig Dein Fritz
Für die gute Reede hab ich in Genua Fijeletten Sampft gekauft.[11]
Von Papa hab' ich einen gar zu lieben u guten Brief bekom̄en
mit dem 25jährl: Dienst Kreutz[12]

1 Grablegung (1506/07), Holz, 184×176 cm, Rom, Galleria Borghese (Dussler I/112).

2 Einen »kleinen Raffael (Heilige Familie)« sah auch Schinkel bei Camuccini (Riemann, 1979, S. 222). Bunsen nennt in seinem Rom-Tagebuch für den Kronprinzen folgende Werke aus dieser Sammlung: zwei Gemälde von Claude Lorrain, eine »wunderliche Götterversammlung« von Bellini mit einer Landschaft von Tizian, eine »Verkündigung« von Garofalo, »Ahasverus und Esther« von Paolo Veronese sowie eine Madonna von Raffael und ein Raffael zugeschriebenes »anderes kleines Bild« mit Christus, Maria und Johannes; außerdem Studienblätter von Giulio Romano und eine »himmlische Zeichnung« Raffaels, eine Vorarbeit zur »Grablegung« in der Sammlung Borghese. Hinter der Madonna von Raffael vermerkt Bunsen in Klammern: 1500 Dukaten. Dies könnte darauf hindeuten, daß der Kauf dieses Bildes erwogen wurde. Dussler (I/47) zufolge besaß Camuccini nur ein Frühwerk Raffaels, zwei Holztafeln mit der hl. Magdalena und der hl. Katharina (heute Florenz, Conte Contini-Bonacossi).

24. August Wilhelm Schirmer, Blick von den Kaiserpalästen auf das alte Rom

3 Von der reichen Antikensammlung des Kardinals Alessandro Albani existierten 1828 nur noch Reste; 1798 hatte Napoleon von den 677 Stücken der Sammlung 518 requirieren lassen. Was davon zurückkehrte, verkaufte Fürst Carlo Albani nach 1815 bis auf wenige Ausnahmen an den Louvre, den österreichischen Kaiser und den bayerischen Kronprinzen. Bunsen hebt das Antinoos-Relief hervor, das 1735 in der Villa Hadrians bei Tivoli gefunden worden war und das Friedrich Wilhelm von Abbildungen und durch seine Winckelmann-Lektüre kannte.

4 Congregatio cardinalium de propaganda fide; 1622 von Gregor XV. gegründete Kardinalskongregation zur Verbreitung des christlichen Glaubens, die in Rom auch Lehranstalten unterhielt.

5 In der apokryphen Tobias-Geschichte des Alten Testaments wird erzählt, daß der alte Tobias durch Schwalbenmist, der ihm in die Augen fiel, erblindete. Sein Sohn heilte ihn später durch Auflegen der Galle des von ihm gefangenen Fisches.

6 Das Forum des Trajan war mit zahlreichen Statuen gefangener Daker geschmückt; mehrere der gefundenen Stücke befinden sich heute in den Museen Roms.

7 Die Vorhalle der Kirche, den Portikus der Octavia, bilden Reste einer Säulenhalle des 2. Jh. v. Chr., einer unter Augustus nach 27 v. Chr. erneuerten Anlage und eines Neubaus unter Septimius Severus und Caracalla nach 205 n. Chr.

8 Die Casa dei Crescenzi in der Via del Teatro di Marcello, auch Haus des Cola di Rienzo oder des Pilatus genannt, wurde 1040–65 von einem gewissen Niccolò di Crescenzio unter Verwendung antiken Baumaterials errichtet, vermutlich als Zollhaus am Tiberübergang; eines der wenigen erhaltenen zivilen Bauten des Mittelalters in Rom.

9 Die fünfschiffige Säulenbasilika des 4./5. Jh., bis zum Neubau von St. Peter die Hauptkirche Roms, wurde am 15. Juli 1823 von einem Brand fast vollständig vernichtet; der Wiederaufbau war 1854 abgeschlossen.

10 Im Casino Massimo malten 1819–29 Peter Cornelius, Joseph Anton Koch, Philipp Veit, Friedrich Overbeck, Julius Schnorr von Carolsfeld und Joseph Führich in drei Räumen Fresken zu den Hauptwerken von Dante, Ariost und Tasso; Friedrich Wilhelm traf noch Führich bei der Arbeit an.

11 Genua besaß seit dem 13. Jh. eine bedeutende Seidenproduktion; vielleicht ist Florett-Seide (frz. Fleuret oder Filoselle) oder eine Samt-oder Cordart (»Genuacord«) gemeint.

12 Das Dienstkreuz, 1825 von Friedrich Wilhelm III. gestiftet, erhielten Offiziere der preußischen Armee nach 25jähriger Dienstzeit. Der Kronprinz hatte 1813/14 an zwei Feldzügen gegen Napoleon teilgenommen.

17.
Veletri 5 Nov: 1828 Abends nach 1/2 6

Guten Abend mein liebes Lorchen! Da habe ich nun schon das einzige Rom hinter mir u bin schon wieder noch weiter weg von meinem guten Engel. Ja wahrhaftig Alte Liebe; wüßte ich nicht, daß Du mir mit Deinem Gebete nahe wärst, es wäre nicht zum Aushalten; ja schon so ist's kaum möglich für den armen Alten.

Der heutige Tag ist ein ganz zaubrischer gewesen wegen der him̄lischen Gegenden die wir gesehen. Doch zuvor erst von gestern. Ich vollendete den Brief an Dich gestern vor dem Déjeuné. Gleich drauf 1/2 3 fuhren wir nach der Engelsburg wo wir die antiken Gänge u die modernen Säle aus Raphaels Schule ausgemalt,[1] u die schöne Aussicht besahen. Von dort nach S: Peter. Wir bestiegen das ungeheure Gebäude bis zum Dach der kleinen Kuppel über der großen wo der Stein Bau aufhört [Zeichnung]. Ganz zerschlagen von der fatigue [Anstrengung] kam ich zuHaus u speiste nach 6 Uhr mit Labrador, Bernetti u Fuscaldo (dem napol: Gesandten) u Lepel. Leider ist O: Heinz [Heinrich] recht unwohl geworden. Gegen 9 Uhr zu Chateaubriand wo ganz Rom versam̄elt war wegen S: Charles[2] u wo Musik gemacht wurde; erst sang die Bocabadati mit David, dann eine Gräfinn Merlin u 1 andre Dame ganz göttlich. Von 1/2 11 war ich zu haus u schlief excellent –

nach 10 Uhr fortgesetzt

Heut war ich früh auf. Lepel u der Consul Valentini kamen als ich beym Café saß. Nach 1/2 8 fuhren wir auf leichten Wägen fort, ich mit Bunsen (der sich Dir ehrerbiethigst u dankbar zu Füßen legt) Gröben u Massow, beym Lateran vorbey, auf der Via latina. Das schönste Wetter, wenn auch etwas frisch. Die Campagna ist gewiß die schönste u reitzendste Wüste die es giebt, ganz bedeckt von der Seite mit Aquaducten, Gräbern, Thürmen, Marmorwerk, großen u kleinen Ruinen aller Art. Dabey der einzige HinterGrund dieser schönsten Bergformen der Welt!!! Gegen 10 waren wir in dem lieblichen Frascati u stiegen in der

25. Villa Aldobrandini in Frascati

Villa Conti oder Cesarini [Torlonia] aus, gingen über die Terrassen, durch die tiefen Schatten der colossalsten im̄ergrünen Eichen an Spring Brun̄en u Cascaden vorbey in die anstoßende Villa Aldobrandini von deren Terrasse man die Campagna mit ihren unzähligen Ruinen u Rom u das Meer im hellsten Sonnenschein liegen sah. Ich lief längs der großen Cascade hinter dem Pallast hinauf, dann frühstückten wir einige kalte Dinge u machten dann alle außer Ancillon zu Esel u zu Fuß einen him̄lischen Spaziergang bey der Villa Piccolomini [Lancellotti] u der Stadt vorbey, durch die Villa Taverna [Borghese] nach Villa Mondragone, die mit ihrer hohen Terrasse die Ebene am Meisten beherrscht!!! Zurück durch die Villa Falconieri. Überall eine Baum Vegetazion die keines Gleichen hat. Von Frascati nach Grotta ferrata (wo wir in der Abtey 2 Dominichino[3] sahen) stets durch einen der schönsten, hochstäm̄igsten Wälder der Erde. Nicht weit hinter Grottaferrata sieht man den unbegreiflich schönen Albaner See u fährt bis Castel Gandolfo oft so, daß man, links den See u das Lateiner Gebirg, rechts die Campagna, Rom u das Meer von einer sehr bedeutenden Höhe herab sieht. Die Sonne vergoldete das Meer!!! Denselben Anblick hatten wir auf erhöhte Weise auf einem kleinen Gang den wir von Albano [Laziale] aus machten. Wir fuhren dann (in unsern Reise-Wagen) am sogen: Grabe der Curiazier vorbey,[4] auf dem reitztendsten Wege durch Aricia nach Genzano [di Roma] wo wir vom Pallast Cesarini aus den herrlichen See von Nemi sahen. Der SonnenUntergang war ganz Abricosenfarben! Um 1/2 6 waren wir hier u nachdem wir uns den Gouverneur u die EhrenWachen vom Halse geschafft u ich diese Zeilen begonnen hatte, haben wir dinirt u geschwätzt bis jetzt. Bunsen verläßt uns Morgen. Wir wollen um 1/2 7 aufbrechen u hoffen in 10–11 Stunden in Mola di Gaëta zu seyn.

Gute Nacht Mein Lieb. Gott mir Dir.

Ewig Dein Fritz

6: 1/2 7 früh

Guten Morgen mein Lieb, nichts als Guten Morgen, denn nun will ich Café trinken u hinwegeilen durch die Pontinischen Sümpfe etc etc etc. Gedenke mein in Liebe. Ich gedenke Dein mit jedem Athemzug O! Du mein Lieb!

1 Der im Jahr 135 von Kaiser Hadrian als sein Mausoleum begonnene Bau diente seit dem 13. Jh. den Päpsten als Festung. Ihre Wohngemächer schmückten im 16. Jh. Pierino del Vaga, Giulio Romano und Pellegrino Tibaldi mit zahlreichen Fresken.
2 Der Gedächtnistag Carlo Borromeos, der 4. November, war auch der Namenstag des französischen Königs Karl (Charles) X.
3 1608–10 gemalte Szenen aus dem Leben der hl. Nilus und Bartholomäus in der Capella dei SS. Fondatori der dreischiffigen Abteikirche; auf Grund eines Gutachtens von Vincenzo Camuccini 1819 waren die Fresken auf Veranlassung von Kardinal Consalvi in den 1820er Jahren restauriert worden.
4 Am Ortsausgang von Albano gelegene römische Grabanlage aus der Spätzeit der Republik

18.
Mola di Gaeta 6 Nov: 1828 nach 3 Uhr

Ich sitze hier u schreibe meiner AltenLieben en attendant le Diné [in Erwartung des Essens] in einem freundlichen Eckzim̄er mit Balcon von wo aus man im schönsten Sonnenschein u bey völlig unbewölktem Him̄el das dunkelgrünblaue Meer ziemlich bewegt über einen dichten u hohen OrangenWald weg sieht!!!!!! Links reicht das schöne Vorgebirge mit der Festung Gaëta [Zeichnung] in's Meer vor!!!! Gradeaus sieht man Ischia u dahinter Capri!!!! [Zeichnung] Links Cap Minerva [Punta di Campanella], Monte S: Angelo, den Vesuv mit dicker Rauchwolke über'm Gipfel u dann schon näher die schönen Berge von Campanien!!!!!!!

Denk Dir meinen Zustand Liebe, Gute, beste Alte! Wir sind um 3/4 7 aus Veletri gefahren. Auf der 2ten Stazion Torre tre ponti fangen die Pontinischen Sümpfe an, eine grüne unabsehliche fleche, rechts darüber erhebt sich Monte Circello [Circeo] wo einst Circe hexte, links die Apeninen. Um 12 Uhr fuhren wir um die bekannte FelsenEcke in Terracina [Zeichnung] u waren plötzlich am Meer.[1] Wir zählten in der guten Stadt 4–6 große Palmbäume! Gegen Fondi vom Meer abwärts wird die Gegend wüst u die Berge kahl. Fondi u Itri sehen aus wie Ideale von Räuber Nestern wie es denn auch nicht anders ist. Um 3 waren wir hier, ich wie von Sinnen über den schönen Anblick Meerwärts. Die Berge sind zwar malerisch aber kahl. Es ist heut sehr frisch u

26. Domenichino, Das Treffen des hl. Nilus mit Otto III.

ich habe es im Tuch Mantel nicht zu warm gehabt. Der Wind weht von den Schnee bedeckten Abruzzen. Ich habe mir Camin Feuer machen lassen. In Terracina sollen gestern Abend Schneeflocken gefallen seyn. – Nun will ich mich zum Essen etwas anständiger Anziehen. Gf Voß u H v Arnim sind mit uns zugleich hier eingetroffen aber versteht sich von verschiednen Seiten.[2] Adieu; ich wünsche guten Apetit.

Neapel 7 Nov: Abends 1/2 9 Uhr

Ich bin wirklich im göttlichen Neapel u sage meiner guten Alten Lieben einen freundlichen guten Abend. Die Lore steht vor mir. GfVoß hat die Aufmerksamkeit gehabt Deinen neuen Steindruck[3] auf meinen Schreibtisch zu stellen u da quäle ich mich unmenschlich die lieben Züge aus der mangelhaften Darstellung herauszulesen u aufzufinden u es gelingt mir einigermaßen, wahrschl: nur weil ich's eben will – Aber mein Wille ist auch gar zu gut! Ach Alte Liebe was machst, was treibst Du jetzt? Ich bin in diesem Augenblick im Geiste ganz bey Dir, in Tegernsee am Tisch mit den vielen KupferWerken![4] Sitzest Du denn wirklich da? Ich möchte so gern recht bestim̄t wissen, wo Du bist in diesem Augenblicke, um Dir in's Ohr schreiben zu können, daß Neapel wahrhaftig ein Paradys auf Erden ist – Mein TageBuch kann heut sehr kurz seyn. Ich aß dann gestern nachdem ich diese Zeilen begonnen, wie ein Wolf. Nach Tisch schwätzte ich mit Ancillon in meinem Zim̄er u nach 1/2 9 Uhr tranken wir Thee im Salon. Ich legte mich ziemlich früh, schlief gut bis 1/2 4 u schlief dann wieder ein, wodurch ich den göttlichen SonnenAufgang versäumte über den alle meine Herren sich noch gar nicht beruhigen können. Präfekt u Unter Präfekt (letztrer ein Sohn des hiesigen Gesandten in Rom: Fuscaldo) fanden sich ein. Erstrer residirt in Caserta u hatte vom König [Franz I.] den Befehl mich durch seine ganze Provinz zu begleiten. Ich suchte abzulehnen was noch abzulehnen war, u um 1/4 9 fuhren wir ab. Das Land ist glaube ich das schönste der Erde, gut bebaut, schattige Hayne, herrliche Felder, völlige Ebene mit den prächtigsten Baum u Wein Pflanzungen, die unbeschreiblichen Formen des Apenins u der Inseln im̄er im Hinter Grund! Es ist nicht zu beschreiben mit einem Wort!!!

Bey dem Übergang über den Garigliano liefen wir ein Wenig in den weithin gesähten Ruinen der antiken, großen Stadt Minturnum [Minturno] umher. Das Wetter das schönste von der Welt u der rauchende Vesuv im̄er als point de Vue, links die beschneiten Gipfel des Apenins, rechts das Meer, oder über eine herrliche Ebene hinweg, die malerischen VorGebirge u Ischia!!! Dabey fast im̄er Carrière [Galopp] gefahren. So, über den Volturno, durch Capua (wo hinter der Stadt die Bettler mehrere Miglien weit Etappen Mäßig von 20 zu 20 Schritt aufgestellt waren), durch Aversa. Von Aversa an, sieht man das Land nicht mehr vor Hochstämmigen Pappeln u Weinranken. Plötzlich tritt man aus diesem, von der Cultur erzeugten Wald hinaus, u bey einer Biegung des Weges rechts, liegt Neapel zu den Füßen, gradeaus der rauchende Vesuv, am Horizont die schönen Gebirge von beyden Seiten des Golfs mit Häusern übersäht u im Meere die einzige Form von Capri [Zeichnung]. Wir gingen eine Strecke zu Fuß bergab ganz außer uns. Dann nahm ich Voß in den Wagen u wir fuhren durch das Geschrey u Getobe der Straße Toledo beym Pallast [Pal. Reale] u der neuen Kirche S: Francesco di Paula [Paola], S: Lucia, Chiatamone vorbey auf die Chiaja wo wir wohnen in einem Hause dem Fürsten Esterhazy gehörig,[5] an der Villa Reale, von wo man den Vesuv sehr gut sieht. Prinz Ascoli [Karl] vom König [Franz I.] zum Complimentiren gesandt wurde empfangen. Der Consul Degen, der Prediger Bellermann u Professor Gerhardt (der von Rom mir voraus geeilt war,) hatten mich empfangen. Es war kaum 3 Uhr als wir Neapel zuerst sahen. Wir hatten also 14 Meilen in 7 Stunden zurückgelegt. Um 8 Uhr zu Gfn Voß zum Diné. Unglaubliche Frutti di Mare. Ich saß zwischen Gfn Voß u Fr v Arnim geb: Strick van Lindschoten. Nach Tisch sahen wir vom Balcon das momentane Leuchten des Vesuvs. 1/2 9 zurück. Jetzt (gegen 11 Uhr) haben wir Thee hier getrunken u geschwätzt u nun sagt der alte Esel, seinem guten Engel gute Nacht, schlaf wohl mein Liebchen.

8 nach 1/2 11 Morgens

Das war ein Tag der Briefe u des Lesens meine gute liebe Lore. Ich danke Dir auch für einen neuen lieben, rührenden Brief. Du schreibst so schmerzlich über die Abreise der lieben, herzigen Sophie! – Wie fühle ich das mit Dir u wie freue ich mich mit Dir, daß Dir der Schwager [Franz] so wohl gefällt. Ich habe gut geschlafen u bin nachdem ich mir Leichdornen [Hühneraugen] an Fuß u Zeh hatte schneiden lassen, um 8 Uhr aufgestanden. Gleich drauf kam das enorme Brief Paquet mit GfVoß oder umgekehrt ça m'est egal herein u ich habe mich aufs Lesen gelegt ungefähr bis jetzt wo ich mir blaue UniformsHosen angezogen, 37 frische Austern geschluckt habe u jetzt auf GfVoß warte um mit ihm nach Portici zu den Majestäten [Franz I., Maria Isabella] zu fahren en Visite.

nach 4 Uhr

Wir sind zurück aus Portici. Der König hat mich mit Attenzionen u Gnaden überhäuft. Er ließ die ganze Familie, den Collegen Herzog von Calabrien [Ferdinand], die schöne Christine [Maria Christine] nebst 9 andren Mansen u Weibsen herein. Es fehlten nur 2. Dem Calabrien wollte ich nachher meine Visite machen, er wollte aber nicht, ließ aber beym WegGehen durch seinen Cavalier fragen ob er um 4 kom̄en könnte. Ich lehnte es zwar sehr bestim̄t ab, weil er mich nicht angenom̄en – Nun sitze ich aber hier en l'air u weiß nicht ob er kom̄t oder nicht! Ça me rend un peu de mauvaise humeur [das betrübt mich ein wenig], weil ich mich nicht ganz ausziehen kann. Vom Schloß von Portici fuhr ich nach der Favorite zum Prinzen v Salerno [Leopold], der unendlich freundlich u charmant war, so auch die Erzherzoginn [Klementine]. Sobald ich hier zurück war zog ich ein Civil Überrock an, u lief mit Gfn Voß die ich am Hause begegnete u mit Arnim in der Villa reale umher u erstand in einer Boutique ein Bracelet von Lava für Cousine Pascha [Elisabeth] von Düsseldorff, von der ich heut auch ein Gratulazions Schreiben erhalten hatte, nebst einem von FritzLouis [Friedrich], eines mit Meldung von Abbat [Albrecht], eins von Carl aus Weymar ganz verrückt, einen Brief von Roeder, einen von Marianne aus dem Loo u einen von Letitia Stuart worin sie mich einladet zum Diné u Ball wenn ich wieder durch Florenz ginge.[6] Enfin ich habe so enorm viel Briefe heut früh gelesen, daß ich nicht weiß wo mir die Augen stehen.

Der Brief muß heut Abend fortgehen. Daher endige ich hier, küsse Dich 10000 mal auf die engellieben Augen u habe Dich unmenschlich lieb!!!

Gott seegne Dich † Ewig Dein Fritz

27. Franz Ludwig Catel, Besuch des Pompeius auf der Villa des Cicero

Lege mich der guten Mama [Karoline] 1000 mal zu Füßen u der lieben Marie. Sie allein! wird jetzt wohl nur noch mit Dir in Tegernsee seyn! Wie wird die Mama mich hassen, wenn ich nun auch Dich hinwegnehme!!! Ach wäre ich nur erst wieder bey Dir! Weißt Du, daß mich Deine neue Molkenkur recht ängstigt. Du hast Schlaflosigkeit gehabt? u Gott weiß was Du mir noch verschweigst? Ach Alte, Alte habe Erbarmen mit dem armen Alten Esel u sage ihm [die] Wahrheit über Deine Gesundheit!!!!!!!

1 Mit dem Monte Circeo (Circello) am Tyrrhenischen Meer und am Südende der Pontinischen Sümpfe identifizierte eine spätere Tradition die von Homer in der »Odysee« als Wohnort der Circe angegebene mythische Insel Aia. Terracina liegt unterhalb des Monte Sant'Angelo, eines bis zum Meer reichenden Vorgebirges; schon im 3. Jh. v. Chr. befand sich auf dem durch mächtige Substruktionen erweiterten Plateau ein Tempel; die heutigen Ruinen gehören zu einem Venustempel des 1. Jh.
2 Graf Voss, der preußische Gesandte in Neapel, und der Sekretär der Botschaft Arnim-Suckow waren dem hohen Gast entgegengereist.
3 Von Elisabeth als Kronprinzessin und später als Königin gibt es zahllose graphische Porträts, teils Kupferstiche, teils Lithographien. Der erwähnte »neue Steindruck«, den auch Kopisch auf seinem Aquarell mit der Geburtstagstafel (Abb. 29) darstellt, ist vielleicht identisch mit der von Franz Legrand ausgeführten lithographischen Reproduktion eines Gemäldes von Wilhelm Wach (Abb. 9).
4 Die Kronprinzessin verfolgte in Tegernsee an Hand von Landkarten sowie Stich- und Nachschlagewerken die Reise Friedrich Wilhelms.
5 Das erwähnte Haus in der Via Chiaia gehörte vermutlich Nikolaus II. Fürst Esterhazy von Galantha, der sich, nachdem er den militärischen und diplomatischen Dienst quittiert hatte, auf der Suche nach Gemälden und Zeichnungen für seine Sammlung fast jedes Jahr mehrere Monate in Italien aufhielt.
6 Mit der Cousine »Pascha« ist wohl die damals 13jährige Elisabeth, eine Tochter des Prinzen Wilhelm, eines Bruders des Königs, gemeint.
Het Loo, ein Lustschloß bei Apeldoorn, war der Lieblingsaufenthalt der niederländischen Könige Wilhelm I. und später Wilhelm III. Im Nachlaß Friedrich Wilhelms IV. befinden sich Briefe von Letitia Stuart, die über deren Identität jedoch wenig Aufschluß geben.

19.
Neapel 9 Nov: 1828 Abends 1/2 6

Eh' ich zu Tisch gehe, Gute, Alte Liebe will ich noch mein TageBuch für mein Lieb schreiben: Der Herzog v Calabrien [Ferdinand] kam gestern nicht. Nach 5 Uhr dinirten wir bey uns mit Voß, Arnim, Gerhardt u dem Consul. Nach Tisch schwätzte ich mit Ancillon bis gegen 9, wo wir zu Gfn Voß zum Thee fuhren. Nachdem er getrunken war machte ich den Vorschlag auf den Balkon zu gehen u nach dem Vesuv zu sehen – Wir wurden sehr belohnt. Von Zeit zu Zeit wurde der dicke, aufsteigende Rauch von der Flam̄e merklich geröthet. Wir hielten uns so lange mit dem Schauspiel auf, daß wir zu späth zum andren kamen, nemlich zu dem Barbiri der im Fondo gegeben wurde.[1] Wir sahen nur einen Theil eines sehr dum̄en Bauern u Feen Balletts il flauto magico. Massow hatte Barbiri gesehen u war sehr zufrieden. Ich legte mich nach 11 u schlief gar nicht gut (des zu starken Thee's wegen glaube ich). Erst gegen Morgen schlief ich fest ein u verschlief fast die Zeit. Um 1/2 9 fuhren wir durch die Grotte des Pausilipp's [Grotta Romana di Posillipo][2] nach dem See von Agnano, wo die Hunds Grotte [Grotta del Cane] ist. Wir stiegen aber nicht aus, sondern fuhren an's Meer, wo man die kleine Insel Nisida u die noch viel kleinere Quarantaine Insel noch am Ufer u weiter hin, die him̄lischen Formen von Cap Miseno mit Puzzuoli, u Ischia sieht!!!

Wir nahmen den Rückweg über die neue Straße Strada nuova [Via di Posillipo], die über den Berg des Pausilipps führt u erst auf den Golf von Puzzuoli dann auf den von Neapel sieht. In der fabelhaft (!!!) gelegenen kleinen Villa der verstorb: Markgräfin von Ansbach (Craven) stiegen wir aus. Dann beym Schloß der Königinn Johanna [Pal. di Donn'Anna][3] vorbey zu Voß, wo wir Bouillon tranken u dann teutschen Gottes Dienst hatten. Der Pred: Bellermann predigte halb vortrefflich halb mittelmäßig. Ich hörte beym Heraus kom̄en, daß einer der Prinzen bey mir gewesen war u fürchtend es sey der Prinz v Salerno den ich nach 12 Uhr erst erwartete, machte ich, daß ich zuHaus kam. Es war Calabrien gewesen. Sobald der gute Salerno [Leopold] fortwar, fuhr ich aufs Schloß zum Calabrien den ich fand. Es scheint daß er ein tüchtiger junger Herr ist. Nachdem ich mich umgezogen, fuhren wir umher, erst nach der Cathedrale S: Gennaro, dann nach Carmini [S. Maria del Carmine] auf dem Mercato [Piazza del Mercato], wo Conradin enthauptet worden,[4] dann nach der königl. Begräbniß Kirche S: Chiara, ein Muster von GeschmackloserPracht.[5] Dann bey Castelnuovo vorbey auf den Molo. Dort stiegen wir in ein Boot ohne Ancillon, u fuhren um den Molo herum durch die Dam̄ Brücke von Castel Ovo hindurch. Das Meer ging aber zu hoch von der Seite um zu landen. Wir fuhren also zurück durch die Brücke u landeten bey S: Lucia [a Mare] u gingen bey Chiatamone vorbey durch die Villa Reale zurück. Jetzt will ich aber meinen Hunger stillen u sage meinem Herzliebsten Lorchen Addio.

10 3/4 12 Nachts

Morgen geht die Post, wenn aber das Wetter gut ist, so bin ich morgen nicht hier, sondern in Ischia. Drum noch schnell mein Tagebuch. Gestern nachdem ich dir geschrieben dinirte ich mit unsrer gewöhnl: Gesellschaft u der evang: Kirchendeputazion, 2 Geistliche, der Consul u einem Schweitzer Kaufmann. Nachher nach S: Carlo wo der Pirat gesungen wurde.[6] Rubini ganz ausgezeichnet. Hinterdran ein Ballet die LorbeerKrone wobey der ganze Olymp erschien. Um 12 Uhr zu Bett. Gut geschlafen. Nach 8 heraus. Scirocco. Wahre May Luft, aber abspannend. Gegen 9 Uhr mit Gfn Voß in das Museum der Studj [Museo Archeologico], wo wir bis 1/2 2 Uhr uns die Augen aussahen, die möglichste Eile übten, aber kaum die Hälfte der Schätze sehen konnten.[7] Von 2–3 laß ich Zeitungen u – verzeih mir den ungeheurn Fehler es nicht gleich gesagt zu haben, Deinen prächtigen Brief vom 29 u 30ten v M. Ich bin jetzt im̄er ganz außer mir wenn ich solch einen Brief von Dir erhalte vor unnennbarer Wonne u Sehnsucht. Ach Alte, Alte, ich habe Dich gar zu lieb!!!!!!! Um 3 zog ich mich an um den Nunzius, Vallejo u Blacas zu erwarten. Erstrer kam nicht wegen einer UhrenConfusion u letztre beyde, die in offner Feindschaft wegen des Ranges leben, kamen sehr späth. Um 1/2 8 waren wir zu einem großen Diner auf dem Schloß befohlen – Es machte sich aber alles noch gut u ich kam nicht zu späth. Ein enormes, splendides Diner mit dem ganzen Corps diplomatique. Ich zwischen König [Franz I.] u Königin̄ [Maria Isabella]. Prinzeß Christine war delizios. Nachher nahm ich hier noch die Gesandten etc an u sah dann in S: Carlo 2 Acte von Assedio di

Corintho[8] u 2 vom Ballett la fata Urgella u jetzt sage ich Loren Gute Nacht, denn ich kann nicht mehr.

Gott seegne Dich † Ewig Dein Fritz

1 »Il Barbiere di Siviglia« (Oper von Gioacchino Rossini, UA 1816); das Teatro del Fondo heißt heute Il Teatro Mercadante (Piazza Municipio).
2 Im 1. Jh. v. Chr. als Verbindung zwischen Neapel und Pozzuoli begonnener Tunnel von etwa 700 m Länge, der im Laufe der Zeit immer wieder erweitert und erneuert wurde; heute ist er unzugänglich.
3 An der Via di Posillipo, einer 1812–23 auf Initiative Murats angelegten modernen Straße, liegt der 1642 für Anna Carafa, Gemahlin des Vizekönigs Filippo Ramiro Guzman, Herzog von Medina de las Torres, errichtete Palast, der unvollendet blieb und verfiel; seines Namens wegen wurde er fälschlich mit der Königin Johanna I. von Anjou (1326–82) in Verbindung gebracht. Die »kleine Villa« der Markgräfin von Ansbach war nicht zu lokalisieren.
4 Herzog Konradin von Schwaben, der letzte Staufer, wurde, nachdem er von Karl von Anjou in der Schlacht von Tagliacozzo besiegt worden war, am 29. Oktober 1268 in Neapel hingerichtet.
5 Die ursprünglich gotische Kirche (14. Jh.) wurde 1742–47 im Inneren barock umgestaltet; die gesamte gotische Struktur verschwand unter einer üppigen Stuck- und Freskendekoration; bei einem Luftangriff 1943 fast vollständig zerstört.
6 »Il Pirata« (Oper von Vincenzo Bellini, UA 1827)
7 Das archäologische Museum ist in einem Gebäude untergebracht, das 1616–1777 der Universität (Università degli Studi) gehörte (Umbauarbeiten bis 1818). In ihm befindet sich u. a. die Sammlung Farnese (bis 1787 in Rom), die König Karl von Neapel, der Gründer dieses wie auch des Museums auf dem Capodimonte, von seiner Mutter Elisabetta Farnese 1766 erbte.
8 Siehe 6. Brief, Anm. 14

20.

Im fabelhaften Hause la Sentinella, bey Casa Micciola auf Ischia nach 8 Uhr Abends d: 11 November 1828

Liebe, Gute, Beste, Theuerste, Heißgeliebteste Alte!!!
Ich könnte blutige Thränen weinen, daß ich den heutigen Tag nicht mit Dir hier zugebracht habe. Eigentlich sollte ich in guter Stunde solche Thränen weinen, aber wenn's mir gar zu wohlig werden will, dann wird

28. Friedrich Wilhelm, Aussicht von der Insel Ischia

das Gefühl so stark, daß mir das Herz zerspringen möchte!!! Gestern nach Mitternacht schloß ich erst den Brief an Dich, gute Lore u schlief drauf sehr ruhig bis 1/2 7 wo ich geweckt wurde. Nach 7 Uhr stand ich auf u schrieb an Papa. Gegen 9 Uhr machten wir uns auf den Weg in kleinen Wagen, ich mit Ancillon – G u Gfn Voß, H u Fr v Arnim, Elisabeth Voß, Frl: Splittgerber, Gröben, Massow, Sasse u Professor Gerhardt. Rust war seiner Gesundheit halber u um die Spittäler zu besehen zu Haus geblieben. Wir fuhren durch den Posilipp nach Puzzuoli. Dort sahen wir die einigermaßen überschwem̄ten Reste des schönen Serapäums u wollten dann nach der Villa des Cicero fahren.[1] Die eselhaften Kutscher fuhren aber vorbey. Das entdeckte sich auf dem halben Wege von da nach Cumae u da Ancillon aus Furcht vor dem Meer nur bis Puzzuoli hatte gehen wollen so kehrte er vom Fleck aus um, mit Fr v Arnim u Sasse – der einzige trübe Augenblick vom Tage, denn ich ärgerte mich schrecklich über diese fürchterliche Eile des Umdrehens, die wie eine Flucht aussah. Beym Averno See vorbey unter dem sogenannten Thor von Cumae oder Arco Felice, einem grandiosen antiken Durchstich eines Berges,[2] stiegen wir aus, übersahen von der Höhe die Trüm̄er von Cumae u die herrliche Aussicht auf beyde Golfe, besahen dann das unfern gelegene Amphitheater der alten Stadt u fuhren dann nach dem Fusaro See, wo wir nach dem königl: Pavillon [Casino Reale] hinüber schifften. Heut am Gänse Tag [Martinstag], wird dort im̄er die Austern Fischerey eröffnet. Davon profitirten wir u verzehrten eine gute Porzion zugleich mit dem mitgebrachten kalten Frühstück. Es war 1/2 12 Uhr. Nach 1/2 1 verließen wir den schönen Ort, wo wir sehr lustig waren u fuhren nun durch die mit Recht sogenannten Elisäischen Gefilde [Campi Flegrei], dem Meere zu um uns einzuschiffen. Man fährt in einem Felde durch hohe, schlanke Bäume, durch unzählige Weinranken verbunden – waldähnlich; unzählige Trüm̄er antiker Grabmähler vor allem Säulen unter der üppigen Vegetazion. Ich zweifle keinen Augenblick, daß gerade in dieser Gegend, Göthe sein liebliches Gedicht vom Wandrer erfand u erfinden mußte.[3] Uns allen fiel es ohne Verabredung ein. Ein schöner Knabe machte uns aufmerksam, daß nahe vom Wege schöne Sachen gefunden seyen. Wir gingen hin u fanden in einem halb aufgedekten Grabe, einen schönen mit Basrelieffen verzierten Sarkophag u in dem Häuschen des Eigenthümers, Stücke von kunstreichen Marmorsäulchen u andrer Architektur. In dem nahen Dorfe Mercato di Sabato, meist auf u in alten Gräbern gebaut, machte uns derselbe Knabe auf ganz kürzlich gefundene Dinge aufmerksam. Wir fanden 2 Marmor Statuen, eine, einen Mann in großer, herrlicher Toga, ganz vortrefflich. Ich werde suchen all die Dinge zu erstehen, wo möglich. Wir fuhren um's Mare morto [Lago Miseno] herum u fanden unsere königl: u Admiralitäts Schaluppen am kleinen Orte gleichen Nahmens liegen, bereit uns aufzunehmen. Wir Herrschaften bestiegen eine, die Dienerschaft die andre u stachen fröhlich in See. Seit 3 Tagen ist heut der erste schöne Tag wieder gewesen. Was ein solcher zu Lande u zu Wasser hier für einen Effect macht, das ist gar nicht zu sagen! Wir fuhren theils rudernd, theils seegelnd um's Cap Misenum herum, die ganze Länge von Procida vorbey, die Stadt Ischia links lassend, auf Casa-Micciola zu. Die arme Elisabeth Voß wurde seekrank u Massow noch schlim̄er als das, denn Alle Schleusen öffneten sich bey ihm u er mußte in die andre Schaluppe steigen um den Ströhmen par devant en haut et par derrière en bas [von vorn oben und hinten unten]! freyen Lauf zu lassen. Noch vor SonnenUntergang landeten wir in diesem fabelhaften Eyland u gingen oder ritten zu Esel den Berg hinan, worauf unser Haus la sentinella liegt. Das ist ein Feen Ort!!! Auf dem letzten Absatz des [Monte] Epomeo, der majestätisch sich hinter uns erhebt. Vor uns in Tiefe u Ferne das Him̄lischer Meer, mit den Küsten, Procida, Miseno, u den reitzenden Formen des Campanischen Gebirges. Niemand kann so etwas beschreiben u zum Malen fehlt der Rahmen. Nur ein Panorama könnte es geben. Wir haben sehr fröhlich dinirt u jetzt wollen wir uns versam̄eln, sous pretexte, Thee zu trinken. Ich höre schon der Gfn Voß u Massows Stim̄en im NebenZim̄er u schließe.

Gute Nacht Mein Lieb!

Neapel 12ter 1/2 9 Uhr Abends

Heut nur wenig Zeilen mein Lieb! Wir sind glücklich zurück von der göttlichen Parthie, die durch die Schönheit des Wetters wirklich alle Begriffe übersteigt!!! Gestern Abend tranken wir Thee den uns die gute Elisabeth credenzte. Ein armes Mädchen, dessen sich die Arnims angenom̄en u nach Neapel mitgenom̄en hatten, die aber HeimWehs wegen nach Ischia zurück ist, kam schon am Ende des Diné's uns zu sehen. Sie heißt la Carminella u ist ein liebes, natürliches Geschöpf. Nachher sahen u sprachen wir unsre Wirthinn u ihre Schwester die weiter unten am Berge wohnt u im vorigen Jahre die Arnim's beherbergt hatte während der Seebad Saison. Das ist ein ganz eigner Schlag liebenswürdiger u Geistreicher, natürlicher Leute, die man lieb gewinnen muß – Es war noch nicht 11 Uhr als ich zu Bett ging. Ich erwachte zwar aus fatalen Träumen nach 1 Uhr, schlief aber doch nachher recht gut u war lange vor SonnenAufgang auf dem einen der vielen Altane des deliziosen Hauses, um den Moment abzupassen. Ich war der Erste von uns Allen – Notez cela [bitte zu beachten]. Der Moment des Aufgangs der Sonne war göttlich. Wir zehlten 6 der schönsten LandschaftsLinien, meist vom Meer durch schnitten, die sich nach u nach den Sonnenstrahlen darbothen. Zuerst die wahre Schönheits Linie der Küste von Ischia; dann die von Procida; dann die, wie von einem Claude Lorrain erlogene Linie, der Küste von Miseno.[4] Hinter dieser die Bay von Puzzuoli. Dann der Vesuv mit Portici an seinem Fuß. Zuletzt die schönen Formen des Gebirges, welches bey Cap Minerva [Punta di Campanella] endigt u dessen höchste Spitze der Monte S: Angelo [a Tre Pizzi] ist!!!!!!! Dann beschäftigten wir uns tutti quanti insieme [alle zusammen] mit dem prosaischen, aber practischen Caffé trinken u nach vielseitigem Gespräch machten wir uns um 1/2 9 Uhr auf den Weg nach der Stadt Ischia, wo die Königl: Barken unsrer harrten. Theils zu Fuß, theils zu Esel. Ein Weg, so pittoresk, daß man ganz abgestumpft wird über all den herrlichen Bildern von Berg, Thal, Küste, Küsten, Meer, u Vegetazion, die man unaufhörlich sieht. In Ischia schifften wir uns dann ein u in 2 Stunden landeten wir jenseits Miseno, bey Bacoli, sahen die Piscina mirabilis u die cento camerelle (Alte Wasser Behälter) u gingen wieder zur See bis Baja, wo wir die großartigen Trümer, Venus, Mercur u Dianen Tempel [Palatium imperiale] genannt etc. besahen.[5] Dann schifften wir an den warmen Bädern des Nero [Stufe di Nerone] vorbey bis an den Dam̄, der den Lucriner See vom Meere trennt, stiegen in die Grotte u unterirdischen Cam̄ern der Sibylle hinab[6] (welche Letztern man, à cheval [huckepack] auf den Führern, des Grund Wassers wegen, sehen muß) {eine attreuse Partie!} u kamen über Puzzuoli u durch die Grotte von Posilippo hier um 1/2 5 Uhr an. Um 1/2 6 Diné bey Gf Voß, wo der Canonicus Jorio, ein geistreicher u amüsanter Alterthums-Forscher war. Jetzt bin ich daheim u muß zum Ball zum Russ: Gesandten Gf Stackelberg. Also Addio. Morgen!!! Morgen!!! Morgen!!!

29. August Kopisch, Geburtstagstafel für Kronprinzessin Elisabeth

[Christusmonogramm zwischen Alpha und Omega]
13ter nach 1/2 8 Uhr früh

Da ist nun dieser Morgen [Elisabeths Geburtstag] u der arme Alte sitzt ganz traurig am Schreibtisch vor Deinem Bilde, das Gfn Voß mit dichten Rosen hat bekränzen lassen. Klingen dir heut die Ohren so ist das das Seufzen des Armen Alten der vor Sehnsucht gern weinen möchte u nicht kann. Wie lieblich ist die heutige Loosung![7] Also sey es mit Dir durch Gottes Gnade; Sein Licht mache Dir die Finsterniß dieses Lebens helle wie Er es kann u will u Er leite Dich zu den Brunen des lebendigen Wassers. Gottes Seegen u Frieden ruhe auf Dir Du Heißgeliebteste meiner Seelen. Ach! ich danke Dir so, daß Du mich lieb hast, Gute, liebe Alte!!! Ich kann nicht sagen wie ich Dich liebe. Gott gebe uns ein frohes Wiedersehen u, daß wir zusammen einen guten Weg, getrost wandeln mögen vor Ihm, mit Ihm, zu Ihm.

Die Gesellschaft die ich gestern bey Stackelberg sah, ist sehr hübsch u voll schöner Frauen. Ich tanzte nur 1 Mal mit dem ältesten Frl: Stackelb: u blieb nicht lange. Nachdem ich die Gesellschaft nach einigen Conversazionen verlassen hatte, legte ich mich gleich u es schlug Mitternacht als ich mich legte. Da gratulirte H: Paul [Sasse?] zuerst u ich legte mich auf die Seite sobald es still war u betete für Dich ein recht heißes inbrünstiges Gebet. Ich schlief nicht zum Besten malheureusement pour cause [leider nicht ohne Grund] u bin so um 7 heraus. Während ich den Caffé erwartete stand ich auf dem Balcon u sah nach dem Vesuv u in's schöne Wetter. Da höre ich mich im Zimer gerufen u sehe eine Perspective von weißen Hosen, Gröben, Massow, Rust, alle en Gala, gratulando. Bald kamen auch das Voßische u Arnimsche EhePaar. Jetzt ist ein Augenblick Ruhe ehedenn wir Alle aufbrechen um Deinen Tag auf dem Vesuv zuzubringen u beym Eremiten zu essen.[8] – Eben sagt mir Gröben, daß die Damen schon unten halten auf der Ciaja [via Chiaia]. Also Addio Du mein guter Engel.

Abends 1/2 6 Uhr

Da bin ich zurück von der ganz einzigen, herrlichen Expedizion auf den Vesuv – Jetzt muß ich mich gleich anziehen um nach Portici auf den Ball des Königs [Franz I.] zu fahren – So muß ich denn Alle Détails auf Morgen vorspahren u Lebewohl sagen für heut meinem einzigen Lieb, von dem ich heut wieder einen lieben, lieben Brief (vom 31 Oct:) bekom̄en habe.

Gott seegne Dich † Ewig Dein Fritz

1 Die am Meer gelegene Marktanlage aus der frühen Kaiserzeit steht meist unter Wasser, weil sich der Boden im Lauf der Zeit gesenkt hat. Am Golf von Pozzuoli, besonders in Baia und seiner näheren Umgebung, befanden sich zahlreiche Villen prominenter Römer wie Licinius Crassus, Caius Marius, Cäsar, Pompeius, Varro und Cicero.

2 Unter dem Arco Felice (2. Hälfte d. 1. Jh. v. Chr.), einem 20 m hohen und 6 m breiten Viadukt aus Ziegeln, führt die Via Domitiana von Rom nach Puteoli (Pozzuoli) hindurch.

3 »Wanderers Nachtlied« schrieb Goethe am 6. September 1780 auf dem Kickelhahn im Thüringer Wald.

4 Friedrich Wilhelm fühlte sich beim Anblick der Küste westlich des Capo Miseno mit dem Lago Miseno und dem Monte Grillo an Landschaftsdarstellungen Claude Lorrains erinnert; in einer Skizze (Abb. 28) hielt er das hier beschriebene Panorama fest.

5 In der römischen Kaiserzeit gehörte Baia (Baiae) zu den beliebtesten Erholungs- und Badeorten; bei der ausgedehnten Anlage, lange als Tempel mißdeutet, handelt es sich um Überreste von Palästen und Thermen.

6 Die Grotte der Sibylle befindet sich an der Südseite des Lago d'Averno; welche Grotte der Kronprinz tatsächlich besichtigte, ist nicht ganz klar.

7 »Finsterniß ist nicht finster bey Dir, und die Nacht leuchtet wie der Tag; Finsterniß ist wie das Licht« (Psalm 139, 12).

8 Von den meisten Reisenden der Zeit nicht sehr positiv beurteiltes Gasthaus am Vesuv; Wolfgang Menzel nennt den Wirt einen »in eine Eremitenkutte verkappten schlechten Weinschenken« (S. 93), und Gustav Nicolai, der für sein äußerst kritisches Italienbuch viel gescholten wurde, bemerkt: Von Resina aus gelangt man zum »Eremiten«, dessen Kneipe »von schattigen Bäumen umgeben dicht an der Schlucht [liegt], die den Vesuv vom Monte Somma trennt. [...] Auch andere Reisebeschreiber beklagen sich darüber, daß der sogenannte Eremit des Vesuvs seine Gäste prelle und daß gerade er den schändlichsten Krätzer für Lacrima« ausgebe (Bd. 2, S. 21).

21.
Neapel 14 Nov: 1828 1/4 11 M

Nur ein Paar Worte will ich aufs Papier werfen, eh' ich zum <u>Exerziren</u>! aufs Campo Marzo fahre u reite. Ich bin sehr neugierig wie das ausfallen wird. Der KronPrinz [Ferdinand] wird glaube ich selbst comandiren. Es soll sehr lange dauern. Hu! Und dabey ist eine Temperatur wie bey uns im Juny!!! Es ist entsetzlich. Es ist beynah Viereckig! Ich bin in großer Verlegenheit wegen des Ankom̄ens. Die allerhöchste Familie ist hier fonction̄airment unexakt. Und man rißquirt gleich sehr anzustoßen. Durch zu frühes u zu späthes Kommen. Von Gestern Nachher, mein braves Lieb.

Abends um 1/2 11 Uhr

Prinz Leopold ist hier u durch ihn Dein Brief vom 2ten d:[Monats] Du mein Lorchen u sehr braves Lieb! 1000 Mal küsse ich Dich dankbar dafür – A ça voyons wegen Gestern so lang meine Augen es aushalten. Als ich dir ausgeschrieben (d:h: bis auf's Ende, welches ich erst am Abend zu Wege brachte,) fuhren wir ab, noch vor 1/2 9 Uhr glaube ich, den schönen Weg an der Chaja bey Chiatamone, S: Lucia [a Mare], dem Schloß u S: Carlo Theater vorbey über den Largo di Castello [Piazza Municipio], wo an Gf Voß der mit mir fuhr, das Brief Paquet von der Post abgegeben wurde u ich mit Jauchzen einen Brief von meinem Lieb fand. Wir litten grade enorm von der Hitze Du kannst Dir also den Effect denken, den mir Deine Eis= u Schnee Nachrichten machten. So fuhren wir denn weiter durch das tolle Gewühl, durch Portici nach Resina welches Alles so gut wie <u>ein</u> Ort mit Neapel ist. Dort fanden wir uns Alle in einem MittelDing von Stall u Hof in welchem unsre Esel bereit standen. Keiner unsrer ganzen Gesellschaft im weitesten Sinne [fehlte], als leider! Ancillon der Abweichen bekom̄en hatte!!! Bald saßen wir Alle zu Esel u Maulthier u klom̄en den Berg hinan. In noch nicht 1 1/2 Stunden ritten wir bis zum Eremiten u nach kurzer Rast gings wieder Berg an. Nach 1/2 Stunde zu Esel, bis an den Fuß des Kegels. Was ich von den Beschwerden dieses letzten Erklim̄ens gehört hatte so wie auch der bedrohliche Anblick des Weges der so steil hinauf, hatte mich bewogen den Entschluß zu fassen, mich tragen zu lassen – da kamen aber 2 Paare den Berg herunter in der Asche gewatet, ein Engl: Obrist Hamilton Bunbury mit einer Dame u dahinter seine schöne Tochter mit einem franz: Kaufmann M: Graind'orge; diese Damen waren ganz zu Fuß oben gewesen. Da schämte ich mich u fing das ganz erschreckl: Erklimen durch diese schwarze Mixtur von Asche, Steine u Schlacken, allein an. Es ging langsam. Gfn Voß ließ sich tragen. Rust theilweise (Elisabeth Voß u Fr v Arnim waren beym Eremiten zurück geblieben). Zuletzt gingen mir die Kräfte so aus, daß ich einen Riemen u ein langes Tuch welches mir 2 Führer anbothen, als Vorspann annahm. Nach 1 Stunde waren wir oben u sahen in den Höllenschlund hinein, von Schwefel gelb auf dem Grunde, an den Seiten ein Wenig rauchend – In Mitten war ein kleiner aparter Crater entstanden, der von Zeit zu Zeit dicken Qualm von sich gab.[1] Es war Champagner mitgenom̄en, Deiner Gesundheit wurde mit Vivat getrunken u die Gläser in den Abgrund geschleudert. Schon beym Eremiten hatten wir still auf Dein Wohl getrunken ein Lacrimä Christi.[2] Nun aber GuteNacht mein Lieb. Ich kann nicht mehr. GuteNacht †

15ter 8 Uhr früh

Guten Morgen Alte Liebe – Fahren wir fort. Wir waren also auf der Höhe des Berges u sahen in den Crater u übersahen die göttliche Landschaft Ischia, Procida, Nisida, Capri, Ponza, Ventotene, Monte Circello [Circeo] schwam̄en wie Wolken im Meer oder Him̄el denn Beydes war nur schwer zu unterscheiden. Das Abruzzische Gebirge erschien theilweise mit Schnee bedeckt, die hohen u schönen Gebirge von Sorent u die mit 3facher Erndte geseegneten Ebenen in der üppigsten Vegetazion. Neapel, Caserta, Capua im hellsten Sonnenschein zu unsren Füßen. Es war ein guter Rahmen für Dein liebes Bild, Du meine Herzige Alte!!! Den Aschenkegel hinab gings in ungeheuren Sätzen, ich war nach Gröbens Uhr in 8 Minuten unten. Da wieder zu Esel u zum Eremiten geritten, wo unser Koch mit dem MittagEssen bereit war. Unter enormen Linden am Abhange, durch eine rüstike Drapperie gegen die Sonne geschützt war der Tisch gedeckt u in seiner Mitte Dein Bild,[3] was jetzt wieder auf meinem Schreibtisch vor mir steht, mit seiner dicken, dicken, frischen Rosen Guirlande [Zeichnung]. Rust hatte von seinem, alten, vortrefflichen Ungar Wein mitgebracht. Darin wurde zum 3ten Mal u in Champagner zum 4ten Mal auf Dein Wohl getrunken. Das letzteMal war's nach Vorlesung eines ganz Allerliebsten Gedichtes, welches ein junger LandsMann mit Nahmen Kopisch während des Essens beym Eremiten aufgeschrieben hatte u nun damit erschien u es ganz gemüthlich hersagte. Zuletzt waren wir Alle so in Thränen gebadet, daß es lange dauerte eh' wir eine Sylbe herausbringen konnten. Dein armer Alter vor Allen – u das that ihm wohl denn daran hatte ich den ganzen Morgen wie krank gelegen. Das schrieb ich Dir auch am Morgen u das ist bittre Wahrheit gewesen. – Es wurde schon finster als wir hier zurück kamen. Ich mußte mich bald in Ball Anzug stürzen u wiederumb nach Portici fahren. Die Majestäten u Hoheiten waren sehr gnädig u freundschaftl: u gratulirten mir zu Deinem Geb: Tag. Es war ein wahres Zauberfest, durch Schönheit des Locals, Illuminazion des Hofes u der Portiken u durch die offnen Fenster u Balcons wo man in größter Erhitzung im Mondschein spatzieren konnte – Vor Allen aber durch die Schönheit der Frauen – Prz Christine [Maria Christine], Przßen Centola, del Colle, Sangro, Hrzgnnen v Serra Capriola, Forli etc etc etc!!!!! Ich tanzte mit den 3 älteren Töchtern des Königs u mit der Serra Capriola. Nach 1/2 12 war ich zuHaus. Schlief vortrefflich. – Nach 11 Uhr. Ich muß endigen um nach Pompeji zu fahren. Lebwohl mein Lieb. Ewig Dein Fritz

Wegen William [Wilhelm], theuerste Liebe, bedenke was ich Dir gesagt. – Es ist recht schwach u mehr als das von ihm, wie er sich beträgt – Du antwortest mir beynah gar nicht auf Alle meine Bitten seinetwegen. – Am Ende schreibe ich ihm selbst.

1 Erst am 18./19. September und Ende Oktober 1828 war der Vesuv aktiv gewesen und hatte zwei neue kleine Krater gebildet.

2 In Neapel und Umgebung angebauter roter und weißer Wein, benannt nach der Lacrima-Traube und einem Kloster am Vesuv.

3 Ein wahrscheinlich von August Kopisch gemaltes Bild (aus der Aquarellsammlung Friedrich Wilhelms IV.) hat diese Festtafel mit dem umkränzten Porträt des Geburtstagskindes und mit der beschriebenen Landschaft im Hintergrund festgehalten; auf den sieben Stühlen sind der Kronprinz, Gröben, Rust, Kopisch und die Damen Voss (Mutter und Tochter) und Arnim zu denken (Abb. 29). Ancillon, damals 61jährig, hat nicht an der beschwerlichen Vesuvbesteigung teilgenommen; außerdem fühlte er sich, wie wir hören, an diesem Tage unwohl.

22.
Neapel 16 Nov: 1828 9 Uhr Abends

Gute Herzige Alte! – Gestern mußte ich schleunig schließen u bin daher Dir ein 3tägiges TageBuch schuldig – Vorgestern, Freytag 14ten war also das große Parade Manoeuvre festgesetzt. Um 10 Uhr sollte es beginnen. Die Ur=Unpünktlichkeit der Allerhöchsten Herrschaften kennend, fuhr ich aber erst nach 1/2 11 Uhr hier weg u es mochte 11 Uhr vorbey seyn, als ich auf der Chaussée Berg aufwärts (auf dem Wagen den wir nach Neapel herunter gefahren waren bey unsrer Ankunft) den Herzog v Calabrien [Ferdinand] traf. Ich setzte mich zu Pferde u in der wüthigsten SonnenHitze warteten wir wohl 1/2 Stunde, bis König, Königinn, Salerno [Leopold], [Maria] Christine, Noto u Capua [Karl] angefahren kamen. Die Herrschaften sämtlich blieben im Wagen bey der Parade, dem Exerziren u dem VorbeyMarsch, welches Alles in einer syrischen Hitze enorm lange dauerte u sehr apart war. Es war glaube ich 3 Uhr lange vorbey als ich zuHaus kam, wie verrückt vor Hitze u ganz ermattet – Nach einiger Ruhe um 1/2 5 besahen wir das kleine Palais von Chiatamone wo Papa wohnte[1] – Ein wahres Juweel, unbeschreiblich gelegen u allerliebst eingerichtet. Mit einem schönen, duftenden, frisch gepflückten Strauß zurückkehrend, fand ich Prz Leopold v Coburg in meinem Zim̄er. Er gab mir Deinen Brief u erzählte mir gleich von Wilhelm u tausend amusante Dinge, wollte aber Ermüdungs wegen, nicht zum Diner bleiben, wozu ich Medici (den PremierMinister) den Maggiordomo Maggiore Prinz von Castelfranco, Gf: Stackelberg u den Herzog von Serra Capriola geladen hatte. Es war amusanter als man hätte glauben sollen. NachTisch, als die Herren noch beysam̄en waren, kam Leopold u blieb nachher den Abend bey uns wo wir en petit cercle des notres [ganz unter uns], Thee tranken. Ich schlief nachher nicht zum besten u war gestern früh heraus, schrieb Dir u fuhr um 10 zum Salerno u zum Capua hier in der Stadt, die beyde Leopold heißend, ihren NahmensTag feyerten. Vorher noch hatte ich eine enorme Masse Briefe bekom̄en aus Berlin von Below (unmenschlich!), Röder, Voß etc. Letztrer schrieb mir den Tod des alten Arnim [Georg Leopold], Vater der Buch u des hiesigen Arnim. Dieser u seine Frau machten auch die schöne Partie nach Pompeji nicht mit. GfVoß nebst Familie déjeunirte bey mir u nach 1/2 12 machten wir uns auf – Vom Eindruck von Pompeji schweige ich. Das muß

30. Gräberstraße in Pompeji

man gesehen haben. Aber diese deliziose Architectur, dies heitre Wesen in allen Formen der Wohnlichkeiten, diese Meisterstücke von ordinairen Wandklexern auf die Wände gemalt, diese schöne u liebliche Anlage des Forums, der Basilik, der Tempel mit großen oder kleinen, säulenbeschatteten Höfen [Apollo- und Jupitertempel], die Theater [Teatro Grande und Piccolo], das Soldatenquartier [Caserma dei Gladiatori], das Amphiteater etc etc etc, das kann man (aber nicht ich) beschreiben – dazu gehört Talent u Zeit. Auf der gewissen Bank am Thor[2] (über die ich, wie Du weißt, schon lange den Verstand verlohren habe) setzten wir uns lange u schwatzten. In einer neu aufgedeckten Straße unfern des Forums, wurde in einem Hause gegraben. Man fand aber nur Kleinigkeiten ohne allen Werth u wir konnten der sinkenden Sonne wegen nicht lange verweilen. Sie war schon untergegangen als wir auf dem Amphiteater standen, den Vesuv vor uns, den Mond über uns, hinten die reitzenden u grandiosen Berge mit der Küste, Castelamare, Sorrent, Capri etc etc!!!!!!! Es war göttlich!!! Denke Dir dabey das schönste Wetter, einen Abend nach einem som̄er=heißen Tage – Im schönsten Mondschein zuhaus. Schlecht gefahren – 3 Stunden! – Diné mit dem Domherrn Jorio u Kopisch (welcher letztre uns begleitet hatte) – sehr animirt, interessant u amüsant. Um 1/2 11 Uhr noch Theater S: Carlo, welches des Festtags wegen mit der kleinen Illuminazion erleuchtet war. Ich sah das Ende des döhmlichen Ballets la fata Urgella – Gegen Mitternacht zuhaus. Gut geschlafen. Heute nach 7 Uhr auf. Um 8 Uhr nach dem Pallast Capo di Monte über der Stadt, in der unbegreiflichsten Lage.[3] Ungeheure, kühle, wohleingerichtete Räume – Ein superbes Schloß. Leider kaum halb fertig u in der Umgebung nicht soignirt [gepflegt]. Das ungeheure Spectakel von der Stadt herauf, klingt von da herab ganz verwunderlich – Auf einem weiteren Wege, durch die Bogen der antiken Wasserleitung, ponte rosso [Via Ponti Rossi], zurück. Um 11 Uhr in den französ: GottesDienst in dem Gesandtschafts Hotel. Eine ächt christl: ergreifende Predigt des Pasteur M: Valette. Gegen 1 Uhr mit Coburg [Leopold] u allen Voß's bey mir dejeunirt. 1/2 2 Uhr auf den Posilipp gefahren. Dort fanden wir die Esel, aber aus Massow'scher Confusion, keinen mit einem Damensattel. Wir wollten nach den Camaldoli. Da es dahin einen andren, theilweise zu fahrenden Weg giebt, schlugen die Damen den ein u wir Männer ritten, beym Grabe Virgils vorbey, welches wir besahen nebst der göttlichen Aufschrift,[4] u mit Besichtigung des Gartens der Villa Ricciardi, nach der hochgelegenen Vorstadt Vomero, wo wir die Damen mit DamenEsel fanden. Nun einen wahrhaft halsbrechenden aber höchst romantischen Weg, nach dem schönst gelegensten aller Klöster [Eremo dei Camaldoli]. Die Damen mußten sich mit der Aufschrift von einem Telegraphen Thurm begnügen, denn eine Tafel vor dem Klosterthor, bedroht alle Frauen mit Excomunicazion, die sich über diese Grenze wagen wollten. Wir drangen in's Kloster ein, bis zur weltberühmten u mit Recht berühmten Bank im Garten, wo man ein Paradys überschaut!!!!!!![5] Wir nahmen einen bessern Rückweg, fanden bald die Wagen u fuhren durch die Stadt zurück. Diné mit Coburg [Leopold] u den 2 Geistlichen und da sitz' ich nun seitdem, halb mit Ancillon (der bei Stackelberg dinirt hat) schwätzend, halb schreibend.

Leopold hat mir alles bestätigt was Du mir von Weymar berichtet hast! – Aber sage mir, die deliziosen kleinen Muscheln vom Capitols Thurm hast Du nicht gefunden? Die hat natürlich ein dumer östreichischer Brief Aufmacher verlohren.[6] Ich bitte hiermit ergebenst, ich möchte fast sagen als Freund – diese ehrlosen Knechte des edelsten Fürsten, künftig durch mehr Geschicklichkeit, ihre Schmach etwas mehr zu verbergen. Nun leb Wohl mein Lieb. Die Augen versagen ihren Dienst. Lege mich der guten, lieben Mama [Karoline] zu Füßen u Lady Mary [Maria Anna] – Grüße Alles im lieben beschneiten Tegernseee – In meinem Leben habe ich mich noch nicht aus der zauberischen Som̄er Wärme in den Winter Schnee gesehnt außer jetzt. Und dies Wunder bewirkt mein Lieb, mein braves, engelholdes Lieb.

Gott seegne Dich † Ewig Dein Fritz

Ich habe Dir glaube ich, noch nicht gedankt für Deinen Brief vom 4ten d: den ich gestern erhielt u der mit Marie's Siegel petschirt ist. Welche Freude hat mir der wieder gemacht!!! Wie danke ich Dir Alte Liebe! –

1 Friedrich Wilhelm III. bewohnte während seines Aufenthalts in Neapel vom 20.–30. November 1822 das nicht mehr vorhandene Casino del Chiatamone im Stadtteil Santa Lucia an der Mole des Castello dell'Ovo. 1824 beauftragte er Schinkel mit dem Entwurf zu einem Sommerhaus im Park von Charlottenburg nach dem Vorbild jenes Schlößchens in Neapel; der heute »Schinkel-Pavillon« genannte Bau war im Herbst 1825 bezugsfertig.

2 Vor dem Grab der Priesterin Mamia in der Via dei Sepolcri (ausgegraben 1763–1838) außerhalb der Porta Ercolano befindet sich eine halb-

runde Bank, auf der namhafte Italienreisende (wie Goethe am 11. März 1787, der auch von der »Bank am Tor« spricht) ausruhten und den Blick auf das Meer genossen.

3 Der unter Karl von Bourbon 1738 begonnene, erst 1838 vollendete riesige Palast wurde von Anfang an auch als Museum genutzt, blieb jedoch bis in die 2. Hälfte des 19. Jh. Provisorium.

4 Ein Epigramm aus dem 16. Jh.: »Qui cineres? tumuli haec vestigia, conditur olim – Ille hic qui cecinit pascua, rura, duces (Welche Asche? Dies sind die Überreste eines Grabes. Hier wurde einst zur Ruhe gelegt, der die Wiesen und Felder und die Helden besang«). Das vermeintliche Grab Vergils ist ein anonymes römisches Columbarium in opus reticulatum aus augusteischer Zeit.

5 Das 1585 gegründete Kamadulenser-Kloster (1863 aufgehoben) befindet sich an der Ostspitze des Posillipo. Schinkel, der den berühmten Aussichtspunkt am 7. September 1824 besuchte, schrieb in sein Tagebuch: »Der herrliche Punkt an der äußersten Bergecke, wo eine große, runde, steinerne Bank unter hohen Bäumen steht, gewährt eine unendliche Aussicht [...], ein entzückendes Panorama« (Riemann, 1979, S. 185).

6 Siehe S. 53f.

23.
Villa Guardati bey Sorrent 17 Nov: 1828 1/2 10 Uhr Abends

Aus der schönen, mit Orangen Wäldern bedeckten Ebene von Sorrent wünsche ich heut Abend meiner Alten Lieben GuteNacht. Es ist ein wunderbarer Mondschein. Ich höre das Meer sich in einem tiefen Abgrund unter unsrem Hause brechen. Aus dem Fenster sehe ich den Vesuv, der einige Mal geleuchtet hat u die ganze Küste von Neapel. Es ist ganz göttlich u doch hab' ich grad heut mehr HeimWeh nach Dir als sonst noch. Ach wär'st Du hier, oder ich bey Dir!!! Ich habe Dich doch gar zu lieb! zu unmenschlich lieb!!!!!!!

Gestern nach Schließung meines Briefes an Dich, habe ich bis heut früh 1/2 6 sehr ruhig geschlafen. Denke Dir unsern Schreck, als wir heut beym Erwachen den dezidirtesten Sturm gewahrten u ein, mit jedem Augenblicke zunehmendes schlechtes Wetter. Wir wären ganz zu Haus geblieben, wenn man nicht in Herculanum auf uns gewartet hätte. Die Voßischen Damen kamen auch so nach 1/4 8 u so setzten wir uns denn ein. Mit jedem Augenblick wurde das Wetter toller u am Ende ein solches Gießen u Sturm, daß die Sorrenter Partie ganz aufgegeben war. In Resina, beym Eingang in's Herculanische Theater, fand sich auch Prz Leopold ein, der die Partie hierher hatte mitmachen wollen. Die Damen wollten von Herculanum zurück. Wir stiegen in's Theater hinab, u gingen dann in neue Ausgrabungen, die außer der Häuser-Masse von Resina, also zu Tage liegen. Das war sehr interessant.[1] Ein schönes, großes Haus mit weitläufigem Porticus u mehreren, noch nicht bis zum Boden ausgegrabenen (nach oben hin leider zerstörten) Gemächern. Dort wurde in unsrer Gegenwart gegraben u wir konnten, bey augenblicklich wieder eingetretnen Sonnenschein, im Freyen sitzend, der Sache beywohnen. Man fand manche hübsche Sachen in Bronze, eine kleine Isis Klapper, Töpfe von Metall u Erde, letztre mit Comestiblen [Nahrungsmittel] gefüllt, Lampen etc etc. Ich mit den Unsrigen (ohne Ancillon u Sasse! die ganz daheim geblieben waren[)], beschlossen, bis Castellamare zu fahren u über Pompeji zurückzukehren u nahmen ein Diné bey Coburg [Leopold] in Consequence an. Er u die Damen zogen heim, wir nach Castellamare. In noch nicht 1 1/2 Stunden kamen wir an. Unterdessen hatte sich das Wetter völlig aufgeklärt u die See fing an, sich zu beruhigen. Man versicherte uns, die Seefahrt nach Sorrent sey unbedenklich u unser Koch, sey seit 1 1/2 Stunden fort dahin. Ich schrieb also dem Leopold ein paar Worte nachdem wir etwas kalt gefrühstückt, und nach 1 Uhr schifften wir uns ein, auf einem 6 rudrigen Boot, längs der steilen, höhlenreichen FelsenKüste hin, aus einem étonannten [erstaunlichen] Anblick in den Andern u in etwas mehr als 2 Stunden, waren wir am Lande, bey der kleinen Marine [Marina Piccola] von Sorrent. Wir gingen die Felsentreppe hinauf, durch die Stadt, stiegen in die Schlucht hinab, die im Diorama zu sehen war u gelangten zu Fuß bis in dies Haus, zwischen OrangenWäldern u dem steilen Abhange des Meeres, hoch gelegen. Da das Essen noch nicht fertig war, gingen wir noch 1 Stunde spatzieren, durch die von hohen Mauern u von OrangenBäumen überschatteten Wege, nach dem göttlich gelegenen Capuziner Kloster [S. Francesco] u zurück. Massow pflückte sich ein großes Handtuch voll Orangen für 2 Carlini u hätte dafür 10 mal mehr mitnehmen können. Um 1/2 6 zu haus. Mit großem Apetit dinirt u nachher bis jetzt geschwätzt, nach dem Vesuv u in die MondNacht geschaut u zuletzt etwas Thee geschlürft. Morgen wollen wir um 7 nach S: Agatha [sui Due Golfi] hinaufwandern, daher Addio mein Lieb. Schlaf wohl.

18: Abends 5 Uhr

Da bin ich zurück aus dem göttlichen Sorrent u schicke Dir einige Blumen aus Tasso's Haus [Casa Fasulo].[2] All' unsre Projecte sind mit dem herrlichsten Wetter ausgeführt – Ich muß aber die details auf Morgen verschieben, weil ich gleich zum Diné von Stackelberg muß. Hier habe ich bey meiner Ankunft Deinen lieben, lieben Brief mit Jeannots [Johann] Ankunft u O: Carls Brief gefunden. Eben verläßt mich der Marquis Ruffo der mir den S: Ferdinands Orden vom König gebracht hat.

Ach Alte, Liebe Du hast gewiß meine Bitte wegen William [Wilhelm] nicht erfüllt –

Doch Adieu, Alte Liebe. Ich muß fort, ich muß fort, denn man erwartet mich.

Gott seegne Dich Ewig Dein Fritz

1 Zu dem noch größtenteils unter einer 26 m hohen Lavaschicht verborgenen antiken Theater führt ein separater Eingang am Corso Ercolano Nr. 119. Die Ausgrabungen in Herkulaneum begannen auf Veranlassung König Karls von Neapel 1738 und gingen zunächst bis 1766; als Friedrich Wilhelm 1828 Herkulaneum besuchte, waren sie gerade wiederaufgenommen worden (zunächst bis 1835).

2 Das Haus, in dem Torquato Tasso am 11. März 1544 geboren wurde, ist nur noch in Resten vorhanden; besuchen kann man die Casa Fasulo (Sersale), wo die Schwester des Dichters wohnte und wo er sich nach seiner Flucht aus Ferrara 1577 aufhielt.

24.

Neapel 19 Nov: 1828 Abends 1/2 7 Uhr

Meinen Glückwunsch zum Tage der seeligen S: Elisabeth[1] von Ungarn, Markgräfin v Thüringen meiner hochverehrten GroßTante u UrUrUrGroßMutter zum Voraus.

Und nun mein TageBuch. Ich schlief recht sanft nachdem ich Dir zu Sorrent geschrieben u stand so früh auf, daß nach gemeinschaftl: Frühstück, wir so um 3/4 7, also vor SonnenAufgang schon zu Pferde auf Eseln saßen u durch die Stadt aufs Gebirge ritten. Der SoñenAufgang war ganz göttlich. Sie stieg hinter dem großen Monte S: Angelo auf der uns vor ihren Strahlen schützte, so, daß wir ungeblendet das herrliche Schauspiel sahen, die verschiedne Färbung des Meeres, der nahen u fernen Gebirge diesseits u jenseits des Golphes, Neapels selbst mit dem von ihm ausgehenden Städte u Häuser Kranz am Ufer u endlich der Orangen Wälder zu unsern Füßen!!! Der Weg war ganz schändlich, ein horribles Pflaster mit feuchter Erde wechselnd u das alles in sehr steiler Richtung. Alle Augenblicke lag ein Esel, meiner auch u Rust that sich ordentlich weh am Fuß beym Purzelbaum. Zuletzt stiegen wir ganz ab, erreichten S: Agatha auf dem Rücken des Gebirges gelegen u bald auch, das noch höhere ehemal: Theresianer Kloster il Deserto, von wo man Cap Minerva u die Insel Capri wie zu seinen Füßen hat u beyde Golphe überschaut.[2] Es ist aber schrecklich wüst da oben, kein lebendes Wesen als ein tolles Weib war bey dem öden traurigen Gebäude zu sehen. Wir gingen hinab, durch S: Agatha durch auf einen Punkt von wo aus man die kleinen Syrenen Inseln [vor Sorrent] sehen kann, u dann auf einem neuen Weg das Gebirge hinab in einer göttlichen Aussicht, durch die nach Apfelsinen duftende Ebene von Sorrent, durch die Stadt beym Hause des Tasso an [vorbei], in dessen schöne Architectur u blühendes Gärtchen wir einen Blick thaten. So herab auf der Felsen Stiege an die große Marine wo aus Confusion unsre Barken nicht lagen. Wir nahmen einen dortliegenden Kahn u fuhren nach der kleinen Marine wo wir unsre Fahrzeuge trafen u bestiegen. Unterwegs nach Castellamare tranken wir auf Tante Königinns [Therese] Gesundheit wegen ihres Geburtstages.

20ter Morgens gegen 3/4 7

GutenMorgen mein Lorchen! GutenMorgen zum letztenmal aus dem Parthenopäischen Feenlande.[3] Das mit jedem Schritt weiter in unsern Norden hinein, mehr als ein Traum u ein Zauber erscheinen wird in der Erin̄erung! Ich habe nur kurze Zeit geschlafen, denn, was hier oben auf der Seite mit so blasser Tinte geschrieben ist, schrieb ich noch um Mitternacht als ich aus S: Carlo heimkehrte. Jetzt bin ich im Begriff über Caserta nach Mola [Gaeta] zu fahren

Rom 21ter Abends 1/4 12 Uhr

Heut schreib ich nur um Dir meine glückliche u schnelle Ankunft von Mola zu melden, um Dir zu sagen, daß ich dort gestern Abend einen Brief von Dir mit Seufzen gefunden habe, daß ich Dir 2000 mal danke, daß ich Dich unmenschlich lieb habe, daß mir's wohl ist nun endlich einmal nach Dir hin zu fahren, daß ich u wir Alle wohl sind, daß ich u wir alle müde sind u nicht mehr können u, daß ich meiner Heißgeliebten Alten, Guten, braven Lore von Herzen wohl zu schlafen wünsche.

GoodNight my love.

22ter früh 1/2 9 Uhr

Morgen mein Lorchen – A ça, vite le journal. Wir schwam̄en am Dienstag auf dem Meer als ich abbrach – In Castellamare bestiegen wir die Wägen u fuhren nach Pompeji welches wir vom Soldatenquartier u den Theatern ganz durchstrichen bis zum Herculanischen Thore u der Gräber Straße [Via dei Sepolcri]. Es mochte 5 Uhr seyn als wir in Neapel waren. Gegen 6 Uhr zum Diné zu Graf Stackelberg wo auch Leopold aß. Abends ein wahres Zauberfest von GfVoß gegeben in der Villa Barbaja, die halb auf Terrassen, halb in den Felsen des Posilipps gebaut ist. Die Salerno's [Leopold, Klementine] waren da u Coburg [Leopold] u alle Schönheiten Neapels. Auf einem im Felsen gehauenen Theater spielten die napoletanischen Casprl's, die Truppe von S: Carlino u Tamburini u Rubini sangen him̄lisch. Denke Dir dazu den napolitanischen Mond auf der fabelhaften Gegend ruhend, u von Zeit zu Zeit Illuminazion mit bengalischem Feuer!!! Es dauerte sehr späth u ich war erst um 2 Uhr zu Bett. Am Mittwoch mit SonnenAufgang begrüßten alle Castelle u Kriegs Schiffe den Nahmens Tag der keuschen Königinn [Maria Isabella] mit Kanonenschüssen. Wir fuhren nach dem Museum u holten das Versäumte nach, die Marmor, Bronzen, Gemälde u Papirus Aufmacherey.[4] Um 12 war mir Audienz beym König [Franz I.] accordirt um mich bedanken zu können wegen Ertheilung des S: Ferdinands Ordens, den ich am Abend vorher erhalten. Nachher wollte ich mich der allgemeinen Gratulazions Cour wegen der Königinn anschließen.

Aber beyde Majestäten empfingen mich zusam̄en sehr gnädig u liebenswürdig, so, daß ich beyden meinen Spruch anbringen konnte. Der Erlaubniß gemäß sagte ich mich zum Mittag an u fuhr allein zurück, da die Herren zur Cour gingen. Diese dinirten um 1/2 4 beym Herzog von Campofranco (nicht Castelfranco wie ich irrig neulich geschrieben)[5] – Ich fuhr nach 1/2 3 aufs Schloß. Es aß niemand als die Familie da – sogar die kleinen Kinder (ihre Gouvernanten hinter sich). Das Diné war recht sehr angenehm u en frac – Nachher schrieb ich an Papa u wollte mich eben ankleiden mit Orden u Schärpe zum Theater, als M de Calabre [Ferdinand] u gleich drauf M de Salerne [Leopold] zur Abschieds Visite kamen – Wie gütig – Ich war in S: Carlo noch eh der Hof erschien. Der König kam mit der ganzen Familie, die Königinn späther weil sie den kleinen Trapani [Franz] (der Lukrl [Karl II.] sehr gleicht) selbst stillt. Man gab eine schlechte, langweilige Oper Priamo alla tenda di Achille[6] u das historische Ballett l'Assedio di Calais oder Eduardo III eine Haupt u Staats Aczion. Um Mitternacht zuhaus, Deinen Brief noch einen Augenblick fortgesetzt u dann gut geschlafen. Vorgestern um 7 Uhr hatte ich gefrühstückt u war ganz fertig zum Abreisen. Mehrere Present=Besprechungen etc aber vertrödelten die Zeit bis gegen 3/4 8. Voß's u Arnims begleiteten uns bis Capua. Wir fuhren über Madalone [Maddaloni] unter dem ungeheuren Aqueduct [Aquedotto Carolino] der die ungeheure Cascade von Caserta speist durch u dann über den Berg v S: Rosalia nach dem Riesen Schloß v Caserta [Pal. Reale]!!!

Abends 1/2 6

Meine Alte Liebe, welche 2 Briefe hab ich heut von Dir erhalten!!!!!!! der vom 11ten u der vom theuren 13ten – Ach Gott, daß ich bey Dir wäre um Dich für All das Liebe u Gute zu umarmen, um Dir für Deine Liebe zu danken. Ich habe die Briefe verschlungen u nachher unmenschlich geküßt – Aber ich bin noch im̄er in Caserta u muß eilen ROM zu erreichen. Also Caserta ist ein RiesenBau aber traurig als Landschloß,[7] nur in einer enormen Volkreichen Residenz erträglich zu denken. 4 eingeschlossene Höfe, Platz um eine Armee zu caserniren u – kein Mensch drin. Die alten Garten Anlagen sind schrecklich traurig. Nichts als niedrige, steife Hecken ohne hohe Bäume, verbrannter Rasen. Grandios ist die him̄elhohe Cascade die leider auch in steife Formen gebracht, vom Gebirge herabfällt. Denke Dir das Mittlere des Nymphenburger Gartens, nur weiter u länger u ohne Statuen u Springbrunnen, aber mit einem breiten Canal u fast so weit vom Schloß als Pipping ein kahles, steiles Gebirge mit der enormen Cascade, so hast Du einen klaren Begriff vom Caserter Garten. Wir fuhren durch den Garten bis zur Cascade. Dort fängt rechts, durch eine Mauer getrennt, am sanften Abhang des Gebirgs der Englische Garten an, ein wahres Paradys, mit den reitzendsten Aussichten auf den Vesuv, Neapel, Capri u die göttliche Campagna felice, bepflanzt mit lauter Bäumen von bedeutender Größe, die bey uns nur in Treibhäusern kurz gehalten erscheinen – leider konnten wir nur der Zeit wegen, einen kurzen Blick hineinWerfen u fuhren dann links am Gebirg hin, in das königl: Casino [S. Leucio] das übrigens 2 offne u 1 geschloßnen Hof enthält, aber eine schöne Aussicht gewährt. Von da zurück durch Caserta, über die Trüm̄er des alten Capua nach dem neuen, wo wir gerührten Abschied von den guten Voß's u Arnims nahmen. Von da fast im̄er Carrière gefahren. Nach 8 Uhr in Mola, dinirt u gut geschlafen. Ich fand dort Deine lieben Briefe – Aber Alte ich muß endigen. Die Post geht heut, u meine Gäste sam̄eln sich schon. Diese sind O: Heinrich u Lepel, Prinz Carl von Wied, Prz Philipp v Löwenstein, Lord Russell, Graf Puttbus, Valentini, Thorwaldsen u mein guter Gf de Celles –

Also Adieu. Gott seegne Dich † Ewig Dein Fritz

PS Sollte Redern einmal abgehen so würde ich Dir den napoletanischen Arnim als Ersatz vor[…]schlagen. Sprich doch darüber mit der Reede die ich 1000 mal grüße.

1 Ihr Todestag, der 19. November (1231), ist der Tag ihrer Verehrung.

2 Der Rundblick vom 456 m hoch gelegenen ehemaligen Karmeliter-Kloster Il Deserto war von alters her berühmt.

3 Seit dem 5. Jh. v. Chr. wurde in der Gegend von Neapel die Sirene Parthenope verehrt. Wann ihr Name auf die Stadt überging, ist unklar. In der Dichtkunst findet er sich zuerst bei Vergil (»Georgica«), später auch bei Ovid, Petronius u. a.

4 Bis 1927 bildeten die 1752 in Herkulaneum gefundenen nur halbverkohlten Papyrusrollen eine eigene Abteilung im ehemaligen Museo Borbonico (heute in der Biblioteca Nazionale); ihre schwierige Aufwicklung (bis 1825 von 61 Rollen) erleichterte eine von Pater Antonio

Piaggio erfundene Maschine; die entrollten Papyri wurden seit 1793 in einem Kupferstichwerk (»Herculanensium voluminum quae supersunt«) veröffentlicht (3. Band, 1827).

5 Siehe 22. Brief

6 »Priamo alla tenda di Achille« (Oper von Giuseppe Staffa, 1807–77, UA Neapel 1828)

7 Das 1752–74 von Luigi Vanvitelli für König Karl von Neapel erbaute Schloß (Pal. Reale) steht in der Nachfolge von Versailles; es bildet ein längliches Viereck (208 × 165 m) mit vier Höfen; die inneren Flügel treffen sich in einem oktogonalen Vestibül, das mit seiner dreiarmigen Treppe zu den eindrucksvollsten spätbarocken Räumen gehört. Der anschließende immense Park mit zahlreichen Brunnen und Wasserfällen bedeckt eine Fläche von 120 ha und hat eine Länge von 3 km; seit 1782 auch mit einem englischen Garten, der 1826 eine gotische Kapelle und 1830 eine Tempelruine erhielt. Die Große Kaskade wird von einem 40 km langen Aquädukt (Aquedotto Carolino) gespeist, ausgeführt nach Plänen von Vanvitelli 1753–64.

25.
Rom 23ter Nov: Abends nach 1/2 11 Uhr

Guten Abend mein braves Lieb – Obgleich es späth ist u ich müde bin, will ich so lang es geht mein TageBuch nachholen, welches mich schlafend zu Mola [Gaeta] verlassen. Am 21ten Vorgestern waren wir um 7 ganz fertig um in die Wägen zu steigen, da reitzte uns die him̄lische Klarheit des Orients den Aufgang der Sonne abzuwarten. Es war eines der schönsten Anblicke die sich denken lassen! Darauf fuhren wir ohne Aventüren durch die Spitzbuben Berge u Örter von Itri u Fondi, zählten bey Terracina deutlich 9 PalmBäume, durch strichen die Pontinischen Sümpfe, Velletri, Genzano, Aricia (wo es Nacht wurde) Albano u fuhren bey Mondschein durch die Campagna bey ihren Gräbern, Thürmen, Aqueducten u Ruinen vorbey beym Lateran in die Stadt u stiegen um 1/2 9 Uhr im Albergo Ramelli ab, dinirten oder soupirten mit Bunsen u seinen Gehülfen, worauf ich sehr sanft schlief – Gestern nach 1/2 8 Uhr auf – Dir geschrieben – Nach 9 Uhr aufs Forum Boarium, den Janus [Arco di Giano], den kleinen Ehrenbogen [Arco degli Argentari] u die Cloaca maxima gesehen, dann aufs Forum Romanum, in den Carcer Mamertinus, in die Academia von S: Luca wo S: Lucas von Raphael u Raphaels Schädel u sonst nichts zu sehen ist,[1] dann wieder über's Forum nach dem Friedens Tempel [Konstantins-Basilika] wo die neuen Ausgrabungen so wie auch am Tempel v Venus u Roma gesehen wurden, von wo wir nach S: Gregorio [Magno] fuhren wo in einer aparten Capelle 2 im Wetteifer gemalte Bilder aus S: Andreas Märtyrer Geschichte von Dominichino u Guido [Reni][2] zu bewundern sind. Drauf zuHaus u déjeunirt – Besuch bey der schönen Großfürstinn Helene die seit Doñerstag hier. Sie sieht gut aus, hustet aber wieder sehr u darf der frischen Temperatur halber nicht aus dem Zim̄er. Sie grüßt Dich sehr u war sehr liebenswürdig. Dann in die Riesentrüm̄er der Caracallischen Bäder die alle Begriffe über steigen.[3] Von da auf den Aventin, S: Sabina u S: Alessio u das Priorat von Malta [S. Maria del Priorato] (sam̄t dem famösen Schlüsselloch der Gartenthür, durch welches S: Peter en Perspective erscheint)[4] u seine schöne Lage betrachtet u zuhaus. Diné mit O: Heinrich (mit welchem ich meine tournée am Morgen begoñen was ich vergessen hatte zu sagen) Lepel, Gf de Celles (den ich unmenschlich lieb habe) Prinz Philipp v Löwenstein, Prinz Carl von Wied, Graf Puttbus (der Kam̄erherr) Lord Russel der in Berlin war, Thorwaldsen etc. Dann auf den Vatican u die Statuen des Museo Pio Clementino bey Fackelschein gesehen![5] Etwas unaussprechliches!!! Halbtodt vor Müdigkeit zu Bett. Und so will ich's auch jetzt machen. Auf Morgen –

d: 24ten 9 Uhr früh

Noch ist Bunsen nicht da, um mit uns die Fahrten zu beginnen – bis er kom̄t noch ein Paar Worte als Journal. Also von Gestern. Nach einer guten Nacht stand ich scandalös späth auf, nach 1/2 9 Uhr!! – Erst gegen 10 begannen wir unsre Fahrten u zwar wie sich's versteht mit dem Kirchgang. Nachher hinauf zu Bunsen. Da waren 2 Albanierinnen u ein armes gutes Weib aus Sora im Napoletanischen. Eine der 2 ersteren Vittoria hat wohl das schönste Gesicht das ich in meinem Leben gesehen;[6] auch die arme Soriana, die ein englischer Geistlicher M: Nott Domherr v Winchester vom Hungerstod errettet, hat ein wunderschönes, inniges Gesicht. Wir schwatzten mit den guten, excellenten, lie-

31. Julius Schnorr von Carolsfeld, Vittoria Caldoni

benswürdigen Geschöpfen ziemlich lang u viel u besahen dann die teutsche Ausstellung noch einmal. Dann Déjeuner hier zuhaus. Um 3 Uhr in den Pallast Falconieri wo Fesch's ungeheure u schöne Bilder Sam̄lung zu sehen.

Abends nach 9 Uhr

Alte! Alte! Alte! Für 3 Briefe habe ich wieder zu danken. Es ist zu viel Glück. Ich habe heut aus Neapel zurück gesandt bekom̄en die dahin gedöhmelten Briefe vom 8ten u 10ten u auf gradem Wege den vom 15ten Nov: Ach wenn Du mein Glück in meinem Herzen lesen könntest, wenn ich solche Briefe empfange! Es würde Dir wohl thun. Retournons au journal d'hier [zurück zu gestern] –Von Fesch's Galleria wo ein him̄lischer Raphaël erster Manier (die Kreutzigung)[7] zu sehen ist vor Allem, gings über die Tiber nach dem Janiculus in das Kloster S: Onophrio u in den Klostergarten u unter die Eiche daselbst in der schönsten Lage über Rom, unter welcher Eiche, ein gewisser Tasso gestorben ist, als die Deputazion kam ihn zur Krönung im Pantheon einzuladen.[8] Hier hast Du auch ein authentisches Blatt jener Eiche. Von da in die Villa Lante (dem Borghese gehörig), in derselben herrlichen Lage, dann nach S: Pietro in Montorio, wo Bramante im Hof eine kleine elegante Rotunde gebaut hat, um die Kreutzigungs Stätte S: Peters zu zieren auf Kosten Ferdinands u Isabellans, obgleich bey so viel Unsicherem das sehr sicher ist, daß S: Peter dort nicht gekreutziget worden.[9] In der Kirche [S. Pietro in Montorio] hing sonst die Transfigurazion von Raphaël. – Um 6 Uhr großes Diné bey O: Heinz [Heinrich] mit All den Freunden die am vorigen Tage bey mir waren u noch mehreren. Gf de Celles war wieder charmant – So recht ein Mann in Deinem, in unserm Genre (Heut haben wir bey ihm dinirt). Von O: Heinz aufs Capitol zu Bunsen, wo getheet, Bilder besehen u Musik gemacht wurde. Vortrefflich geschlafen. Heut gegen 8 Uhr heraus – Café – Mit Gröben ReiseConferenz gepflogen – Dir geschrieben – den Cavalier der Groß Fürstinn Opotschinin angenom̄en – Nach 9 mit Bunsen etc zu Catel hier nah bey,[10] ein bestelltes Bild u sein vortreffliches Attelier zu besehen – dann zur Dogana [Pal. della Borsa], der ehemal: Basilik Antonins oder Mars Tempel [Hadrianeum] (welches Haus auf dem

Potsdamer Wilhelms Platz mit den dicken halb=Säulen copirt ist),[11] in S: Andrea della Valle die schönen Dominichino's besehen[12] – Auf den Vatican – daselbst die Mosaëk Fabrik u die Bibliothek geschaut, nach S: Peter, die Sacristey u die Grotten an den Gräbern Peters u Pauls gesehen u zuhaus. Déjeunirt – Um 3 Uhr nach dem Pallast Barberini wo die alte Spanierin [Maria Luisa] verreckt ist u wo eine kleine, auserlesene Wahl von Bildern – Raphaels Fornarina, die Cenci, Mutter u Tochter etc.[13] Dann in die ruß: Gemählde Ausstellung wo die Großfürstinn [Helene] war.[14] Dieser vorangefahren nach der teutschen Ausstellung im Pallast Caffarelli die besser als die russische ist – Nach Sonen-Untergang noch eine kleine tournée beym Lateran vorbey nach S: Croce in Gerusalemme, Porta Maggiore u [Tempel der] Minerva medica – Zu Haus – Toilette – Zu Gf de Celles – dinirt zwischen ihm (der ganz prächtig war) u Mad: de Valence – Außer meinem u O: Heinrichs Zubehör, war nur der sehr aimable Cardinal Bernetti u Mad: Bunsen da. Jetzt eben zurück u nun Adieu mein Lorchen; ich gehe zum Thee zu Bunsen GuteNacht Heiß geliebteste Alte Schlaf wohl –

25ter 9 Uhr Morgens

Guten Morgen mein Lieb – Gestern Abend war ich bis 1/2 12 bey Bunsen, wo Roma nobilis gesungen wurde.[15] O: Heinz [Heinrich] war wie am vorigen Abend u mehrere Künstler da, auch D: Nott aus Winchester, der das arme verhungernde Weib aus Sora gerettet hat u wie ein Vater für sie handelt. Ein gewisser Sarté sang recht schön (Bass). Rossinische Composizionen – Um 1/2 12 zuhaus. Gut, aber lang, bis gegen 1/2 9!!! geruht u da sitz ich nun u schreibe der Lore – Parlons Küster d'abord – der brave Mann inkomodirt mich entsetztlich mit seinem Ball. Ist das Ja=Wort der guten Mama [Karoline] u Deines nicht schon zu positif, so suche doch die Sache abzulehnen – Ich hab' ihn durch Massow mit vielem Dank wissen lassen, daß j'aime mieux pas [lieber nicht]. Daß dies aber keine offizielle Antwort seyn soll, sondern, daß ich mit Dir darüber conferiren würde u, daß er sich die definitive Antwort von Dir abholen solle, daß ich Dich deßhalb mit Vollmacht versehen, welches ich hiermit thue. Handle da ganz nach Deinem Wohlgefallen u sey im Voraus überzeugt, daß ich von ganzem Herzen zustim̄en werde in Deine Entscheidung, mehr als wäre es meine eigne. Erwäge also Alles recht – Findest Du, daß es ihn zu sehr betrüben würde, daß schon Préparatifs gemacht, daß Du selbst die Münchner Welt so nach gerne sähest, dann sage ja – Sinon, non. Der guten, verehrten Mama Münchner oder Biedersteiner Projecte entzücken mich!!![16] Wie lieb u gut ist das von ihr u wie bequem für den alten Esel.

William [Wilhelm] komt mir nicht aus dem Kopf. Wie danke ich Dir, daß Du ihm so geschrieben wie ich so sehnlichst wünschte – Glaube mir Alte, es ist nicht die Ehre einen Braunschweiger im Heere zu behalten die mich treibt, obgleich das gewiß nicht zu tadeln wäre – aber sein Schicksal treibt mich u ängstigt mich, denn ich glaube, ich kenne ihn besser als Du. Es mag nun komen wie es will, so zeige doch ja Carakter u Consequenz gegen ihn. – Du erinnerst Dich, was ich Dir von der Veille du départ de William schrieb. Es scheint sich ganz zu bestätigen, nach dem was Du mir aus Rochows Brief sagst. Was ich Dir davon schrieb war eigentlich nur eine versuchte Entzifferung hiroglyphischer Stellen aus einem Brief von Bülow an Gröben. Da war aber William nicht erwähnt als Theilnehmer an der nächtlichen Straßen= u Straßenjungen Partie – dagegen Paul war ziemlich deutlich bezeichnet: als ein junger Offizier von Petri's Rgt der Höchsten Ortes genaset worden.

1/2 1 Uhr

Eben zurück von unsrer Morgentournée, eile ich den Brief zu schließen da die Post um 3 Uhr geht. Wir waren heut beym Preuß: Consul Valentini um einige Bilder u eine Europa von Benv: Cellini zu sehen.[17] Dann in dem Pallast Torlonia, der eleganteste u bestgehaltenste von Rom,[18] wo eine schöne Gallerie zu sehen. Von da in's göttliche Pantheon! Dann in die Kirche la Pace [S. Maria della Pace], wo ein Fresco von Raphaël![19] – S: Luigi de' Francesi wo herrliche Dominichino.[20] – S: Augustino [Agostino] wo ein Prophet von Raphaël,[21] u wo eben die Lorettanischen Litaneyen gebetet u gesungen wurden – In's Mausoleum Augusts, jetzt ein runder Hof für Stiergefechte![22] – Zuletzt die Kirche del Popolo [S. Maria del Popolo] am Thor gleiches Nahmens wo die Capelle Chigi nach Raphaels Zeichnung[23] – Eben läßt sich de

Celles melden. Ich déjeunire nun mit ihm u D: Nott – Gott seegne Dich mein Lieb – Altesjen Lieb

Ewig Dein Fritz

1 Bis 1932 befand sich die Accademia di S. Luca (heute Via di Stamperia) neben der Kirche SS. Luca e Martina; das erwähnte, dort seit 1579 aufbewahrte Gemälde »Der Evangelist die Madonna malend« (Dussler Nr. I/111) wurde wohl von Raffael nur begonnen.
Nachdem römische Antiquare in den 1820er Jahren die Vermutung geäußert hatten, daß Raffael nicht im Pantheon begraben liege, fand im September 1833 die Öffnung des Grabes statt. Friedrich Overbeck, der Augenzeuge des denkwürdigen Vorganges am 14. September war, sah, wie er wenige Tage später Philipp Veit berichtet, einen »ganz eingemauerten Sarg, der zwar bis auf wenige Splitter schon zerfallen war, allein die köstlichen Ueberreste, nach denen gesucht war, noch in ziemlich wohlerhaltenem Skelett vollständig bewahrte« (Howitt, 1886, Bd. 1, S. 558); der in der Kunstakademie aufbewahrte Schädel erwies sich später als der eines Stifters und Geistlichen.

2 An einem kleinen Platz neben S. Gregorio Magno (früher der Friedhof der Benediktiner) stehen drei Kapellen; die mittlere ist dem hl. Andreas geweiht. Die erwähnten Fresken von Domenichino (»Das Martyrium des hl. Andreas«) und Reni (»Der hl. Andreas wird zum Martyrium geführt«), beide 1609 entstanden, waren oft Gegenstand vergleichender Betrachtungen (u. a. Stendhal: Promenades dans Rome, Paris 1829).

3 Das von Caracalla im Jahr 217 eingeweihte prächtigste Stadtbad Roms nahm eine Fläche von 330 x 330 m ein; es war bis 537 in Funktion; die Gewölbe stürzten bei einem Erdbeben im 9. Jh. ein.

4 In einem der Tore zu dem von Giovanni Battista Piranesi 1764–66 rekonstruierten Gebäudekomplex des Ordens der Malteserritter mit der Kirche S. Maria del Priorato ist eine kleine kreisrunde Öffnung ausgespart, durch die man am Ende eines Laubenganges die Kuppel von St. Peter sieht.

5 Das von den Päpsten Clemens XIV. und Pius VI. zwischen 1770–84 eingerichtete Museum beherbergt eine der reichsten Sammlungen griechischer und römischer Skulpturen, darunter singuläre Werke der europäischen Kunstgeschichte wie der Apoll vom Belvedere und die Laokoon-Gruppe. Besuche bei Fackelschein waren das gern genossene Privileg hochgestellter Rombesucher.

6 Siehe S. 62

7 Joseph Fesch, ein Bruder von Napoleons Mutter, lebte in der Via Giulia 1, wo er eine bedeutende Kunstsammlung aufbewahrte, darunter die

1818 erworbene »Kreuzigung mit zwei Engeln, der Jungfrau Maria und drei Heiligen« (1503/04, Holz, 208×165 cm, heute Nationalgalerie London) von Raffael (Dussler I/65).

8 Tasso starb am 25. April 1595, am Vorabend seiner Dichterkrönung, die Papst Klemens VIII. vornehmen sollte.

9 Ob der spanische König außer der Kirche (1481–1500) auch den Tempietto im Hof gestiftet hat, ist ungewiß. Bramantes exemplarischer Hochrenaissance-Bau wurde wahrscheinlich 1502–07 errichtet, an jener Stelle, wo nach der mittelalterlichen Überlieferung der Apostel Petrus gekreuzigt worden war.

10 Catel, der seit 1811 in Rom lebte, brachte es mit seinen Veduten und Sittenbildern zu Wohlstand, so daß er sich ein Haus an der Spanischen Treppe leisten konnte.

11 Das Doppelhaus in der Nauener Straße 26/27, erbaut 1768 von Karl von Gontard, abgerissen 1958; die Fassade kopiert diejenige der Dogana di Terra (Zollamt) in Rom (seit 1878 Börse und Handelskammer), die 1695 in die Ruine des Hadrianeums (145 n.Chr. von Antoninus Pius geweiht) an der Piazza di Pietra hineingebaut wurde; dabei blieben elf kannelierte korinthische Säulen des Tempels erhalten. Friedrich Wilhelm kannte – ebenso Friedrich II., der diese wie viele andere solcher Entlehnungen aus der Architekturgeschichte in Potsdam veranlaßte – die Dogana aus Piranesis »Vedute di Roma« (Rom 1748 ff.).

12 In den Fresken der Apsis (1623–28), Hauptwerken der römischen Barockmalerei, schildert Domenichino in dramatischen Szenen das Leben des hl. Andreas.

13 Maria Luisa, Tochter Herzog Philipps von Parma, seit 1788 spanische Königin, lebte seit 1808 im Exil; sie starb am 2. Januar 1819 im Palazzo Barberini. Von den erwähnten Gemälden ist nur Raffaels Porträt der sog. Fornarina nachweisbar (Dussler I/116).

14 Seit dem Ende des 18. Jh. lebte und arbeitete in Rom eine Kolonie von russischen Künstlern, meist Stipendiaten der 1757 gegründeten Petersburger Kunstakademie und der »Gesellschaft zur Förderung der Künste«; zu ihnen gehörten zeitweilig Orest Kiprenskij, Sylvester F. Stschedrin, Karl P. Brüllow, Fjodor A. Bruni, Alexander A. Iwanow u. a. Die erwähnte Ausstellung fand – wahrscheinlich in der russischen Botschaft an der Piazza Navona – zu Ehren des Besuchs der Großfürstin Helene Pawlowna in Rom statt. Sie war öffentlich und diente wie die der deutschen Künstler im Palazzo Caffarelli nicht zuletzt kommerziellen Zwecken; willkommen waren alle zahlungskräftigen Romtouristen.

15 Nach Bunsen (Nippold, 1868–71, Bd. 1, S. 288) ein von Niebuhr in einer vatikanischen Handschrift entdeckter mittelalterlicher Hymnus, der 1827 auch in der Berliner Singakademie gesungen wurde.

16 Die nördlich des Englischen Gartens gelegene königliche Sommerresidenz Biederstein wählte Karoline, Elisabeths Mutter, 1826 zu ihrem Witwensitz; der von Klenze 1828–30 errichtete Neubau ist wie die gesamte Anlage nicht mehr vorhanden.

17 Der Bankier Vincenzo Valentini bewohnte seit 1796 einen Palazzo (heute: della Provincia), der im 16. Jh. auf dem Gelände des Trajans-Tempels errichtet worden war; um 1830 ließ er ein Belvedere zum Trajans-Forum hin anfügen, ein Projekt, das während des Rombesuchs Friedrich Wilhelms spruchreif gewesen sein und ihn interessiert haben dürfte.

18 Der heute nicht mehr vorhandene Palazzo Bolognetti (1. Hälfte d. 16. Jh.) an der Piazza Venezia ging Anfang des 19. Jh. in den Besitz der Bankierfamilie Torlonia über, die ihn aufwendig erneuern ließ. Die erwähnte Gemäldesammlung enthielt hauptsächlich neuere Werke; in einem eigenen Raum stand die von Giovanni Torlonia 1815 erworbene Marmorgruppe »Herkules und Lichas« (1795–1815, H 350 cm, heute Rom, Galleria Nazionale d'Arte Moderna) des von Friedrich Wilhelm besonders geschätzten Antonio Canova.

19 Die Sibyllen über dem Bogen der Chigi-Kapelle malte Raffael 1514; die vier Propheten wurden vermutlich nach seinen Entwürfen von Timoteo Viti ausgeführt (Dussler Nr. II/9).

20 Fresken zur Geschichte der hl. Cecilie (1616–17), ein Hauptwerk des Künstlers; die drei Gemälde von Caravaggio in der letzten Kapelle links, darunter die »Berufung des Matthäus«, scheinen Friedrich Wilhelm entgangen zu sein.

21 An einem Pfeiler des Mittelschiffs der von Michelangelos Sixtina-Fresken beeinflußte Prophet Jesaia (1512; Dussler II/4).

22 Die im Jahr 28 v. Chr. von Augustus für sich und seine Familie erbaute Grabstätte verfiel in der Spätantike und wurde später als Steinbruch mißbraucht. Im Mittelalter und in der Renaissance diente sie als Kastell, als Weinberg und hängender Garten, in neuerer Zeit als Amphitheater, wo auch Stierkämpfe stattfanden, und als Konzertsaal; 1936–38 Abschluß der Ausgrabungen.

23 Von Raffael als Familienmausoleum für Agostino Chigi entworfene Kapelle mit Kuppel im linken Seitenschiff; 1513–14 begonnen, 1652–56 unter Beteiligung Berninis vollendet; die Mosaiken in der Kuppel wurden 1516 nach Entwürfen Raffaels von Luigi De Pace ausgeführt.

26.
Rom 26ter Nov: 1828 1/2 9 Uhr früh

GutenMorgen Lore! Heut der letzte Tag in Rom. Ginge es nicht dahin, wo ich Dich finde, so würde ich ganz melancholisch seyn. Wenn nur nicht noch 17 Tage zwischen unserm Wiedersehen lägen! Welche lange Tage werden das seyn! Der gestrige war ungeheuer voll. Du hast Dich davon bey Lesung meines TageBuchs vom Vormittag überzeugen können. Das déjeuner mit de Celles der nur zusah u sprach u mit Doktor Nott war ungemein interessant u animirt. Wir schwätzten bis 1/4 4! Dann machten wir uns auf, die spanische Treppe unsre Nachbarinn hinauf in Bartholdys ehemalige Wohnung wo der erste Versuch der jungen teutschen Maler al fresco zu malen zu sehen ist.[1] Josephs Geschichte. Sehr schön. Dann in die Werkstätte des englischen Bildhauers Campbel der mir bey meinem 1ten Aufenthalt hier einen Brief von Cumberland [Ernst August] vom July gebracht hatte der für Berlin bestim̄t war. Von da wollten wir zu einem ital: Bildhauer gehen der Tasso's Monument in Arbeit hat. Aus NahmenConfusion führten uns aber die Lohnbedienten zu einem Bilderhändler. Alsbald décampirten wir von da u fuhren nach der Villa Ludovisi dem Fürsten v Piombino [Boncompagni] gehörig, der aus Attenzion uns den Eintritt angebothen hatte, was sonst sein genre nicht ist, vielmehr liegt er mißgrämend, wie ein Drache vor seinen Schätzen, die wirklich ganz éton̄ant sind. Die Lage der Villa auf dem höchsten Punkt des Pincio ist herrlich. Die famösesten Stücke kennstDu in Abgüssen u Copien; der colossale Juno Kopf, die Gruppe von Bachus mit dem Faun, die Gruppe Aria u Petus genannt, die in Tegel im Abguß zu sehen, der sitzende Mars, dessen Copie im Vestibül von Sanssouci ist etc etc.![2] Von dort schon nach SonnenUntergang, in die Villa Medici der jetzigen franz: Academie, wo ich aus unsrem Werk über die Villen viele alte Bekannte fand[3] – Drauf die nahe spanische Treppe hinab gegangen u zuhaus. Angezogen u in den Pallast Colonna gefahren zum Diné bey Lord & Lady Shrewsbury [Talbot?], wo 9 engl: Damen allein u noch mehr engl: Herren, fast alles Pairs, waren. Ich saß zwischen Lady Shrewsbury u Lady Arundel Schwester des auch hier anwesenden dicken Herzogs v Buckingham, der aber podagra halber, zuhaus bleiben mußte. Für ein so großes u prächtiges Diné war es ganz amüsant. Es war fast 9 Uhr als wir zuhaus kamen. Ich ruhte mich nur ein wenig [aus] u in 1/2 Stunde fuhren wir

32. Peter Cornelius, Die Wiedererkennung Josephs

in den ungeheuren Pallast Farnese wo Mrq: Fuscaldo der nap: Gesandte ein Zauberfest gab. Ganz Rom u England war da versam̄elt. Man konnte 3 gleiche Theile der Gesellschaft zählen, Män̄er, Frauen u Pfaffen. Letztere machen bey solchen Gelegenheiten das Haupt Crève coeur [Kummer] des alten Fuscaldo aus, weil sie ihm alle bonbons einstecken. Es wurde in 2 Sälen zugleich getanzt. An 1000 Menschen waren da. – Um 11 Uhr zu haus. Gut geschlafen. Nach 1/2 8 Uhr heute aufgestanden. Jetzt erwarte ich schreibend Bunsen um herumzufahren. Um 12 bin ich beym Papst [Leo XII.] zum Abschied.

Abends 1/4 9 Uhr

Zwischen dem Diné der Großfürstinn [Helene] u der soirée beym Fürsten Gagarin noch ein paar Worte meinem braven Lieb – Um 10 Uhr haben wir uns heut aufgemacht u sind vor's Thor del Popolo gefahren um die Villa di Papa Giulio [Villa Giulia] zu sehen – Wohl erhalten aber – ! zu einer Veterinär Schule eingerichtet fanden wir dies deliziose Gebäude.[4] Von da über Ponte Molle nach Villa Madama am Abhang des Monte Mario – Ein Gräul der Verwüstung. Durch Porta Angelica zurück um 3/4 12 – Toilette en fiocchi [»in Schale«] – Um 12 zum Papst. Er war ganz charmant u noch liebenswürdiger als das erste Mal. Aus seinem Zim̄er ging ich Abschied nehmen von den Stanzen, von der Transfigurazion, der Madon̲a di Foligno u den andren Meisterstücken, von den Logen, von S: Peter!!! Als ich zurückkam war Gf de Celles schon da, der wieder unserm Déjeuner assistiren u plaudern wollte – Eine wahre Wonne – Vorher machte ich noch den alten Fuscaldo ab, der sich für meine Theilnahme an seinem Fest bedanken kam – Ich habe vergessen, daß wir vom Vatican auf der Rückfahrt tout en fiocchi que nous étions, noch einen schönen Raphaël im Pallast Gabrieli u die wunderschöne Treppe des Pallastes Braschi[5] besehen hatten – Tholuk dejeunirte mit uns. Er fuhr mit mir, Bunsen u Gröben nachher in die merkwürdige alte Basilik S: Agnese fuori le mura außer der Porta Pia. Von da gings in die Stadt zurück nach der Basilik von S: Prassede deren Altar Stufen aus enormen massiven Stücken Rosso antico bestehen – dann durch strich ich noch die nahe Basilica Liberiana od: S: Maria maggiore u so eilten wir zuhaus da es schon 3/4 5 war u wir um 5 Uhr bey der Gr:Fürstin eingeladen waren. Durch große Eile mit der toilette, kamen wir noch zur rechten Zeit – Es war nur ein kleines Diné – recht sehr angenehm – die alte Gfn Apraxin ist das Idéal einer fatalen alten Russin! – Nunleb Wohl mein Lieb – Morgen früh hoffe ich vor der Abreise, die erfolgen soll sobald die Post angekom̄en (7 od: 1/2 8 früh) noch diesen Brief zu vollenden – Gute Nacht mein guter Engel – Ach Gott! noch 17 Tage !!! –

27ter früh 3/4 7

Noch einen letzten Guten Morgen, meiner Heißgeliebten Alten aus der ewigen Stadt. Bald fahre ich durch die Campagna dem Apenin zu u gedenke zu Terni, bey der Pöbelverscheuchenden, bayrisch=dicken Wirthinn quartier zu nehmen.

Gestern Abend um 9 Uhr fuhren wir in den Pallast Pamphili Doria, Piazza Navona zum Fürsten Gagarin. Die Großfürstinn kam über 1/4 Stunde späther. Ein Saal u 3 Zim̄er waren ziemlich voll – ein süperber Pallast[6] – Wenig hübsche Gesichter – Es wurde musizirt – Die Bocabadati Gazzoli u David u ein Baß u ein Buffo sangen vortrefflich. Ich pflanzte mich zwischen die Fürstinn Gagarin u Malekhadels [Woronzow] Schwester der Narischkin in einen Winkel. Die Grfstn saß zwischen den Ambassadricen. Ich hatte en face, neben u über dem Flügel an der Fenster Wand die 4 Ambassadeurs, Celles, Chateaubriand, Labrador u Funchal (ein kleiner, freundl: Mopskopf der die Musik rage hat u zum Kranklachen aussah) den kleinen, einfältigen Cardinal Cacciapiatti u Thorwaldsen. So dauerte die Geschichte bis 1/2 1 Uhr – Ich führte die Großf: noch die Treppe herab u nahm Abschied unter dem Portal – Ich habe zwar bitter wenig aber gut geschlafen u bin nach 1/4 7 aufgestanden. Jetzt sagt mir Gröben, daß Lepel, Gerhard, D Nott, Hauptmann Kramer (Architekt u Dörings Vetter), Valentini draußen sind – So schließ ich denn mein Schreiben, lege das vergessne Blatt von Tasso's Eiche bey u küsse Dich 1000 mal im Geist, Geliebtester Engel !!!

Gott seegne Dich † Ewig Dein Fritz

1 Der preußische Generalkonsul Jakob Salomon Bartholdy lebte 1815–25 im Palazzo Zuccari (1592) zwischen der Via Gregoriana und der Via

Sistina unweit der Spanischen Treppe (heute Bibliotheca Hertziana); dort ließ er 1816/17 von der Künstlergemeinschaft der Lukas-Brüder, von Cornelius, Overbeck, Schadow und Philipp Veit, seine Dienstzimmer mit Fresken zur Josephs-Geschichte ausmalen (seit 1887 Nationalgalerie Berlin).

2 Die auf dem Gelände der Gärten Sallusts 1622 von Kardinal Ludovico Ludovisi (1595–1632) errichtete Villa mußte Ende des 19. Jh. den Neubauten des »Quartiere Ludovisi« weichen, nur das Casino dell' Aurora mit dem Fresko Guercinos, gemalt 1621 für Gregor XV. (Ludovisi), blieb erhalten. Die Antikensammlung wurde 1901 vom Staat angekauft und befindet sich heute im Museo Nazionale Romano (Diokletians-Thermen). Von den Hauptstücken werden erwähnt: Juno Ludovisi (1. Jh. n. Chr.), Dionysos und Satyr (Bacchus und Faun), Gallier, der seine Frau und sich selbst tötet (Aria und Petus; röm. Kopie nach einer Gruppe des Siegesdenkmals König Attlos' I. von Pergamon, Ende 3. Jh. v. Chr.); Ares Ludovisi (röm. Kopie nach griech. Original des 4. Jh. v. Chr.). Im Antikensaal des Tegeler Schlosses befinden sich mehrere Gipsabgüsse antiker Skulpturen aus der Sammlung Ludovisi (u. a. auch »Orest und Elektra«); die Gallier-Gruppe war ein Geschenk von Luigi Boncompagni Ludovisi an Wilhelm von Humboldt. Der »Sitzende Mars« im Vestibül des Schlosses Sanssouci ist eine von Lambert Sigisbert Adam 1730 in Rom ausgeführte Marmor-Kopie des Ares Ludovisi, die Friedrich II. 1752 von Ludwig XV. zum Geschenk erhielt.

3 Die 1544 angelegte Villa gelangte 1576 in den Besitz der Medici und später Frankreichs; 1803 von Napoleon der Französischen Akademie übertragen. Der Palast mit dem reich gegliederten manieristischen Garten und dessen plastischer Schmuck waren dem Kronprinzen aus Percier/Fontaine vertraut.

4 Von Vasari, Vignola und Ammanati 1551–55 für Papst Julius III. erbaute Villa, Umbauten 1744–67; seit 1880 Museum für etruskische Kunst (Museo etrusco di Villa Giulia).

5 Das erwähnte Gemälde von Raffael ist nicht nachweisbar; nach Försters Italien-Handbuch (1840, S. 556) ein »Gebet am Ölberg«, aber schon dort mit Fragezeichen versehen.
Der Palazzo Braschi wurde 1791–96 und 1802–11 als letzter Palast eines Papstes (Pius VI.) für seine Familie in Rom nach Plänen von Cosimo Morelli und Giuseppe Valadier errichtet; das prachtvolle Treppenhaus tragen 18 antike Säulen aus rotem Granit (heute Museo di Roma).

6 1644–50 nach Plänen von Girolamo Rainaldi errichtet, rechts daneben S. Agnese von Borromini (1653–57); heute beherbergt der Palazzo Pamphili die Botschaft Brasiliens.

27.
Terni 27 Nov: 1828 Abends 9 Uhr

Das ewig einzige ROM liegt hinter mir! Als ich Dir, Du liebe Gute, Alte ausgeschrieben, hatte ich noch so viel Zeit, den in Pisa angefangnen Brief an Tante Marian̄e zu schließen, denn erst 3/4 8 kam Bunsen mit der Nachricht, daß die Post angekom̄en sey, die Briefe aber 5/4 St: brauchen dürften bis sie an ihre Adressen gelangten. Es ging also an's Abschied nehmen. Außer den Dir heut früh genan̄ten Herren, hatten sich auch Thorwaldsen, Catel u Grahl eingefunden. Unten an der Treppe stand die arme Soranerinn in ihrer malerisch: Tracht und dankte mir so freundlich u herzlich (daß mir's wie ein Seegen auf den Weg erschien) für einen ihr bestim̄ten Cioccio [ciuco] (auf Napolit: Cintsch, zu teutsch ein Esel). Ich nahm Bunsen in den Wagen. Er begleitet uns bis Ferrara. Die Sonne kämpfte mit dem Nebel als wir aus ROM fuhren. Jenseits der TiberBrücke Ponte Molle [Milvio], in der Gegend des sogenannten Grabes des Nero [an der Via Cassia], siegte die Sonne u warf auf den vor uns fliehenden Nebel einen farblosen, abentheuerlich drein schauenden RegenBogen, der sich wie ein Thor über die Flaminische Straße die wir fuhren, wölbte. Wir sind gut u ohne Aventüren gefahren u hier um 7 Uhr angelangt. Die göttliche Gegend diesseits Otricoli, wo die Straße auf dem Gebirg, wie auf einem Damm fährt, wo man den Sorakt [Monte Soratte] zum letztenMal sieht u all die herrlichen Berge die sich um die Campagna lagern, war ganz unbeschreiblich in den letzten Sonnenstrahlen – Jetzt haben wir mit horrendem Apetit dinirt u da wir morgen um 6 aufbrechen müssen um 2 mal die Apeninen zu überschreiten u in Tolentino zu nächtigen, so umarme ich meine heißgeliebteste Alte u sage, Schlaf wohl mein Lieb!

Tolentino 28ter Abends 3/4 11 Uhr

Ein sehr müder u caputter Lore schreibt Dir heut u deßhalb nur kurz – Er hat gut geschlafen, ist um 5 Uhr! aufgestanden, hat mit den Genossen Caffé getrunken u ist 3/4 6 abgefahren, bey einem, mit starken Nebelstreifen kämpfenden Mondschein. Auf der Som̄a [Valico di Somma] wurde es ganz Tag. Um 10 Uhr in Spoletto, vor 12 in Foligno.

Unterwegs bey le Vene besuchten wir abermals den kleinen Tempel an der Quelle des Clytumnus [Fonti del Clitunno].[1] Von Foligno an verließen wir die bekannte Straße u überstiegen zum 2ten Mal den Apenin u zwar die höchste Spitze Col fiorito zw: Casenove u Seravalle [di Chienti]. Bey Ponte la trave wurde es Nacht. Wir kriegten ungeschickte Postillons u entrannen durch Gottes Gnade einer Gefahr zw: jenem Ort u der letzten Stazion. Ein Postillon hatte dum̄er Weise seinen Hut verlohren, ließ im steilen hinabfahren die Pferde stehen, wollte im Gallopp wieder aufsitzen, konnte es nicht, brachte dadurch die Pferde zum Laufen u die zogen mit dem gesperrten Wagen dem Abgrund zu. Ein Pferd stürzte endlich u der Wagen prallte gegen die Geländer der Straße, u so stands – Bey dem Ruck, machte sich ein Pferd aber los u entfloh u der eine Postillon mit einem andern Pferde nach, so, daß es einen bedeutenden Aufenthalt gab – Erst gegen 10 Uhr waren wir hier, haben gespeist u nun trachte ich nach Schlaf – Godbless thee my Oldone

Ancona 1/4 10 Abends 29ter

Guten Abend mein herzig Lieb – Heut haben wir einen angenehmen Tag gehabt. Ich habe wohl geruht, mit den Herren gemeinschaftl: Caffé getrunken u gleich nach 7 fuhr ich (wie gestern mit Bunsen) ab. Die Sonne ging bald auf, das Land ist schön, meistens eine Ebene, mit einzelnen breiten, schönen Bergen auf denen Städte sehr pittoresk liegen, wie Macerata, Recanati, Loreto, Osimo, Treja etc. Wodurch man etwas aufgehalten wird, da man diese Orte (durch Treja kom̄t man nicht) im̄er erst erklim̄en u dann von da langsam herunter fahren muß. Wir spannten in Macerata um u fuhren durch Recanati durch nach Loreto, wo wir vor der Basilik [Santuario della Santa Casa] ausstiegen. Ein teutscher Beichtvater (ein Ungar, der über alles in̄erlich sich zu moquiren schien) führte uns, nebst andern Pfaffen u Cicerone's herum. Zuerst in die Casa santa unter der hohen Kuppel dann in den Schatz, wo einiges an Gold, Silber u Edelsteinen sich wieder eingefunden.[2] Für deines Neffen Albert v Sachsen Geburth hat die Madonna in dem h: Haus die kleine bekannte Medaille, durch Diamanten bis zum Werth von 500 Rthl erhöht umgehangen bekom̄en, 400 Scudi gut Geld, u den completten Huldigungs= oder Bräutigams Anzug des Königs Anton, Rock, Weste u Hosen, erstrer u letztre von Drap d'or, die Weste von Silberstoff, welches alles aufgehängt im Schatz, unter Glaß, zu sehen!!! Ob das Jeannot [Johann] u Amalie wissen? – ! – ! O -!

Ich schicke Dir hier die Beschreibung aller der Heiligen sottisen [Torheiten] u bitte Dich darin zu lesen u den herrlichen Styl zu würdigen. Besonders empfehle ich Dir das Gebet an die Madoña womit das Buch schließt wo sie: Esther u unser HerrGott: Ahasverus genañt wird. Es ist völlig würdig dieses merkwürdigen Ortes – Von da gings nach Osimo u mit SonnenUntergang fuhren wir am Strand des Adriatischen Meeres in Ancona ein. Es ist sehr schön gelegen. Wir haben leider nicht die Aussicht aufs Meer – Gleich nach der Ankunft liefen Bunsen, Gröben, Massow u ich nach dem Hafen, wo wir im Dām̄erschein noch den wohl erhaltenen Trajanischen Triumph Bogen aus Caraischem Marmor bewunderten. Dann haben wir gespeist u geschwätzt u die Reise berathen bis jetzt u nun küss' ich meiner Lore Hände u Füße u die engellieben Augen u sage: Schlaf wohl mein Lieb – Noch 14 Tage !!!! = 4 !!!!!!!!!! = 10 4 + 10 = 14 einen Seufzer für jeden Tag

Forlí Soñtag 30 N: Abends 3/4 11

Eben erst! sind wir hier angelangt – Gröben der in Bunsens Wagen fährt hat den Wagen 3 Miglien von hier gebrochen u ist noch nicht da – Es war ein sehr fataler Tag! Von früh bis späth, ein dicker, eiskalter Nebel – Weder Berg noch Meer zu sehen – Sonst ein herrlicher, guter Weg. Wir sind durch Sinegaglia [Senigallia] der Catalani Geburts Ort gekom̄en. Massows Postillon stürzte kurz hinter der Stadt u quetschte sich Nagel u Fleisch vom Daumen!! Rust verband ihn u er ist wohlbeschenkt entlassen.

Ravenna 1 December

Gute, liebe Alte, Gestern war ich so erfroren, so hin vor Kälte u erstarrenden Nebel, daß ich nicht mehr als obenstehende einfältige Zeilen zu Wege bringen konnte. Zu bemerken war aber auch nichts weiter, da man vor Nebel nichts sehen konnte u vor Kälte nichts sehen mochte – Es war affreus [schrecklich]! – Von Ancona brachen wir 3/4 7 Uhr früh auf, nachdem wir gemeinschaftl: den Caffé getrunken. An Städten passirten wir Sinegaglia (die nächste Stazion, ein einzelnes Haus am Strand heißt mit dem lustigen Nahmen Marotta), Pesaro (dahinter Bergamis Villa), Cattolica, Rimini (Ariminium), Cesena, Forlimpopoli (forum Popilii). In Rimini fuhren wir durch einen wohlerhaltenen triumph Bogen Augusts [Arco d'Augusto] ein u über eine Brücke Tiber's [Ponte di Tiberio] heraus. Forlì hieß antik forum Livii –

Als ich Dir nun geschrieben, setzte ich mich mit den Herren zu Tisch u bald kam Gröben, der in Forlinpopoli den Wagen gebrochen, einen andren genom̄en u große Eile gemacht hatte. Um 1/2 12 zu Bett – In Ancillons Zim̄er brannte eine Comode an von der Hitze des Camins im <u>andern</u> Zim̄er! Ich schlief excellent u stand heut so um 7 auf nachdem mein Camin auch Spuk gemacht hatte indem er eine langhaarige spanische bunte Decke oder kleinen Teppich angebrannt – Das Wetter war wie gestern! Ancillon mit dem ich Caffé trank, ist nicht mit hierher sondern grad nach Bologna, wohin wir morgen gedenken. Wir kamen hier (in diesem ehemaligen 2ten Rom,[3] der Residenz sovieler Kayser, Könige u Fürsten, jetzt verfallen u todt mit kaum 17000 Menschen) nach 11 Uhr an, mit entsetzlichen Chicanen empfangen, Escorten, Truppen am Thor, Musik enfin gräßlich. Gleich nachdem wir in diesem recht guten Wirthshaus abgestiegen kam der hier regirende Cardinal Legat, l'Eminentissimo Macchi mir seinen Besuch zu machen, ein aimabler, geistreicher Mann, den man zu den Papeggianti rechnet, d:h: zu solchen, die wohl einst Papst werden dürften – Drauf eilten wir uns mit dejeuniren a kleins bresele zu erwärmen u fuhren dann alsbald los. Zuerst 2 Miglien von der Stadt dem Meere zu nach der ganz einsam stehenden herrlichen Basilik S: Apollinaris in Classe, aus dem 5ten J:100, der einzige Überrest der berühmten Hafenstadt Classis, von Augustus erbaut, jetzt <u>spurlos</u> verschwunden. Da sind prächtige Säulen u die merkwürdigsten Mosaiken in der Tribuna.[4] Von da zurück in die Stadt nach S: Apollinare [Nuovo] in Città, einer herrlichen Basilik von Theoderich erbaut. Seines Pallastes vermeintlicher Überrest ist nicht weit davon.[5] Vorher in ein ruinales Non̄en Kloster S: Chiara, jetzt dem infamen Bergami gehörig, wo eine von Giotto meisterhaft gemalte Halle[6] ganz vergessen der Zerstörung Preis gegeben ist! von da nach S: Giovan̄i Evangelista della Sagra, einer schönen Basilik, von der Kayse-

33. Apsismosaik in San Apollinare in Classe in Ravenna

rinn Galla Placidia, Mutter Valentinians III als Gelöbniß bey einem Sturm erbaut;[7] durch moderne Restauratoren schändlich verhunzt. Von da nach der kleinen, schönen Basilik S:Theodoro [Chiesa dello Spirito Santo], wo eine von Giotto gemalte Capelle.[8] Gegenüber noch S: Maria in Cosmedin, dem alten Arianischen Baptisterium mit antiker Mosaik in der Kuppel. Dann in die im 6ten J:100 erbaute, merkwürdige runde Kirche S:Vitale, die sehr den Dom von Aachen erinnert[9] u wo sehr alte Mosaiken im Chor sind. Dicht dabey in der kleinen GrabCapelle der Kaiserinn Galla Placidia, wo in 3 riesenhaften Sarcophagen, sie selbst der Kaiser ihr Gemahl Constans [Konstantius III.] u Kaiser Honorius ruhen. Der kleine Altar vor ihrem Sarcophag ist von durchsichtigem Alabaster, an dem Gewölbe antike gute Mosaik.[10] Von da in den Dom, der ganz modern ist, mit einigen Curiositäten aus dem alten;[11] dicht dabey in das antike Catholische Baptistirium [Baptisterium der Orthodoxen] u den erzbischöfl: Pallast [Erzbischöfl. Museum], wo beym Archiv eine schöne antike Capelle [Sant' Andrea] aus der Kaiserzeit mit sehr sinnreichen Mosaiken ganz bedeckt zu sehen.[12] Dann zum Mausoläum meines lieben Dante, ein kleines, einzeln stehendes KuppelGebäude, im letzten J:100 recht hübsch über seiner Grabstätte von einem Cardinal erbaut[13] – Du kannst denken wie mich das interessirt hat. Mit dem Knopf meines Lorgnetten Stiels drückte ich in die Wand folgendes FW I [das I, das Johannes bedeutet, in einem Kreis] letztres dem entfernten, würdigeren Freunde Dante's geweiht – Nun zum Thore hinaus nach Theoderichs Mausoleum, wie für die Ewigkeit gebaut, rund, 2 stöckig u mit <u>einem einzigen</u> Stein in Kuppelform über 40 Fuß im Durch Messer gedeckt.[14] Dann noch weiter 2 1/2 Miglien weit auf den Fleck des alten Classis wo sonst der Pharus stand, in die ganz abandonirte, verödete Kirche S: Maria in Porto fuori (zur Unterscheidung einer Kirche desselben Nahmens <u>in</u> der Stadt). Dort bewunderten wir die sehr wenigen Reste von Giottos Meisterhaftesten Bildern.[15] Alles übrige ist abgeweißt. Man weiß dort die Gegenstände der noch zu sehenden Bilder nicht mehr zu nennen! Solche RindViehe sind dies hier! – Von da in der Dām̄erung zuHaus – umgekleidet u zum Cardinal Legaten, der in einem magnifiquen Pallast hauset u mir aus Paris, wo er Nunzius war, die amüsantesten Sachen erzählte. Zurück – Dinirt mit enormem Apetit. Bis nach 9 Uhr geschwätzt u in den römischen Erin̄erungen geschwelgt, die Bunsen aufgezeichnet u mit Plenen u Notizen sehr interessant versehen mir in einer großen Mappe gegeben hat. Dann hab' ich zu schreiben fortgefahren an Lore, u nun sage ich dieser Lore meines Herzens von ganzem Herzen, Gute Nacht –

Bologna 2ter Abends Uhr

GuteLiebe – Heut schreib' ich Dir in recht trauriger Stim̄ung. Hier angelangt hab' ich den Tod der Kaiserin Mutter [Maria Feodorowna] erfahren, den Du nun schon lange wissen wirst u der am 5ten erfolgt ist – Du weißt, daß ich ihr recht von Herzen treuer Verehrer gewesen bin u ich werde es mein Lebenlang bleiben, denn sie hat einen großen Caracter u ein edles Herz gehabt u Eigenschaften, würdig die größte Fürstinn zu zieren. Mir ist das Herz ganz schwer seit der Nachricht u ich habe gleich TrauerKleider angelegt, die kein eitles Zeichen bey mir sind. Ich habe sie hoch verehrt u treu geliebt – Ich habe mir kein Ideal oder Idol à loisir [zum Zeitvertreib] von ihr gemacht – ich kannte sie wohl u verkannte ihre Schwächen nicht, die aber wahrlich minder waren als tausend u aber tausend Andrer die keine Kronen tragen u nicht da hausen mußten, wo man der Tugend spottet u einen gewissen Grad von Unrecht oder Laster voraussetzt, ja gewissermaßen fordert! Sie war eine edle, kaiserliche Frau u vereinigte Gaben die ihr Geschlecht aufs höchste zieren mit denen eines Monarchen, eines Helden – Ich kann mich nicht trösten, daß Du sie nicht gekannt um ihr wie ich, Dein liebes, treues, ehrliches Herz zu schenken; daß ich sie nicht wiedersehe!!! Gottes Freuden mit ihr –

Ich habe vor Thränen mit Schreiben inne halten müßen! – Und noch eine TrauerPost habe ich heut erfahren. Den Tod Deiner armen, alten Tante von Sachsen [Maria Amalia] – So sehen wir uns denn in tiefer Trauer wieder u Küsters Fest würde auf die Art wohl sehr deplacirt seyn. Es wird wohl überflüssig seyn ihn dies fühlen zu machen – Ich danke Dir auch von ganzem Herzen für einen sehr lieben u amüsanten Brief von Dir, der vom 17ten v M wo des Croy dreyfache Irrfahrt um's Schloß mit Meisterschaft beschrieben ist – Dieser Brief, so wie alle andern die ich hier gefunden, sind von der Post, die in Rom ankam als ich Rom verließ am 27ten – Ich glaube nicht, daß Du mir noch dahin schreiben würdest, ich Esel! Direct habe ich aber hier nichts gefunden, liebe Gute Lore, von Dir u doch sind 6 Tage seitdem verstrichen, wie ist das möglich – Ach Alte wie lieb hast Du des 16ten gedacht – Könnte ich Deine Liebe doch verdienen – Du bist u bleibst mein guter Engel u das schönste irdische Pfand von Gottes Liebe gegen mich Unwürdigen!!! – !!!!

Ich habe in dem alten Ravenna eine sehr gute Nachtruhe gehalten u bin gleich nach 7 Uhr aufgestanden. Nach dem Caffé fing ich einen Brief an Johan̄es an, aus der Stadt wo Dante ruht – Um 8 stiegen wir ein. Janitscharen Musik im Hof! Das Wetter, dicker, kalter Nebel wie gestern, wie vorgestern!! affreus. Bis Faënza fast 4 Stunden gefahren. Der Nebel löste sich in Regen auf, u als wir gegen Imola kamen brachen die Wolken etwas. Hier fuhren wir mit lang entbehrtem Sonnenschein kurz vor SonnenUntergang, so gegen 1/2 5 Uhr ein. Eine famöse Stadt. Alle Häuser mit großen u sehr tiefen Arcaden; der Thurm Asinelli ist enorm hoch u dünn; höher u schmahler wie der Landshuter u fast ganz von einer Dicke.[16] Daneben, wie figura [Zeichnung] zeigt, ein schiefer Thurm [Torre Garisenda], der wie ein schlechter Witz aussieht. Ich fand Ancillon wohl – Er empfing mich mit der ruß: Trauer Nachricht – Ich fand Deinen Brief u die andern die aus Rom zurückgekom̄en – Bald kam der Cardinal Albani, der hiesige Legat mit vielen Herren vom Civil u Militär. Ich erwiderte ihm die Visite, sobald ich mich umgekleidet. Er bewohnt den ganz ungeheuren alten StadtPallast [Pal. Comunale], der wie eine übertriebne Roman Beschreibung aussieht. Er, der Eminentissimo, ist nicht so angenehm als der von Ravenna, aber ein kluger Herr, sehr, sehr höflich u zuvor kom̄end. – Gleich nach der Rückkehr speisten wir. Bombelles aus Florenz, der hier durch nach Modena reist, ließ sich melden, u mit dem haben wir geschwätzt bis jetzt.

Adieu mes belles amours – je Vous baise un million de fois les yeux [ich küsse Dir millionenmal die Augen] – Morgen gleich geht die Post – In Venedig hoffe ich auf Briefe von Dir, mein braves Lieb!

Gott seegne Dich † Ewig Dein Fritz

1 Siehe 9. Brief, Anm. 7

2 Der zum Heiligen Haus (dem vermeintlichen Wohnhaus der Maria, seit 1295 in Loreto) gehörende reiche Schatz, der sich über die Jahrhunderte durch die Spenden der Pilger aufgehäuft hatte, war 1798 von den Fran-

zosen geraubt und nicht wieder zurückgegeben worden; was sich Friedrich Wilhelm darbot, war daher ein vergleichsweise bescheidener Neuanfang.

3 Der weströmische Kaiser Honorius verlegte 402 seine Residenz von Mailand nach Ravenna; 493 wurde die Stadt von Theoderich erobert und war bis 540 Hauptstadt des Ostgotenreiches. Danach war Ravenna unter byzantinischer, lombardischer, fränkischer und seit 777 päpstlicher Herrschaft.

4 Die dreischiffige Basilika 5 km südlich von Ravenna wurde 549 geweiht; die innere Ausstattung (12 Marmorsäulen auf jeder Seite und im Chor prachtvolles Mosaik mit der »Transfiguration«) ist fast unverändert erhalten.

5 Die dreischiffige Basilika S. Apollinare Nuovo wurde nach 500 von Theoderich als Hofkirche erbaut; im Mittelschiff 24 Marmorsäulen aus Konstantinopel und Mosaiken, die u. a.Darstellungen der Hafenstadt Classis und Ravennas zeigen. Vom Palast des Königs, der sich nahe der Kirche (an der heutigen Via Alberoni) befand und nicht mit dem Exarchenpalast des 7./8. Jh. (an der Ecke Via di Roma) identisch ist, sind kaum Reste vorhanden; Ende des 8. Jh. war er bereits eine Ruine. Mit Einwilligung Papst Hadrians I. ließ Karl der Große von dort Skulpturen, Säulen und Mosaiken für seine Aachener Pfalz abtransportieren.

6 Die Kirche des 1805 säkularisierten Klosters ist mit Fresken aus der 1. Hälfte des 14. Jh. ausgemalt, die vielleicht von Pietro da Rimini stammen.

Mit dem schon an anderer Stelle von Friedrich Wilhelm genannten Bergami ist wohl Bartolomeo B. gemeint, der als Kammerherr der Princess of Wales, geb. Karoline von Braunschweig (1768–1821, heiratete 1795 den späteren George IV., zu einiger Bekanntheit gelangte. Nach 1814 lebte Karoline mehrere Jahre in Deutschland, der Schweiz, in Athen, Konstantinopel und in Italien (u. a. in Pesaro).

7 426–34; das Gelöbnis soll die Kaiserin während einer Schiffahrt von Konstantinopel nach Ravenna im Jahr 424 abgelegt haben.

8 Fresken von Giotto sind nicht nachweisbar.

9 Die Aachener Pfalzkapelle (nach 786–um 800) gehört zum Typus der byzantinischen Zentralkirchen mit zweigeschossigen Emporen und ist daher mit San Vitale (vor 450) verwandt, auch eine direkte Beeinflussung ist nicht auszuschließen; die verbauten Marmorsäulen stammten zum großen Teil aus Rom und Ravenna.

10 Um 440 von Galla Placidia unmittelbar neben S. Croce errichtetes Oratorium, das lange für ihre Grabeskirche gehalten wurde. Die drei Marmorsarkophage (nach lokaler Tradition der Galla Placidia und der Kaiser Konstantius III. und Honorius) kamen wohl erst nach dem 9. Jh.

in die mit Mosaiken (über der Tür der jugendliche Christus als guter Hirte) geschmückte kleine Kirche.

11 Der erste Bau wurde wahrscheinlich im 5. Jh. errichtet; die heutige Kirche von 1734–45, die Kuppel 1780. Als »Curiositäten« fielen Friedrich Wilhelm wohl die spätantiken Sarkophage und die Kanzel des Erzbischofs Agnellus (6. Jh.) auf.

12 Vom Anfang des 6. Jh.; dargestellt sind vier weißgekleidete Engel mit dem Monogramm Christi und den Symbolen der Evangelisten.

13 Dante lebte seit 1317 in Ravenna in der Verbannung und starb dort am 14. September 1321; das klassizistische Grabmal wurde 1780 im Auftrag des päpstlichen Kardinallegaten Gonzaga errichtet.

14 Das nach 520 erbaute Grabmal diente im Mittelalter als Kirche (S. Maria del Faro) und zeitweilig als Papstgrab; seit 1719 Restaurierung und Entfernung späterer Nebengebäude

15 Es handelt sich um Fresken des 14. Jh., gemalt von Pietro da Rimini u. a., nicht von Giotto.

16 Der neungeschossige, im Jahr 1500 vollendete Turm der Stadtkirche St. Martin und Kastulus ist mit seinen 130 Metern der höchste Ziegelsteinturm überhaupt.

28.
Ferrara 3 December 1828 Abends 10 Uhr

Zum Abschied aus Italien, sahen wir noch schöne Orte mein liebes Lor'rl – So sind wir heut in Tasso's Stadt u der Este[1] – Ein malerischer, aparter Ort, wenn auch in Holländischer Ebene gelegen. Als ich Dir gestern aus geschrieben, war es 1/2 12. Ich habe die Stunde in der Überschrift vergessen, es soll aber gegen 11 Uhr heißen. Ich legte mich, u durch meinen dicken Mantel u einen wollenen Mantel, verschaffte ich mir angenehme Wärme für mein Nachtlager u schlief comfortable beym Schein des Camins ein. Heut Morgen war klarer, blauer Him̄el aber es hatte gefrohren u ist den ganzen Tag dabey gelieben!-! Dat is wat Scheißliches! Gegen 8 Uhr stand ich erst auf, frühstückte, expedirte meinen Brief an Dich u nach 9 Uhr fuhren wir (ohne Ancillon der schon alles gesehen) vor's Thor längs einem Bogengang (u zuletzt hindurch) der 3 Miglien weit durch die Ebne Anfangs, nachher auf einen Berg zu einer Wallfahrt [Madonna di S. Luca] führt.[2] Unser Weg endigte nach vielem Kreutz u Queer am Campo Santo, dem neuen

Gottes Acker, der in einer Welt von Arcaden, Höfen, Portiken u grünen Plätzen besteht, etwas Unbeschreibliches! Es liegt an der ehemal: Certosa an, deren Kirche wir besahen. Von da zurück in die Stadt, nach S: Petronio, einer Colossalen, erhabenen Gothischen Kirche in der Carl V vom Papst [Klemens VII.] die Reichs Crone empfing.[3] Dann in den sehr modernen Dom wo ein Fresco von Guido mich nicht erbaute.[4] Dann nach S Giacomo [Maggiore], wo schöne Gemälde des jüngeren Francia u andrer Schüler des Francesco F zu sehen.[5] Zuletzt in's Museum [Pinacoteca Nazionale], die schönste BilderGallerie die ich noch gesehen. Da ist Raphaels h: Cecilia, die großen Meister Stücke von Guido Reni u Dominichino, ein unvergleichl: Perugino, mehrere Francesco Francia von erster Schönheit etcetcetc.[6] Ganz erstarrt vor Kälte eilte ich zu Haus. Bunsen holte mir den Abate Mezzafanti der 40 Sprachen wie das italienische spricht u mit dem wir beym Déjeuner eine recht interessante u angenehme Stunde verplauderten. Nach 1/2 2 Uhr in den Wagen. Auf einer Ebene, oder vielmehr auf hohen Däm̄en, die Canäle hoch über der Fläche des Landes wie schwebend anhalten u bilden gelangten wir in 4 1/4 Stunde, mit der letzten Däm̄erung hier an. 3 Herren vom Civil fanden sich ein u einige Zeit nach ihnen auch der Cardinal Legat Arezzo, ein alter etwas cassirter [gebrechlicher] Sicilianer. Dann warfen wir uns über das Essen u haben dann bis jetzt über die italienischen Dichter gesprochen u gestritten. Da hat der Hansy [Johann] recht gefehlt. Wie erfreut mich der Schritt von Onkel Carl wegen William. Das wird gute Frucht bringen, wenn Du gegen William die nothwendige, strenge Sprache führst, die die Sache und er verdient. –

Gute Nacht mein Lieb! In 10 Tagen!!!!!!!!!!

Padua 4ter 10 Uhr Abends

Dein Lore ist sehr döhmlich heut u wird sich ein Wenig eilen – Aber viel ist auch nicht zu sagen, mein braves Lieb. Ich habe gut geschlafen in Ferrara, bin gegen 8 Uhr heraus u um 9 fuhren wir nach der wunderbaren, gothischen Cathedrale [S. Giorgio] (von Außen) die von innen ganz modern ist.[7] Dann in die Bibliothek wo Ariosts Original Manuscript,[8] ein M:S: der Gerusalem̄e mit Correcturen von Tasso's

Hand, u der Pastor fido, orig: M:S: von Guarini, wo ich die liebe Stelle: O primavera fand.[9] In der Bibliothek sahen wir nach Ariosts Grab, das aus der Kirche dorthin gebracht worden durch Miollis!! Von da zum Hause des Ariosts, klein u manchen Häusern in Potsdam̄ ähnlich. Dann zum Cardinal im alten Este'schen Pallast [Castello Estense], wo mehrere Bilder besehen wurden. Zu Fuß zuhaus – Mit dem Podestà Varani, Herzog v: Camerino u einem andern Herrn gefrühstückt, Bouillon u Eyer. Abgefahren. Nach 3/4 Stunden am Po. In einer fliegenden Brücke hinüber. Ende des Kirchenstaates. Durch Rovigo – immer in Holländischer Gegend. Klares Wetter; bittre Kälte. Bey Monselice wurde es dunkel. Hier um 7 Uhr. Bey den ungeheuren Kirchen S: Justina [Giustina] u Sant'Antonio vorbey. Eine ungeheuer große u öde Stadt. Diné – Und bis jetzt parlé Voyage [Reisegespräche] u in Bunsens römischen Erin̄erungen gelesen. Jetzt kann ich nicht mehr, küsse Dich 1 000 000 mal, Heiß Geliebteste meiner Seelen u sage GuteNacht mein Lieb.

Venedig 5ter Abends 3/4 9 Uhr

Heut bin ich froh u glücklich – Ich habe Venedig gesehen u vor allem – ich habe 4 Briefe auf einmal von Dir erhalten. Wie ist's möglich Worte des Dankes zu finden für so viel Liebe u Treue. Die Briefe sind vom 19ten – 22ten – 24ten u der letzte, lange, unbeschreiblich liebe Brief vom 27 – 29ten – Die Enzia ist wohlbehalten angelangt – Mit welcher Gier habe ich die Briefe verschlungen – Noch viele andre sind da; von Voß, Röder, Rochow – Aber ich habe nur <u>Deine</u> gelesen. Ach hätt' ich Dich da vor mir in dem schönen weiten Zim̄er, am traulichen Camin Feuer, mit der göttlichen Aussicht über den mit Pallästen umpfählten Meeresarm nach S: Giorgio Maggiore u der Giudecca!- Wie würde ich Dich in heißester Dankbarkeit küssen u herzen!!!!!!! – Obgleich ich aus William's Angelegenheit (nach den Vorgängen) keinen Vers machen kann, so freut mich doch das glückliche Ende sehr – Ich versteh' es aber nicht, besonders nach dem, was Du mir von dem sehr <u>weisen Unterschlagen</u> seines Briefes durch den Herzog [Karl] geschrieben hast – Wie geht dieses Unterschlagen mit der Urlaubs Ertheilung zusam̄en? Das will mir nicht in den Kopf – Enfin nous saurons tout cela [wir werden

34. Carl Friedrich Heinrich Werner, Eingang zum Dogenpalast in Venedig

alles erfahren] – wenn der liebe Gott mich in Gnaden über die Alpen geleitet –

Sehr aus meinem Gleichgewicht bringt mich dagegen die infame Nachricht von Gustav's vereitelter Verbindung mit Marianne!!! Das ist zu toll – Wilhelm v Oranien hat gesiegt, u das grade empört mich oder vielmehr erschüttert mich, denn solche Zärtlichkeit für die Illegitimität (pour des intrus) [Eindringlinge] bringt keinen Seegen!!![10] Und ich wünsche grade diesem schönen Königreich, aus Neigung wie aus Politik, allen Seegen des Him̄els – Und zum Zweiten hat mich etwas aus meinem Gleichgewicht gebracht, die Nachricht von der Vereitlung der schönen, bequemen Pläne von der guten, lieben Mama [Karoline], wegen unsres Münchner Aufenthaltes. Das war grade alles was ich wünschte – Nach so langer Tren̄ung, Vereinigung im Hause der Mutter! Ist es denn gar nicht möglich, daß der schöne Plan wieder aufgenom̄en werde? Könntest Du denn das nicht mit Deinem Bruder [Ludwig I.] abmachen? Du weißt ich habe eine Horreur vor den alten Theilen des Münchner Schlosses – In Biederstein wären wir so ruhig u friedlich beysam̄en gewesen – Die Abende hätten ganz uns gehört – Am Tage wäre ich hingelaufen, wohin der König nur im̄er befohlen – So sehe ich voraus, daß wir keinen ruhigen Moment haben werden. Das ist erschrecklich!! –

Wie mich die Beschreibung Deines TageWerkes interessirt. Ich begleite Dich durch schönes, warmes, kaltes u trübes Wetter, auf den See mit der Bäurin̄ die steuert, an den runden Tisch, während Lady Mary [Maria Anna] musizirt oder zerstreut ist, u Euch lachen macht – Alle Besuche, die Du anmeldest sind mir, als gälten sie mir – Ach Alte, Liebe – Mein ganzes Herz ist bey – abwesend oder nicht – es ist dasselbe, u das ist eine Gnade Gottes die ich nicht genug dankbar erken̄en kann – Willst Du nun wissen, wie es mir ergangen, seitdem ich gestern Abend mit Schreiben aufgehört habe, so will ich mein Tagebüchlein fortsetzen. Pro primo habe ich excellent geruht in Padua u war heut nach 8 Uhr ganz fertig – frühstückte – erwartete unsre Herren u fuhr weg, um im Fluge die Curiositäten jenes denkwürdigen Ortes zu besichtigen. Auf mein Begehren ist Bunsen nicht in Ferrara von uns geschieden, sondern hat uns bis hierher begleitet. Wir fuhren also in Padua zuerst nach der enormen u merkwürdigen Kirche von S: Antonio di Padua, wo dieser Heilige [Antonius] (der bekanntlich von den Menschen verachtet, sich zu den Thieren wandte u andächtiges Gehör fand) bestattet ist. Ein magnifiques Gebäude, welches die Spuhren aller J:100 seit dem 12ten an sich trägt. Ehemals war es ganz von Giotto's u seiner Schüler Meisterhand gemalt.[11] Jetzt sind nur wenige Reste davon übrig. Dann nach S: Giustina einer Kirche, die noch enormer als die vorige ist, aber viel moderner, weniger hoch, u daher weniger ansprechend. Neben an ist ein wahres Labirinth von Hallen, Capellen u Gängen, wie in den Radclif'schen Romanen.[12] Zuletzt fuhren wir den größten Saal der Welt zu sehen, im ehemal: öffentlichen Pallast [Pal. della Ragione], wo jetzt das Lotto gezogen wird!!![13] 300 Fuß lang 100 breit, 100 hoch – Fast ganz von Giotto gemalt! Um 1/2 10 Uhr stiegen wir vor dem Wirthshaus aus unsern Miethswägen in die ReiseWägen u fuhren fort – Längs der Brenta, wo die alt=Venezianischen Landsitze erst sehr einzeln, dann im̄er dichter, zuletzt in ununterbrochener Reihe stehen.[14] Ein veredeltes Holland, mit dem Hinter Grunde der Alpen. Unbeschreiblich reitzend. Besonders wenn man sich den alten Reichthum u das alte Leben, vor u in den Pallästen denkt. Darüber kann Priuli Dir ein Liedchen singen. In Dolo spannten wir um – in Fusina schifften wir uns ein. Um 2 Uhr landeten wir am DogenPallast in dieser gestürzten Königinn der Meere. In ihrer Art ist Venedig wie Rom. Unvergleichlich durch Merkwürdigkeit, Reitz u Geschichte. Die Gemälde Canaletto's [Canal] geben ein sehr treues Bild von Venedig – Wir Alle waren wie trunken von dem herrlichen Anblick. Wir gingen gleich in die Marcus Kirche u verstum̄ten vor der Würde u der Pracht – Nichts als Gold u Mosaik u Marmor. Es wird Einem wenn man die Wunder von S: Marco beschaut, wie bey Lesung der Apocalypse; anders kann ich meine Gefühle gar nicht ausdrücken. –

Aus S: Marco gingen wir in unser nahegelegenes Hotel, Albergo reale, an der Riva degli Schiavoni, mit der herrlichen Aussicht auf S: Giorgio maggiore u den ganzen, herrlichen Meeres Arm – Nachdem wir uns an etwas Bouillon erwärmt setzten wir uns in zwey Gondeln u fuhren umher, 1, nach S: Maria della Salute, dann in den Canal Grande an den unzähligen, meist wüsten Pallästen entlang, an der Post an, um die Briefe zu holen, unter dem Rialto durch, bis nach S: Maria de' Scalzi [Chiesa degli Scalzi], an welcher Kirche 7 der reichsten Familien gebaut, u gesucht haben sich an Pracht [der] Ausstattung der 7 Capellen zu übertreffen.[15] – Zurück – Am Rialto ausgestiegen. Bis dahin hatte ich 2 Briefe von Dir gelesen!- Zu Fuß durch die engen, aber höchst ansprechenden Gassen, über den Marcus Platz u durch den Hof des DogenPallastes zuhaus – Dinirt – u bis jetzt geschrieben – Nun aber sag ich der lieben, guten braven Lore, GuteNacht. Wenn sie das Schmierakel nur lesen kann!!!- Verzeih mir die horrible Schreib Art.

6ter früh gegen 9 Uhr

Guten Morgen mein Lieb – Ich habe ziemlich gut geschlafen, bin so um 8 Uhr heraus, habe mich ra= u frisirt, gefrühstückt u stehe jetzt auf dem Sprung meine Wandrungen zu beginnen – Ich fürchte dies ist mein letzter Brief von der Reise, denn ich weiß nicht ob noch eine Post früher als wir selbst zu Euch gelangen kann. Leb denn wohl mein Lieb!!! In 7 Tagen!!!!!!! ich fasse den Gedanken kaum – Unser Glück verläßt uns nicht, Gott sey gedankt. Das Wetter ist wieder klar von oben – Etwas Nebel wird die Sonne die hell scheint wohl bald vom Horizont verdrängen! – Ach noch Eins – Schreibe mir doch entgegen, ob es vielleicht besser wäre, wenn wir einige Wagen voll gleich nach München dirigiren – ich fürchte so sehr der guten Mama [Karoline] beschwerlich zu fallen u vielleicht mangelt es auch an Platz – Wir verlassen, so Gott will übermorgen Venedig u gehen bis Verona, 9ter Rovereto, 10 Botzen [Bolzano], 11 Sterzing, 12 durch Iñspruck bis vielleicht Mittenwald. In Iñspruck erwarte ich poste restante Deine Antwort.

Gott seegne Dich †. Ewig Dein Fritz

Lege mich der lieben, guten Mama zu Füßen u Lady Mary [Maria Anna]. Grüß die Reede 1000 mal u alle Bekannten [darunter im Kreis Christusmonogramm zwischen Alpha und Omega]

1 Tasso lebte mit einigen Unterbrechungen 1565–86 (zuletzt als Geisteskranker im Annenkloster) in Ferrara, wo er sein Hauptwerk »Gerusalemme liberata« schuf; er stand zunächst im Dienst des Kardinals Luigi d'Este, seit 1572 des Herzogs Alfonso II. d'Este. Die d'Este herrschten seit 1259 in Ferrara; ihr Mäzenatentum brachte der Stadt vor allem unter Alfonso I. (1505–34) eine kulturelle Blüte.

2 Ein 3,6 km langer Bogengang, der an der Via Saragozza endet, verbindet das 1723–57 errichtete Heiligtum mit der Stadt; die Fassade und die Treppenanlage mit den zwei Tribünen wurde erst 1774 vollendet.

3 S. Petronio gehört zu den größten Kirchenbauten überhaupt; als Vorbild diente der Florentiner Dom. Vom ursprünglichen Plan wurde jedoch nur das Mittelschiff ausgeführt, die Chornische erst 1669. Am 25. Februar 1530 krönte hier, da die Peterskirche zu dieser Zeit umgebaut wurde, Papst Klemens VII. Karl V. – die letzte Kaiserkrönung auf italienischem Boden. Wegen der Pest in Trient tagte 1547 in S. Petronio auch das Tridentinische Konzil.

4 Wahrscheinlich ist S. Domenico gemeint (1727–33 von Carlo Francesco Dotti modernisiert); das Fresko »Apotheose des hl. Dominikus« über dem Grabmal des Heiligen malte Guido Reni 1615.

5 In der Bentivoglio-Kapelle von S. Giacomo Maggiore befinden sich zehn Fresken zum Leben der Heiligen Cäcile und Valeria (1504–06) von Francesco Francia, Lorenzo Costa u.a. und im Cäcilien-Oratorium (Oratorio di S. Cecilia) hinter der Kirche ein Altarbild (1488–94) und eine Pietà ebenfalls von Francia.

6 Die Pinakothek, die mit der Kunstakademie seit 1808 im ehemaligen Jesuitennoviziat untergebracht war, beherbergt die reichste Sammlung der von Friedrich Wilhelm besonders geschätzten bolognesischen Malerei, u.a. Renis »Pietà dei Medicanti« (1613–16) und Domenichinos »Martyrium des hl. Petrus Martyr (1619–25). Die ältere italienische Malerei ist exemplarisch vertreten durch Peruginos »Madonna in der Glorie« (um 1500) und Raffaels »Hl. Cäcilie« (Dussler I/10).

7 An der schönen Fassade wurde bis ins 13. Jh. gebaut, Ende 15. Jh. an einer neuen Apsis; 1637 Veränderungen am Querbau, 1712–18 grundlegende Umgestaltung des Innenraumes.

8 Die Handschrift des »Orlando furioso«; in der 1747 eingerichteten Ariost-Bibliothek (Biblioteca Comunale) befindet sich seit 1801 auch das Grabmal des Dichters.

9 Die 1. Szene des 3. Aktes von Giovanni Battista Guarinis »Il pastor fido« (1590) beginnt mit den Worten: »O Primavera gioventù dell'anno/Bella madre di fiori/D'erbe novelle e di novelli amori.«

10 Gustav von Wasa war ein Sohn des schwedischen Königs Gustav IV. Adolf (1778–1837), der 1809 von den Reichsständen abgesetzt und des Landes verwiesen worden war; auch seine Erben gingen des schwedischen Thrones für immer verlustig. Die Verhinderung der Vermählung des Prinzen Gustav mit Marianne, einer Tochter des niederländischen Königs Wilhelm I. und Enkelin Friedrich Wilhelms II. von Preußen, durch Wilhelm von Oranien, wie Friedrich Wilhelm vermutete, konnte als nachträgliche Rechtfertigung jenes Staatsstreiches und als eine Verbeugung vor Karl XIV. Johann (Jean-Baptiste Bernadotte), der durch »illegitime« Adoption auf den schwedischen Königsthron gelangt war, verstanden werden (siehe auch 36. Brief).

11 Grabeskirche des hl. Antonius, der 1232 heiliggesprochen und 1263 dort beigesetzt worden war; der mit der Westfassade begonnene Neubau um 1350 vollendet; die Fresken im rechten Seitenschiff sind von Altichiero (14. Jh.).

12 Von einer mehrfach überkuppelten Vierung bekrönte dreischiffige Basilika venezianisch-byzantinischer Prägung (vollendet Ende 16. Jh.), die größte Renaissancekirche des Veneto; zahlreiche Anbauten des 15./16. Jh., u. a. drei Kreuzgänge an der Südseite. Die Schauerromane (Gothic Novels) Ann Radcliffes (The Mysteries of Udolpho, 1794; The Italian or The Confessional of the Black Penitents, 1797) erfreuten sich Anfang des 19. Jh. auch in Deutschland größter Beliebtheit; Friedrich Wilhelm (IV.) und Elisabeth waren passionierte Romanleser.

13 Anfang des 14. Jh. errichtetes Stadthaus; durch einen Brand 1420 gingen die Giotto-Fresken verloren. Bei der Wiederherstellung des Baus bis 1435 wurden die Trennmauern im Obergeschoß entfernt, so daß ein großer Saal entstand; der neue Freskenschmuck von Meistern aus Ferrara.

14 Die meisten der venezianischen Villen entlang der Brenta waren 1797, als die Republik Venedig unterging und an Österreich kam, bereits verfallen; bis dahin hatte eine Brenta-Fahrt zum Programm jeder Italienreise gehört. Job von Witzleben, der Begleiter Friedrich Wilhelms III. 1822, schrieb aus Italien: »Viele von den Landhäusern sehen sehr verfallen aus. Sie geben ein treues Bild der Stadt, zu denen sie gehörten« (Dorow 1842, S. 233).

15 Erbaut von Baldassare Longhena 1654–1705; die Ausstattung der Familienkapellen in der 1. Hälfte des 18. Jh., u. a. mit Fresken (zerstört) von Giovanni Battista Tiepolo; in der Kapelle der Familie Manin steht der Sarkophag Lodovico Manins, des letzten Dogen von Venedig.

29.
Venedig 6 Dec: 1828 3/4 9 Uhr Abends

Obgleich ich nicht weiß, ob dieser Brief Dich noch vor mir erreichen wird, will ich's drauf ankom̄en lassen, u noch einmal schreiben – Heut früh als ich meinen Brief an Dich, mein einzig Lieb geschlossen, haben wir uns aufgemacht u sind erstl: in den DogenPallast [Pal. Ducale] gegangen, durch den innern Hof, die GigantenTreppe hinauf, in all die Zim̄er und Sääle der verschiednen Serenissima, die das Gepräge einer wahrhaft Römischen Größe an sich tragen. Die höchste Pracht, mit großer Einfachheit verbunden. Bilder der ersten Meister hiesiger Schuhle in würdiger Einfassung, doch nirgend eigentliche Überladung.[1]

1/2 12 Nachts

Eben kom̄' ich aus der allerdüm̄sten Comödie die ein Mensch sehen kann u die Venedig's Fall mehr als die zerfallenden Palläste beweist – Fahren wir aber fort im Journal- Aus dem unbeschreiblichen u einzigen Pallast von S: Marco gingen wir nach Besichtigung der Gefängniße unter den Bleydächern (Casanova's nahmentlich) u im Erdgeschoß,[2] in die königliche Kirche von S: Marco, die wir zum 2ten Mal betraten u mehr en detail besahen, auch den Schatz u die Reliquien besahen –Von da langsam zuHaus.

Wir fanden den Civil Gouverneur Gf: Spaur u den Militär Befehlshaber General von Lilienberg, die uns meldeten, daß sie von einem Moment zum andern den Erzherzog Vice Re [Rainer] erwarteten, der von Wien kom̄end, seinen WinterAufenthalt allhier beziehet – Ich ließ als sie fort waren, den Gf: Spaur bitten, vom E: H: die Stunde zu erfragen, wo ich ihm meine Aufwartung machen könnte.

Sur les entrefaites [unterdessen] setzten wir uns zum Frühstück. Es war 12 Uhr vorbei. Um 1 Uhr kam Gf: Spaur selbst, um mit vielen Höflichkeiten vom E: H: zu melden, daß er in einer Stunde ganz bereit seyn würde zu empfangen. Da noch Zeit war, setzten wir zwey uns in die Gondel unsres Wirthes und fuhren grade hinüber, nach der Kirche S: Giorgio maggiore wo der Porto franco ist. Eine deliziöse Fahrt! Um 3/4 2 zurück. Toilette. Uniform. In den Palazzo reale der von der Kirche aus die ganze rechte Seite und die gegenüberliegende Front des MarcusPlatzes einnim̄t.[3] Sehr freundschaftl: empfangen vom erzherzogl: Paar, das ungemein lieb u gut u herzlich mit mir war u mich auf morgen um 4 Uhr zu Tisch lud. Zurück. Frak Toilette. Zu Gondel nach dem Giardino publico von Napoleon angelegt, nach Zerstörung von 4 Kirchen, dreyer Klöster, u eines Hospitals u deßhalb von den Venezianern unbenutzt u gemieden. Er bildet die Spitze der Stadt in's Meer hinein.[4] Dann nach dem weltberühmten Arsenal. Daselbst vom Marquis Paulucci, seinem Wiederhersteller u Ordner, herumgeführt bis es dunkel wurde. Es ist eine ganze Welt – Etwas so einzig wie Venedig selbst. 3 Miglien im Umfang – Alles, zur größten Marine der Welt Erforderliche einschließend. Am Thor 4 antike Löwen; 2 davon aus Athen, u einer dieser 2 das Denkmal des Sieges bey Marathon wie die uralte Runen Artige Inschrift beweist.[5] Paulucci begleitete uns zuhaus u nahm die Einladung zu Tische an. Professor Ranke aus Berlin (der jetzt hier die Archive studiren will um sein herrliches Werk über die Fürsten u Völker Europa's im 16ten und 17ten J:100 fortzusetzen) aß auch mit uns.[6] Ancillon hatte ihn mir schon am Vormittag vorgestellt. Der VizeKönig kam während des Diné's u blieb bey uns, bis wir abgegessen – Wie gütig – Dann sind wir in's Theater di S: Luca wo eine schändlich gespielte, schändl: Übersetzung des schändlich schlechten Stückes Gustav Wasa vom schändl: Kotzebue[7] u eine verrückte Farce gegeben wurden. – Jetzt such' ich mein Bett, u sage der lieben, braven Lore GuteNacht.

Soñtag 7ter Abends nach 10 Uhr

Dies sind die letzten Zeilen an mein Lieb aus dem göttlichen Venedig – Ich habe trotz Husten u Schnupfen gut geschlafen, bin um 8 heraus u setzte mich um 9 Uhr mit den Herren in die Gondel, außer Ancillon, der den Grafen Haugwitz, den alten Minister erwartete, der von Este gekom̃en, mich zu sehen. Wir fuhren nach dem Armenischen Kloster, welches wie alle die herumgestreuten Inseln, wie ein Schiff aus dem Meere auftaucht.[8] Diese Armenier sind geistreiche, brave, gelehrte u fleißige Leute. Wir besahen die Kirche, Bibliothek, Druckerey etc machten die Bekanntschaft des Bischofs, sahen die SchuhlKinder u angehenden Geistlichen u schifften uns nach 10 wieder ein; nach der Stadt zurück u stiegen an der Griechischen Kirche des nichtunirten Ritus S: Giorgio de' Greci aus,[9] wo wir einen Theil des Amtes abwarteten. Zuhaus. Mit Haugwitz gefrühstückt. Dann wieder in die Gondeln u nach dem Museum a d. Academie [Galleria dell' Accademia] gefahren, wo ein ungemeiner Schatz, der herrlichsten Bilder hiesiger Schule sich befindet u vor allem die Assunta von Tizian!!![10] Dann den Canal Grande herunter, unterm Rialto durch nach dem Pallast Manfrin, wo eine kostbare Gallerie, in welcher mich Tizians Portrait von der Catharina Cornaro, Königinn von Cypern, am meisten frappirte.[11] Dann nach S: Giovanni e Paolo, einer him̃lischen gothischen Kirche, davor die Reiterstatue des Generals Cuglioni [Bartolemeo Colleoni][12] – Uf Ehre so heißt er!!! Zu Fuß zuHaus. Toilette in Uniform. Aufs Palais. Diné mit den ersten Häuptern des heutigen! Venedigs, Patriarch, Gouverneur, Paulucci etc. Erst um 7 Uhr zuhaus. Mit Haugwitz getheet u geplaudert (recht sehr interessant) bis gegen 9 Uhr. Dann in's Theater S: Samuele zu Fuß. Der verstümmelte 2te Akt der Cenerentola, unter aller u jeder Critik![13] Jetzt sind wir eben heimgekehrt u nun – Gute Nacht mein Lieb – Ach! ich habe auch heut einen Brief von Lore vom 1ten December, mit so vielen lieben détails – Wie glücklich daß Luischen [Ludovika] zurückgekom̄en. Ich liege der ganzen Familie zu Füßen – Ach von Luisens Brief aus Brüssel hab [ich] noch gar nichts gesagt – Das beste ist, ich packe ihn für Dich hier ein.

Verona 8ter Abends 10 Uhr

So wäre denn der einzigschöne Kreislauf, den wir hier in Verona am 3ten October begannen, durch Gottes Seegen glücklich zurückgelegt! Möge Er mich nun auch wohlbehalten über die Alpen führen zu meinem guten Engel der in ihnen hauset zwischen Berg u See, da wo sie sich gegen Norden öffnen – Ach Alte! Alte! Nur noch 5 Tage!!!!! Es ist zu schön der Gedanke – Gebe uns Gott ein frohes Wiedersehen!!!

Ich habe meine letzte Nacht in der verwittweten Königinn der Meere gut aber kurz abgemacht, denn um 7 war ich schon ganz fertig u während die Effekten in die Gondeln gebracht wurden, liefen wir (ohne Ancillon, Rust u Sasse, die sich auch schon einpackten) nach S: Marco um vom Heiligthum Abschied zu nehmen. Leider war es geschlossen. Wir faßten also den heldenmüthigen Entschluß, den Marcus Thurm [Campanile] zu besteigen. Alsbald wurde er ausgeführt. Man steigt auf einer Rampe hinan. Die Aussicht kurz vor SonnenAufgang war prächtig u einzig, denn Vendig hat nicht seines Gleichen auf Erden. Ich nahm von Oben Abschied von all der fallenden Herrlichkeit u gefallenen Größe u bald stiegen wir in die Gondel u ruderten Fusina zu welches wir in einer kleinen Stunde erreichten. Ich setzte mich mit Bunsen ein, der sich morgen hier von uns trennt u nun gings die Villen reiche Brenta entlang, durch Dolo nach Padua u so weiter nach Vicenza, wo in Palladios herrlichen Pallästen u Facaden mir viel Potsdam̄er Anklänge sich aufdrängten. Wie im Fluge besahen wir das

35. Andrea Palladio, Palazzo Thiene in Vicenza

berühmte Theatro Olympico des Palladio, Pädantisch nach antikem Muster gebaut[14] u zogen weiter, durch Montebello, wo es dunkel wurde, u Caldiero, Verona zu. Eine Miglie von hier stürzte unser armer, braver Courier Badalucchi u meldete sich mit schmerzhaftestem Ausdruck, daß er den Arm gebrochen. Allgemeines Lamento der ganzen Gesellschaft – Wir mögen ihn Alle so gern. Rust zweifelte noch an dem Bruch, versprach aber hier angelangt Alles genau zu untersuchen, u so nahm ihn Gröben in Bunsens Wagen u es ging schnell hier herein. Beim Aussteigen große Verlegenheit Badalucchi's wegen, der vor Schmerz und Hülflosigkeit sich nicht rühren konnte. Endlich ein gewaltiger Effort, ein Knax, ein Schrey – u siehe da, der Arm ist heil. Es zeigte sich, daß der Arm nur ausgerenkt war – durch die Anstrengung war er an seinen Ort zurückgesprungen – Welches Glück! – Große Freude bey Herren u Dienerschaft. Es war 7 Uhr als wir ankamen. Bald wurde dinirt u dann geplaudert, gelacht, erzählt, die Reise wieder durch gemacht bis jetzt. –

Nun schließ ich diesen Brief, der der letzte von der Reise seyn wird, u vielleicht späther als der alte Esel selbst so Gott will! anlangen dürfte. Ich ziehe daher vor Luisens charmanten Brief selbst mitzubringen – Wie neugierig ich bin, wo u wie u wann dieser Brief in Deine Hände komen wird. Die Schurken die ihn vor Dir lesen werden, müßten sich recht ärgern nichts Neues u Wichtiges u nicht einmal Geklätsch drin zu finden – Mais laissons là ces infamies – Gott verleihe uns in Gnaden ein fröhlich Wiedersehen. Er schütze Dich. Er seegne Dich †

Ewig Dein Fritz

1 Durch einen Brand im Jahr 1577 wurde die ältere Dekoration des Gebäudes von Gentile da Fabriano, Pisanello, Giovanni Bellini u. a. weitgehend zerstört; danach Neuausgestaltung der Repräsentations- und Privaträume u. a. durch Tintoretto und Veronese; in der Sala del Maggior Consiglio hängt hinter dem Dogenthron das von Jacopo und Domenico Tintoretto 1588–90 auf Leinwand gemalte »Paradies« (762×2134 cm).

2 Die Gefängniszellen des Palastes befanden sich unter dem Bleidach (piombi) und im Keller (pozzi); seit 1797 nicht mehr in Gebrauch. Der Abenteurer Casanova entkam 1756 durch eine waghalsige Flucht aus den Bleikammern.

3 Der Palazzo Reale (die Neuen Prokurazien, 1584 von Scamozzi begonnen) befindet sich auf der Südseite des Markusplatzes; er diente seit 1810 als Regierungssitz.

4 Die Giardini Pubblici, ein öffentlicher Park, wurden 1807 auf Befehl Napoleons angelegt.

5 Die vier Marmorlöwen vor dem 1104 gegründeten Arsenal kamen 1687 als Kriegsbeute von Piräus nach Venedig (aufgestellt 1692); bei den erwähnten Runen handelt es sich um eine Wikinger-Inschrift aus dem Jahr 1040.

6 Der 1. Band von Rankes Monographie »Fürsten und Völker von Südeuropa im 16. und 17. Jh. (Die Osmanen und die spanische Monarchie)« war 1827 erschienen; eine Fortsetzung (»Die serbische Revolution«) folgte 1829. Ranke hielt sich von Oktober 1828 bis Februar 1829 und noch einmal im Winter 1830/31 in Venedig auf.

7 »Gustav Wasa« (1801), Schauspiel von August von Kotzebue, in: 16. Teil (Wien 1811) der Gesamtausgabe der Theaterstücke in 56 Teilen, Wien 1810–20

8 Die kleine Laguneninsel S. Lázzaro gehört seit 1716 dem armenischen Mechitaristenorden; in der Bibliothek des Klosters befinden sich 2000 armenische Handschriften und 30000 gedruckte Bände.

9 Die meisten griechisch-orthodoxen Gemeinschaften in Italien waren mit der römisch-katholischen Kirche »uniert«; in der Regel bedeutete dies, daß die katholischen Dogmen übernommen, die traditionellen liturgischen Gepflogenheiten aber weitgehend beibehalten wurden.

10 Tizians »Himmelfahrt der Maria« (1516–18, Holz, 690×360 cm) befand sich 1817–1918 in der Galerie der Akademie, heute wieder in S. Maria dei Frari.

11 Mehrere Porträts der Caterina Cornaro sind bekannt, u. a. von Gentile Bellini, Giorgione und Tizian; bei dem hier erwähnten der Sammlung Gerolamo Manfrins handelte es sich möglicherweise um eine Kopie von Tizians Bild (1542) in den Uffizien.

12 1333–90 errichtete gotische Backsteinkirche, die unvollendete Fassade von 1430; davor steht das Reiterstandbild des Condottiere Bartolomeo Colleoni von Andrea Verrocchio (1481–89).

13 »Cenerentola« (»Aschenbrödel«), Oper von Gioacchino Rossini (UA 1817, EA Berlin 1825)

14 Friedrich II., der Palladio sehr schätzte, ließ seit 1753 in Potsdam mehrere Bürgerhäuser mit Fassaden nach dessen Palästen in Vicenza bauen, u. a. 1755 Am Neuen Markt 5 nach dem Palazzo Thiene (1551/52), dessen elf Achsen von Bührig allerdings auf fünf reduziert wurden (zerstört). Das Teatro Olimpico ist von Palladio 1580 begonnen und von seinem Sohn Silla P. und Scamozzi, der die Dekorationen schuf, 1584 vollendet worden. Von einer »pedantischen« Nachahmung antiker Theater, wie Friedrich Wilhelm meint, kann keine Rede sein.

30.
Tegernsee 30 September 1828

Lieber Papa;

Es ist eigentlich sehr anstößig, daß ich am letzten Tage meines Aufenthaltes hier, meine Ankunft hierselbst unterthänigst melde. Sie werden aber gewiß Gnade vor Recht ergehen lassen, wenn Sie wissen werden, welch ein zeitraubendes Treiben hier seinen Sitz aufgeschlagen hat u wie es mir bis diesen kleinen Augenblick noch nicht gelungen ist recht zu Athem zu komen. Meine Reise ist ohne allen Unfall u sehr schnell zurückgelegt worden u wenn auch meist durch feuchten, kalten Nebel doch unbeschreiblich erwärmt durch das Andenken an die über Alles gnädige, liebevolle Art wie Sie mich entlassen u durch Ihren theuren Vater=Segen zu dem der liebe Gott gewiß Amen gesagt hat. Zu Zeitz kam ich mit Tages Anbruch an, wo ich dem Delbrück ein ganz andres Gesicht fand vor Freude über Ihre zurückgekehrte Gnade,[1] u wo G: v Jagow, Natzmer, Löbell u Seydlitz mich empfingen. In Gera präsentirte sich der kleine Reuß [Heinrich LXVII.] ehemals vom Brandenburgischen Husaren Regiment u durch Schleitz begleitete mich der reg: Fürst zu Pferde [Heinrich LXII.] avec un charmant caquet [Klatsch]. Ich machte Mittag in Gfell [Gefell] u fuhr durch das mir zu theure Bayreuther Land meist bey Nacht. Der gräuliche, erstarrende Nebel zertheilte sich als wir nach Regenstauf kamen u in Regensburg fuhren wir mit dem schönsten Sonnenschein ein. Ich lief mit Gröben durch die prächtige, alte Stadt, besah die Schottenkirche [St. Jakob], St: Emmeram (Kirche u Pallast) u den einzigschönen Dom, dinirte im goldnen Kreutz u fuhr wieder die Nacht durch, so daß ich um 5 Uhr Morgens bey Küster auf dem CarolinenPlatz zu München vorfuhr. Der König [Ludwig I.] war aus Berchtelsgaden meinetwegen nach München gekomen. Sie können sich meinen Zustand denken bey der Nachricht, lieber Papa; denn was soll man zu so viel Attenzion für ein Gesicht machen? Es ist eine starke Tagereise von da nach München u der Weg komt vom höchsten Gebirge her, ist also wahrlich kein Spaß. Aber das alles reicht noch nicht an die unbeschreiblichen Attenzionen die er mir in Person erzeigte. In allen seinen Pracht Bauten führte er

36. Franz Krüger, Friedrich Wilhelm III.

mich selbst umher, im Schloßbau, in der Glyptothek, in der Pinakothek;[2] u so thekten wir herum bis gegen 1 Uhr von 1/2 9 an. Man kann nicht Herzlicher u freundschaftlicher seyn als er mit mir war u hat mich zu recht aufrichtigem Dank verpflichtet. Ich wage die Bitte, lieber Papa, daß es Ihnen gefallen möchte dem König auf dem ordinairen diplomatischen Wege, einige freundliche Worte über meine Aufnahme sagen zu lassen. Das würde den König sehr freuen, davon bin ich sehr überzeugt. Ich glaube, daß seine Attachement an Preußen keine Maske bey ihm ist u seine geographisch-politische Lage macht das mehr als wahrscheinlich. Eine, oder Einige Noten unsres auswärtigen Amtes in der Badischen Angelegenheit[3] (die ich übrigens nicht gelesen) sollen einige Wahrheiten etwas knollig gegeben haben, u das hat den König tief geschmerzt – Er selbst hat davon mir nicht gesprochen aber ich weiß es ganz bestim̄t u namentlich auch von Rochow, dem er mit unerhörter Offenheit gesprochen hat. Er ist gewiß ein edler Herr, dessen Eigenheiten wohl manchmal im Innern wie Äußern schwer fallen mögen, der aber einer edlen u offnen Sprache im̄er Anerkennung schenkt –

Vor 1/2 7 Uhr Abends war ich in diesem him̄lischen Thal u hatte meine gute Elise wiedergesehen, die auffallend besser u kräftiger ist. Sie legt hier einen Brief für Sie, lieber Papa, mit ein. Das Leben hier ist das angenehmste was man sich nur denken kann, nur pampft man etwas zu viel, d:h: es wird unmenschlich gegessen.

Morgens, nachdem Elise die Molken getrunken, laufen wir ein wenig spatziren; dann Conversazion am Bett der Königinn [Therese], dann gewöhnlich Ruhe bis nach 12 oder 1 Uhr, wo eine große Promenade in Droschken gemacht wird, mit einem copiosen [reichlichen] Déjeuner verbunden. Vor 5 Uhr wird schwerlich dinirt. Dann wieder Ruhe bis 1/2 9 Uhr wo sich dann Thee u Souper folgen. Um 1/2 12 Uhr geht man zur Ruhe. Am Son̄tag waren wir in der Capelle der Königinn mit Elise, die auch sonst schon mit der Mutter [Karoline] drin war, u hörten den Hofprediger Schmidt, nicht schlecht, aber weit entfernt von einer guten Predigt. Heut war ein großer Tag, denn die Kaiserinn der Franzosen, Königinn von Italien [Marie Louise], hat dies Haus mit ihrer Gegenwart beehrt. Sie hat in Kaltenbrunn (der Meyerei der Königinn) gespeist u ist dann um den See herum mit der Erzherzogin Sophie u mir vom Prinzen Carl gefahren worden u wird noch den Thee hier trinken u zur Nacht nach Rosenheim zurückkehren.

Ich verlasse Morgen das göttliche Tegernsee. Elise und Amalie gehen mit bis Inspruck. Der Prinz Johann v Sachsen besucht seine Toskanischen Schwestern [Maria Ferdinandine, Maria Anna] u nim̄t denselben Weg mit mir bis Florenz was mir sehr angenehm ist. Er ist heut voran u wir werden uns in Botzen [Bolzano] treffen. Erfahren wir dort, daß die Straße über das Stilfser Joch (der nähere Weg nach Mayland) fahrbar ist, so schlagen wir sie ein u kom̄en über Como (wo wir uns etwas umsehen wollen) am 4ten nach Mayland.

Das Neuste was es hier giebt, ist, daß 5 Tage nach Schwägerinn Luisens [Ludovika] Vermählung, ein Brief von Don Miguel an die Königinn eingegangen ist, in welchem er um Luisens Hand, in optima forma wirbt. Man hat es der neuen Herzoginn in Bayern verschwiegen, weil man das Erwachen einer alten Liebe fürchtet.

Jetzt bitte ich um Ihren Seegen für meine fernere Reise, Gütigster, liebster Papa, küss' Ihnen Hände u Füße u empfehle mich Ihrer Gnade u Liebe, als Ihr treuster Diener u gehorsamster Sohn Fritz

1 Delbrück lebte und wirkte von 1817 bis zu seinem Tod 1830 als Pastor in Zeitz.

2 1828 befanden sich unter der künstlerischen Leitung Leo von Klenzes in München im Bau: die Glyptothek (1816–30), der Königsbau der Münchener Residenz (1826–35) und die (Alte) Pinakothek (1826–36).

3 Seit dem Wiener Kongreß erhob Bayern Ansprüche auf große Teile Badens, besonders die rechtsrheinische Kurpfalz, die von Ludwig I. bei seiner Thronbesteigung 1825 bekräftigt worden waren. An der Seite des Großherzogtums Baden standen die Großmächte Rußland, Österreich, England und nachdrücklich Preußen. Der Kronprinz soll im Mai 1828 geäußert haben: »Mein Herr Schwager ist toll geworden, rein toll; er will durchaus Palatin werden und bedient sich dazu sauberer Mittel und Wege, die ganz unerhört sind« (Zit. nach Treitschke, 1927, Bd. 3, S. 622).

31.
Genua 9 October 1828 Morgens 1/2 5 Uhr

Lieber Papa;

Um allen übertriebenen Gerüchten vorzubeugen ergreife ich gleich jetzt die Gelegenheit Ihnen unterthänigst zu melden, daß wir vor noch nicht anderthalb Stunden einen tüchtigen Erdstoß erlebt haben, stärker als man sich ihn je hier erin̄ert nach Versicherung des Wirthes u seiner Leute.

Es scheint aber Gott sey gedankt, gar kein Unglück geschehen zu seyn, was in dieser unbeschreiblich engen Stadt, entsetzlich seyn müßte. In wenigen Minuten war das Haus lebendig, alle Thüren auf, alle Treppen bedeckt mit Menschen u unsre ganze Gesellschaft beysam̄en bis auf Massow u Rust die sich als Philosophen aufs andre Ohr gelegt u weiter geschlafen haben. Mir ist der Schlaf ganz vergangen u wenn er nicht unwiederstehlich wieder kom̄t, so gedenke ich die Morgenröthe stante pede zu erwarten. Um 7 Uhr haben wir eine Partie um die Festungs-Werke verabredet – Das Erdbeben ist durchaus ohne schlecht Wetter oder bewegte See vor sich gegangen.

Hier, in dem herrlichen Genua, fühle ich erst recht, welch schönes Geschenk, Sie lieber Papa, mir durch die Erlaubniß zu dieser Reise gemacht haben u ich bitte, meinen, aus vollem Herzen erneuerten Dank, gnädig aufzunehmen. Erst hier weht einem ein recht decidirt südlicher Hauch an – die Vegetazion ist so reich u neu als die Gegend u das wunderschöne MittelMeer u es freut mich so zu sehen, daß die Maler doch nicht alle lügen. Was wirds erst in Neapel seyn. Wenn der gute, alte Vesuv nur tüchtig rauchen oder speyen wollte, denn das soll Sicherheit gegen das Erdbeben gewähren u solches habe ich nun vor der Hand so satt, als hätte ich's mit Löffeln gefressen.

Unsre Reise war bis jetzt, Gott sey Dank, sehr glücklich. Am 1ten früh habe ich Tegernsee, mit Elise, Amalie u der Gfn Reede verlassen u nach einer herrlichen Fahrt durchs Achenthal u über den Achen See, sind wir noch vor der Dunkelheit zu Inspruck angelangt, wo wir uns nach dem Essen, mit recht schwerem Herzen trennten. Ich fuhr mit Gröben die Nacht durch über den Brenner. Zu Botzen [Bolzano] wo wir NachMittags anlangten trafen wir den Prinz Johann. Nach [dem] Essen setzten wir uns zusam̄en u fuhren wieder die Nacht durch mit einer kleinen Eß Episode zu Trient. Bey Rivoli hörten endlich die entsetzlichen Berge auf u bey entsetzlicher Hitze u Staub kamen wir so um 10 in Verona an, wo wir in entsetzlicher Hatz einige Kirchen u das Amphitheater durchliefen u alle due torri aßen. Von den NachtReisen ungemein angegriffen, blieben wir gegen den ersten Plan zu Brescia über Nacht. Am 4ten kamen wir bey guter Zeit nach Mayland wo ich gleich in den Dom lief. Nach dem Frühstück besahen wir S: Maria delle Grazie wo das verdorbne Abendmahl des Leonardo[1] ist u S:

Ambrogio u dinirten mit Pitt Arnim der dort seit fast 3 Wochen dem Theater lebt u uns Abends in la Scala die Loge des abwesenden Fürsten Belgiojoso verschaffte. Dort wurde eine komische Oper, eigentl: ohne alle Pointe u ohne alle Sujet, la Prova d'un Opera seria u als mord= u todtschlags Ballett, Agamennone gegeben. Am 5ten war Sonntag u zu meinem größten Erstaunen erfuhr ich, daß keine evangelische Kirche in ganz Mayland sey. Ich ging nach einer Visite in der Bilder Gallerie der Brera (wo auch eine chetive [bescheidene] Gewerbe Ausstellung war,) in den Dom um den Ambrosianischen Ritus zu sehen,[2] welches mich sehr interessirte. Der Unterschied vom römischen ist doch so, daß sich der Prinz Johann nicht recht drin finden konnte. Die Predigt folgt gleich nach dem Evangelium u war so scandalös u crass über den santissimo Rosario dessen Fest heut war, daß ich mich gleich davon machte. Ancillon traf mich im Dom. Er war u ist munter u wohl. Ich durchlief mit ihm die Mayländer Sehenswürdigkeiten. Des Sehens würdigste ist nach meiner u unser aller Meinung ein ächter über alle Beschreibung herrlicher Raphaël bey einem Kunsthändler Brocca.[3] Oh, wenn der nach Berlin könnte!!! Er verlohnte gewiß die Reise eines Kunst Verständigen nach Mayland u die Anknüpfung von Unterhandlungen. Es giebt wenige seines Gleichen. Er wiegt eine ganze Gallerie auf. Ich gestehe, daß ich da vielleicht inconsequent erscheine, denn nachdem der Schatz der Solly'schen Sam̄lung unser ist,[4] bin ich gegen alles einzelne Bilder Kaufen. Jedoch Nulla sine exceptio regula. Und diese Exceptio habe ich von jeher gemacht für die herrliche Kreutz Abnahme des Roger van der Weyd[en] zu Aachen[5] u mit diesem Brocca'schen Raphaël mache ich die zweite. – Am 6ten früh verließen wir Mayland, besahen die Certosa von Pavia, die eine Gattung Welt Wunder ist, u schliefen zu Novi am Fuß der Appeninen. Vorgestern um Mittag fuhren wir in diese Herrliche Stadt ein, wo wir seit 2 Tagen nichts thun als Kirchen u Palläste zu besehen, die so von Marmor, Gold, Säulen Gängen u allen erdenklichen Herrlichkeiten strotzen, daß einem ganz wirrig davon wird. Es war Genua gelungen mein Heim Weh nach Teutschland, welches mich oft gegen vieles Schöne ungerecht machte, zu zerstreuen, aber seit dem Erdbeben hat sich's stärker als je eingefunden u schämte ich mich nicht, so könnte ich leicht mein Bündel schnüren u je ehr je lieber über die Alpen zurück eilen.

Es ist jetzt wieder Abend u wir haben einen sehr vollen Tag gehabt. Der Ritt auf dem Gebirge wo das Encinte von Mauern u festen Schlössern geht,[6] war ganz prächtig. Die Gegend ist wirklich großartig u reitzend zugleich. Von dem Esperron [Forte dello Sperone], dem höchsten Fort, sieht die Stadt so klein aus, daß man sie sucht. Mit einem Dejeuner welches uns auf dem Esperron gegeben wurde, wobey wir einige recht angenehme Bekanntschaften machten, dauerte die Partie von 7 bis 1/2 1 Uhr. Die verwittwete Königinn [Maria Theresia], die dicht bei der Stadt auf dem Hügel von Albaro wohnt, u deren Befehle wir verlangt hatten, war unsertwegen in die Stadt gekom̄en, (wo [sie] einen unbeschreiblichen Marmor Pallast [Pal. Municipale] bewohnt) u gab uns ein Diner um 1/2 2 Uhr. Ich war enchantirt von ihrer Liebenswürdigkeit u der Schönheit ihrer Töchter. Sie führte uns nach Tisch selbst durch alle Zim̄er, Terrassen u Säulen Gänge des Pallastes. Abends haben wir eine Partie nach Sestri di Ponente gemacht am Meer, u nun wollen wir Thee trinken, uns früh schlafen legen, um Morgen um 6 Uhr nach la Spezzia aufzubrechen, welches nicht so weit seyn soll, als ich es gefürchtet.

Ich bitte um Ihren Seegen u küsse Ihre Hände, liebster, Gütigster Papa, als Ihr treuster Diener u gehorsamster Sohn Fritz

1 Siehe 3. Brief, Anm. 3
2 Siehe 2. Brief, Anm. 4
3 Siehe 3. Brief, Anm. 9
4 1821 erwarb der preußische Staat für 630 000 Taler die aus etwa 3000 Gemälden (vor allem italienischen des 14. und 15. Jh.) bestehende Sammlung des in Berlin lebenden englischen Kaufmanns Edward Solly.
5 Es handelte sich um eine Kopie der »Kreuzabnahme« Roger van der Weydens im Madrider Prado; sie wurde auf Antrag Schinkels und Aloys Hirts 1828 oder erst 1829 für das Berliner Museum aus der Sammlung Leopold Bettendorfs in Aachen erworben.
6 Siehe 4. Brief, Anm. 4

32.
Rom. Son̄tag 26 October 1828

Lieber Papa;

Ich finde es unverzeihlich daß Sie erst von hier aus etwas von mir hören seit Genua. Es ist mir, das versichre ich Sie, ein recht peinliches Gefühl u doch wenn ich nachdenke sind meine Tage seit Genua so voll wie die Eyer gewesen, so daß ich wahrlich in meiner Erinerung keine Ecke finde wohin ich die Erfüllung dieser Pflicht hätte placiren können. Jedoch das Beste ist mich von ganzem Herzen Ihrer Nachsicht u Verzeihung zu empfehlen, denn gewiß bedarf ich dessen sehr. –

Meinen Genuesischen Brief werden Sie schneller als andre erhalten haben wegen der Estaffette die Malzahn an Küster schickte. Auch werden sie wahrsch: durch dieselbe Gelegenheit schon wissen, daß in der Nacht nachdem ich meinen Brief bereits geschlossen hatte, das Erdbeben mit 3 Stößen zurückgekehrt ist. Uns brachte es alsbald um 1 Uhr auf die Beine. Wir bestellten gleich die Pferde u erwarteten die Wagen auf der schönen Promenade Aquasola, wohin viele 1000 Menschen sich geflüchtet hatten. Viele andre hatten die Stadt verlassen u der General Righini Comandant u interimistischer Gouverneur sagte uns, aus dem Thore unter Aquasola seyen allein 8000 ausgezogen. Für uns war das frühe Abreisen ein großes Glück, denn die Distance von Genua bis Spezia die wir erst in 2 Tagen machen wollten u wegen falscher Angaben in einem kleinen Tage zu machen hofften erforderte 19 Stunden. Es ist aber ein Wunder Weg. Die 1ten Stazionen führen durch ein wahres Paradys am Appeninen Abhange über dem Meere, durch eine Vegetazion wie sie nur bey Neapel seyn kann, bedeckt mit Orangen, Oleander, blühenden Rosen, der ordinären Südhölzer wie Öhl, Cypressen, Pinien, Lorbeer gar nicht zu gedenken; dabey die malerischen Linien beyder Rivieren[1] u das schönste Wetter. Nachher steigt man bis fast zur Höhe des Brockens auf den wüsten Appenin, so daß das Meer über den höchsten Vorgebirgen weit hinüber zu sehen ist. – In Genua habe ich auch bey der verwittweten Königinn [Maria Theresia], eines der mir gnädigst zur Disposizion gestellten Complimente fahren lassen, da sie sich nach Ihnen, lieber Papa, als nach einem alten Bekannten aus Verona erkundigte.[2] – Von Spezia gingen wir am 11ten nach Lucca u hielten uns ein Stündchen zu Carrara auf wo wir einige Atteliers u die Academie besahen. Einer von Rauchs Arbeitern Sanguinetti hat dort auch eine Werkstatt. Sein Sohn spricht so desperat Berlinischteutsch, daß ich gar nicht Contenance halten konnte. In Lucca trennte sich der gute u liebenswürdige Prinz Johann von uns, den ich aufs Herzlichste lieben u achten gelernt habe. Er fand dort seine Schwester die verwittwete Groß Herzoginn von Toscana [Maria Ferdinandine] u ging mit ihr zu Schwager [Leopold II.] u Schwester [Maria Anna] nach Poggio a Cajano. Ich besah am 12ten Lucca u das deliziose Marlia des Luckrl [Karl II.] Som̄er

37. Hans Detlev Christian Martens,
Papst Leo XII. besucht Thorvaldsens Werkstatt

Pallast, der Ihnen lieber Papa, gewiß außerordentlich zusagen würde.[3] Am Abend fuhren wir durch ein blühendes u wohlangebautes Land nach Pisa. Die Architectur der alten Kirchen, besonders des Dom's, des Baptisteriums u des CampoSanto ist wunderlich u wunderbar u die wenigen erhaltenen Gemälde des letztern meisterhaft.[4] Am 13ten nach einigen Besichtigungen reisten wir nach Florenz durch ein reitzendes Land. Ich fuhr noch am Abend zu den höchsten Herrschaften im Pallast Pitti. Von beyden Großherzoginnen bin ich ganz enchantirt. Sie sind geistreich u liebenswürdig u der Großherzog thut einem wohl ken̄en zu lernen, da ihm gut zu regieren, Ernst, Pflicht u Freudigkeit beywohnt, was denn in Italien ein ungekanntes Ding ist. Ich war 4 ganze Tage in Florenz aber die waren auch so unmenschlich voll, daß ich kaum oder vielmehr gar nicht zum Luftschöpfen kam. Am 15ten war Ball in Pitti u am 16 bey Martens. Der bewohnt ein delizioses Haus [Pal. Pandolfini] von einem sichern Raphael erbaut.[5] Auf dem großen Altan des Hauses wurde ein kleines FeuerWerk abgebrannt. Am 17ten war mit den dortigen Herrschaften eine LandPartie nach ihrer Villa zu Poggio a Cajano. Das ist ein charmanter Aufenthalt, auf einem kleinen Hügel, von den schönsten Wiesen umgeben u diese ganz mit den colossalsten Baum Pflanzungen durchschnitten. Ich war 2 mal im Theater nuovo wo Opern gegeben wurden, Le Siège de Corinthe von Rossini (ziemlich schlecht) u Gli Arabi nelle Gallie von Pacini (ziemlich gut).[6] Es wechselten gerade von einem Tage zum andern 2 Troupen Sänger. Zu Pisa sah ich ein Drama dessen Sujet wahrsch: von einer Anekdote über Joseph II genom̄en war, wie er Gefängniße visitirt u bey der Gelegenheit seinen Justiz Minister infam cassirt. Der nahen Verwandschaft wegen wahrscheinlich war aber Joseph in Cosimo Secondo [Medici] verwandelt, mit Beybehaltung jedoch des Puders u Zopfes u der Uniform. Die Hauptschätze besah ich mit H v Rumo[h]r, der die große Gefälligkeit gehabt hatte sich dazu anzubieten. Einen so tiefen Kenner der Kunst im ausgedehntesten Sinne, gibt es glaube ich in Europa nicht; dabey ohne alle Pedanterie, alle Winkel wo was zu haben ist kennend, einzig um Acquisizionen zu machen, geistreich u tüchtig. Leider hat er in früheren Jahren dem Schwindel so vieler gefröhnt u war zum Papstthum übergetreten. Jetzt glaube ich giebt es keinen gewiegteren u bittreren Feind des Papstthums u des ganzen römischen Unfugs als ihn. Für unser BerlinerMuseum gäbe es wohl keine Herrlichere Acquisizion als ihn selbst zum ersten Director –.[7]

Er begleitete uns bis Siena wohin wir am 18ten reisten u welche Reise wir nicht bereuten, obgleich wir deshalb einen Tag späther hierher sind. Der kleine Montucci, dessen Sie, lieber Papa, sich aus Teplitz erinnern werden ist jetzt dorthin in seine Vaterstadt zurückgekehrt u führte uns umher. Am 19 fuhren wir durch ein ganz winterträchtiges Land, bey sehr frischer Wittrung nach Arezzo wo wir heitzten. Am 20ten durch Ihnen wohlbekannte schöne Länder, am Trasimenischen See nach Perugia, wo trotz allem vorhergeschickten Protest KanonenDon̄er uns empfing, der Comandant u Monsignor Cherubini der Delegat uns den Hof machten u entsetzlich zusetzten!!! Der Comandant Major Bavari hat, Sie, lieber Papa, in der Engelsburg herumgeführt.[8] Am 21 gings über Madon̄a [S. Maria] degli Angeli u Assisi wo wir die Merkwürdigkeiten besahen u über Foligno nach Spoletto. Am 22 den Wasserfall von Terni, die Brücke von Narni gesehen u durch eine großartige, schöne, ich möchte sagen antik zugeschnittne Gegend über Otricoli nach Civita Castellana. Am 23 sahen wir um 1/2 12 von den Höhen von Baccano aus, S: Peter über der römischen Wüste thronend. Wir fuhren von La Storta aus die triumphalStraße nach Monte Mario, wo uns Graf u Gfn Voß u einige Andre u: a: auch Scharnhorst in der Villa Mellini empfingen. Der gute Onkel Heinrich war uns zu Fuß auf der via triumphalis entgegen gekom̄en u begleitete uns. Wir fuhren durch die Porta Angelica ein, bis in die Portiken vor S: Peter u gingen gleich hinein!!!!!!! Möchten Ihnen lieber Papa, diese gemalten Knallseufzer meinen Zustand begreiflich machen. Nachher noch in's Pantheon u dann zu O: Heinrich. Ich wohne unfern Ihrer Wohnung auf dem spanischen Platz a la grand' Europa bey H: Rumelli. Bunsen führt uns meisterhaft hier umher. Er war uns bis Florenz entgegen u hat die Herreise mit gemacht. Er u Graf Voß sind unbeschreiblich gerührt von Ihrem gnädigen Andenken. Voß ist kränklich u verträgt das Clima nicht recht. Die Gräfinn trafen wir in Florenz u dort wie hier besahen wir alles gemeinschaftlich.

28ter Oct:

Gleich am ersten Abend gingen wir (mit Onkel Heinrich) nach dem Capitol (im schönsten Mondschein) über den Berg hinüber, übers Forum, durch den FriedensTempel [Konstantins-Basilika] u TitusBo-

38. Heinrich von Preußen, Selbstbildnis

gen in's Collosseum, wo wir mit Fackeln umherstiegen. In S: Peter war ich schon 4 Mal. Gesehen habe ich schon das Vaticanische Museum, das Capitolinische, Ara Celi [S. Maria in Aracoeli], SS Giovan̄i e Paolo wo Sie die Aventure mit der Palme hatten,[9] S Maria Maggiore. Am Son̄tag Abend die Villen Borghese u Pamphili, wo jetzt Alles Volk zusam̄enströhmt um den Oktober zu genießen. Gestern war teutsche Ausstellung auf dem Capitol wo ich ganz ausgezeichnete Sachen gesehen habe. – Gleich am Tage meiner Ankunft kam Card. Bernetti, Consalvis Nachfolger ein kluger u aimabler Pfaffe, mit gutmüthig maliziösem Lächeln u mit ihm wurde die Visite beym Papst auf den nächsten Mittag eingeleitet. Das Ceremoniel mit den Pfaffen u Kam̄er Herrn u Schweitzern von allen Farben ist Ihnen bekannt lieber Papa. Ich glaube aber, daß es im Vatican noch effectvoller ist als im Quirinal wegen der Localität. Der Papst empfing mich in seinem Boudoir welches um wenig größer u höher ist als der Rittersaal in Berlin.[10] Ein Kater hielt Wache im Vorzim̄er u ein großer Canari sang ihm was vor. Papst Leo hat sehr ein angenehmes u einnehmendes Wesen. Er spricht sehr gut französisch. Er war von ungemeiner Höflichkeit u sprach bey 20 Minuten les plus aimables riens possibles [nichtssagende Liebenswürdigkeiten]. Von Teutschland sprach er mit vieler Liebe u von Frankreich mit großer Besorgniß. Nachher ließ er meine Herren herein, sprach aber nur wenig mit ihnen. Tags darauf schickte er mir seinen Maggior Domo Visconti sich nach meinem Befinden zu erkundigen, u am 2ten Tage schickte er mir einen ungeheuren Fisch zum Present. Vom Vaticanischen Museum sahen wir ihn in seiner kleinen Villa wo er sich auch ein Oktober Freudchen machte, angelte u nach Sperlingen schoß u niemand mit sich sprechen ließ. Er ist groß, geht ein wenig gebückt u hat ein gutes u kluges Gesicht, gar nicht das Augen verdrehende Pharisäer Gesicht, womit man ihn in seinen Abbildungen bedient.

Leider nöthigt mich die Post hier abzubrechen. Ich hoffe sehr bald fortfahren zu können. Ich küsse Ihnen Hände u Füße, liebster Gütigster Papa, als Ihr treuster Diener u gehorsamster Sohn Fritz

1 Riviera di Ponente, Riviera di Levante

2 Maria Theresia, die ihren inzwischen verstorbenen Gemahl König Viktor Emanuel I. von Sardinien begleitet hatte, und Friedrich Wilhelm III. waren sich während des Kongresses von Verona 1822 begegnet.

3 Siehe 6. Brief, Anm. 3

4 Siehe 6. Brief, Anm. 9
5 Siehe 7. Brief, Anm. 3
6 Siehe 6. Brief, Anm. 14 und 7. Brief, Anm. 11
7 Rumohrs Übertritt zur katholischen Kirche fand wohl 1804 in Dresden statt; 1805 reiste er zum erstenmal nach Italien.
8 Friedrich Wilhelm III. hielt sich vom 10.-18. November 1822 in Rom auf.
9 Der Kronprinz spielt hier offenbar auf seine Lektüre des »Reisejournals« des Königs an.
10 Der Rittersaal im Berliner Schloß befand sich im 2. Obergeschoß an der Lustgartenseite und war ursprünglich für die Zusammenkünfte der Ritter des von Friedrich I. gestifteten Schwarzen-Adlerordens gedacht; Länge 16 m, Breite 13 m.

33.
Rom 2ter November 1828

Lieber Papa;

Es hat mir sehr leid gethan, daß mein erster Brief aus Rom so gut wie unvollendet hat müssen den PostWagen besteigen, aber der wollte nicht warten u ich mußte bonne mine à très horrible jeu [gute Miene zum bösen Spiel] machen. So habe ich u: a: so viel wie gar nichts von Onkel Heinrich gesagt, der Sie natürlich mehr interessirt als Rom alt u neu, Papst u Klerisey u der ganze Brey. Bey unsrer Ankunft kam er uns auf der Via triumphalis entgegen; obgleich er wie ein privatisirender Engländer aussah so erkannte ich ihn mit meinen schlechten Augen doch auf dem Fleck. Er ist wieder sehr stark geworden besonders im Unterleib u war eben recht leidend gewesen an einem sehr heftigen Anfall des Zipperleins. Dannach sah er wieder sehr gut aus u nicht wie Jemand der über Jahr u Tag sein Ziṁer nicht verlassen hatte. Ich brachte gleich meinen Spruch wegen Ihrer Wünsche seinetwegen an, konnte aber keine Art von Erklärung herauskriegen. Nur abgerissene Phrasen wie: Ach ja sehr gern: wenns meine Gesundheit erlaubt etc etc lauter Phrasen die ja sagten u wie nein klangen. Der gute Onkel ist sehr gütig u freundlich mit mir, u es ist gewiß, daß er eine Herzliche Freude hat mich zu sehen. Wir haben schon 3 mal bey ihm gespeist u man ißt excellent bey ihm. Er ist seit ich hier bin 2 mal unpeßlich gewesen u schrieb mir das erste mal ein solches Billet, daß ich fast Krämpfe darüber kriegte; es fing an: Die bekannte Schnellläuferinn Käthchen von Heilbronn hat mich besucht etc. Gestern war es wiederum nicht richtig im bas ventre [Unterleib], da hat er mir aber nur den großen Lepel geschickt, der für den Styl mit dem Onkel nicht zu vergleichen ist. Ich habe nemlich den Onkel ein für allemal gebeten, nach Gutdünken an unsern frugalen Mahlen Theil zu nehmen. Bey Tisch spricht er wenig, wenn er aber 'mal den Mund auf thut so kom̄en unglaubliche Dinge mit einer unglaublichen Mine heraus u die werden mir dann gewöhnlich halblaut zugeflüstert. Ich gestehe, daß ich wenig Hoffnung wegen seines Kom̄ens habe, obgleich ich das Mögliche noch versuchen werde. Mehr als am Podagra leidet der Onkel an Hypochondrie, (wenn sie sich auch in Gesellschft nicht zeigt) u deßhalb verzweifle ich eben an seinem WegBewegen vom Fleck, da solches Übel gewöhnlich hauptsächlich kleine Hindernisse u Unbequemlichkeiten für unübersteiglich halten machen u ich kann mir denken, daß unter so bewandten Umständen der gute Onkel die Idee sich zu deplaciren u gar über die Alpen zu steigen, durchaus nicht fassen kann. Der arme Onkel dauert mich tief in der Seele u ich halte ihn für einen sehr unglücklichen Herren; denn ich muß sehr fürchten, daß er nicht allein an den sehr drückenden physischen Übeln leidet, sondern auch noch an den Folgen der abscheulichen Kiesewettrischen Lehren[1] der zärtlich bemüht war in seinen Zöglingen jede Religion zu ersticken. Nun kann man sich leider denken, was es für den guten Onkel seyn muß, bey so viel Leiden keinen höheren Halt u nur eine kalte, trostlose u an Zweifeln reiche Philosophie im Kopf zu haben! Er hat noch niemals die Gesandtschafts Capelle besucht – ich höre auch, nicht einmal als Sie lieber Papa hier waren. – Ich war vor 8 Tagen drin u werde sie auch heut wieder besuchen. Der Gottesdienst u eine kräftige glaubensreiche Predigt von Tholuk haben mich ungemein erbaut. Das ganze wirkt vortrefflich auf die kleine hiesige Gemeinde. Das Chor ist klein aber recht brav, dabey würdige, schöne alte Kirchen Melodien. Bunsens Söhne singen mit im Chor. Das ganze ist so würdig u andächtig daß es eine Freude ist – Ein Gegenstück dazu habe ich gestern am Allerheiligen Fest in der Sixtinischen Capelle erlebt. Wir kamen zur rechten Zeit an, um die Cardinäle ankom̄en zu sehen, ihre rothseidnen Mäntel zum Strick zusam̄en gewickelt von den violetten Caudatarien (zu teutsch Schwanzträger) getragen. Sobald sie Platz genommen, entwickelten die

Schwanzträger die Gewänder, daß sie den Cardinälen wie ein Sack überhingen u dann steckten sie die Hände durch ein kleines Loch auf der Brust. Zuletzt kam der Papst in silbernen, reich in Gold gestickten Gewanden, die 3fache Crone auf dem Kopf, rechts u links seegnend hinein, kniete am Altar u wechselte die Thiara mit einer goldstoffnen Mitra u setzte sich auf den Thron, worauf das Amt begann, von dem berühmten Chor begleitet, fast aus lauter Castraten bestehend. Ganz uralte Kirchen Melodien, den Griechischen in der OsterZeit sehr ähnlich u schöne alte Kirchen Musik von Palestrina u:A: wechselten ab. Von dem Ceremoniell hat kein Mensch einen Begriff, ja ich möchte sagen am Wenigsten, wenn man's gesehen hat. Daß der Papst u der liebe Gott bey diesem Dienst de pair gehen versteht sich von selbst. Öfters kriegt Erstrer 2 wenn der liebe Gott nur einen Knix bekom̄t. Der Cardinal Castiglione laß die Messe mit 3 Assistenten, welche während der Gesänge auf den Stufen des Altars saßen. Auf den Stufen des Päpst: Thrones saßen die Conservatoren des Capitols u an der Lehne stand der Fürst Orsini, alle in die bekannte schwarze Kam̄erHerrentracht gekleidet mit schwarzen Mänteln u Schürzen. Rechts neben dem Papst saßen die Cardinäle Bischöfe u Cardinäle Priester, gegenüber in erster Reihe die Cardinäle Diaconen u hinter ihnen die Patriarchen, Erzbischöfe, Bischöfe, Prälaten u Ordens Generale, die unerbauligste Masse die man sehen kann an Aufputz u Ausdruck der Phisionomien – keine Art von Andacht war zu merken. Ich habe vergessen zu sagen, daß während das Amt begann, der Papst sich von säm̄tlichen Cardinälen die Hand küssen ließ.

Rom gefällt mir ganz außerordentlich. Wir wohnen vortrefflich u essen gut; ich finde Rom von allen ital: Städten die schönste u reinlichste; von der Pracht u Menge dieser Paläste hat man doch wirklich keinen Begriff, es ist nur zu viel zu sehen hier! Das ist ordentlich erschrecklich!! Das Wetter begünstigt uns ungemein. Nur 2 mal hat's geregnet u ein Tag außerdem oder 2 wo es nicht ganz klar war. In Tivoli haben wir zuletzt tüchtigen Regen gehabt u die Rückkehr von dort war des Wetters u der Finsterniß wegen erschrecklich. Graf u Gräfinn Voß sind am Freytag nach Neapel voraus u ich gedenke übermorgen d: 5ten zu folgen.

Eine Acquisizion die wie mir scheint weit wichtiger wäre als man glauben sollte wäre die des Palastes Caffarelli wo jetzt Bunsen wohnt. Dieser Palast so wie der den Niebuhr früher inne hatte,[2] ist so gelegen, daß man den Gesang aus der Capelle auf keiner Gasse hört. Sollte die Wohnung da jemals gekündigt werden, so ist's mit dem Gesang beym Gottesdienst aus, u die Gemeinde hat sich vortrefflich eingesungen. Caffarelli bot den Palast vor einigen Jahren mit allem Zubehör an Bunsen privatim für 11000 Scudi an, jetzt soll seine Lage etwas besser seyn, aber Bunsen glaubt, daß er noch heut die ganze weitläufige Baulichkeit für 20000 Scudi bekäme. In Berlin müßte man ohne Zweifel 100–150000 Rthl dafür bezahlen. Dabey wären herrliche Entdeckungen dort durch Graben zu machen, da er auf dem alten Welt Mittel Punkt dem Tempel des Capitolinischen Jupiter's liegt.[3] Dazu kom̄t, daß durch Streichen an den Gehalten des Gesandtschafts Personals im Betrage der Miethe, die Zinsen des auszugebenden Capitals erspahrt, also eigentlich nichts ausgegeben werden würde. Eine Menge Künstler u Gelehrte könnten in dem weitläufigen Gebäude untergebracht werden – mit einem Wort mir schiene diese Operazion ein rechter Schnitt zu seyn.

4ter Nov

Mein liebster, Gütigster Papa, welch einen Brief habe ich von Ihnen bekom̄en!!! Da giebt es ja gar keinen würdigen Dank dafür. Wahrhaftig 4 enggeschriebene Seiten u jede Zeile voll Gnade u Liebe! Ich küss' Ihnen tausendmal Hände u Füße u Rock in Dankbarkeit. Das Dienst Kreutz hat mich freudig überrascht – ich hatte gar nicht daran gedacht, daß ich à moyen zweyer Campagnen schon ein grauer Degenknopf sey. Wie hat mich Alles interessirt was Sie die Gnade hatten mir von den Geschwistern zu sagen; Wilhelms Jagd Partie nach Weymar mit dem Hm. Hm. Albrechts Pferdesucht den ich im̄er für einen desperaten Fantassin [Infanteristen] gehalten; Charlottens Reise; u leider Alexandrinens Sich schonen müssen, u, daß Sie jetzt ganz auf Albrecht den Major reduzirt sind, da auch Karls fort sind, wahrscheinl: en quelque sorte com̄e les piqueurs de chasse pour Helmchen [Wilhelm].[4] Enfin ich habe Ihren gnädigen, lieben Brief verschlungen. Und Ihre Seegens Wünsche zum 15ten October! Wahrlich, lieber Papa, u ohne alle Übertreibung meine Sehnsucht nach zu Haus hat wieder recht zugenom̄en. Ein fast ausgesprochenes Heim Weh u eine ganz unmäßige Sehnsucht nach meiner guten, engellieben Elise, hat mich fast ganz Italien mit einem mehr als stoïschen Gleich Muth betrachten lassen u bis Rom fast allen Genuß verdorben. Erst hier in dem einzigen Rom treten diese Gefühle in anständige u wünschenwerthe Schranken zurück – Jetzt aber, wo es nun wieder weiter weg in die Ferne gehen soll, wachen sie alle wieder auf u es könnte mir keine angenehmere Surprise geschehen als Morgen statt nach Süden, nach Norden gefahren zu werden. Dazu komt, daß ich aus Elisens letzten Briefen zu ersehen glaube, daß es mit ihrer Gesundheit wieder nicht so ganz nach Wunsche geht. Wegen Schlaflosigkeit (sagt sie) habe sie die Molken wieder angefangen! Das ängstigt mich wirklich sehr, ich fürchte imer, daß mehr dahinter ist als gesagt wird.

Mit dem Papst [Leo XII.] bin ich aux petits soins [im herzlichen Einvernehmen], oder vielmehr er mit meiner Wenigkeit. Einmal hat er mir einen imensen Fisch geschickt, der sehr selten u sehr delicat ist. Gestern hat er mir eine Menge Geflügel u 24 Flaschen unbegreiflichen alten Wein verehrt. Gestern (AllerSeelen) habe ich die Sixtinische Capelle fahren lassen, u heute zwey große Messen, bey welchen beyden der Papst erscheinen wird, eine in S: Carlo [ai Catinari?] u eine in S: Luigi de' Francesi welche letztre Chateaubriand wegen des NahmensTages von Charles X [Karl X.] halten läßt u wozu ich geladen war – aber meine Zeit erlaubt es nicht. Ich werde ohnedem mit Allem Sehenswerthen nicht fertig u doch laufen u fahren wir nach der Schwierigkeit umher aus einem Etonement in's andre! Heut ist der letzte Tag für Rom. Morgen gedenken wir über Frascati u Albano nach Velletri zu reisen, übermorgen nach Molo di Gaëta u am 7ten nach Neapel, wo der König [Franz I.] mir schon Alles Mögliche Jagden, Comödien, Wohnungen, Bälle, Aufwartungen etcetc hat anbieten lassen, was ich ihm zum großen Theil, mich in mein Incognito wickelnd abgelehnt habe. Höchstens nehme ich auf bedenklichen Punkten einige Escorte gegen die Spitzbuben an, die sich wieder etwas rühren sollen.

Die Zeit zwingt mich hier zu endigen. Ich lege mich Ihnen zu Füßen in Ehrfurcht u treuster, dankbarster Liebe, gütigster, liebster Papa als Ihr unterthänigster Diener u gehorsamster Sohn Fritz

1 Johann Gottfried Kiesewetter (1766–1819) studierte in Halle und ging 1788 mit einem Stipendium nach Königsberg, um Kant zu hören. Seit 1789 unterrichtete er Prinz Heinrich in Mathematik und Philosophie. Als Philosophie-Professor an der Berliner Universität (seit 1793) vertrat

er die Ideen Kants und versuchte sie in populären Schriften zu verbreiten (Über die ersten Grundsätze der Moralphilosophie, 1788; Grundriß einer allgemeinen Logik nach Kantischen Grundsätzen, 1796; Faßliche Darstellung der Erfahrungs-Seelenlehre, 1803).

2 Von Juni 1817 bis zu seinem Weggang von Rom wohnte Niebuhr über dem Marcellus-Theater im Palazzo Savelli; von dort hatte er einen weiten Blick über Rom, den er dem Kronprinzen in einem Brief vom 12. Juli 1817 beschrieb (siehe S. 26f.).

3 Der 1576–83 erbaute Palazzo Caffarelli hinter dem Konservatorenpalast auf dem Kapitol war 1823–1915 Sitz der preußischen bzw. deutschen Botschaft (seit 1854 Eigentum des preußischen Staates).

4 Wilhelm hielt um diese Zeit um die Hand der Prinzessin Augusta von Sachsen-Weimar an; Karl, der seit 1827 mit ihrer Schwester Marie verheiratet war, wird hier mit einem Parforcejäger verglichen, der die Meute führt. Wilhelms Reise nach Weimar betreffend hatte der König am 16. Oktober an den Kronprinzen geschrieben: »Karl u Marie sind seit dem 14 Tage in Weimar, wohin auch Wilhelm seine Richtung, hm, hm, genom̄en hat.« Am 19. Oktober gab Augusta dem preußischen Prinzen ihr Jawort.

34.
Neapel am Gänsetag [Martini] 11 Nov: 1828 früh

Lieber Papa;

Da bin ich denn mit Gottes Hülfe u Ihrer Gnädigen Erlaubniß in dem fabelhaften Ort, der auch vor Ihren Augen Gnade gefunden hat. Und so geht es ihm denn auch mit meiner Wenigkeit u ich finde wie Sie, lieber Papa, daß Neapel mit nichts in der Welt verglichen werden kann. Dabey geht der Weg von Mola [Gaeta] an durch ein so paradysisches Land, daß man denken muß es kann nichts Schöneres geben. Als wir aber über hiesiger altergetreusten Stadt, bey der Biegung des Weges ankamen, merkten wir, daß es nun eigentlich erst mit der Schönheit anfinge. Wir sind am vorigen Freytag 7ten um 3 Uhr NachMittag auf dem zauberischen Punkte angelangt u gingen von da zu Fuß fast bis zum Anfang der Häuser. Am 5ten hatten wir Rom beym schönsten Wetter verlassen u in Frascati die unbegreiflichen Villen Conti [Torlonia], Aldobrandini, Piccolomini [Lancellotti], Taverna [Borghese], Mondragone u Falconieri mehr oder weniger angesehen u besehen. Über Grotta ferrata, Castelgandolfo, Albano fuhren wir zur Nacht nach Velletri u am Doñerstag den bekannten Spontinischen MorastWeg[1] u durch das famöse Spitzbuben Gebirge nach Mola di Gaeta wo wir in weiter Ferne den Vesuv rauchen sehen koñten. Dort kamen uns Voß u Arnim entgegen.- Als wir hier angekom̃en waren schickte der König [Franz I.] gleich den Prinzen Ascoli [Karl] zum Complimentiren u am Sonnabend um 12 machte ich ihm meine Cour in Portici wo der ganze Hof noch ist. Er empfing mich mit der Königinn unendlich gnädig u freundschaftlich u bald erschien die Familie 11 Köpfe stark die ich ganz charmant finde besonders die älteste eine sichere Christine. Der KronPrinz [Ferdinand] scheint sich sehr gut zu entwickeln u beschäftigt sich viel mit den Truppen die er mir auch am Freytag vorführen wird. Am Sonntag war Kirche in Voß's Hause, für die teutsche Gemeinde. Ganz ohne Gesang, was denn nicht sehr erbaulich ist. Der Pred. Bellermann hat die Gabe der Rede. Vorher waren wir am Agnano See, durch die Strada nuova zurück u in der him̃lischen kleinen Villa der verstorb: sogenannten Markgräfinn [Ansbach]. Ich dinirte mit den Herrn KirchenVorstehern. Am Sonnabend Abend war ich im Theater fondo wo ein dum̃es Ballett il flauto magico gegeben wurde u Sonntag u Gestern in S: Carlo wo ich zuerst il Pirato u das Ballet der LorbeerKranz mit allen Göttern u gestern l'Assedio di Corintho[2] u la fata Urgella sah. Letztres ist Ihnen glaube ich bekannt. Heut haben wir das Projekt nach Puzzuoli u Ischia zu fahren. Gestern war großes Diner beym König in der Stadt. Morgen ist Ball bey Stackelberg. Übermorgen Ball bey Hof in Portici. So geht das fort, daß ich kaum weiß wie ich Alles Sehenswerthe abmachen kann.

König u Königinn sprechen nur von Ihnen lieber Papa u das so herzlich, daß es einen freut. So auch die ganze Familie. Carl hat hier enormen Effect gemacht.[3]

Jetzt lieber Papa, bitte ich um die Erlaubniß zu endigen, da Alles fertig zur Abfarth ist u Sie nach dem oberflächlich entworfnen Journal merken werden, daß ich mit der Zeit geitzen muß. Ich hoffe bald wieder zu schreiben. So empfehle ich mich denn allerunterthänigst Ihrer Gnade u Liebe u bitte um Ihren Seegen, Gnädigster, theuerster Papa, als Ihr unterthänigster Diener u gehorsamster Sohn Fritz

1 Zwischen Velletri und Terracina führt die Via Appia durch die pontinischen Sümpfe – nicht die »Spontinischen«, wie der Schreiber in Anspielung auf den Namen des Generalmusikdirektors der Hofoper in Berlin, Gasparo Spontini, glauben machen will.
2 Siehe 6. Brief, Anm. 14
3 Prinz Karl hatte 1822, zusammen mit dem König und Bruder Wilhelm, Neapel besucht und die Herrscherfamilie kennengelernt.

35.
Neapel 19ter November 1828

Lieber Papa,

Ich habe die wichtige Meldung zu machen, daß S M der könig: König des Königreichs von den Königreichen allerzweybeyder Sicilien [Franz I.] diesseits u Jenseits des Pharus (wovon nur Eins Sicilien heißt) geruht haben mir gestern als am Vorabend des Festes seiner allerhöchsten Gemahlinn [Maria Isabella] die Decorazionen des S: Ferdinands Ordens zustellen zu lassen. Bey sobewandten Umständen glaubte ich's wagen zu müssen, auch vor eingegangner Ihrer Erlaubniß, die schwerlich bis heut Abend hier seyn dürfte, besagte Decorazionen heut bey der Cour der Königinn umbzuhängen u anzunehmen. Heut ist mir das Herz recht schwer, denn es ist der letzte Tag meines Aufenthaltes. Morgen über Caserta nach Mola di Gaëta u übermorgen nach Roma auf 4 Tage. Von Onkel Heinrich habe ich die ganze Zeit nichts gehört u hoffe, daß das ein gutes Zeichen ist. –

Jetzt bin ich zurück von der Dank= u Gratulazions Visite bey den Majestäten. Ich wollte mich der großen Cour anschließen, aber ich wurde von beyden Majestäten zusam̄en apart angenommen. Man war sehr gnädig u freundlich u trug mir die herzlichsten u freundschaftlichsten Dinge für Sie, lieber Papa auf. Heut Mittag um 1/2 3 Uhr esse ich en famille auf dem Schloß. Abends ist große Illuminazion in S: Carlo. Dort so wie im Th: fondo ist mir stets eine Loge reservirt u illuminirt, welche mir einen Ring an Barbaja kosten werden!! – Als ich Ihnen, lieber Papa das letzteMal schrieb, war ich im Begriff eine wunderschöne Partie zu unternehmen. Wir fuhren über Puzzuoli, Averno See u Cumä's Ruinen nach dem Fusaro See, wo au profit de notre estomac [Magen] grade an dem Tage 11 Nov: die Austern Jagd begann. Dann

39. Giuseppe Cammarano, Franz I. und seine Familie ehren Ferdinand I.

durch die Elysischen Felder [Campi Flegrei] nach Mare morto [Lago Miseno] wo wir uns in königl: Barken einschifften u beym schönsten, hellsten, warmen Wetter, an Procida vorbey nach der Insel Ischia fuhren u an der Marine von Casamicciola landeten. Wir nächtigten auf der Sentinella einen über alle Begriffe gelegnen deliziosen Hause, hoch am Gebirge über dem Meer gelegen. Tags drauf ritten wir zu Esel nach Ischia u schifften auf dem selben Wege heim, landeten unter Bacoli, besahen alle zerbrochnen Sachen daselbst u zu Baja, machten die niederträchtige Partie in die Sybillen Grotte u unterirdischen Gemächer u dinirten nachher hier bey GfVoß. Eine ähnliche Expedizion haben wir gestern mit dem ungeheuersten Glück vollendet u zwar nach Sorrent, wohin wir Vorgestern früh mit Besichtigung von Herculanum u Anfangs bey einem Scandalösen Sturm u Regen abfuhren. Zu Castellamare angelangt, war das Wetter superbe, hell, warm u das Meer ruhig geworden u wir erreichten Sorrent in 2 Stunden zu Wasser. Gestern früh sind wir zu Esel nach S:Agatha auf dem Gebirge, geritten wo man die 2 Busen v: Neapel u Salerno übersieht. Auf dem Meere während der Rückfahrt nach Castellamare tranken wir Tante Königinn's [Therese] Gesundheit. Wir dinirten um 6 Uhr bey Gf Stackelberg u gestern Abend war eine magnifique fête, die GfVoß in der Villa Barbaja an der Strada nova gab, wo die Comödianten von S. Carlino, 2 Volksstücke spielten u Rubini u Tamburini sangen. Am Freytag war große Parade u Manöver auf dem Marsfelde 18 Batts u 10 Escadr: meist recht schöne Truppen – aber ein unbegreifliches Reglement!!! Was bey uns 5 Minuten dauert, dauert hier 5/4 Stunden. Der Herzog v Calabrien [Ferdinand] leitete selbst die Übung zu Pferde. Die Majestäten u hohen Herrschaften fuhren. Ich ritt natürlich en grande tenue [Paradeuniform]. Ich habe durch Gröben an G:Witzleben, die Zeichnung aller Evoluzionen senden lassen, im Fall es Sie, lieber Papa interessiren sollte. Wenn eine Armée so consequent jederZeit ausgerissen ist wie diese,[1] so kostet es ordentlich Mühe der Wahrheit die Ehre zu geben u etwas Schönes an ihr zu finden. – In Pompeji war ich 2 mal, noch gestern auf der Rückfahrt von Castellamare. In Herculanum 1 mal. So auch auf dem schönstgelegenen Kloster der Welt, den Camaldoli. Der Weg dahin ist wie zum Halsbrechen künstlich eingerichtet.

Rom 23ter

Der schmähligen Unterbrechung dieses Briefes wegen muß ich tausendmal um Vergebung bitten, gütigster lieber Papa. Ich bin wie mitten in einer Phrase stecken geblieben u dadurch gewinnt es ein nonchalantes Ansehen, welches mich ordentlich embarassirt. Die von einem Diné d'apparat [Festessen] beym Herzog von Campofranco zurückgekehrten Herren unterbrachen mein Schreiben zuerst u späther M:M: de Calabre [Ferdinand] & de Salerne [Leopold] die die große Güte hatten zum Abschied mich zu besuchen u zwar wegen ihres Erscheinens in S: Carlo, mit Diamanten ganz behangen. Ich folgte ihnen bald dahin in offizieller Tracht mit blau Band um Leibe u nahm daselbst noch einmal von den höchsten Herrschaften Abschied – Ich sehe mit Schrecken, daß ich gelogen habe – die BriefUnterbrechung veranlaßte eine Fahrt aufs Schloß zum Diné en petit Comité [im engsten Kreis] mit der ganzen Familie u en frac. Selbst die kleinsten Kinder die gehen konnten aßen mit u zwar als repli [Unterstützung] hinter ihnen ihre Gouvernanten. Es war ganz amüsant. Nach Tisch schenkte mir der König einen magnifiquen Säbel aus dortiger fabrik. Dort bey sich, so wie im Theater war er u sie u Alle ganz außerordentlich gütig u aimable gegen mich. Ich habe auch erfahren, daß mir eine Kiste voll Ausgrabungen aus Herculanum nachgeschickt werden wird.

Wir haben dann am Donnerstag früh das liebe, schöne, warme Neapel verlassen, haben mit Voß's u Arnims noch en route die Aqueducten, Paläste u Gärten von Caserta besehen, uns in Capua getrennt u sind ventre à terre [im Galopp] durch eine Mondnacht heller als bey uns ein Novembertag oft ist, nach Mola gefahren u am Freytag haben wir in derselben Cadence die 24 Meilen hierher in etwas mehr als 13 Stunden zurückgelegt. Ich habe O: Heinrich gestern ziemlich wohl u in der Allerkomischsten Laune gefunden. Auch bey der Großfürstinn Helene war ich gestern. Sie ist am Don̄erstag hier angekom̄en u hustet wieder sehr, sieht aber sehr gut aus. Hier habe ich so viele Einladungen, daß ich sie unmöglich alle annehmen kann. Diné bey O: Heinrich, Graf de Celles, Lord Shrewsbury, Chateaubriand, u der Großfürstinn u ein Ball beym Napo-litanischen Minister Fuscaldo – Jetzt lieber Papa ruft mich die Kirchenstunde aufs Capitol. Ich empfehle mich von ganzem Herzen u ganzer Seele Ihrer Gnade u Liebe, als Ihr unterthänigster Diener u gehorsamster Sohn Fritz

1 Um zu verhindern, daß sich im Königreich Neapel eine Verfassungsbewegung etablierte, hatte Metternich auf dem Kongreß von Troppau 1820 mit Rußland und Preußen die Vereinbarung getroffen, gegebenenfalls militärisch zu intervenieren. Am 7. März 1821 schlugen die Österreicher bei Rieti die neapolitanische Armee entscheidend und zogen am 24. März in Neapel ein, wo sie als Besatzungsmacht bis 1827 blieben.

36.
Tegern=See 13 December 1828

Lieber Papa;

Mein erstes Geschäft nach meiner Ankunft hier, sollte im̄er sein Ihnen zu schreiben u Ihnen, so gut als menschliche Worte es vermöchten, meinen innigst gefühltesten Dank zu Füßen zu legen für die glückseelige Zeit die Ihre unbeschreibliche Gnade u Güte mir geschenkt hat, durch Gewährung der schönen Reise die ich nun, Gott sey gelobt, mit nicht genug zu preisendem Glücke bis zu einem HauptAbschnitt vollendet habe. Ich glaubte nicht, daß eine nähere Pflicht mir die Feder in die Hand geben würde; und so ist es nun doch, denn vor Allem muß ich heute danken, für den überaus gnädigen u liebevollen Brief vom 25ten Nov: aus Potsdam̄, den ich hier als eine sehr überraschende u ganz unerwartete Zugabe zu aller Glückseeligkeit des heutigen Tages vorgefunden habe.[1] Gott weiß es, daß ich recht von Herzen dankbar bin, gütigster, liebster Papa, u, daß ich mich nach dem Augenblick sehne, wo ich das selbst sagen kann, was denn so Gott will in 10 Tagen geschehen wird. Ich weiß auch, daß der wahre Dank nur durch ein ganzes Leben bewiesen wird u dazu wird Gott helfen! Mein Dank ist gleich lebhaft für meine Reise u für meiner lieben, guten Elise langen Aufenthalt in der Heymath. Ich habe [an] ihr ein sehr gesundes Aussehen gefunden. Sie ist stärker geworden u selbst sehr zufrieden mit ihrer Gesundheit. Was Sie, lieber Papa, von meinen Befürchtungen gesagt, welche Sie, Ihren Nachrichten zufolge nicht getheilt, ist leider doch nicht ganz so gewesen. Die meinigen waren einigermaßen gegründet. Nach der ersten Aussetzung der Molken ist wieder Unwohlseyn eingetreten, völlige Schlaflosigkeit u Abnehmen von Kräften auch bedeutendes Magerwerden. Die 2te Molkenkur hat indessen alles dies gehoben u wie gesagt ich kann mich nicht genug freuen u Gott danken über den

Zustand in welchem ich Elisen gefunden. Jedoch ist große Schonung noch im̄er nöthig, u sie fühlt das sehr – die Emozionen der Trennung erfüllen mich mit Besorgniß. Gemüths Bewegungen sind die einzige Ursach des Verfalls ihrer Gesundheit gewesen, daher sehe ich dergleichen im̄er mit großen Angst entgegen. Ihrem hiesigen Aufenthalt, verdankt Elisen ihr Leben, also eigentlich Ihnen lieber Papa; das ist gewiß keine Übertreibung – sie war viel bedenklicher krank, als man es Ihnen gesagt hat – sie selbst hat es wohl gewußt – Jetzt weiß ich erst recht, welch unschätzbares Kleinod ich in ihr besitze!!!

Möchte doch Wilhelm ein ähnliches Glück finden, in der Verbindung die er nun einzugehen gedenkt![2] Er hat mir darüber einen so lieben u interessanten Brief geschrieben. Ich fürchte fast, daß ich in meinem letzten Brief über alle ReiseBeschreibung vergessen habe, Ihnen lieber Papa, meinen Antheil über das wichtige Familien=Ereignis auszudrücken.

Mich hat lange nichts so ergriffen, ich kann recht mit Wahrheit sagen, so erschüttert, wie die TodesNachricht von der lieben, verehrten Kaiserinn Mutter [Maria Feodorowna]! Die Briefe, in denen die Nachricht stand, waren nach Rom gegangen, u ich war schon fort, so, daß ich erst in Bologna, spähter als die ganze Welt, die schmerzliche Nachricht erhielt. Jetzt erst wird man recht inne werden, was man an ihr gehabt hat; jetzt erst wird des Lobens u Regrettiren's kein Ende seyn; u doch hat die herrliche Frau bey Lebzeiten vielen Undank gefunden u oft wenig Anerken̄tniß – wie es denn in keinem Lande schwerer ist es Einem recht zu machen als da; namentlich in den höheren Ständen. Ich bin der Seeligen im̄er von ganzem Herzen treu ergeben gewesen u ich hoffe, sie hat es gewußt u geglaubt – Ihr letzter Brief noch war so voll Liebe u mütterlicher Gesinnung, daß er mich fast zu Thränen rührte. Man sagt allgemein, Charlotte u der Kaiser [Nikolaus I.] sollen so angegriffen u verändert seyn! Eine Reise zu uns, würde ihr gewiß recht wohl thun.

Die abgebrochne Heyrath von Marianne v: Niederland hat mir entsetzlich leid gethan; ja empört hat es mich, denn ich habe dies Alles kom̄en sehen durch ein Intriguen von Wilhelm v Oranien der aus Zärtlichkeit für das allerdurchlauchtigste Haus Bernadotte [Karl XIV. Johann], wie toll u rasend sich gegen diese Verbindung äußerte. Die Königinn=SchwiegerMama [Karoline] hat die Gnade gehabt mir einen 7 Seiten langen Brief des Prinzen Gustav mitzutheilen. Mir

40. Friedrich Nerly, Ankunft Friedrich Wilhelms IV. in Venedig 1847

erscheint es danach für gewiß, daß es der Oranisch=liberalen Parthey (weiß Gott durch welche schlechte Mittel) gelungen ist, den armen Prinzen bey den Majestäten [Wilhelm I.] u Mariannen zu verklatschen, denn es ist nicht zu sagen, mit welcher Roheit der Formen dies Abbrechen statt gefunden hat, ohne eine Spuhr vorhergegangener Unzufriedenheit, ohne den Schein eines Versuches etwaige Mißverständnisse zu lösen, ohne eine Sylbe von dem König oder der Königinn oder Mariannens. Gewiß hat man ihn so dort angeschwärzt, daß man die unschicklichsten u beleidigendsten Formen des Abbrechens, grade passend für ihn gefunden hat. Das revoltanteste ist, daß man dies Betragen sich gegen einen unglücklichen, thronberaubten Fürsten erlaubt, wo grade ein zartes, schonendes Betragen recht eigentlich Pflicht wäre.[3]

Von Onkel Heinrich kann ich leider sehr wenig berichten. Am 1ten Tage meines 2ten römischen Aufenthaltes aß er bey mir, am 2ten aßen wir alle bey ihm, am 3ten waren wir mit ihm beym niederländ: Botschafter Grafen de Celles zu Mittag u am 4ten Tage ließ er sich bereits krank melden u zwar so späth, als wir zum Diné bey Lord Shrewsbury versam̄elt waren u auf ihn warteten, daß ich an dem Abend nicht mehr zu ihm konnte, da ich gleich von da zur Soirée in den Pallast Farnese fahren mußte, zum Neapolit: Gesandten Marchese Fuscaldo. Am letzten (5ten) Tag machte ich einen ganz vergebenen Versuch ihn zu sehen u Lepel versicherte mich nachher ich könnte noch 10 mal vorfahren, er würde mich gewiß nicht annehmen, weil er wirklich leidend, aber vor Allem weil er Spinne feind von jedem Abschied sey – ich fürchte auch noch weil er meinen Instancen wegen seiner Rückkehr ausweichen wollte. Er hat mir auch durch Lepel wissen lassen, daß seine Antwort an Sie, lieber Papa bereits unterwegs sey, u, daß sie früher als ich in Berlin seyn würde.

Ich habe die 5 Tage meines Aufenthaltes in Rom noch recht benutzt, alles noch nicht Gesehene zu sehen. So waren wir Nachts im Vaticanischen Museum bey Fackelschein, haben die Bäder des Caracalla, die Kirchen S: Luigi de' Francesi, S Andrea della Valle, la Pace [S. Maria della Pace], S: Agostino, S: Agnese fuori le Mura, S: Costanza, la Vittoria [S. Maria della Vittoria], S: Prassede, S: Alessio, das Priorat von Malta, den Pallast Barberini, die Villa Ludovisi etcetcetc gesehen, waren noch 3 mal in S: Peter, einmal bis ganz oben, einmal ganz unten.

Am letzten Tag machte ich dem Papst [Leo XII.] meine Aufwartung zum Abschied nachdem wir Morgens die Villen de' Papa Giulio u Madama besehen hatten. Der weiße Mann war ganz außerordentlich freundlich u höflich u annoncirte mir, daß er auf dem Punkt sey die Angelegenheit der gemischten Ehen zu vollenden, u, daß er sich's zur Pflicht gemacht, Alle Ihre Wünsche, lieber Papa, dabey zu erfüllen (was denn auch wahr ist, da er en souverain Pontife, gegen das einstim̄ige Votum des Cardinals Collegiums die Sache durchgesetzt hat). Von des Papstes Zim̄er, durchstrich ich noch einmal zum Abschied die Bildersam̄lung, die Stanzen, die Logen u die PetersKirche u fand zuhaus ein magnifiques Mosaik nebst einigem seltnen Geflügel als Present vom Papste. Mittags (5 Uhr) aß ich bey der Großfürstinn [Helene] u Abends war Concert bey Fürst Gagarin im Pallast Pamphili auf dem Navona Platz wo ich von der Großfürstinn Abschied nahm. Am 27ten reisten wir bis Terni, am 28ten bis Tolentino, am 29ten über Loretto (wo wir außer der Casasanta auch Rock, Weste u Hosen des Königs Anton von Sachsen bewunderten) nach Ancona. Am 30ten bey kaltem, dicken Nebel nach Forlì, am 1ten nach Ravenna wo die herrlichsten Kirchen aus der KaiserZeit u von Theoderich, lauter schöne Basiliken u Rotunden mit der kostbarsten Mosaik zu sehen. Am 1ten nach Bologna, am 2ten nach Ferrara, am 3ten nach Padua, am 4ten nach Venedig wo wir d: 5ten u 6ten blieben u das VizeKönigliche Paar [Rainer] sahen.

München 17ter

Erst hier kann ich meinen Brief vollenden, lieber Papa u gedenke ihn dem Gf: Gröben mitzugeben, der morgen abgeht u wohl 2 Tage vor uns ankom̄en wird. Wir haben das liebe, herrliche Tegernsee mit dem finstern München vertauscht u sind gestern um 4 Uhr angekom̄en. Die verwit: Königinn [Karoline] ist heut nachgekom̄en. Die Tren̄ung von Tegernsee u dem mütterlichen Hause wurde Elisen recht schwer – Elise liegt zu Ihren Füßen, lieber Papa, mit welchen Gefühlen von Liebe u Dankbarkeit, das kön̄en Sie sich wohl denken. Auch die Königinn (SchwiegerMama) [Karoline] hat mir die allerherzlichsten Empfehlungen für Sie aufgetragen; eben so der König [Ludwig I.] u die regier: Königinn [Therese] die gar sehr liebenswürdig u gut ist. Der König überhäuft mich wieder mit Güte u Freundschaft u hat heut die Fahrt nach den 42 Bildersälen von Schleißheim mit mir gemacht von 1/2 11 bis 3/4 3 Uhr.[4]

Seit gestern NachMittag ist es nebelich u kühl, sonst hab' ich es hier wärmer u angenehmer als zuletzt in Italien gefunden. In Venedig war es etwas wärmer. Die Stadt hat mich unbeschreiblich frappirt. Alles Schöne dort zu sehen war die Zeit zu kurz; was ich konnte hab' ich aber redlich gethan. Auch die schöne Insel S: Lazaro mit dem Armenischen Kloster hab' ich besucht u ein Gebetbuch bekom̄en in 24 Sprachen.[5] Am 8ten hab' ich Venedig verlassen u bin nach Verona gefahren. Bunsen, der die Güte gehabt hatte uns bis Ferrara als Minister u Dolmetscher zu begleiten, nahm auch unsre Einladung nach Venedig an u verließ uns am 9ten als wir von Verona abreisten. Er hat mit jedem Tage in meiner Achtung u Freundschaft gewonnen – Wir haben Nachtquartier gemacht in Roveredo, Botzen [Bolzano], Sterzing u Mittenwald u sind, alle die grauenhaften Abgründe der Brenner=Straße glücklich passirend am 13ten um 3 Uhr in's Thal von Tegernsee hinabgefahren wo die gute Elise mit Prz: Carl mir bis Gmund entgegen war!!!

Es ist EssensZeit u ich höre bey Elisen schon die Stim̄en der Kurfürstinn [Karoline] u der Schwägerinn Luise [Ludovika].

Ich küsse Ihnen Hände u Füße, Gütigster, liebster Papa u empfehle mich von ganzem Herzen u Seele Ihrer Gnade u Liebe, als Ihr unterthänigster Diener u gehorsamster Sohn Fritz

1 Siehe S. 94f.
2 Nachdem Wilhelm seine große Liebe Elisa Radziwill nicht hatte heiraten dürfen, warb er seit dem Sommer 1828 um Augusta von Sachsen-Weimar. Die Verlobung fand am 15. Februar 1829 statt, die Hochzeit am 11. Juni.
3 Siehe 28. Brief, Anm. 10
4 In der Schleißheimer Galerie befanden sich bis zur Eröffnung der (Alten) Pinakothek in München im Jahr 1836 der größte Teil der Wittelsbachschen Gemäldesammlung, u. a. die 1827 erworbene Sammlung Boisserée; danach Depotgalerie.
5 Siehe 29. Brief, Anm. 8

VII. Anhang

Personenregister

In den Briefen genannte Personen, zu deren Identität weder aus den bekannten Quellen noch der Sekundärliteratur weitere Tatsachen zu gewinnen waren, werden im Register nicht aufgeführt.

Objektregister

Quellen- und Literaturverzeichnis

A. Ungedruckte Quellen

Geheimes Staatsarchiv Preußischer Kulturbesitz Berlin:

BPH Rep. 49 J 214
Briefe Friedrich Wilhelms III. an Friedrich Wilhelm IV.
BPH Rep. 50 J 37
Briefe Friedrich Wilhelms IV. an seine Cousine Friederike von Preußen
BPH Rep. 50 J 244b
Briefe Christian Karl Josias Bunsens an Friedrich Wilhelm IV.
BPH Rep. 50 J 330
Briefe Friedrich Wilhelms IV. an Johann Friedrich Delbrück
BPH Rep. 50 J 454
Briefe Eduard Gerhards an Friedrich Wilhelm IV.
BPH Rep. 50 J 641
Briefe Carlo Andrea di Iorios an Friedrich Wilhelm IV.
BPH Rep. 50 J 870
Briefe Antonio Montuccis an Friedrich Wilhelm IV.
BPH Rep. 50 J 893
Briefe George Fredrick Notts an Friedrich Wilhelm IV.
BPH Rep. 50 J 922
Briefe Barthold Georg Niebuhrs an Friedrich Wilhelm IV.
BPH Rep. 50 J 923
Briefe Friedrich Wilhelms IV. an Barthold Georg Niebuhr
BPH Rep. 50 J 986
Briefe Friedrich Wilhelms IV. an seinen Bruder Karl
BPH Rep. 50 J 995
Briefe Friedrich Wilhelms IV. an seine Gemahlin Elisabeth
BPH Rep. 50 J 1003
Briefe Friedrich Wilhelms IV. an Heinrich von Preußen
BPH Rep. 50 J 1006
Briefe Friedrich Wilhelms IV. an Friedrich Wilhelm III.
BPH Rep. 50 J 1210
Briefe Friedrich Wilhelms IV. an seine Schwester Charlotte
(Alexandra Feodorowna)
BPH Rep. 50 J 1284
Briefe Wilhelm Schirmers an Friedrich Wilhelm IV.

BPH Rep. 50 J 472
Briefe Leopolds II. von Toscana an Friedrich Wilhelm IV.
BPH Rep. 58 J 5 II
Briefe Heinrichs von Preußen an Friedrich Wilhelm IV.
BPH Rep. 50 C 2 Nr. 23
Skizzen eines Tagesbuchs über den Auffenthalt Sr. Königlichen Hoheit des Kronprinzen von Preussen in Rom 1828

B. Gedruckte Quellen

Andreas, Willy: Der Briefwechsel König Friedrich Wilhelms IV. von Preußen und des Zaren Nikolaus I. von Rußland in den Jahren 1848 bis 1850. Ein Beitrag zur Geschichte der russisch-preußischen Beziehungen, in: Forschungen z. brandenburgisch-preuß. Geschichte, 40, 1930, S. 129–166

Bailleu, Paul: Briefwechsel König Friedrich Wilhelms III. und der Königin Luise mit Kaiser Alexander I., Leipzig 1900 (Neudruck Osnabrück 1967)

Bailleu, Paul: Kronprinz Friedrich Wilhelm im Ständekampf 1820, in: Hist. Zeitschrift, 87, 1901, S. 67–73

Bailleu, Paul: Aus den Briefen König Friedrich Wilhelms III. an seine Tochter Prinzessin Charlotte 1813–1826, in: Hohenzollern-Jb., 18, 1914, S. 188–236

Bailleu, Paul: Reisebriefe des Prinzen Wilhelm (Kaiser Wilhelms des Großen) an seine Schwester Prinzessin Charlotte, Großfürstin Alexandra Feodorowna, in: Hohenzollern-Jb., 19, 1915, S. 124–141

Bailleu, Paul: Aus dem letzten Jahrzehnt Friedrich Wilhelms III. Briefe des Königs an seine Tochter Charlotte, Kaiserin von Rußland, in: Hohenzollern-Jb., 20, 1916, S. 147–174

Brandenburg, Erich: König Friedrich Wilhelm IV. Briefwechsel mit Ludolf Camphausen 1848–1850, Berlin 1906

Breitenborn, Konrad: Aus dem Briefwechsel zwischen Friedrich Wilhelm IV. von Preußen und Graf Anton zu Stolberg-Wernigerode im Jahre 1848, in: Zeitschrift f. Geschichtswiss., 30, 1982, S. 224–244

Dorow, Wilhelm: Job von Witzleben. Mittheilungen desselben und seiner Freunde zur Beurtheilung Preußischer Zustände und wichtiger Zeitfragen, Leipzig 1842

Fontaine, Pierre-François-Léonard: Journal 1799–1853, 2 Bde., Paris 1987

Führich, Joseph von: Briefe aus Italien an seine Eltern 1827–1829, Freiburg i.Br. 1883

Geiger, Ludwig: Bettine von Arnim. Ungedruckte Briefe und Aktenstücke, Frankfurt/Main 1902

Gerhard, Dietrich/Norvin, William: Die Briefe Barthold Georg Niebuhrs 1776–1816, 2 Bde., Berlin 1926–29

Granier, Herman: Hohenzollernbriefe aus den Freiheitskriegen 1813–1815, Leipzig 1913

Granier, Herman: Aus dem Briefwechsel des Kronprinzen Friedrich Wilhelm und des Prinzen Wilhelm mit ihrer Cousine Prinzessin Friederike von Preußen während der Freiheitskriege 1813–15, Hohenzollern-Jb., 17, 1913, S. 173–209

Granier, Herman: Das Feldzugstagebuch des Kronprinzen Friedrich Wilhelm von Preußen aus dem Jahre 1813, in: Hohenzollern-Jb., 17, 1913, S. 96–104

Granier, Herman: Prinzenbriefe aus den Freiheitskriegen 1813–1815. Briefwechsel des Kronprinzen Friedrich Wilhelm (IV.) und des Prinzen Wilhelm (I.) von Preußen mit dem Prinzen Friedrich von Oranien, Stuttgart/Berlin 1922

Grote, Ludwig: Zwei Briefe von Julius Schnorr von Carolsfeld an Karl Friedrich von Rumohr, in: Wallraf-Richartz-Jb., XII/XIII, 1943, S. 299–311

Haenchen, Karl: Revolutionsbriefe 1848. Ungedrucktes aus dem Nachlaß König Friedrich Wilhelms IV. von Preußen, Leipzig 1930

Hoffmann, Paul: König Friedrich Wilhelm III. in Neapel, in: Hohenzollern-Jb., 6, 1902, S. 102–114

Jagow, Kurt: Jugendbekenntnisse des Alten Kaisers. Briefe Kaiser Wilhelms I. an Fürstin Luise Radziwill, Prinzessin von Preußen 1817–1829, Leipzig 1939

Johann Georg, Herzog zu Sachsen/Ermisch, Hubert: Briefwechsel zwischen König Johann von Sachsen und den Königen Friedrich Wilhelm IV. und Wilhelm I. von Preußen, Leipzig 1911

Jorns, Marie: August Kestner und seine Zeit 1777–1853. Das glückliche Leben des Diplomaten, Kunstsammlers und Mäzens in Hannover und Rom. Aus Briefen und Tagebüchern zusammengestellt, Hannover 1964

Kuhlow, Kurt: Vier unveröffentlichte Briefe Schinkels an Friedrich Wilhelm IV., in: Mitteilungen d. Vereins f. d. Geschichte Berlins, 23, 1906, S. 148–150

Küntzel, Georg: Briefwechsel zwischen König Friedrich Wilhelm IV. und dem Reichsverweser Erzherzog Johann von Österreich 1848–1850, Frankfurt/Main 1924

Marwitz, Luise von der: Vom Leben am preußischen Hofe 1815–1852. Aufzeichnungen von Caroline von Rochow geb. von der Marwitz und Marie de la Motte-Fouqué, Berlin 1908
Merbach, Paul: Wilhelms I. Briefe an seinen Vater, König Friedrich Wilhelm III. 1827–1839, Berlin 1922

Nippold, Friedrich: Christian Carl Josias Freiherr von Bunsen. Aus seinen Briefen und nach eigener Erinnerung geschildert von seiner Witwe, 3 Bde., Leipzig 1868–71

Olfers, Ernst Werner Maria von: Briefe Alexander von Humboldts an Ignaz von Olfers. Generaldirektor der Kgl. Museen in Berlin, Nürnberg/Leipzig 1913

Ranke, Leopold von: Aus dem Briefwechsel Friedrich Wilhelms IV. mit Bunsen, Leipzig 1873

Schnorr von Carolsfeld, Julius: Briefe aus Italien, geschrieben in den Jahren 1817–1827, Gotha 1886
Schoeps, Hans-Joachim: Briefwechsel zwischen Ernst von Bodelschwingh und Friedrich Wilhelm IV., Berlin 1968
Schuster, Georg: Die Jugend des Königs Friedrich Wilhelm IV. und des Kaisers und Königs Wilhelm I. Tagebuchblätter ihres Erziehers Friedrich Delbrück 1800–1809, 3 Bde., Berlin 1907
Simon, Karl: Eine unbekannte Denkschrift der deutsch-römischen Künstlerschaft an Fürst Metternich, in: Zeitschrift d. dt. Vereins f. Kunstwiss., 3, 1936, S. 445–450
Speckter, Emil: Briefe eines deutschen Künstlers aus Italien, Leipzig 1846
Stock, Friedrich: Aus dem Briefwechsel Friedrich Wilhelms IV. mit Carl Friedrich Rumohr, in: Jb. d. preuß. Kunstsammlungen, 35, 1914, Beiheft, S. 1–84
Stock, Friedrich: Rumohrs Briefe an Bunsen über Erwerbungen für das Berliner Museum, in: Jb. d. preuß. Kunstsammlungen, 46, 1925, Beiheft, S. 1–76
Stock, Friedrich: Urkunden zur Vorgeschichte des Berliner Museums, in: Jb. d. preuß. Kunstsammlungen, 51, 1930, S. 209–214
Stock, Friedrich: Briefe Rumohrs an Otfried Müller und andere Freunde, in: Jb. d. preuß. Kunstsammlungen, 54, 1933, Beiheft, S. 1–44
Stock, Friedrich: Briefe Rumohrs. Eine Auswahl, in: Jb. d. preuß. Kunstsammlungen, 64, 1943, Beiheft, S. 1–136

C. Ältere und zeitgenössische Literatur

Agincourt, Jean-Baptiste-Louis-George Seroux d': Histoire de l'art par les monuments, depuis sa décadence au IV siècle jusqu' a son renouvellement au XVI, 6 Bde., Paris 1811–23

Archenholtz, Johann Wilhelm von: England und Italien, Leipzig 1785

Arndt, Ernst Moritz: Bruchstücke einer Reise durch einen Teil Italiens im Herbst und Winter 1798 und 1799, 2 Bde., Leipzig 1801

Atterbom, Per Daniel Amadeus: Reiseerinnerungen aus Deutschland und Italien aus den Jahren 1817–1819, Berlin 1867

Baini, Giuseppe: Memorie storicocritiche della vita e delle opere die G. P. da Palestrina, 2 Bde., Rom 1828

Balbo, Cesare: Sommario della Storia d'Italia dalle origini fino ai nostri tempi, Torino 1856

Bernoulli, Johann: Zusätze zu den neuesten Reisebeschreibungen von Italien nach der in Herrn D. J. J. Volkmanns historisch kritischen Nachrichten angenommenen Anordnung zusammengetragen und als Anmerkungen zu diesem Werke, 2 Bde., Leipzig 1777–78

Bismarck, Otto von: Gedanken und Erinnerungen, 2 Bde., Stuttgart/Berlin 1905

Brun, Friederike: Römisches Leben, 2 Bde., Leipzig 1833

Büsching, Anton Friedrich: Geschichte der zeichnenden Künste, Hamburg 1782

Bunsen, Christian Carl J.: Scavi romani. Escavazione del Foro Romano e delle sue adjacente, in: Bulletino degli annali dell'instituto di corrispondenza archaeologica, 1829, S. 26–36

Bunsen, Christian Carl J.: Die Basiliken des christlichen Roms nach ihrem Zusammenhange mit Idee und Geschichte der Kirchenbaukunst, München 1842

Canina, Luigi: Ricerche sull'architettura più propria dei tempi cristiani, Rom 1843

Carus, Karl Gustav: Reise durch Deutschland, Italien und die Schweiz im Jahre 1828, Leipzig 1835

Chateaubriand, François-Réné Vicomte de: Voyage en Italie, Paris 1822

Ciampini, Giovanni: Vetera Monimenta in quibus praecipue musiva opera sacrarum, 2 Bde., Rom 1690/99

Dalmazzoni, Angelo: The Antiquarian or the Guide for Foreigners to go the rounds of the Antiquities of Rome, Rome 1803

Durand, Jean-Nicolas-Louis: Précis des leçons d'architecture données a l'école polytechnique, 2 Bde., Paris 1817–19

Durand, Jean-Nicolas-Louis: Recueil et parallèles des édifices de tout genre [...], Paris 1799–1801

Eckermann, Johann Peter: Gespräche mit Goethe in den letzten Jahren seines Lebens, Berlin 1982
Emeric-David, Toussaint-Bernard: Premier discours historique sur la peinture moderne, Paris 1812
Engels, Friedrich: Friedrich Wilhelm IV. König von Preußen, in: Marx, Karl/Engels, Friedrich, Werke, Bd. 1, Berlin 1974, S. 446–453

Farmbacher, Heinrich: Erinnerungen an Italien, Sicilien und Griechenland aus den Jahren 1826–1844, München 1851
Fea, Carlo: Aneddoti sulla basilica ostiense di S. Paolo, riuniti nel 1823 dopo l'incendio e recitali nell'Accademia di Archeologia il 27 gennaio 1825, Rom 1825
Fea, Carlo: La Basilica di Constantino, Rom 1819
Fea, Carlo: La fossa Traiano, Rom 1824
Fernow, Carl Ludwig: Sitten- und Kulturgemälde von Rom, Gotha 1802
Fernow, Carl Ludwig: Römische Studien, 3 Bde., Zürich 1806–08
Förster, Ernst: Handbuch für Reisende in Italien, München 1840
Forsyth, Joseph: Remarks on Antiquities, Arts, and Letters during an Excursion in Italy in the Years 1802 and 1803, London 1813
Fouqué, Friedrich Baron de la Motte: Der Zauberring (1813), Berlin 1924
Fouqué, Friedrich Baron de la Motte: Der Mensch des Südens und der Mensch des Nordens. Sendschreiben in Bezug auf das gleichnamige Werk des Herrn von Bonstetten an den Freiherrn Alexander von Humboldt, Berlin 1829
Friedländer, Hermann: Ansichten von Italien während einer Reise in den Jahren 1815 und 1816, 2 Bde., Leipzig 1819–20

Galletti, Johann Georg August: Gallettis Reise nach Italien im Sommer 1819, Gotha 1820
Gell, William/Gandy, John P.: Pompeiana. The Topography, Edifices and Ornament of Pompei, 2 Bde., London 1817–19
Goethe, Johann Wolfgang: Italienische Reise, in: Poetische Werke, Bd. 14, Berlin 1978
Gorani, Joseph Comte de: Geheime und kritische Nachrichten von Italien nebst einem Gemälde der Höfe, Regierungen und Sitten der vornehmsten Staaten dieses Landes., 3 Bde., Frankfurt/Leipzig 1794
Görres, Joseph von: Rom, wie es in Wahrheit ist, aus den Briefen eines dort lebenden Landsmanns, Straßburg 1826
Grandjean de Montigny, Auguste-Henri-Victor/Famin, Auguste: L'Architecture de la Toscane, Paris 1815

Gutensohn, Johann Gottfried/Knapp, Johann Michael: Denkmale der christlichen Religion oder Sammlung der ältesten christlichen Kirchen oder Basiliken Roms vom 4. bis zum 13. Jahrhundert, München 1842

Häberlin-Belani, Carl Ludwig: Sanssouci, Potsdam und Umgebung. Mit besonderer Rücksicht auf die Regierungszeit Sr. Maj. Friedrich Wilhelms IV. Königs von Preußen, Berlin/Potsdam 1855

Hagen, Friedrich Heinrich von der: Briefe in die Heimat aus Deutschland, der Schweiz und Italien, 4 Bde., Breslau 1818–21

Hallberg-Broich, Theodor von: Reise durch Italien, Augsburg/Leipzig 1830

Hase, Heinrich: Klassische Altertumskunde, Dresden 1828

Hase, Heinrich: Nachweisungen für Reisende in Italien in Bezug auf Oertlichkeit, Alter Thümer, Kunst und Wissenschaft, Leipzig 1821

Hase, Heinrich: Übersichtstafeln zur Geschichte der neueren Kunst von dem ersten Jahrhundert der christlichen Zeitrechnung an bis zu Raffael Sanzio's Tode, Dresden 1826

Hegel, Georg Wilhelm Friedrich: Ästhetik, 2 Bde., Berlin/Weimar 1965

Heine, Heinrich: Reisebilder. Italien 1828 (Reise von München nach Genua. Die Bäder von Lucca), in: Hist.-krit. Gesamtausgabe der Werke, Hamburg 1975–97, Bd. 7/1,2

Hesse, Ludwig Ferdinand: Die Friedenskirche in Sanssouci, Potsdam 1855

Hesse, Ludwig Ferdinand: Sanssouci in seinen Architekturen unter der Regierung seiner Majestät Friedrich Wilhelms IV., Königs von Preußen, Berlin/ Potsdam 1854

Hirt, Aloys: Bilderbuch für Mythologie, Archäologie und Kunst, 2 Hefte, Berlin/Leipzig 1805/1816

Hirt, Aloys: Baukunst nach den Grundsätzen der Alten, Berlin 1809

Hirt, Aloys: Die Geschichte der Baukunst bei den Alten, 3 Bde., Berlin 1821–27

Hirt, Aloys: Rez. von Carl Friedrich von Rumohr, Italienische Forschungen, Teile 1 und 2, in: Jahrbücher f. wiss. Kritik, 1827, Sp. 1527–1551, 1809–1856

Hoffmann, Ernst Theodor Amadeus: Alte und neue Kirchenmusik, in: Die Serapionsbrüder, Poetische Werke, Bd. 3, Berlin 1958

Hohenlohe-Ingelfingen, Prinz Karl zu: Aufzeichnungen aus meinem Leben, Bd. 2 (1856–63), Berlin 1907

Hübsch, Heinrich: In welchem Style sollen wir bauen, Karlsruhe 1828

Iken, Karl Jakob: Die vier italienischen Hauptschulen der Malerei nebst der Raphaelschen Schule insbesondere, Bremen 1820

Kephalides, August Wilhelm: Reise durch Italien und Sizilien, 2 Bde., Leipzig 1818

Kestner, August: Römische Studien, Berlin 1850

Klemm, Gustav: Reise durch Italien. Bericht über eine im Jahre 1838 im Gefolge Sr. königlichen Hoheit des Prinzen Johann Herzogs zu Sachsen unternommene Reise nach Italien, Dresden/Leipzig 1839
Kopisch, August: Die Königlichen Schlösser und Gärten zu Potsdam. Von der Zeit ihrer Gründung bis zum Jahre 1852, Berlin 1854
Kopisch, August: Die Entdeckung der blauen Grotte, Potsdam 1925
Kotzebue, August von: Erinnerungen von einer Reise aus Liefland nach Rom und Neapel, 3 Bde., Berlin 1805
Kotzebue, August von: Theater, Teil 1–56, Wien 1810–20
Küttner, Carl Gottlob: Wanderungen durch die Niederlande, Deutschland, die Schweiz und Italien in den Jahren 1793 und 1794, 2 Bde., Leipzig 1807
Kugler, Franz: Karl Friedrich Schinkel. Eine Charakteristik seiner künstlerischen Wirksamkeit, Berlin 1842

Magrini, Antonio: Mem. int. la vita e le opere di Andrea Palladio, Padua 1846
Mazois, Charles-François: Les Ruines de Pompei, dessinées et mesurées par F.M. pendant les années 1809–1811, Paris 1812–38
Menzel, Wolfgang: Reise nach Italien im Frühjahr 1835, Stuttgart/Tübingen 1835
Moltke, Magnus von: Reise durch das obere und mittlere Italien in den Monaten März, April und Mai des Jahres 1832, Hamburg 1833
Montabert, Paillot de: Dissertation sur les peintures du moyen-age et sur celles qu'on a appelé gotique, extrait d'un ouvrage inédit sur la peinture, Paris 1812
Montor, Jean-Alexis-François-Artaud de: Considerations sur l'etat de la peinture dans les trois siècles qui ont précédé Raphael, Paris 1808
Montor, Jean-Alexis-François-Artaud de: Voyage dans les Catacombes de Rome, Paris 1810
Moritz, Karl Philipp: Reisen eines Deutschen in Italien, 3 Bde., Berlin 1792/93
Müller, Christian: Roms Campagna in Beziehung auf alte Geschichte, Dichtung und Kunst, 2 Bde., Leipzig 1824
Müller, Wilhelm: Italienische Reisen und Reisebeschreibungen, in: Konversations-Lexikon, N. F., 11.2, Leipzig 1824, S. 713–719
Müller, Wilhelm: Reisebeschreibungen über Italien, in: Hermes, 3. Stück, 1820, S. 265–290; 1. Stück, 1921, S. 247–264; 2. Stück, 1821, S. 248–263; 3. Stück, 1821, S. 177–213
Müller, Wilhelm: Rom, Römer und Römerinnen, Berlin 1820

Neigebauer, Johann Ferdinand: Handbuch für Reisende in Italien, Leipzig 1826
Nibby, Antonio: Carta de'contorni di Roma, Rom 1827
Nibby, Antonio: Del Foro romano, della Via Sacra, dell' Anfiteatro Flavio e de luoghi adjacenti, Rom 1819
Nibby, Antonio: Del Tempio della Pace e della Basilica di Constantino, Rom 1819
Nibby, Antonio: Viaggio antiquario ne' contorni di Roma, 2 Bde., Rom 1819

Nicolai, Gustav: Bericht über eine merkwürdige Reise in den hesperischen Gefilden als Warnungsstimme für Alle, welche sich dahin sehnen, 2 Bde., Leipzig 1834

Passavant, Johann David: Ansichten über die bildenden Künste und Darstellung des Ganges derselben in Toskana. Zur Bestimmung des Gesichtspunktes, aus welchem die neudeutsche Malerschule zu betrachten ist, Heidelberg/Speyer 1820

Passavant, Johann David: Raffael Urbino und sein Vater Giovanni Santi, Leipzig 1839

Percier, Charles/Fontaine, Pierre-François-Léonard: Choix des plus célèbres maisons de plaisance de Rome et de ses environs, Paris 1809

Percier, Charles/Fontaine, Pierre-François-Léonard: Recueil des Décorations intérieures, Paris 1812

Persius, Ludwig: Architektonische Entwürfe für den Umbau vorhandener Gebäude, Potsdam 1843–49

Platner, Ernst/Bunsen, Carl/Gerhard, Eduard/Röstell, Wilhelm/Urlich, Ludwig: Beschreibung der Stadt Rom. Mit Beiträgen von Barthold Georg Niebuhr und einer geognostischen Abhandlung von F. Hoffmann, 3 Bde., Stuttgart/Tübingen 1829–42

Raczynski, Athanasius Graf von: Geschichte der neueren deutschen Kunst, 3 Bde., Berlin 1836–41

Ramdohr, Friedrich Wilhelm Basilius von: Ueber Mahlerei und Bildhauerarbeit in Rom für Liebhaber des Schönen in der Kunst, 3 Teile, Leipzig 1787

Ranke, Leopold von: Friedrich Wilhelm IV., in: Allgemeine Deutsche Biographie, Bd. 7, Leipzig 1877, S. 729–776

Raumer, Friedrich von: Italien. Beiträge zur Kenntnis dieses Landes, 2 Bde., Leipzig 1840

Reuchlin, Hermann: Geschichte Italiens von der Gründung der regierenden Dynastien bis zur Gegenwart. Erster Theil. Bis zum Jahr 1848, Leipzig 1859

Reumont, Alfred von: Elisabeth. Königin von Preußen, Berlin 1874

Reumont, Alfred von: Aus König Friedrich Wilhelms IV. gesunden und kranken Tagen, Leipzig 1885

Richter, Ludwig: Lebenserinnerungen eines deutschen Malers, Frankfurt/Main 1885

Riehl, Wilhelm: Die Friedenskirche bei Sanssouci, in: Mitteilungen d. Vereins f. d. Geschichte Potsdams, 2, 1866, S. 53–74

Rosen, Carl von: König Friedrich Wilhelm IV. in seinem Verhältnis zur bildenden Kunst, Stralsund 1862

Rumohr, Karl Friedrich von: Drei Reisen nach Italien, Berlin 1832

Rumohr, Karl Friedrich von: Italienische Forschungen, 3 Bde., Berlin 1827–31

Schlegel, Friedrich: Athenäum-Fragmente, in: Kritische Ausgabe, Bd. 2, Charakteristiken und Kritiken I, München/Paderborn/Wien/Zürich 1967
Schmettau, Hermann von: Friedrich Wilhelm IV. König von Preußen, Berlin 1864
Schneider, Louis: Aus meinem Leben, 3 Bde., Berlin 1879
Seidler, Luise: Erinnerungen, Berlin 1922
Seume, Johann Gottfried: Spaziergang nach Syrakus, Braunschweig/Leipzig 1803
Sickler, Friedrich Karl Ludwig/Reinhart, Johann Christian: Almanach aus Rom für Künstler und Freunde der bildenden Kunst, Leipzig 1810/11
Sickler, Friedrich Karl Ludwig: Geschichte der Wegnahme und Abfuhr vorzüglicher Kunstwerke aus den eroberten Ländern in die der Sieger. Ein Beitrag zur Kunst- und Kulturgeschichte, Jena 1803
Speth, Balthasar: Die Kunst in Italien, 3 Bde., München 1819–23
Staël, Germaine de: Corinna oder Italien, München 1979
Stüler, Friedrich August: Über die Wirksamkeit König Friedrich Wilhelms IV. in dem Gebiete der bildenden Künste. Vortrag gehalten am Schinkelfeste, in: Zeitschrift f. Bauwesen, 11, 1861, S. 520–535

Thiersch, Friedrich: Reisen in Italien seit 1822, Leipzig/München 1826

Volkmann, Johann Jakob: Historisch-kritische Nachrichten von Italien, welche eine Beschreibung dieses Landes, der Sitten, Regierungsform, Handlung, des Zustandes der Wissenschaften und insonderheit der Werke der Kunst enthalten, 3 Bde., Leipzig 1777–78

Weingärtner, Wilhelm: Ursprung und Entwicklung des christlichen Kirchengebäudes, Leipzig 1858

Zestermann, August Chr. A.: Die antiken und christlichen Basiliken nach ihrer Entstehung, Ausbildung und Beziehung zu einander dargestellt, Leipzig 1847

D. Neuere Literatur

AKat. Auch ich in Arkadien. Kunstreisen nach Italien 1600–1900. Schiller-National-Museum, Marbach 1966

AKat. August Wilhelm Schirmer 1802–66. Ein Berliner Landschaftsmaler aus dem Umkreis Karl Friedrich Schinkels, Preußische Schlösser und Gärten Berlin-Brandenburg, Potsdam 1996

AKat. Bayern in Griechenland. Aus Anlaß des 100. Todestages von König Otto I. von Griechenland, München 1967

AKat. Deutsche Künstler um Ludwig I. in Rom. Staatliche Graphische Sammlung, München 1981

AKat. Eine Reise durch Italien. Aquarelle aus dem Besitz Friedrich Wilhelms IV., Preußische Schlösser und Gärten Berlin-Brandenburg, Potsdam 2000

AKat. Friedrich Wilhelm IV. Künstler und König, Preußische Schlösser und Gärten Berlin-Brandenburg, Potsdam 1995

AKat. Karl Friedrich Schinkel 1781–1841. Staatliche Museen, Berlin 1981

AKat Künstlerleben in Rom. Bertel Thorvaldsen 1770–1844. Der dänische Bildhauer und seine deutschen Freunde, Germanisches Nationalmuseum, Nürnberg 1992

AKat. Mit den Augen des Touristen. Zur Geschichte des Reisebildes, Kunsthalle, Tübingen 1981

Auerbach, Erich: Entdeckung Dantes in der Romantik, in: Dt. Vierteljahrschrift f. Literaturwiss. u. Geistesgesch., 7, 1929, S. 682–692

Baisch, Otto: Reinhart und seine Kreise. Ein Lebens- und Culturbild, Leipzig 1882

Barclay, David E.: Anarchie und guter Wille. Friedrich Wilhelm IV. und die preußische Monarchie, Berlin 1995

Barclay, David E.: König, Königtum, Hof und preußische Gesellschaft in der Zeit Friedrich Wilhelms IV., in: Jb. f. d. Geschichte Mittel- u. Ostdeutschlands, 36, 1987, S. 1–21

Bartoccini, Fiorella: Roma nell'Ottocento, Bologna 1985

Bauer, Hermann: »Der Herrschaft Grösse vor der Kunst verschwindet [...]«. Die Bedeutung der Kunst bei Ludwig I. von Bayern, in: Festschrift für Wilhelm Messerer zum 60. Geburtstag, Köln 1980, S. 315–324

Bausinger, Hermann/Beyrer, Klaus/Korff, Gottfried: Reisekultur. Von der Pilgerfahrt zum modernen Tourismus, München 1991

Beenken, Hermann: Schöpferische Bauideen der deutschen Romantik, Mainz 1952

Bergdoll, Berry: Karl Friedrich Schinkel. Ein Architekt für Preußen, München 1994
Bissing, Wilhelm Moritz Frhr. von: Königin Elisabeth von Preußen 1801–74. Ein Lebensbild, Berlin 1974
Biver, Marie-Louise: Pierre Fontaine. Premier architecte de l'empereur, Paris 1964
Blasius, Dirk: Friedrich Wilhelm IV. 1795–1861. Psychopathologie und Geschichte, Göttingen 1992
Bohle-Heintzenberg, Sabine/Hamm, Manfred: Ludwig Persius. Architekt des Königs, Berlin 1993
Börsch-Supan, Eva: Ludwig Persius. Das Tagebuch des Architekten Friedrich Wilhelms IV. 1840–1845, München 1980
Börsch-Supan, Eva/Müller-Stüler, Dietrich: Friedrich August Stüler 1800–1865, München/Berlin 1997
Börsch-Supan, Eva: Berliner Architektur nach Schinkel, Berlin 1977
Börsch-Supan, Eva: Friedrich Wilhelm IV. und das antike Landhaus, in: Berlin und die Antike (Aufsätze), Berlin 1979, S. 491–494
Börsch-Supan, Helmut: Die Kataloge der Berliner Akademie-Ausstellungen 1786–1850, 3 Bde., Berlin 1971
Böttcher, Kurt: Vormärz 1830–1848. Erläuterungen zur deutschen Literatur, Berlin 1977
Branig, Hans: Fürst Wittgenstein, Köln/Wien 1918
Brenner, Peter J.: Der Reisebericht in der deutschen Literatur. Ein Forschungsüberblick als Vorstudie zu einer Gattungsgeschichte, Tübingen 1990
Brilli, Attilio: Reisen in Italien. Die Kulturgeschichte der klassischen Italienreise vom 16. bis 19. Jahrhundert, Köln 1989
Büsch, Otto: Friedrich Wilhelm IV. in seiner Zeit, Berlin 1987
Butler, Eliza Marian: The Tyranny of Greece over Germany, New York 1935
Büttner, Frank: Peter Cornelius. Fresken und Freskenprojekte, Bd. 1, Wiesbaden 1980

Dehio, Georg: Die Genesis der christlichen Basilika, in: Sitzungsberichte der philosoph.-philolog. und hist. Classe der k. b. Akademie der Wissenschaft zu München, 1882, Bd. 2, S. 301–341
Dehio, Ludwig: Friedrich Wilhelm IV. von Preußen. Ein Baukünstler der Romantik, Berlin 1961
Deneke, Otto: Die Brüder Riepenhausen, Göttingen 1936
Dussler, Luitpold: Raphael. A Critical Catalogue of his Pictures, Wall-Paintings and Tapestries, London/New York 1971

Eckardt, Götz: Ein Potsdamer Maler in Rom. Briefe des Batoni-Schülers Johann Gottlieb Puhlmann aus den Jahren 1774–1787, Berlin 1979

Effenberger, Arne: Das Mosaik aus der Kirche San Michele in Africisco zu Ravenna, Berlin 1989
Eggers, Friedrich und Karl: Christian Daniel Rauch, 5 Bde., Berlin 1873–91
Eyssenhardt, Franz: Barthold Georg Niebuhr, Gotha 1886

Forssmann, Erik: Venedig in der Kunst und im Kunsturteil des 19. Jahrhunderts, Stockholm 1971
Forster, Kurt W.: Wandlungen des Rom-Bildes um 1800, in: Stil und Überlieferung in der Kunst des Abendlandes, Bd. 1, Berlin 1967, S. 207–217

Galassi, Peter: Corot in Italien. Freilichtmalerei und klassische Landschaftstradition, München 1991
Geldbach, Erich: Der gelehrte Diplomat. Zum Wirken Christian Carl Josias Bunsens, Leiden 1980
Geller, Hans: Deutsche Künstler in Rom von Mengs bis Marées, Rom 1961
Geller, Hans: Die Bildnisse der deutschen Künstler in Rom 1800–1830, Berlin 1952
Gerstenberg, Kurt/Rave, Paul Ortwin: Die Wandgemälde der deutschen Romantiker im Casino Massimo zu Rom, Berlin 1934
Gerstenberg, Kurt: Die großen Deutschrömer und der Geist der Antike, Offenbach 1955
Geyer, Albert: Friedrich Wilhelm IV. als Architekt, in: Dt. Bauzeitung, 56, 1922, S. 525–562
Geyer, Albert: König Friedrich Wilhelm IV. und seine Bauten, in: Mitteilungen d. Vereins f. d. Geschichte Berlins, 42, 1925, S. 81–88
Giardini, Cesare: Il risorgimento italiano 1796–1861, Verona 1958
Giedion, Siegfried: Spätbarocker und romantischer Klassizismus, München 1922
Görner, Rüdiger: August von Platen. »Wer die Schönheit angeschaut mit Augen«. Ein Lesebuch, München 1996
Griep, Wolfgang/Jäger, Hans-Wolf: Reise und soziale Realität am Ende des 18. Jahrhunderts, Heidelberg 1983
Großmann, Joachim: Künstler, Hof und Bürgertum. Leben und Arbeit von Malern in Preußen 1786–1850, Berlin 1994

Haake, Paul: Johann Peter Friedrich Ancillon und Kronprinz Friedrich Wilhelm IV. von Preußen, München 1920
Harnack, Otto: Deutsches Kunstleben in Rom im Zeitalter der Klassik, Weimar 1896
Häusler, Regina: Das Bild Italiens in der deutschen Romantik, Berlin 1939
Heigel, Karl Theodor: König Ludwig in Rom, in: Fest-Schrift zur Centenar-Feier Ludwigs I., Königs von Bayern. Von Bayerischen Schriftstellern und Künstlern, München 1888

Heitmann, Klaus/Scamardi, Teodoro: Deutsches Italienbild und italienisches Deutschlandbild im 18. Jahrhundert, Tübingen 1993
Heuer, Reinhold: Die Friedenskirche in Potsdam, in: Mitteilungen d. Vereins f. d. Geschichte Potsdams, 7, H. 5, 1939, S. 513–555
Howitt, Margaret: Friedrich Overbeck. Sein Leben und Schaffen, 2 Bde., Freiburg i. Br. 1886
Hüttl, Ludwig: Ludwig I. König und Bauherr, München 1980

Jahn, Otto: Eduard Gerhard. Ein Lebensabriss, Berlin 1868

Kaufmann, Paul: An der Wiege der deutschen Malkunst des 19. Jh. Niebuhr und Cornelius, in: Preuß. Jahrbücher, 212, 1928, S. 290–309
Kaufmann, Paul: Friedrich Wilhelm IV. und das Bonner Niebuhr-Grabmal, in: Preuß. Jahrbücher, 215, 1929, S. 317–322
Kettig, Konrad: Friedrich Wilhelms IV. Stellung zu Frankreich bis zur Errichtung des 2. Französischen Kaiserreichs, Berlin 1937
Klenze, Camillo von: The interpretation of Italy during the last two centuries. A contribution to the study of Goethe's »Italienische Reise«, Chicago 1907
Klingenburg, Karl-Heinz: Die Pläne Friedrich Wilhelms IV. für eine Bebauung des Lustgartens, in: Studien zur Berliner Kunstgeschichte (hrsg. von K.-H. Klingenburg), Leipzig 1986, S. 143–160
Klingenburg, Karl-Heinz: Kuppelbau kontra Basilika. Die Berliner Dombaupläne der 1840er Jahre in der Kritik ihrer Zeit, in: Studien zur Berliner Kunstgeschichte (hrsg. von K.-H. Klingenburg), Leipzig 1986, S. 244–258
Klinkhamels, Susanne: Die Italien-Studienreise (1822–1824) des Architekten Jakob Ignaz Hittorff. Zeichnungen nach antiker Architektur, Köln 1995
Koch, Georg Friedrich: Italien und die Anfänge der neuzeitlichen Kunstausstellung, in: Akten des 21. Internat. Kongresses f. Kunstgeschichte in Bonn, Bd. 3, Berlin 1967, S. 30–46
Kolloquium »Fürstliches Mäzenatentum im Zeitalter bürgerlicher Revolutionen« anläßlich des 200. Geburtstages Friedrich Wilhelms IV. von Preußen, in: Jb. d. Stiftung Preuß. Schlösser und Gärten Berlin-Brandenburg, Bd. 1, Berlin 1995/96
Kraus, Theodor: Pompeji und Herculaneum. Antlitz und Schicksal zweier antiker Städte, Köln 1973
Krieger, Bogdan: Die Hohenzollern und ihre Bücher, in: Hohenzollern-Jb., 7, 1903, S. 112–141
Kroll, Frank-Lothar: Friedrich Wilhelm IV. Die Königin von Borneo. Ein Roman, Berlin 1997
Kroll, Frank-Lothar: Friedrich Wilhelm IV. und das Staatsdenken der deutschen Romantik, Berlin 1990

Krüger, Jürgen: Rom und Jerusalem. Kirchenbauvorstellungen der Hohenzollern im 19. Jahrhundert, Berlin 1994

Krüger, Peter/Schoeps, Julius J.: Der verkannte Monarch. Friedrich Wilhelm IV. in seiner Zeit, Potsdam 1997

Kuhlow, Kurt: Das königliche Schloß Charlottenhof bei Potsdam, baugeschichtlich und kunstgeschichtlich dargestellt unter besonderer Berücksichtigung der Handzeichnungen Friedrich Wilhelms IV., Diss. TH Berlin 1911

Lewalter, Ernst: Friedrich Wilhelm IV. Das Schicksal eines Geistes, Berlin 1938

Link, Manfred: Der Reisebericht als literarische Kunstform von Goethe bis Heine, Köln 1963

Lowenthal-Hensel, Cécile: Der Erwerb der Sammlung Solly durch den preußischen Staat, in: Lowenthal-Hensel, Cécile/Benninghoven, Friedrich, Neue Forschungen zur Brandenburgischen und Preußischen Geschichte, 1979, S. 109–159

Maisak, Petra: Arkadien. Genese und Typologie einer idyllischen Wunschwelt, Frankfurt/Bern 1981

Malkowsky, Georg: Die Kunst im Dienste der Staatsidee. Hohenzollersche Kunstpolitik vom Großen Kurfürsten bis auf Wilhelm II., Berlin 1912

Michaelis, Adolf: Geschichte des Deutschen Archäologischen Instituts 1829–1879, Berlin 1879

Mielke, Friedrich: Das Bürgerhaus in Potsdam, 2 Bde., Tübingen 1972

Mielsch, Harald: Die römische Villa. Architektur und Lebensform, München 1987

Mozzillo, Atanasio: Viaggiatori stranieri nel Sud, Milano 1964

Mozzillo, Atanasio: La sirena inquietante. Immagine e mito di Napoli nell'Europa del Settecento, Napoli 1983

Nipperdey, Thomas: Kirchen als Nationaldenkmal. Die Pläne von 1815, in: Festschrift Otto von Simson, Frankfurt/Berlin/Wien 1977, S. 412–431

Nipperdey, Thomas: Nationalidee und Nationaldenkmal in Deutschland im 19. Jahrhundert, in: Gesellschaft, Kultur, Theorie, Göttingen 1976, S. 133–173

Noack, Friedrich: Das Deutschtum in Rom seit dem Ausgang des Mittelalters, 2 Bde., Berlin/Leipzig 1927

Noack, Friedrich: Deutsches Leben in Rom 1700–1900, Stuttgart/Berlin 1907

Oswald, Stefan: Italienbilder. Beiträge zur Wandlung der deutschen Italienauffassung 1770–1840, Heidelberg 1985

Overbeck, Johannes: Pompeji in seinen Gebäuden, Alterthümern und Kunstwerken, Leipzig 1884

Petersdorff, Herman von: König Friedrich Wilhelm der Vierte, Stuttgart 1900
Poensgen, Georg: Die Baugeschichte der Orangerie Friedrich Wilhelms IV. in Sanssouci, in: Jb. f. Kunstwiss., 5, 1928, S. 157–168
Poensgen, Georg: Die Bauten Friedrich Wilhelms IV. in Potsdam, Berlin 1930
Poensgen, Georg: Schinkel, Friedrich Wilhelm IV. und Ludwig Persius, in: Brandenburgische Jahrbücher (Schinkel in der Mark), 7, 1937, S. 51–62
Pölnitz, Winfried Freiherr von: Das römische Künstlerfest 1818, in: Hist. Jb. d. Görresgesellschaft, 50, 1930, S. 97–103
Ponten, Josef: Architektur, die nicht gebaut wurde, 2 Bde., Stuttgart 1925
Prechtel, Robert: Italienfahrt. Ein deutsches Schicksal, Leipzig 1930
Previtali, Giovanni: La fortuna dei primitivi. Dal Vasari ai neoclassici, Turin 1964
Procacci, Giuliano: Geschichte Italiens und der Italiener, München 1989

Quesa, Mario da: I Nazareni e il loro tempo, Roma 1978

Rathke, Ursula: Preußische Burgenromantik am Rhein, München 1979
Reber, Franz von: Geschichte der neueren deutschen Kunst, 3 Bde., Stuttgart 1867
Renker, Fritz: Niebuhr und die Romantik, Diss. Leipzig 1935
Ridley, Ronald T.: The eagle and the spade. Archaeology in Rome during the Napeolonic era, Cambridge 1992
Ridley, Ronald T.: The monuments of the Roman Forum. The struggle for identity, in: Xenia, 17, 1989, S. 71–90
Riegel, Herman: Geschichte der deutschen Kunst seit Carstens und Gottfried Schadow. Geschichte des Wiederauflebens der deutschen Kunst zu Ende des 18. und Anfang des 19. Jahrhunderts. Ein Beitrag zur Geschichte der allgemeinen Wiedergeburt des deutschen Volkes, Hannover 1876
Riemann, Gottfried: Karl Friedrich Schinkel. Reisen nach Italien, Berlin 1979
Röhrbein, Richard: Italienische Turmvillen in Potsdam, Potsdam 1995
Rothkirch, Malve Gräfin: Prinz Karl von Preußen. Kenner und Beschützer des Schönen 1801–1883, Osnabrück 1981
Rothkirch, Malve Gräfin: Der »Romantiker« auf dem Preußenthron. Porträt Friedrich Wilhelms IV., Düsseldorf 1990
Rüdiger, Horst: Literarische Klisches und lebendige Erfahrung. Über das Bild des Deutschen in der italienischen Literatur und des Italieners in der deutschen Literatur, Düsseldorf 1966
Ruffinière du Prey, Pierre de la: The Villas of Pliny from Antiquity to Posterity, Chicago/London 1994
Rumpf-Fleck, Josefine: Der Einfluß des Italienerlebnisses auf die Entwicklung der deutschen Wissenschaft in frühen 19. Jahrhundert, in: Germanisch-Romanische Monatsschrift, 19, 1931, S. 174–189
Ruppel, Hans-Rudolf: Universeller Geist und guter Europäer. Christian Carl

Josias von Bunsen 1791–1860. Beiträge zu Leben und Werk des »gelehrten Diplomaten«, Korbach 1991
Rytkönen, Seppo: Barthold Georg Niebuhr als Politiker und Historiker, Helsinki 1968

Samek, Sergio: Bibiliografia di viaggiatori stranieri in Italia nel secolo XIX. – II. Viaggiatori tedeschi o di lingua tedescha, in: Annales institutorum, VIII, 1939, S. 217–235
Schmidt, Arno: Fouqué und einige seiner Zeitgenossen. Biographischer Versuch, Karlsruhe 1958
Schneider, Louis/Wagener, Heinrich: Was König Friedrich Wilhelm IV. im Park von Sanssouci zu bauen beabsichtigte, in: Mitteilungen d. Vereins f. d. Geschichte Potsdams, NF 1, 1875, S. 296–299
Schubert, Ernst: Aus der Geschichte der evangelischen Gemeinde deutscher Sprache in Neapel, Neapel 1926
Schubert, Ernst: Geschichte der deutschen evangelischen Gemeinde in Rom von 1819–1928, Berlin 1930
Schudt, Ludwig: Italienreisen im 17. und 18. Jahrhundert, Wien/München 1959
Schumacher, Fritz: Strömungen in der deutschen Baukunst seit 1800, Leipzig 1935
Schümann, Carl-Wolfgang: In Erwartung des Jüngsten Gerichts. Zur Ausstattung eines von Friedrich August Stüler geplanten Berliner Doms, in: Kunst in Hessen und am Mittelrhein, Darmstadt 1971, S. 85–105
Schütz, Christiane: Preußen in Jerusalem 1800–1861. Karl Friedrich Schinkels Entwurf der Grabeskirche und die Jerusalempläne Friedrich Wilhelms IV., Berlin 1988
Sepp, Johann Nepomuk: Ludwig Augustus. König von Bayern und das Zeitalter der Wiedergeburt der Künste, Regensburg 1903
Sievers, Johannes: Das Vorbild des »Neuen Pavillon« von K.F. Schinkel im Schloßpark von Charlottenburg, in: Zeitschrift f. Kunstgeschichte, 1960, S. 227–241
Sistri, Augusto: Luigi Canina 1795–1856. Architetto e teorico del classicismo, Mailand 1995
Stamm-Kuhlmann, Thomas: König in Preußens großer Zeit. Friedrich Wilhelm III. Der Melancholiker auf dem Thron, Berlin 1992
Stewart, William E.: Die Reiseliteratur und ihre Theorie im Deutschland des 18. Jahrhunderts, Bonn 1978
Stockhausen, Tilmann von: Gemäldegalerie Berlin. Die Geschichte ihrer Erwerbungspolitik 1830–1904, Berlin 2000
Streindl, Barbara: Mäzenatentum im Rom des 19. Jahrhunderts. Die Familie Torlonia, Hildesheim 1993
Suhr, Norbert: Philipp Veit 1793–1877. Leben und Werk eines Nazareners, Weinheim 1991

Teichmann, Michael: Künstler sind meine Tischgäste. Kronprinz Ludwig von Bayern in der spanischen Weinschenke auf Ripagrande in Rom in Gesellschaft von Künstlern und seinen Reisebegleitern (Franz Ludwig Catel), München 1991

Thiemann, Theodor: Deutsche Kultur und Literatur des 18. Jahrhunderts im Lichte der zeitgenössischen italienischen Kritik, Oppeln 1886

Treitschke, Heinrich von: Berlin am Ausgang der Regierung Friedrich Wilhelms III., in: Bilder aus der deutschen Geschichte, Leipzig 1911, S. 183–194

Treitschke, Heinrich von: Deutsche Geschichte im 19. Jahrhundert, 5 Bde., Leipzig 1927

Treitschke, Heinrich von: Die preußische Residenz während der Anfänge Friedrich Wilhelms IV., in: Bilder aus der deutschen Geschichte, Leipzig 1911, S. 195–216

Treitschke, Heinrich von: Poesie und Kunst der vierziger Jahre, in: Bilder aus der deutschen Geschichte, Leipzig 1911, S. 217–270

Tresoldi, Lucia: Viaggiatori tedeschi in Italia 1452–1870. Saggio bibliografico, 2 Bde., Rom 1975–77

Tuzet, Hélène: Viaggiatori stranieri in Sicilia nel sec. XVIII, Palermo 1988

Venturi, Franco: L'Italia fuori d'Italia, Torino 1973

Vogtherr, Christoph Martin: Das königliche Museum zu Berlin. Planungen und Konzeption des ersten Berliner Kunstmuseums, Diss. FU Berlin 1995

Waetzoldt, Wilhelm: Das klassische Land. Wandlungen der Italiensehnsucht, Leipzig 1927

Wieder, Joachim: Italien wie es wirklich ist. Eine stürmische Polemik aus der Geschichte der deutschen Italien-Literatur, in: Festschrift Luitpold Dussler, München 1972, S. 317–333

Wirth, Gerhard: Barthold Georg Niebuhr. Historiker und Staatsmann (Vorträge bei dem anläßlich seines 150. Geburtstages in Rom veranstalteten Kolloquiums 10.–12. November 1981), Bonn 1984

Witte, Barthold C.: Der preußische Tacitus. Aufstieg, Ruhm und Ende des Historikers Barthold Georg Niebuhr 1776–1831, Düsseldorf 1979

Wrede, Henning: Dem Archäologen Eduard Gerhard (1795–1867) zu seinem 200. Geburtstag, Berlin 1997

Zimmermann, Max Georg: Schinkels Reisen nach Italien und die Entwicklung der künstlerischen Italiendarstellung, in: Mitteilungen d. Kunsthist. Instituts in Florenz, II (1912–1917), S. 211–263

Abbildungsverzeichnis

21. San Clemente in Rom (Anfang 12. Jh.; Kupferstich aus: Giovanni Ciampini, Vetera Monimenta, Rom 1690/99)
22. Guido Reni: Zug der Aurora. Fresko im Casino des Palazzo Pallavicini-Rospigliosi in Rom (1614), Kupferstich-Reproduktion
23. Philipp Veit: Mond- und Merkurhimmel. Deckenfresko im Dante-Saal des Casino Massimo in Rom (1820–21)
24. August Wilhelm Schirmer: Blick von den Kaiserpalästen auf das alte Rom (1828), Lw., 113×167 cm, SPSG (verschollen)
25. Villa Aldobrandini in Frascati (1598–1604; Kupferstich aus: Pierre F. L. Fontaine/Charles Percier, Choix des plus célèbres maisons de plaisance de Rome, Paris 1809)
26. Domenichino: Das Treffen des hl. Nilus mit Otto III. Fresko in der Abteikirche von Grottaferrata (1608–10)
27. Franz Ludwig Catel: Besuch des Pompeius auf der Villa des Cicero bei Pozzuoli (um 1830), Lw., 100×138 cm, SPSG
28. Friedrich Wilhelm (IV.): Aussicht von der Insel Ischia (1828), Bleistift, 20,5×34,8 cm, SPSG
29. August Kopisch: Geburtstagstafel für Kronprinzessin Elisabeth auf dem Vesuv (1828), Aquarell, 35×52,8 cm, SPSG
30. Gräberstraße in Pompeji mit der Exedra der Mamia (1. Jh. v. Chr., Kupferstich aus: Charles F. Mazois, Les Ruines de Pompei, Paris 1812–38)
31. Julius Schnorr von Carolsfeld: Vittoria Caldoni mit dem Spinnrocken (1821), Bleistift, 21,5×16,0 cm, SMBPK
32. Peter Cornelius: Die Wiedererkennung Josephs (1816/17), Fresko, SMBPK
33. Apsismosaik in San Apollinare in Classe in Ravenna (6. Jh., Kupferstich aus: Giovanni Ciampini, Vetera Monimenta, Rom 1690/99)
34. Carl Friedrich Heinrich Werner: Eingang zum Dogenpalast in Venedig (1837), Aquarell, 27,1×20,6 cm, SPSG
35. Andrea Palladio: Palazzo Thiene in Vicenza (1551–52, Holzschnitt aus: A. Palladio, I Quattro Libri dell'Architettura, Venedig 1581)
36. Franz Krüger: Friedrich Wilhelm III. (1824), lithogr. Reproduktion einer Zeichnung
37. Hans Detlev Christian Martens: Papst Leo XII. besucht am Lukastag (18.10.) 1826 Thorvaldsens Werkstatt an der Piazza Barberini (1830), Lw., 100×138 cm, Kopenhagen, Thorwaldsen-Museum
38. Heinrich von Preußen: Selbstbildnis (1826), Aquarell und Feder, 24,5×19,2 cm, Berlin, Geheimes Staatsarchiv Preußischer Kulturbesitz
39. Giuseppe Cammarano: Franz I. und seine Familie ehren Ferdinand I., Lw., Caserta, Pal. Reale
40. Friedrich Nerly: Ankunft Friedrich Wilhelms IV. in Venedig am 6. September 1847 (1847), Aquarell, 20,1×28,2 cm, SPSG